国家社会科学基金重大招投标项目“蒙古族语言生活调查”
（批准号：17ZDA316）

主　编　王远新

副主编　赵婷婷　黄　晔

作　者　（按姓氏笔画排序）

王远新　巴达玛敖德斯尔　史丹丹　兰　鸽　李　荷　李贵英
杨　倩　吴　玲　余沛航　宋箴颜　迪丽娜孜·吐尔逊
郑仲桦　赵婷婷　高子淇　黄　晔　曾雪雨　谯金亚　魏　萌

目　录

田野调查通论

田野调查方法

语言本体调查

语言生活调查

双语教育调查

田野文献综述

田野调查日志

Contents

General Introduction of Fieldwork

Fieldwork Methodology

Language Investigation

Language Life Survey

Bilingual Education Survey

Summary of Language Investigation

Fieldwork Investigation Diary

田野调查通论

选择可持续性语言研究的看法

王远新*

【摘要】选择恰当的学术方向和研究问题，是学术新手学术研究、论文写作的前提，甚至会影响今后的学术道路。本文从充分利用和主动挖掘身边的语言资源、关注空白调查点、关注语言生活及其变迁等角度，提出选择可持续性学术研究方向的看法，认为掌握大量第一手材料、积累一定数量的实证个案，是保证可持续性语言研究的基础。

【关键词】持续性研究，语言资源，语言生活，学术方向

如何选择可持续性的语言研究，至少涉及三个方面：一是要精准定位，认清自身的能力和条件（包括研究能力的提升和创造更好的条件），设计好研究规划，做力所能及的研究，既不妄自菲薄，也不盲目自信。二是要有问题意识，在问题导向下选择具有前瞻性的研究，这既需要很好地把握学术历史、现状、前沿和走向，也需要学术敏感性。三是要持之以恒，一旦选定研究方向，就要坚持不懈。可以跟踪学术潮流或热点，但不能随波逐流，应沿着既定的研究方向，在本学科内部深耕细作，积累到一定程度再拓展至交叉学科，使研究具有延伸性，包括学科内部的延伸以及交叉学科的相互为用，从而不断扩展研究的深度和广度。以上三个方面不是一朝一夕可以做到的，本文针对语言研究新手，就如何选择恰当的、适合自己的切入点，提出几点建议。

一、利用和挖掘身边的语言资源，关注空白调查点

任何研究都必须以事实为依据，语言研究也不例外。语言现象十分复杂，需要在特定理论和方法指导下搜集、对比和提炼，使之成为语言研究的证据，

---

*王远新（1958—），男，中央民族大学中国少数民族语言文学学院二级教授，博士研究生导师，主要从事中国少数民族语言和社会语言学研究。

即语言现象并不等于语言事实。每个人至少掌握和使用一种语言，充分利用自己熟悉的语言资源，是语言研究的天然优势，也是学术新手的最佳切入点。因为可以随时随地观察语言现象、提炼语言事实、获得研究灵感、思考或验证相关的语言学理论。也就是说，从实践中发现问题、选择适合自己的研究方向，再将其分解成不同问题，从不同角度、采取不同方法做持续性探讨，是避免舍近求远、疲于追赶潮流却难以入流的有效途径。下文就如何利用熟悉的语言资源、怎样逐步深化和拓展研究提出四方面的参考意见。

（一）利用母语优势，从描写走向解释

研究语言本体，首先要掌握搜集第一手语言材料的方法，在充分占有可靠材料的基础上，进行相关的描写分析。可以利用母语优势，采用描写语言学的理论和方法，进行语言本体的调查描写。这是语言研究的基础训练，也是寻找合适研究方向、深化研究问题的有效途径。

如果有机会参与一些课题、社会实践项目，或主持研究生自主创新项目，不要在完成任务后止步不前，而应顺此作延伸性或持续性的探讨。具体而言，就是在前期调查研究的基础上，进一步扩展语料，寻找恰当的问题或角度做专题研究。从语言学队伍的构成看，新中国成立后成长起来的第一代语言学家，多是20世纪50年代汉语方言和少数民族语言大调查期间培养的人才。大调查期间，他们多是在读的本科生或年轻助教。调查结束后，凡是能够做持续性调查研究的，都成长为当代语言学的中坚力量。可见，持续性的语言或方言调查，不仅是训练学术基本功的最佳方式，也是积累第一手材料和研究经验的最好途径。

如果我们熟悉或关注的领域前人已有过较完善的描写，短期内很难找到扩展空间，可以在前人调查和描写的基础上，按照如下思路寻找合适的研究方向或题目：

第一，采用比较方法，即比较亲属语言或同一语言内部不同方言土语，解释研究对象的历史演变规律及其在亲属语言或某种语言中的特殊地位。换言之，前人关于某种语言或方言描写呈现的是共时结构特点，采用历史比较法，可以解释共时结构的历史演变过程、规律及其影响因素。

第二，采用社会语言学方法，从语言变异角度切入，联系特定社区语言使用者社会属性及其在不同交际场域（交际场合、交际对象和话题）的语言变异项目使用特点，分析和解释其分布、特点和规律。换言之，从语言使用中发现语言结构变异项目，从语言结构和社会结构的联系及语言交际的互动中，观察语言变异项目正在进行的变化，揭示共时微观演化的特点，分析影响变异的

因素，预测其发展趋势；也可以采用社会语言学观念，完善描写语言学调查方法，补充描写研究的不足。以往的语言描写为了体现“同质”的语言结构和“纯粹的语言系统”，主要以典型母语单语人的语料为研究对象。随着语言接触的广度加大、密度和深度加强，双语或双言现象成为语言生活的常态。为了适应语言生活的变化，可以在社会语言学“异质有序”语言观的指导下，在特定语言社区选择不同社会特征的调查对象作为发音人，全面调查描写语言的结构和系统。不同性别、年龄、受教育程度、语言背景等社会特征说话人的语言结构大都各有其特点，揭示这些特点并进行归因分析，可以使描写更加全面，并进一步解释语言结构的特点及其影响因素和发展趋势。即便只确定一位发音合作人记录其语料，母语单语人和母语双语或双言人的音系及其他语言结构特点也有差异，至少存在新老派差异，可以将其作为语言调查描写的切入点。

第三，采用认知语言学方法，阐释语言结构与语言使用者心理认知特点的关联，揭示语言发展变化的心理动因。比如某类语言项目为什么更容易被接受、扩散速度更快，除了语言结构本身的原因，还受语言社会文化地位和交际功能的影响，与不同社会特征语言使用者赋予语言项目的隐喻意义以及相关语言态度和语言认同等深层社会心理动因有关，从这个角度切入，可以深化以往的微观描写。

第四，采用语言类型学方法，通过跨语言或跨方言的类型对比，从普遍共性或特征共性角度，描述某种语言或方言在人类语言中的类型分布及其特征，揭示共性和差异，准确认识这种语言或方言的特点，因为特点总是通过科学对比得出的。

第五，采用方言（语言）地理学方法，调查语言项目的地理分布，画出语言或方言特征的同言线，直观展现其地理分布特点，考察它们的历史成因和其他影响因素，如语言项目的分布、发展、分化等特点，以及受移民及其分布、居民特点和语言接触等因素影响形成的语言或方言地理特征。

第六，采用语料库方法，搜集某种语言或方言的口语语料，建立语料库，量化分析某种或某类语言结构的分布特点、使用频率、组合关系、句法和语境制约等，并结合语言或方言使用者的社会特征，分析其社会分布和发展趋势。这样既可以印证或完善已有的研究结论，还可以发现新的研究问题。

以上六点可以通过一个简单的例子综合说明。官话方言如中原官话、西南官话等普遍存在声母 k、k^h、x 与 tɕ、$tɕ^h$、ɕ 两读现象，这在汉语音韵学和方言学界已是常识，即中古汉语的 k、k^h、x 与齐齿呼和撮口呼相拼，受语音弱化影响导致它们腭化后分别变为 tɕ、tɕʰ、ɕ。然而，这条演变规律在不同方言中的发展并不平衡：在南方汉语中，有些方言的分化速度较慢，基本保留了中古汉语的特点，如广州话的“老家”[k/tɕ]、“陈寅恪”[kʰ/tɕʰ]、“行先”[x/ɕ]。总体而言，官话方言分化速度较快，但不同方言片区的发展不平衡。比如，除个别存古遗迹如“张各庄”“恪守”“解州”等，北京话已完成了语音分化过程。有些方言 k、kʰ、x 与 tɕ、tɕʰ、ɕ 两组声母均可出现：[k/x] 组如“街、鞋”保留了中古读音，一些词则为现代读音 [tɕ/ɕ]；[kʰ/tɕʰ] 组如“去（kʰ）、蛋壳（kʰ）”保留了中古读音，一些词如“去（tɕʰ）、地壳（tɕʰ）”则为现代读音；[x/ɕ] 组“咸菜、恫吓”保留了中古音，“咸阳、吓唬”则为现代读音。这些两读音中，有些是文白异读导致的，有些是语音弱化导致的。即使同一方言小片，它们出现的语境、使用特点也有差异，如城里人变、农村人未变，年轻人变、老年人未变，受教育程度高的变、受教育程度低的未变，方言和普通话双言人变、单方言人未变等，这是语音的社会变异。换言之，描写语言学和历史语言学（音韵学和方言学）的结论可以从社会语言学角度做进一步研究。换一个角度看，在分化速度较慢的中古音和现代音共存的某些北方官话中，存在一字多读现象，这类多种读音的变化过程如何？比如“解”有“解（tɕ）救”、姓氏“解”（ɕ）、地名“解（x）州”等读音，分析其历史演变过程和地理分布特点，可以为语言变化和地域文化研究提供佐证。

立足于上述复杂现象，在分析方言音系特点的基础上，可以判断 k、kʰ、x 与 tɕ、tɕʰ、ɕ 两组声母在不同语言条件下（特定词素、词及其组合）的分布特点，是否或在什么条件下成系统。在历史比较的基础上，考察两组声母从中古到近代和现代汉语的变化及其在不同方言片区的变化规律和发展趋势，并对两读或多读音现象做出解释，比如是文白异读还是新老派差异，是连续性音变还是滞后性音变，是结构内部或外部因素还是二者互动的结果。采用方言地理学方法，可以解释两读音的地理分布和发展特点。采用社会语言学方法，可以考察两读或多读音使用的社会差异，即不同社区或同一社区不同社会特征说话人的差异与两读或多读音的关联，以及相关的语言态度和语言认同，揭示影响两读或多读音的使用及其发展趋势的社会和心理因素。采用认知语言学方法，可以解释语言使用者对两读或多读音的心理认知特点。如果条件允许，可以建立方言口语语料库，量化分析两读或多读音的分布特点、出现频率和语境制约。采用对比语言学方法，对比官话不同方言土语区两读或多读音的异同；还可以扩大对比范围，对比不同片区的方言，揭示其发展演变的共性和差异，即进行方言类型学探讨。上述研究角度都可以为我们提供新的选题方向。

总之，结合语言的结构特点和历史演变、语言社区及其语言使用者的社会特征和心理认知特点、语言项目的地理分布特点及使用频率和类型特点等，阐释语言结构的规律以及未被揭示的特点，不仅可以深化以往的描写分析和历史研究，还具有跨学科的价值。这样，语言结构的共时描写和历时演变研究就进入了新的层面，即从“是什么”的呈现，进入“为什么”的解释。

（二）从普通话或方言的变体或变异切入，寻找新课题

假如研究者的母语既不是汉语方言，也不是少数民族语言，又缺乏音韵学和方言学训练，短期内做某种语言或方言调查研究有困难，可以考虑换一种思路。对普通话或地方普通话母语人而言，选择普通话作为研究对象最为方便。然而，普通话的研究成果汗牛充栋，以学术新手目前的学识和能力，短期内很难找到创新性研究问题。在这种情况下，可以在普通话或自己熟悉的汉语方言研究的基础上，利用前人的研究成果，选择普通话或汉语方言的变体或变异项作为研究课题。这类研究至少有以下两个切入点。

1. 普通话变体或变异研究

普通话和方言都不是同质的系统，它们内部各有不同层级，这种层级构成了从标准普通话到老派方言的连续体：标准普通话—地方普通话（方言特色的普通话）—新派方言（普通话特色的方言）—老派方言（地道的方言）。这个连续体中的任何一段都是相对稳固的语言变体，前两种属普通话范畴，后两种属方言范畴，可以从中选择地方普通话作为研究方向。

普通话的普及、普通话母语人甚至普通话社区的出现，导致方言式微或新老派分化的加速；与此同时，方言也在悄无声息地影响甚至分化着普通话，使其产生了一系列变异和变化，形成了各具特色的地方普通话，如四川的“椒盐普通话”“川普”、湖南的“塑料普通话”、陕西的“醋溜普通话”“陕普”、内蒙古的“草普”、海南岛的“海普”等。这些地方普通话变体虽都属于普通话范畴，但语音、词汇和语义甚至语法或多或少受到当地方言的熏染，带有或隐或显的方言色彩，形成了标准普通话的下位变体。这为普通话单语者提供了研究路径，即从变体或变异角度研究地方普通话。

在方言底层特别是音系和词汇影响下，普通话出现了一系列变异项，由此形成了地方普通话。对比标准普通话和地方普通话，可以选择地方普通话的典型变异项，调查描写它们的社会分布、不同社会特征使用者的使用特点及语言态度和语言认同，观察变异项与使用者社会特征的关联，揭示影响变异发展的社会因素和心理动因。变异项的选择可以是若干语音变异项，如前文提及的声

母两读或多读现象；也可以是典型的词汇和语义变异项，如方言特色词（特征词）；还可以是句法结构或特殊句法构式变异项，如兰银官话北疆片否定构式“肚子不要胀”（不要生气），中原官话某些片区的“把字句”，如“叫门打开”“把门一开”等。在普通话影响下，这些结构或构式普遍出现了新老派差异，它们都是很好的社会语言学选题。

2. 方言变体或变异研究

与几十年前相比，我国的语言生活发生了巨大变化。过去，交通闭塞，五里不同音，十里不同俗。那时，方言调查大都选择方言腹地偏僻村庄作为调查点，以没有外出经历的单方言人作为调查对象。如今，封闭的单方言社区被打破，教育的普及、媒体的影响特别是新媒体的发展及人员流动数量增加、范围扩大、速度加快等，加速了普通话的普及，方言和普通话双言人逐渐增加。普通话对方言影响的加剧，使得方言发生了显著变化。这种变化发生在我们身边，每个人都有不同程度的体验。

在方言区，单方言人与方言和普通话双言人的语言差异表现在语言结构、表达风格等方面。比如各方言区普遍存在新老派差异，老派守旧、保留传统，新派创新、向普通话靠拢。新派方言人一口方言腔，但很多方言老词已不见踪迹，甚至声韵调也发生了局部变化。词汇变化更快，年轻人满口方言读音的普通话词语，与老辈人形成了明显的代际差异。一家三代人围坐在桌旁吃年夜饭，喊爹叫娘的词语都有差异。一些老辈人使用的词语，年轻人听不懂或虽能听懂但从来不说的现象随处可见。即便在与普通话差异不大、方言内部差异很小的东北官话区，年轻人不懂老年人口中的“张三”（狼）指何物、“打狼”为何义。面对上述变异现象，方言研究有了新内容，需要采用新的调查和分析方法。

现在的方言调查不能只局限于偏僻农村中无外出经历的单方言人，还应考虑不同社区和同一社区不同群体、不同社会特征的调查对象，采用社会语言学方法，分析方言变体和变异与方言使用者社会特征的联系，以及方言使用者的语言态度、语言认同对方言变异和变化的影响，预测方言的发展趋势。新的研究内容和角度及新的调查和分析方法，不仅可以观察方言特点及其动态变化，还可以弥补研究者音韵学基础薄弱、方言调查能力不足的缺憾。

（三）主动挖掘身边的语言资源

如果研究者生活的地区并非自己的母语区，当地语言或方言有很大的研究空间甚至存在空白调查点，作为外来者，应当主动学习并掌握这种语言或方言。边学习边就地取材的过程，就是母语与当地语言或方言的对比过程。当语感、语言能力和语言材料积累到一定程度，自然可以找到恰当的研究方向和题目。更重要的是，掌握了所在地的语言或方言，等于开辟了一个新的研究领域。对此，年轻学者应有长远眼光。我们常见一些异地生活或工作的人，有些善于学习，很快掌握了当地话，与当地人的融入程度很高；有些在当地生活几十年也没学会当地话，更别说融入，这对语言研究者而言非常可惜。我们也经常看到，一些汉族学生选择少数民族语言作为研究对象，持之以恒做下来总能取得一定成就；那些单纯为考学或完成学位论文而进入这个领域并未长期坚守的人，除多了解一种语言的特点，其他方面的收获并不大。这从另一角度说明，语言研究者要有学习和研究新语种和异地话的热情，要对各类语言现象保持高度的敏感性，更要有持之以恒的坚守。

（四）关注空白调查点

如果研究者生活或熟悉地区的方言并非某种语言或方言的典型代表，似乎没有什么特点，但事实上看似非典型方言，其实有很多可以挖掘的语言材料和研究内容，可以说非典型性就是它最大的特点。此外，受方言之间的相互影响，不同方言区交界处有可能形成混合方言；或者一种方言是由外地移民形成的方言岛，既保留了源方言的特点，又有移民地周边方言的特征。上述种种特殊的语言变体不仅具有独特性，以往也较少被关注，为我们留下了研究空间。调查这类语言变体，既能填补语料空白，又有语言理论的价值，应持续不断地关注，并可以将其发展成自己的研究方向。

需要说明，上述几类语言变体常兼有几种语言或方言的特点，调查记录和描写分析有一定难度，不仅需要掌握调查工具、具备较强的调查能力，还要把握周边或移民来源地语言或方言的特点。因此，揭示这类语言或方言变体的特点和规律，不能单纯停留在当地语言或方言描写层面，还要对比相关的语言或方言。如果学识不够，就要恶补，不能急于求成，在调查和搜集语料过程中提高调查能力，在对比分析过程中提高研究水平。

二、关注语言生活及其变迁

如果研究者没有接受过系统的音韵学和方言学专业训练，即使学过语言学基础知识，短时间内也难以找到普通话、地方普通话和方言变体或变异的研究题目；选择非典型性方言或空白研究项目，也因专业功底不济而难以实施。这种情况下，可以考虑选择非本体研究项目。语言与社会密切相关，本体和非本体都需要有人研究，都需要结合语言使用者的语言行为、语言态度和语言认同以及所处社会文化环境，这方面也可以开拓新的研究领域。从非本体研究角度看，当一个国家处于社会文化转型期，面临前所未有的变化，必然会产生许多新的语言生活问题。即便有些问题有过不少研究积累，但随着社会的发展变化，已有的理论可能难以有效解释新的变化，需要结合新变化，从新的视角做进一步探索和解释。即便语言社会变化的一些问题是国外经历过的，且有不少研究成果，但不同国家社会文化特点以及语言使用者价值观念、思维方式、语言态度和语言认同的差异，决定了社会文化转型期面临的问题各具特点，需要结合本国或本地实际进行新的探索。简言之，关注社会文化变革带来的新的语言问题，可以发现具有原创性的研究题目。从这个角度看，学术创新取决于研究者敏锐的问题意识，下面提供三个参考角度。

（一）城市语言生活研究

传统的语言调查研究主要立足于农村封闭社区，社会语言学兴起后，城市语言调查受到更多关注。城市人口构成复杂、流动量大、语言和方言接触频繁，是语言变异和变化的“策源地”，而语言接触和发展演化研究，离不开城市语言生活的调查。当代中国正处于社会转型和文化变革时期，语言生活发生了显著变化。我们每天面对、感知的种种变化为语言研究提供了新的研究课题。城市化进程和城乡间社会流动速度的加快、生态保护工程的实施，使得各地出现了数量不等的“城中村”和大批移民社区，进城务工者、城镇移民普遍面临语言文化适应以及相应的语言认同和身份建构问题；随着网络的普及，老年群体普遍面临网络语言的冲击和适应以及代际语言沟通等问题。

随着外语学习的深入和使用范围的扩大，国外来华工作、留学、旅游的人数逐渐增多，英源和日源新词频出，使得当代汉语产生了新特点；大学生、外企员工、海归、在华外国人群体的语码转换和夹杂现象随处可见。随着网络的普及、新媒体的发展，网络流行语、动漫新词语、字母词、特殊造词方式等呈现泛化态势。

国内语言生活的上述种种变化，不仅影响着语言结构和表达特点的走向，而且影响着人们的语言价值观，因此，有不少可以选择的研究题目。

（二）农村语言生活研究

传统乡村相对封闭、流动性小，熟人社会密切的人际关系制约着人们的行为规范。语言行为是重要的社会行为，自然受社区规范的约束。因此，社区成员的语言交际、语言态度和语言认同表现出相当大的一致性。

当代经济社会的发展，人口流动、教育普及和媒体发展速度加快，使得传统封闭的、同质化的乡村逐渐向开放的、异质化的社会过渡，生产关系、生活方式和人际关系随之发生了深刻变革。现在的乡村已不全是熟人社会和单一方言社区，传统的行为规范逐渐失去了约束力。普通话持续不断的推广及其强势的社会文化功能，不仅改变着乡村社会的语言生活，也改变着乡村方言系统及其发展走向。方言和普通话双言转换现象已是村民交际的常态，隔代“半双语交际”现象也屡见不鲜。过去，乡村方言内部差异不大；现在，年轻人普遍听不懂或能听懂不会说反映农村生活的常用词语。过去，一些外出返乡者不说家乡话，会受到乡亲的斥责甚至鄙视；现在，人们的语言态度变得更加开放和包容。网络时代，村民与外界接触的密度和广度远非以往的交往方式所能比拟，这逐渐改变着村民的语言行为及其语言变异和变化方向。上述种种，使得乡村语言生活变得更加复杂，少数民族语言使用区的语言生活及语言结构变化同样具有上述特点。

随着农村语言生活的变迁，方言和普通话语码转换、不同类型农村社区语言使用、语言变异与变化、语言变项的社会分布、村民语言态度的差异以及语言认同与身份建构的特点，都是以往乡村语言研究关注不够的。与之相应，乡村语言调查也不能只局限于封闭社区个体发音人语言特点的静态描写，需要在新的社会背景下考察村民语言行为、语言态度和语言认同的变化；从新的视角、采用新的方法调查乡村的语言结构系统，考察农村语言生活以及村民社会特征、语言态度和语言认同变化与语言变异的关联，分析影响语言生活变迁、语言结构变异的各类因素。这样，才能全面描述乡村语言生活状况，准确揭示乡村语言特点以及村民语言态度和语言认同的变化。此外，多语多文地区特别是少数民族语言使用区语言景观、语言需求和语言服务的调查研究，个体和群体语言能力提高机制和路径研究等，都是新时代农村语言生活调查研究的重要内容。

（三）语言态度和语言认同研究

语言态度是典型的社会语言学问题，语言认同则涉及跨学科研究。语言态度以及受其影响的语言选择是语言认同的实践层面，语言认同则涉及身份认同和建构等哲学问题。

语言态度有三个特点：一是语言态度特别是广义的语言态度由不同要素复合而成，比如情感认同、主观评价和愿望、行为倾向和实际表现等，因此，不能笼统地评判语言使用者的语言态度；二是语言态度中的主观因素和客观行为之间往往存在结构性差异，使得影响语言变体和变异、语言使用和发展的因素更加复杂，因此，不能对语言态度的具体表现做简单化处理；三是语言态度不同要素与说话人社会特征之间存在一定的对应关系，正因如此，我们才有可能恰当评估语言态度不同要素对语言变体和变异、语言使用和发展特点、规律及其发展趋势的影响。

认同的本质是身份建构，语言认同在身份建构中发挥着重要作用，它也有三个特点：一是具有天然性即原生性，不受个体意愿支配；二是建构性，个体总是在特定社会文化环境中成长，需要通过社会化过程不断建构新的社会身份，而语言认同在语言使用者身份建构过程中发挥着重要作用；三是互动性，认同不是个体行为，不可能“你认为你是谁就是谁”，还必须得到其他群体的认可和确认，身份建构也不是单向的，语言使用与社会身份之间的互动，决定了说话人语言变体或变异项目的选择和发展走向，体现了说话人身份建构的动态过程，选择的结果体现了说话人新的身份建构。

总之，语言认同和身份建构是特定文化环境中社会心理和哲学意识的体现，一定程度上制约着说话人对语言结构和语言使用的判断和选择。研究语言变体或变异项目选择与语言认同和身份建构的关系，既可以从微观角度研究语言结构和语义演变问题，如语言变体或变异项目在特定群体中的分布、携带的社会文化意义及其扩散过程；也可从宏观角度探讨变体或变异项目选择与说话人身份建构行为的互动关系，以及对人们语言生活甚至人生走向的影响。

上述内容为语言态度和语言认同研究提供了线索，为跨领域研究提供了素材和视角。一方面，语言态度和语言认同关系密切，有时语言态度可以在一定程度上体现语言认同；另一方面，相较于语言态度，语言认同的抽象度更高，调查难度更大。因此，最好在语言态度调查研究积累到一定程度后，再进入语言认同研究领域，或者将二者结合起来研究。

三、结　语

选择可持续性的语言研究，涉及问题导向的精准定位、学术眼光的前瞻性、持之以恒的延伸性三个方面。因此，应当在本学科内部深耕细作，逐步拓展至交叉学科研究。作为语言研究新手，应当充分利用和主动挖掘身边的语言资源，包括利用母语优势、从描写走向解释，从普通话或方言的变体或变异切入、寻找新的研究课题，从学术研究空白调查点中寻找研究课题；应当关注语言生活及其变迁，包括城市和农村语言生活研究、语言态度和语言认同研究。

总之，在前人研究的基础上，投身于语言现实，选择适合自己的学术方向和研究问题，扎扎实实获取大量第一手可靠的语言材料、积累不同类型的实证研究个案，开展不同类型的个案对比，可以从事实和个案积累中提炼理论认识，形成可持续性研究方向，从而形成自己的研究特色。

蒙古族语言生活调查：目标与进展*

巴达玛敖德斯尔**

【摘要】从研究背景、思路、内容与目标、研究实例、初步结论及进一步思考的几个问题等方面，梳理国家社会科学基金重大项目“蒙古族语言生活调查”的理论和应用价值、研究成果与进展，认为调查点的选择具有多样性和代表性，调查成果一定程度上丰富了我国的社会语言学研究，可以为政府咨询和政策制定提供参考。

【关键词】蒙古族，语言生活，调查目标与进展

一、研究背景和基本问题

（一）社会语言学学科建设

2002年，内蒙古大学在原中国少数民族语言文学学位点基础上申报语言学及应用语言学学位点，2003年获批，2004年招收社会语言学方向硕士研究

---

*本项研究获得国家社会科学基金重大项目“蒙古族语言生活调查”的资助，项目批准号：17ZDA316。

** 巴达玛敖德斯尔（1965—），男，内蒙古大学蒙古学学院教授、博士研究生导师，主要从事社会语言学和蒙古语语法研究。其他作者依次是：王远新（1958—），男，中央民族大学中国少数民族语言文学学院二级教授、博士研究生导师，主要从事中国少数民族语言和社会语言学研究；嘎拉桑（1958—），男，内蒙古民族大学蒙古学学院教授，主要从事修辞学研究；达胡白乙拉（1977—），男，内蒙古大学蒙古学学院二级教授、博士研究生导师，主要从事计算语言学和计量语言学研究；图门吉日嘎拉（1962—），男，内蒙古大学蒙古学学院教授、博士研究生导师，主要从事现代蒙古语及其方言研究；图雅（1962—），女，内蒙古大学蒙古学学院教授、硕士研究生导师，主要从事实验语音学研究；苏日那（1991—），女，内蒙古大学蒙古学学院讲师，主要从事社会语言学研究；海拉（1984—），女，呼和浩特民族学院外国语学院讲师，主要从事英语语言文学和社会语言学研究；席红英（1984—），女，内蒙古师范大学蒙古学学院副教授，主要从事社会语言学研究；萨楚日拉（1992—），女，内蒙古地方民族语文杂志社编辑，主要研究社会语言学相关问题；特尼格尔（1990—），男，中央民族大学中国少数民族语言文学学院语言学及应用语言学专业计算语言学方向2018级博士研究生，主要研究计算语言学和批评话语分析相关问题。

生。内蒙古大学社会语言学从无到有、从幼稚到逐渐成熟，在十几年的建设中立足本土语言生活，突出社会语言学应用价值。学科建设和人才培养工作已取得一定进步，建立了国内第二个社会语言学实验室——内蒙古大学社会语言学实验室（已扩建为“内蒙古大学社会语言学研究中心”）。

大数据时代的社会语言学应把握语言、交际与人类、文化和社会之间的多维关系，力求解决语言与社会关系中复杂的现实问题。内蒙古大学的社会语言学以蒙古族语言应用为主要研究对象，以有限的研究力量做重点的、基础性的调查研究，一方面借鉴过去积累的语言本体研究经验，另一方面探索语言本体与社会语言学的结合点，开拓新的研究领域，加强与蒙古语方言学、语言信息处理、实验语音学等学科的交流与合作。

（二）语言生活现状

1. 语言多样性

语言多样性与其使用者的多样性密切相关。不同地区的同一民族因居住地自然和社会环境以及周围民族不同，其生产生活方式、语言生活存在一定差异。蒙古族分布在多个国家和地区，他们的归属意识也在不断变化。内蒙古自治区是我国蒙古族聚居区，除珞巴族，有蒙、汉、满、回、达斡尔、鄂温克、鄂伦春、朝鲜等 55 个民族，其中汉族人口最多，其次是蒙古族。多民族交往交流的社会环境以及多样的自然环境，使得蒙古族语言生活呈现多样性，了解蒙古族语言生活现状、特点及规律，可准确把握语言区情和语言关系，更好地促进语言生活和谐发展。

2. 民族语和外语生活

蒙古语、国家通用语和外语能力是蒙古族语言能力的组成部分，对蒙古族教育、蒙古族地区的社会经济发展具有重要作用。内蒙古自治区已形成学前教育到博士研究生教育的蒙古语授课体系，对相关领域的人才培养贡献巨大。受全球化、市场化、城市化和中小学布局调整等影响，学习蒙古语的蒙古族人数逐年减少、蒙古语使用范围逐渐萎缩。2001 年起，国家实施小学三年级开始必修英语的外语教育政策。内蒙古自治区蒙古语授课的一些高级中学曾开办“蒙汉英三语实验班”，但出现了为提高汉语水平、强化英语能力而压缩蒙古语授课时间，导致学生蒙古语水平下降等问题。蒙古语授课学校英语师资力量薄弱、针对蒙古族学生特点编写的英语教材匮乏，导致面向蒙古族学生的英语教育处于两难境地。目前蒙古族教育处于三语能力培养的瓶颈期，面临蒙古语授课学生本族语能力下降、汉语单语化趋势增强、外语能力提高缓慢等问题。对此，亟待依据实地调查材料加以研讨，国家有关部门应从语言的情感、文化、社会、经济价值等角度出发，加强少数民族语言能力建设，研究和推进少数民族语言保护与发展、国家通用语言文字推广与普及、外语教育发展政策制定等。

3. 城市化影响

蒙古族长期以游牧为主要生产生活方式，在当今经济全球化背景及市场经济推动下，蒙古族深受城市化影响。在蒙古国、中国和俄罗斯，城市蒙古族人口逐年增多。2017 年末，内蒙古自治区常住人口为 2528.6 万人，其中城镇人口 1568.2 万人，乡村人口 960.4 万人，常住人口城镇化率达 62.0%。2021 年末，全区常住人口中城镇人口为 1637.04 万人，同比增加 15.50 万人；乡村人口为 762.96 万人，同比减少 18.33 万人。常住人口城镇化率为 68.21%，同比提高了 0.73 个百分点。内蒙古自治区蒙古族人口的城镇化有两类途径：一是从乡村迁往城市；二是行政区划变动，如县改市、苏木改镇、撤盟设市。近年来，牧区生态环境恶化、生态移民、第三产业发展、城乡经济收入差距、撤点并校等原因，使得蒙古族农牧民大量涌向城镇。城镇蒙古族的语言使用现状和语言态度直接影响蒙古族语言文字和文化的保留、传承和发展。因此，城市化对蒙古族语言使用变化的影响、蒙古族进城务工人员的语言文化适应、城镇蒙古族语言使用现状和语言态度调查等研究，都是中国国情和内蒙古自治区区情的重要研究内容，也是城市社会语言学领域重要的研究课题。

（三）语言生活调查

调查特定社会单位或行政区域人口，如国家、民族，省区、盟市、旗县，行政机构、学校、家庭等实体运用语言的状况，可在城市或农村牧区、单一民族或多民族聚居区、散居区或杂居区进行。调查范围视调查目标及“言语社区”而定，主要采用社会语言学调查方法。少数民族语言生活调查是国情、区情、族情的重要内容，能够丰富社会语言学研究，为国家制定语言政策、教育政策提供科学依据，还可为建设和谐语言生活服务。

蒙古族语言生活调查包括中国蒙古语文工作协作八省区（简称“八省区”，即内蒙古自治区、黑龙江省、吉林省、辽宁省、甘肃省、青海省、新疆维吾尔自治区、河北省以及北京地区）不同类型社区的语言生活（语言使用、态度、景观）调查，还包括中国和蒙古国语言政策、语言规划及相关法律法规制定与落实的对比研究。本项目全面系统搜集我国蒙古族语言生活的第一手数据，为不同类型的调查研究提供实证性成果，为我国语言生活特别是少数民族地区语言管理、政策和规划提供科学依据，还可为语言文化安全建设提供参考。

二、基本思路、主要内容和目标

（一）研究状况和选题价值

1. 总体思路

研究范围为中国境内蒙古族和蒙古国的语言生活和语言政策。语言生活包括语言能力、语言使用、语言态度、语言景观、跨境语言使用等内容。语言政策包括国内各个层面的语言政策、语言规划和地方法规；与蒙古国语言文字及其学习使用相关的法律法规，各类组织机构如官方机构、学术机构、民间组织的语情等。课题重点突出以下五方面的调查研究：

第一，突出蒙古语文在“一带一路”特别是丝绸之路经济带中的作用。蒙古语文是古代草原和沙漠丝绸之路的重要媒介，在现代丝绸之路经济带建设方面仍具有重要地位，是相关国家语言互通的重要工具。蒙古族语言生活调查对丝绸之路经济带建设中的民心互通、文化交流、经贸往来等具有基础性作用。

第二，重视跨境语言使用及语言文化安全调查。中蒙边境地区语言生活现状、经贸关系、边民贸易往来、官方交流、信息互通以及语言文字使用、文化传播、中蒙两国语言政策的异同等，均对中国边境地区语言文化安全具有重要影响。调查跨境语言使用及相关语言文化安全问题，有助于中国边疆地区稳定、民族团结、社会和谐，有助于中国政府在国际交往中掌握外交主动权和话语权。

第三，重点分析城镇化进程对蒙古族语言生活的影响。内蒙古地区城镇化速度高于全国平均水平，更快于其他少数民族地区，这对蒙古族不同类型社区的语言生态、语言文化传承、生态移民及语言文化适应、族际通婚、语言态度及语言行为、语言文化认同等均有直接或间接影响。调查分析城镇化进程的影响，可预测蒙古族语言生活的发展趋势。

第四，语言政策与语言生活关系研究。全面搜集中蒙两国语言政策、语言规划及相关法律法规，从不同角度进行对比分析和综合研究，考察政策的形成、变化及其对语言生活的影响。针对调查研究中发现的问题，分析其影响因素，提供对策建议。

第五，总结内蒙古自治区蒙古语发展的经验。重点梳理和总结内蒙古自治区语言政策、语言生活和语言教育的成功经验，为内蒙古自治区民族团结先进区建设提供资讯，为其他少数民族地区提供借鉴，为政府决策提供科学依据。

2. 先行研究

(1) 国内语言生活研究

语言使用现状及语言态度调查研究主要包括以下四个方面的内容：

第一，城市语言调查。近年来，围绕城市蒙古族语言使用和语言态度的调查研究已有一定积累。21 世纪初，在陈乃雄的倡导下，内蒙古大学申报了国家社科基金项目“城市蒙古人语言的社会语言学研究”。近几年，内蒙古大学努力开拓蒙古族城市语言生活相关调查领域。城市语言生活调查项目组围绕以下问题撰写了多篇学术论文和硕博学位论文。

城镇蒙古族语言使用及其语言态度：从语言规划与蒙古语文社会应用、语言态度与蒙古语文使用的关系入手，调查分析通辽市科尔沁区蒙古语文使用现状，针对存在的问题提出相应的措施和政策建议；从语言环境、社会应用和个人使用、语言态度、语言活力等方面，调查分析巴彦淖尔市临河区蒙古族语言使用状况，针对该地蒙古语的活力指数、蒙古族语言使用模型、语码选用形式、单双语模式、语言环境等问题，提出蒙古语言文字保护措施和建议；调查分析呼和浩特市、包头市、鄂尔多斯市、赤峰市蒙古族语言态度。

城市蒙古族网络语言：随着蒙古语文信息处理技术的成熟和蒙古文网站的涌现，蒙古语网络媒体正在形成。网络改变了年轻人的交际方式，形成新的社会交际环境，蒙古语出现了网络变体，其词汇、语法、修辞等也发生了一定变化。内蒙古大学蒙古国留学生巴·恩和玛的博士学位论文《蒙古国网络语言应用的社会语言学研究》（2014）和专著《网络语言学》（2015），从网络多语环境、简略性语言、外语词语借用、新型词语及行话、口语表达形式等方面，系统研究了蒙古国和内蒙古地区蒙古族年轻人网络语言的特点。

城市蒙古语方言保护：内蒙古大学社会语言学方向相关人员承担的国家社科项目“蒙古语方言的记录保存与传承复兴研究”主要研究了城市蒙古语方言的保护问题。

第二，农村牧区及边境旗县蒙古语文使用调查。农村牧区的蒙古语文使用总体上好于城镇地区，但仍存在挑战和困难。2010 年起，内蒙古自治区民委设立专项课题，内蒙古大学、内蒙古师范大学、内蒙古民族大学的学者每年分期分批赴内蒙古各地开展调查，在大量第一手材料基础上完成多篇研究生学位论文，出版专著《蒙古语言文字使用研究》（高·照日格图、额勒森其其格 2016）。2014 年 8 月，内蒙古大学和中央民族大学“边境旗县蒙古族语言使用现状调查”联合课题组，赴呼伦贝尔市新巴尔虎右旗的四个嘎查调查蒙古族语言使用和兼用情况、语言能力及语言态度。

第三，语言教育调查。课题组调查了蒙古语授课中小学蒙古语文教学、汉语授课民族学校加授蒙古语课、对外蒙古语教学、大中小学英语教学、蒙古族双语教育政策及外语教学现状等，发表一批学术论文，完成系列学位论文。

第四，语言景观研究。从社会用语用文政策及其实施情况调查入手，在高校及自治区语文管理部门的共同努力下，搜集大量照片和影像资料，发表多篇研究报告和论文，编印《呼和浩特市社会市面用文汉蒙对照词汇》（2015）。

蒙古语文数据库建设方面，20 世纪 80 年代初，蒙古语言学界开始重视蒙古语文数据库建设。1988 年后，内蒙古大学语音实验室陆续建成蒙古语方言、蒙古语族语言语音声学参数等数据库。1984—1991 年建立了世界上第一个 100 万词级现代蒙古语文数据库，语料覆盖语文教育、新闻、文学、政治等领域，开发了配套应用软件；1993—1995 年建成 500 万词级数据库，2005—2010 年建成 1000 万词级数据库，语料涵盖教科书、新闻、文学作品、期刊等。以字、词、短语、句子等为单位，建成不同类型的数据库及相应的分析软件系统。

蒙古国语言生活研究方面，国内蒙古国语言文字相关成果有《蒙古国的语言文字及文字改革》（1995）、《蒙古国传统文化与文字改革》（1999）、《蒙古国文字：一个文化传承与政治取向的问题》（2008）、《蒙古国蒙古族语言使用现状》（2014）等。《蒙古国蒙古族语言使用现状》以后杭爱省浩同图苏木古尔古勒台巴嘎和乌兰巴托市松干海日汗社区居民语言使用为个案，调查分析了蒙古国蒙古族语言使用现状及其影响因素，并从语音、词汇、语法等方面比较了蒙古国蒙古语中心方言与中国蒙古语基础方言的异同。

国内研究的特点主要表现在，蒙古族语言生活调查研究者学术背景、研究视角和调查方法多样；人类学问卷调查的广度和代表性、观察和访谈的深度、人文关怀、学科积淀，以及社会学的社会分层、科学追求等，丰富了语言学的调查研究；调查点的选择具有多样性和代表性，关注城市化进程对语言生活的影响，重视教育领域的语言使用调查。

国内研究存在的不足主要表现在，调查地区和研究成果不平衡，其中内蒙古、新疆地区的调查较充分，成果较多，东北三省、河北、青海、甘肃等地调查相对薄弱；研究成果注重描写，缺乏理论提炼；侧重语言使用、语言态度研究，缺乏全面的语言生活调查研究；国内学者研究蒙古国语言生活和语言政策的成果屈指可数。

（2）国外语言生活研究

蒙古国语言政策研究。1921 年，蒙古人民共和国成立图书文献院，开展文献资料的搜集整理，出版《蒙古语文发展政策》等学术刊物；1942 年建立蒙古国立大学；1951 年建立蒙古国立师范学院（现国立师范大学）；1961 年蒙古人民共和国科学院设立语言研究所；以上大学和研究机构均有蒙古语文研究部门。蒙古国语言政策研究主要涉及两方面内容：

第一，语言法律法规的制定。1924 年制定《蒙古人民共和国宪法》，确定了蒙古语的法律地位；第四次修订的《蒙古国宪法》（1992 年）明确规定“蒙古语是国家官方语言”；2003 年 5 月，蒙古国国家大呼拉尔通过《国家官方语言法》；2004 年成立国家语言文字委员会；2015 年 2 月通过《蒙古语言文字法》；2015 年 7 月成立语言政策国家委员会。与此相应，蒙古国学者针对语言相关的法律法规开展了一系列研究。

第二，文字改革。蒙古人民共和国成立不久，曾尝试用拉丁文字代替传统蒙古文，1931 年颁布《使用拉丁文字书写公文的决定》，1944 年颁布《全民使用拉丁文字的决定》。因国内外政治环境和苏联影响，最终选择用西里尔文代替传统蒙古文。1940 年决定采用以俄文字母为基础的新蒙古文后，策·达木丁苏荣等蒙古语言学家拟定正字法，组织编写了《正字法词典》等，1946 年 1 月 1 日正式启用西里尔蒙古文。从 20 世纪 80 年代末开始，蒙古国部分初中、高中和大学开设传统蒙古文课程。90 年代初，蒙古国决定恢复使用传统蒙古文。1991 年，蒙古国部长会议作出《关于组织全民学习传统文字活动的决议》。同年，蒙古国国家小呼拉尔决定从 1994 年起恢复使用传统蒙古文。1992 年，蒙古国国家大呼拉尔决定政府部门逐步恢复使用蒙古文，因经费等原因，决议未能如期执行。1995 年，蒙古国国家大呼拉尔审议通过政府提交的《1995—2005 年蒙古文字国家大纲Ⅰ》，制定了为期 10 年的恢复使用规划。2003 年，蒙古国颁布《官方语言法》，为蒙古语言文字和其他语言的学习使用提供了法律依据，目标是明确蒙古语作为官方语言的规范标准及名词术语的正确使用，协调官方语言在国家事务、公务活动中的使用及其与其他语言之间的关系。近年来，蒙古国加快推行传统蒙古文的步伐，2008 年颁布《2008—2015 年蒙古文字国家大纲Ⅱ》。时任蒙古国总统再次下达关于恢复扩大传统蒙古文使用的命令，规定蒙古国总统、国家大呼拉尔主席、总理以及政府官员等与外国同级别官员交流时，公文和信函必须使用传统蒙古文；蒙古国公民的出生及结婚证明、各级教育机构颁发的证件、毕业证书等必须同时使用传统蒙古文和西里尔文。2015 年颁布的《蒙古语言法》规定：分阶段推进传统蒙古文工作，待准备工作充分后，国家、地方机关公文同时使用西里尔文、蒙古文。2020 年颁布的《2020—2024 蒙古文字国家大纲Ⅲ》明确了实施大纲的法律依据、监督机关、经费保障等，也明确了在公务员招录和高考中增加传统蒙古文比重，全力推进恢复推广使用传统蒙古文工作。

其他国家语言生活研究。日本最早提出“语言生活”的概念并开展相关研究，日本社会语言学的重点是语言生活调查研究。日本国立国语研究所建立之初制定的任务目标是“用科学方法调查研究国语与国民语言生活”，为制定语言政策提供决策依据。日本学者出版了语言生活研究的一系列重要成果，大多属于语言生活微观研究范畴。

对应于“语言生活”的 language life 在欧美并不流行，常以“语言调查、语言状况、语言使用、语言生态”等术语出现，其主要成果有美国学者在非洲开展的“东非语言使用与语言教学调查”、加拿大学者关于土著族群语言生活状况的调查以及《官方语言年度报告》、澳大利亚学者关于参考语法的系列调查等。

3. 学术价值、应用价值和社会意义

（1）学术价值

第一，全面搜集中国蒙古语文协作八省区不同类型蒙古族地区及蒙古国语言生活的第一手材料，多角度描述其语言生活状况，可为后续开发研究奠定基础，为不同类型的个案调查和语言生活类型学研究积累实证性成果，丰富国内的社会语言学研究；第二，提炼语言生活的特点、类型和规律，揭示蒙古族语言生活的新问题、新特点，深入探讨语言关系及民族关系，为国内其他少数民族语言生活调查研究提供借鉴，为语言国情、区情、族情调查研究提供基础数据和实证案例，为本土化的社会语言学学科建设服务；第三，全面搜集中蒙两国语言政策、语言规划及相关法律法规，开展多角度对比研究，为我国语言政策的制定、实施提供参考。

（2）应用价值和社会意义

第一，围绕国家民委《少数民族语言文字工作规划》、国家语委《国家语言文字事业发展规划》精神，跟踪研究蒙古族语言生活的新情况、新问题，为政府制定语言政策、语言教育政策提供科学数据和理论依据；第二，在民族地区进一步推广国家通用语言文字，发挥蒙古语文在传承和弘扬中华民族优秀传统文化中的作用，为蒙古族双语及多语社会的形成与发展提供科学依据，推动民族地区社会语言生活和谐发展。

（二）总体框架和预期目标

1. 总体问题和主要内容

（1）总体问题

全面调查中国八省区蒙古族及蒙古国不同类型蒙古族社区语言生活，搜集中蒙两国语言政策、语言规划及相关的法律法规。

（2）调查内容

语言生活现状调查包括中国、蒙古国各调查点及调查对象的语言生活。语言使用方面，涉及家庭、社会、教育、行政、司法、传统媒体及新媒体、文化艺术、宗教等领域的语言文字使用状况；调查对象的语言习得、学习途径、语言能力（蒙古语、国家通用语、外语的听说读写能力），在不同场合视不同交际对象和话题的语言文字使用，媒体语言文字使用及接触等；跨境语言文字使用，包括官方往来、边民贸易、出国探亲、旅游等领域语言文字使用及境内外语言文化交流和影响。语言景观方面，调查我国蒙古族聚居地区社会用语用文现状，为语言文字规范化、标准化以及文明城市和新农村建设提供第一手材料；调查蒙古国社会用语用文现状，侧面掌握蒙古语文使用状况。语言态度方面，涉及调查对象对相关语言文字的情感态度、主观评价、行为倾向及语言文化认同等问题。

语言政策调查主要是搜集中蒙两国语言政策、语言规划及相关法律法规和文献资料，建立语言政策数据库和全文语料库，分类对比相关文献资料，并贯穿于课题调查研究的全过程。

2. 学科建设

形成跨省区、跨学科、跨学校的核心研究团队，为本土化社会语言学学科建设服务。课题组成员多为蒙古语言文字及社会语言学方向资深专家，与蒙古国有长期学术交流，了解中蒙两国国情。通过本项目研究，培养研究人才，组建学术梯队，建立内蒙古大学少数民族语言生活研究中心及蒙古族语言生活网站，使相关研究具有可持续性。

3. 服务决策

第一，为"一带一路"建设中的语言互通、民心相通提供基础数据；第二，为保障跨境语言文化安全、化解国内语言矛盾、建立和谐语言生活提供对策建议；第三，为蒙古语言文字的公共服务体系构建、网络语言文化安全维护提供决策咨询。

（三）研究思路和研究方法

1. 基本思路

本项目的基本思路是立足三个有机结合：一是语言政策分析与语言生活调查相结合；二是全面调查与个案调查相结合；三是共性问题研究与特殊问题研究相结合。具体而言，从语言学、社会学、教育学等多学科、多角度分析各类文献，立足实地调查获取的第一手数据，将语言政策调查与分析贯穿于语言生活调查研究的全过程。针对语言生活存在的问题分析影响因素，提出可操作性的建议。

研究涉及中、蒙两国。国内包括蒙古族分布的八省区，重点调查蒙古族自治地方（自治区、自治州、自治旗/县、民族乡）、边境旗县及口岸；蒙古国重点调查乌兰巴托市、乌布苏省和肯特省。调查点涉及蒙古族城镇和农村牧区的聚居区、散居区和杂居区。包括五个子课题（内蒙古地区蒙古族语言生活调查、西部地区蒙古族语言生活调查、东北地区蒙古族语言生活调查、蒙古国语言生活调查、蒙古语文政策与语言生活状况数据库），涉及蒙古语内蒙古方言、巴尔虎布里亚特方言、卫拉特方言、喀尔喀方言四个方言区。

2. 调查研究方法

（1）调查方法

文本文献和田野文献调查主要包括国内蒙古族四大片区的田野文献、口传文献，中蒙两国各类文本文献等；访谈法以结构性访谈为主，包括集体、专题和个别访谈（含专家学者和地方学者访谈），注重访谈领域、部门和对象的代表性和广泛性；问卷调查法在选定的典型个案调查点，依据民族分布特点，采用判断抽样方法确定户访及问卷调查对象，采用一对一访谈式问卷调查法，保证问卷调查的信度和效度；观察法采用实地观察、多角度侧面观察等手段，重点观察与问卷调查数据和各类访谈材料相关的问题及结论，实地观察并拍摄调查地社会用语用文状况。各子课题均综合使用以上四种方法，既体现各调查点的共性，又突出各自的特点。

（2）分析方法

第一，数据库分析法，利用数据库和语料库，定性（质性）和定量（量化）研究相结合，分析语言政策与语言生活相关的数据；第二，因素分析法，重点分析语言政策、社会环境、学校教育、媒体传播、文化艺术、宗教信仰、跨境语言等对语言生活的影响；第三，对比分析法，重点对比国内外语言政策与语言生活的异同。

（四）主要研究内容

1. 内蒙古地区蒙古族语言生活调查

（1）主要问题和重点研究内容

本子课题重点调查内蒙古地区蒙古族语言生活及相关语言政策。内蒙古自治区是中国最早成立的少数民族自治区，其蒙古族人口约占全国蒙古族总人口的70%，有城镇、农村、牧区等居住类型及相应的经济生活形态，有聚居、杂居和散居等居住形式。内蒙古方言是中国蒙古语基础方言，以正蓝旗话为代表的察哈尔土语是中国蒙古语的标准音。

城市语言生活。内蒙古自治区首府呼和浩特市是全区政治、文化、教育、媒体、信息中心。随着城市化进程加快、人口流动加速，该市人口结构发生了较大变化，城市蒙古族语言群体及交流方式呈现多样化。立足于呼和浩特市家庭、行政、司法、教育、传媒、文化艺术等领域，从语言使用、语言功能、语言规划、语言态度、语言能力、语言活力、语言接触、语言影响、语言关系、语言景观等角度体现首府蒙古族语言生活的特点。

农村牧区语言生活。内蒙古自治区蒙古族大多居住在农村牧区，纯牧区、纯农区、半农半牧区蒙古族语言生活各有特点。子课题重点体现不同类型社区的蒙古族语言习得及语言学习、语言态度、语言使用、语言能力及语言景观现状，探讨不同类型经济文化环境中的蒙古族语言生活的特点、规律及发展趋势。

边境旗县及口岸语言生活。内蒙古自治区与蒙古国、俄罗斯接壤，有19个口岸分布在14个边境旗市，在草原丝绸之路经济带建设中具有特殊地位。跨境语言使用在边民交流、民心互通、经贸往来等方面发挥着重要作用。子课题通过重点调查甘其毛道和二连浩特口岸蒙古族语言使用现状，揭示边境口岸地区官方往来、边民贸易、旅游业和社区居民日常生活的语言交流模式以及语言接触、语言影响等方面的特点。

蒙古语授课学校语言文字使用。内蒙古已形成从幼儿到博士研究生阶段完整的蒙古语授课教育体系。子课题全面调查各学段蒙古语文使用现状、教材、课堂教学语言及师生语言生活状况。

（2）研究思路

涵盖内蒙古地区不同类型调查点。在呼和浩特市调查区、市两级单位和不同类型社区的蒙古语文使用，搜集语言政策相关资料；在呼伦贝尔市陈巴尔虎旗、通辽市科尔沁区和科左中旗、赤峰市宁城县等不同类型经济文化地区调查农牧区蒙古族语言生活，在巴彦淖尔市甘其毛道口岸和二连浩特市调查口岸地区蒙古族语言生活。关注各调查点蒙古语授课学校语言文字使用状况，搜集语言政策及社会用语用文相关的文献和图片资料。

2. 西部地区蒙古族语言生活调查

（1）主要问题和重点研究内容

子课题重点突出西部地区蒙古族语言生活的四大特点：第一，体现蒙古语西部方言区（卫拉特方言及托忒和胡都木蒙古文）特点，与中部、东部方言区进行对比，揭示西部方言区蒙古族语言文字的使用特点。第二，西部地区多民族杂居，蒙古族主要分布在新疆、青海、甘肃及内蒙古西部。即使在蒙古族自治州、自治县等地，蒙古族人口也不占多数，周边语言文化多样，有些地区属蒙古族语言文化孤岛，加之西部地区语言接触和语言影响频繁、深入，语言关系复杂，语言生活与中部、东部地区差异较大。子课题突出西部方言区语言文化多元化、边缘化、语言关系复杂化等特点，探讨不同类型语言文化环境中蒙古族语言生活的特点、规律及发展趋势。第三，西部蒙古语方言区的蒙古族属东归群体，是古代草原和沙漠丝绸之路的重要参与者，维护了祖国统一。如新疆博尔塔拉蒙古自治州及国家一类口岸阿拉山口口岸是欧亚大陆桥国际大通道的中枢，在丝绸之路经济带建设中发挥着语言互通、民心互通的重要作用。因此，西部地区蒙古族在语言文化交流、经贸往来方面的东联西通作用是子课题的重点之一。第四，内蒙古西部地区蒙古语与内蒙古其他地区蒙古语有一定差异，且部分信仰伊斯兰教的蒙古族群体的语言生活调查具有特殊价值，也是子课题的特色。

（2）研究思路

涵盖西部方言区不同类型的调查点和调查对象。包括新疆博尔塔拉蒙古自治州及阿拉山口口岸、和硕县信仰伊斯兰教的“托茂回”蒙古族群体，塔城地区和布克赛尔蒙古族自治县、青海省海西蒙古族藏族自治州、甘肃省肃北蒙古族自治县、内蒙古自治区阿拉善盟信仰伊斯兰教的蒙古族群体。

3. 东北地区蒙古族语言生活调查

（1）主要问题

第一，东北地区蒙汉大杂居、蒙古族小聚居，蒙古族与汉族接触频繁，使用大量汉语借词，蒙古语方言结构特别是词汇系统发生了较大变化。东北地区蒙古语大部分属科尔沁—喀喇沁土语，子课题重点体现科尔沁—喀喇沁土语与其他地区蒙古语方言的差异，揭示这一地区蒙古族语言文字使用特点。第二，东北地区蒙古语受汉语影响较大，推广蒙古语标准音面临较多问题。子课题重点调查东北三省区蒙古语使用状况，协调方言保护与蒙古语标准音推广的关系。第三，从社会文化环境看，东北地区蒙古族受汉、满、朝鲜等民族语言文化影响，呈现多元化特点。蒙古族在语言习得、语言使用、语言态度等方面均有特殊性，代际传承差异显著。子课题突出科尔沁—喀喇沁土语区语言文化多元性特点，为有效保护和传承蒙古族语言文化提供借鉴。

（2）重点研究内容

东北地区各行业蒙古语文使用调查，包括行政、司法、教育、传媒、文化艺术等领域；语言习得和语言功能研究，包括东北地区蒙古族语言习得及习得途径、语言能力等；语言景观研究，包括东北地区社会用语用文情况，为语言文字规范化、标准化提供第一手资料；语言态度调查，包括东北地区蒙古族语言情感、主观评价及语言认同等；蒙古族语言政策调查研究，包括东北地区各领域不同层面语言政策、语言规划及相关法律法规。

（3）研究思路

涵盖黑龙江省杜尔伯特蒙古族自治县、吉林省前郭尔罗斯蒙古族自治县、辽宁省阜新蒙古族自治县不同类型社区。以“制定调查方案—实地调查—分析研究”为思路调查东北地区蒙古族语言生活现状；以“搜集—整理—研究”为思路调查研究语言政策和语言规划。

4. 蒙古国语言生活调查

（1）主要问题

以往相关研究主要以蒙古国语言本体为主，语言生活调查研究重视不够，研究较薄弱。子课题较系统、深入、细致地调查研究蒙古国各阶段语言政策和语言规划的社会背景、主要内容、工作方针、任务、措施、变化，以及蒙古国国家、民族、地区、行业、家庭、个人等层面的语言文字使用，从而推动“一带一路”沿线国家和地区语言现状、语言政策、语言服务研究和语言数据库建设。

（2）重点研究内容

第一，蒙古国语言政策和规划。系统调查蒙古国相关语言文字政策、法律法规的制定，标准音、基础方言和官方语言的选择与确定，文字改革，语言关系协调，公民语言权利保障，共同语和中心方言推广普及，文字规范标准的制定与推行，恢复使用传统蒙古文现状，名词术语规范化与标准化，新词语整理与规范，语言文字信息化，语言规划实施措施等。

第二，蒙古国语言生活现状。蒙古国各行业语言文字使用方面，包括社会、家庭、行政、司法、教育、传媒、文化艺术、宗教、商贸等领域的用语用文；语言习得、语言学习和语言能力方面，包括不同群体蒙古语习得、二语学习及听说读写能力等；语言景观方面，调查乌兰巴托市用语用文；语言态度方面，考察调查对象对相关语言和方言、文字的情感态度、主观评价、行为倾向以及语言认同等；跨境语言使用方面，调查中蒙两国官方往来、边民贸易、出国探亲、旅游等语言文字使用以及境内外语言文字使用、语言文化交流等。

（3）研究思路

语言政策和规划调查方面，全面搜集整理蒙古国语言文字相关政策、法律法规等文献；正确评估和总结蒙古国语言规划工作经验、社会效果。语言生活调查方面，设计科学的调查计划，组织培训有一定基础的调查人员，确定调查点及调查对象，深入调查蒙古国不同群体蒙古族语言使用现状。以上调查可充分发挥蒙古国学者及蒙古国来华留学博士、硕士生的作用。

5. 蒙古语文政策与语言生活状况数据库

（1）主要问题和重点研究内容

利用计算机数据库管理系统存储课题获取的蒙古语文政策与语言生活相关数据，构建数据库，以保证数据的通用性，提升重复利用率和更新效率。数据库主要用于语言政策信息查询利用、语言生活数据对比分析、语文政策与语言生活关系研究。

重点研究蒙古语文政策与语言生活数据来源范围、整理分类、属性确定、存储格式的确定等问题，确定数据来源范围与数据库规模相关、数据整理分类与数据库结构框架相关、数据属性与数据库内容相关、数据存储格式与数据库应用相关。根据政策、法律法规、条例等文献内容与特征，确定“数据库+语料库”框架，将文献相关属性存储于关系数据库，以语料库形式提供文献全文，满足全面、便捷的检索利用需求。根据语言生活数据特点确定数据库形式，在考虑相关调查方式的基础上提供主题搜索，以便围绕居住地、领域、职业、年龄、性别等多个主题获取数据。在蒙古族语言生活数据库、语言政策数据库和全文语料库基础上，研发数据库管理与检索统计软件，满足语言政策与语言生活对比分析及定量研究的需求，以进一步开发利用，实现资源共享。

（2）研究思路

数据库的研制包括数据搜集、整理分类、属性描述、数据录入与文本电子化、相关管理应用软件的开发等。首先，在调查中获取政策与语言生活原始数据；其次，对原始数据进行整理分类；再次，确定不同类别数据的属性；最后，根据数据分类与属性录入数据，利用现有系统构建数据库，采用人工录入方式完成全文电子化。数据库采用 Microsoft Office Access 系统，使蒙古语电子文本编码符合蒙古文编码国际标准，使用 Java Script 程序语言开发数据库的管理与应用软件。

三、研究进展

（一）实地调查及数据采集

2017 年立项以来，调查研究工作按计划有序进行，各调查点的进展情况如下。

1. 内蒙古地区

（1）呼和浩特市

2017 年 9 月至 11 月，课题组 1 人调研了呼和浩特市民族实验学校和内蒙古师范大学附属中学英语教学现状，共采访英语教师 11 人，采写听课记录 13 份。

（2）兴安盟

2018 年 8 月初，课题组 6 人赴兴安盟乌兰浩特市、科尔沁右翼前旗和科尔沁右翼中旗调查。调查单位有科右前旗一中、科右中旗第四中学等，共访谈 28 人。2018 年 8 月中下旬，课题组 1 人再次赴科右中旗调研，共访谈 20 人。2018 年 12 月至 2019 年 4 月，课题组 1 人赴科右前旗牧区 3 个苏木做入户问卷调查。

（3）呼伦贝尔市

2018 年 3 月至 6 月、9 月至 10 月，课题组 1 人调查了呼伦贝尔市 17 所蒙古语授课中小学的英语教学现状。调查对象包括英语教师 78 人、中小学学生 569 人和教学相关人员 44 人。调研过程中召开座谈会 6 次，编写课堂听课记录 108 份。2018 年 7 月至 2019 年 7 月，课题组 1 人调查了鄂温克旗伊敏苏木的新疆厄鲁特蒙古后裔的语言情况。18 世纪，厄鲁特蒙古人从新疆阿拉泰地区迁移到呼伦贝尔，他们长期与鄂温克族、达斡尔族、布里亚特蒙古族杂居共处，其语言状况发生了很大变化。调查组深入厄鲁特群体，记录他们读单词（1500 个）、短语（200 个）和讲故事（3 篇）语料，并以问卷形式调查了当地人口结构等情况。发音合作人共 24 人，其中老年组 8 男 2 女，中年组 7 男 3 女，青年组 4 男。2019 年 7 月至 8 月，课题组 1 人赴呼伦贝尔市，调查了市级单位和新巴尔虎右旗、新巴尔虎左旗、鄂温克旗、陈巴尔虎旗 4 个牧业旗的蒙古族行政和日常领域的语言生活。

（4）通辽市

2019 年 7 月至 11 月，课题组 1 人先后对通辽市科尔沁区、科左后旗、科左中旗、奈曼旗、库伦旗、扎鲁特旗、开鲁县、霍林郭勒市 8 个市县旗的 66 所学校、教育机构及相关人员进行了问卷调查和访谈。走访教育局、学校、幼儿园、社区等多个单位，搜集了大量的语言生活田野文献。深度访谈了 100 余名调查对象，开展了 26 场大型座谈会，获取了时长 10 余小时的访谈记录，完成 4 万字（词）的田野调查日志。听课 46 次，获取教师语言生活问卷 268 份（汉语）、教师语言教学问卷 265 份（蒙古语）、学生语言生活问卷 240 份（汉语）、学生语言习得问卷 172 份（蒙古语），拍摄校园语言景观图片 3000 多张。

（5）鄂尔多斯市

2019 年 8 月至 12 月，课题组两人赴鄂尔多斯市伊金霍洛旗调查当地蒙古族行政、司法领域语言生活。

（6）阿拉善盟

2019 年 4 月，课题组两人赴阿拉善盟阿拉善左旗调查信仰伊斯兰教的蒙古族语言生活。2019 年 5 月至 8 月，课题组两人调查了阿拉善左旗巴彦浩特镇、银根苏木、乌力吉苏木、腾格里额里斯镇等地的蒙古族日常语言生活。

（7）锡林郭勒盟

2019 年 11 月至 12 月，课题组 1 人参加全区各盟市蒙古语文政策法规贯彻落实情况第三方检查评估工作，调查了锡林郭勒盟锡林浩特市、二连浩特市、阿巴嘎旗、苏尼特左旗、苏尼特右旗、东乌珠穆沁旗、西乌珠穆沁旗、太仆寺旗、镶黄旗、正镶白旗、正蓝旗、多伦县、乌拉盖管理区 13 个市县旗政策法规贯彻落实情况。2020 年 10 月至 11 月，课题组 1 人调查了锡林郭勒盟锡林浩特市、苏尼特右旗、东乌珠穆沁旗、正蓝旗和多伦县蒙古族日常和行政领域的语言生活。

2. 西部地区

（1）青海省

2018 年 7 月至 8 月，课题组 4 人赴海西蒙古族藏族自治州调查德令哈市城区、蓄集乡和乌兰县茶卡镇茶卡社区、巴音乡和乌兰哈达乡的语言生活，访谈 40 人；2019 年 6 月至 7 月，课题组 4 人再次赴海西州调查德令哈市、乌兰县、格尔木市教育领域的语言使用；2019 年 7 月至 8 月，课题组 3 人赴海北藏族自治州祁连县八宝镇、野牛沟乡、央隆乡、默勒镇、海晏县和西宁市调研；2019 年 9 月，课题组 3 人第三次赴海西州德令哈市、格尔木市、乌兰县调研；2020 年 8 月至 9 月，课题组两人再次赴海北州祁连县八宝镇、野牛沟乡、央隆乡、默勒镇、海晏县、西宁市等地调研。

（2）甘肃省

2018 年 8 月至 9 月，课题组两人赴酒泉市肃北蒙古族自治县党城湾镇、盐池湾乡、马鬃山镇，张掖市肃南裕固族自治县白银蒙古族乡东牛毛村、西牛毛村等地调研。2019 年 6 月至 7 月，课题组一人再次赴肃北县党城湾镇和石包城乡调研。

3. 东北地区

（1）杜尔伯特蒙古族自治县

2018 年 7 月，课题组 9 人调查了黑龙江省杜尔伯特县蒙古族语言使用现状，访谈 55 人。2019 年 10 月，课题组 3 人赴杜尔伯特县政府所在地和 7 个民族乡调查蒙古族教育领域语言生活。

（2）前郭尔罗斯蒙古族自治县

2018年7月，课题组6人赴吉林省前郭尔罗斯蒙古族自治县调研，访谈22人；2019年8月至9月，课题组5人再次赴该县调研；2019年10月至11月，课题组4人赴该县2个民族中学、4个民族小学调查蒙古族教育领域语言生活，对校长、教务主任、全体蒙古语文教师和部分学生及其家长做了问卷和访谈调查。

（3）阜新蒙古族自治县

2018年10至12月，课题组3人赴阜新蒙古族自治县调研，问卷调查331人。2019年5月，课题组1人调查该县蒙古族教育领域的语言生活，走访佛寺蒙古族学校、王府蒙古族学校、蒙古贞中学等5所蒙古族学校。问卷调查蒙古语文教师30人、学生60人（高中和专科生各30人）。

4. 蒙古国

2018年7至9月、2019年7月，课题组一人先后赴乌兰巴托市调查教育领域蒙古语教学与使用情况。2017年7月、2018年11月，课题组一人先后两次赴蒙古国搜集语言政策相关文献，并进行了访谈调查。

（二）调查资料、数据的整理运用

目前已搜集数据共210G容量，问卷2100份，文献498份。

1. 文献资料整理

搜集了国内外语言生活研究的大量文献；分类归档调研搜集的各类田野文献（文件汇编、公开出版物等），用Excel表格及Word文档等形式记录备案；整理归类立项以来课题组参加的相关会议、活动、培训学习的材料及成果。

2. 调研数据整理

（1）搜集大量第一手资料，根据调查情况编写调查日志；（2）核实原始数据并补充完善，确保数据完整、准确；（3）分类及汇总录音、问卷、照片等原始数据；（4）部分数据已通过统计表、数据库、论文等形式展示。课题组搜集了蒙古语文政策文献100多份，包括各种田野文献、公开出版物、法律法规汇编等，并全部录入《蒙古语文政策全文语料库》，并运用Microsoft Access软件初步建立了内蒙古自治区蒙古语文政策数据库（1947—2019）。

（三）课题组成员国内外学术交流情况

课题组积极参加与课题相关的国内外学术会议，并进行了广泛的学术交流。2018年4月，在内蒙古大学主办的“清格尔泰先生学术思想研讨会暨《契丹小字再研究》首发式”（赤峰市巴林左旗）上，课题负责人巴达玛敖德斯尔做了题为《无为而无不为：清格尔泰先生与内蒙古大学的社会语言学》的大会主旨报告；2018 年 9 月，在国际城市语言学会、大分大学主办的“第 16 届国际城市语言学会年会”（日本大分市）上宣读论文《モンゴル民族言語生活研究の可能性》；2018 年 11 月，在内蒙古师范大学主办的“全国第五届蒙古语应用研究学术研讨会”（呼和浩特市）上做了题为《蒙古族语言生活调查研究之可能性与课题》的主旨报告；2018 年 12 月，在内蒙古语言学会主办的“内蒙古语言学会 2018 年年会暨语言多样性与地域文化传承研讨会”（呼和浩特市）上做了题为《以人为本的社会语言学：语言生活族别研究之可能性》的主旨报告；2018 年 12 月，在中国蒙古语文学会主办的“全国蒙古语文学术研讨会”（呼和浩特市）上宣读论文《蒙古学典籍中的蒙古族语言生活调查实录——以 А. Д. Руднев（1911）中的 Дурбут-бэйсэ（杜尔伯特—贝子）话语材料为例》；2019 年 7 月，在内蒙古大学主办的“《内蒙古蒙古语方言地图资料集》首发式暨纪念陈乃雄先生学术研讨会”（呼和浩特市）上宣读论文《语言保持、语言保护与语言传承的社会语言学研究之一例：纪念陈乃雄先生》；2019 年 7 月，在锡林郭勒盟职业学院为“全区第三期蒙古语文应用研究中青年学者研修班暨第四期蒙古语文规范化标准化研修班”学员讲授课程《语言政策与语言规划：语言生活调查及社会语言学研究的重要课题》；2019 年 8 月，在呼和浩特民族学院蒙古学学院“智者的摇篮”讲坛上做了《关于蒙古族语言生活调查》的讲座；2019 年 10 月，在奈曼旗内蒙古大学、奈曼旗人民政府主办的“塔塔统阿蒙古文字博物馆开馆仪式暨蒙古语言文化学术研讨会”（通辽市）上做了题为《以人为本的社会语言学：蒙古族语言生活调查的最新进展》的主旨报告；2020 年 11 月，在国家民委、大连民族大学主办的“第二届‘一带一路’与民族地区发展论坛”（大连市）上宣读论文《“一带一路”沿线国家语言使用现状和语言政策研究之可能性与课题》；2020 年 12 月，在日本大分大学主办的“‘现代中国语言政策与语言传承——以少数语言为例’第八次中日国际研讨会”（线上会议）上做了题为《蒙古族语言生活调查研究新进展》的主旨报告。

2018 年 7 月，子课题负责人王远新在内蒙古大学做了《田野调查中的语料获取问题》的讲座；2018 年 12 月，在北京语言大学语言政策与规划学术沙龙上做了《民族地区语言生活调查的主要内容和方法》的讲座；2019 年 8 月，在国际城市语言学会、陕西师范大学主办的“国际城市语言学会第十七届学术年会”上做了题为《中国民族语言学 70 年：成就和努力方向》的主旨报告。

2018 年 5 月，在广东外语外贸大学举办的“第十五届外国语言学及应用语言学博士生论坛”上，课题组成员奈曼斤宣读论文《科尔沁土语中的语码混用现象——以胡仁乌力格尔为例》；2018年7月，在吉林大学主办的“第十一届中国社会语言学国际学术研讨会”上宣读论文《民族教育中的语言教育——基于社会语言学的研究》；2018年9月，在赤峰市巴林左旗由内蒙古大学主办的“内蒙古大学首届《蒙古秘史》国际学术研讨会”上宣读论文《研究中世纪蒙古人语言生活的可能性》。2018年9月，在日本大分大学主办的“第十六届国际城市语言学会年会”上，达胡白乙拉、高友晗、苏日那、安娜尔等4人分别宣读论文《Developing Mongolian Language Policy Database》《英语教育与“蒙古语—汉语”双语教育体制的相互作用机制研究》《Diglossia in Horqin Right Middle Banner》等；2018年7月，在上海市举办的“第四届中国语言政策与语言规划学术研讨会暨第三届中国语言政策研究热点与趋势研讨会”上，安娜尔宣读论文《蒙古语文政策数据库研发》；2018年12月，在中国蒙古语文学会主办的“全国蒙古语文学术研讨会”（呼和浩特市）上宣读论文《蒙古语文政策数据库的网络化》。2019年8月，在西安市国际城市语言学会、陕西师范大学主办的“国际城市语言学会第十七届学术年会”上，海拉、苏日那、奈曼斤分别宣读论文 *Study on the Current Situation of English Teaching in Mongolian Primary and Secondary Schools－Hulunboir City as an Example*；*Language Use and Language Attitudes among Mongols of Fuxin* 和《内蒙古医疗机构语言文字使用情况——以通辽地区蒙医医院为例》。

（四）课题成果发表情况

2018年以来，课题组出版和发表了学术专著、学术论文、学位论文和研究报告等多项成果。专著有王远新主编的《语言田野调查实录（14）》《语言田野调查实录（15）》《语言田野调查实录（16）》（简称《实录》），分别于2018年、2020年、2022年由中央民族大学出版社出版，其中《实录（14）》收录《通辽市蒙古族语言使用和语言态度调查》（安冉欣）、《社会网络调查的实践——以二道营子村蒙古语使用调查为例》（叶敬媛）、《二道营子蒙古族语言社区语言活力评估》（叶敬媛）、《甘其毛都镇和边境口岸语言生活的初步调查》（阿如恒）、《新疆基础教育领域蒙古语文使用调查研究》（姜昕玫），《实录（15）》收录《肃南县喀尔喀蒙古族的语言生活》（包冬梅）、《青海回族托茂人蒙古语濒危过程及原因初探》（史冬梅、邓垚、安冉欣）、《青海省海西州蒙古族语言文字使用调查》（禄雨薇）、《青海省海西州蒙古族语言生活调查》（赵婷婷）、《阿拉善左旗信仰伊斯兰教蒙古族的语言使用和语言态度调查》（史冬梅、邓垚）、《海西州蒙古族双语教育调查研究》（兰鸽），《实录（16）》

收录《内蒙古通辽市科左后旗蒙古语儿语词使用调查》（安冉欣）、《海西州城镇蒙古族语言使用及其发展趋势》（赵婷婷、兰鸽、安冉欣、禄雨薇）、《甘肃省肃北县蒙古族语言生活调查》（罗向鱼）、《肃北县民族教育现状、问题及对策》（包冬梅）、《肃北蒙古族自治县调研纪行》（包冬梅）、《海西州蒙古族语言生活调查琐记》（安冉欣）等与课题相关的论文18篇。

包冬梅的《蒙古族语言生活调查研究》（2019）在梳理国内外蒙古族语言生活调查研究成果的同时，总结了相关研究的特点和不足。王远新的《语言生活调查的主要内容和方法》（2019）从语言社区、领域和群体三个维度，论述不同类型社区、相关领域及不同群体语言生活调查的主要内容和方法，并在相关调查数据和不同类型个案对比分析的基础上，建构理论认识。该文还就高同质性社区语言生活调查问题做了进一步说明。王远新的《中国民族语言学70年：成就和努力方向》（2020）一文指出，新中国成立后的70年里，民族语言学在语言现状调查、语言关系、语言应用和语言政策四个领域取得了显著成就，具有立足实地调查、回应社会关切、重视学科建设三个方面的鲜明特点；在语料的进一步积累和深度利用、微观研究和个案分析的理论提升、充分发挥新兴学科的作用等方面形成了新的学术增长点。文章认为，今后的研究还应加强人文关怀，重视新时期少数民族语言文化的重大关切；开展学术争鸣，厘清认识误区；加强认同及认同关系的研究；开展名副其实的“一带一路”语言研究；加强不同语种研究者和分支学科的深层次合作；加大学科建设扶持力度，平衡语种和分支学科的研究力量。王远新的《传媒领域语言生活调查》（2021）提出，我国少数民族语文媒体经历了从无到有、从少到多的发展，从少数民族受众需求看，传统媒体仍有存在的必要，新媒体特别是自媒体的发展，对少数民族语文发展具有双重影响。传媒领域语言生活调查应立足于大众需求，以媒体级别和类型、传播形式和内容、传播主体和受众为切入点，综合采用多种田野调查方法，依据实地调查材料描述传媒领域语言生活状况，分析受众媒体接触和评价、需求和期望，揭示传媒领域语言生活不同层面的问题及其影响因素，预测少数民族语文媒体发展趋势。传媒领域语言生活研究不能止于面上的观察证据、问卷调查数据和访谈材料，还需要在整体和系统观念引导下，采用共时和历时对比法，结合宏观、中观和微观或主观和客观因素进行归因分析，结论才比较稳妥，对策建议才有针对性和可操作性。其他还有《“一带一路”倡议背景下蒙古族教育研究》（海拉 2019）、《蒙古语授课学校英语教学历史过程和现状的社会语言学观察》（海拉 2019）、《简论蒙古语言的多样性》（奈曼斤 2018）、《社会语言应用中的语码混合现象：以科尔沁胡仁乌力格尔为例》（奈曼斤 2019）、《浅谈方言学研究和社会语言学研究的关系》

（奈曼斤 2019）、《日本语言景观研究综述》（奈曼斤 2020）、《论蒙古族学校英语教学中的媒介语问题及其改善对策》（高友晗 2019）、《阜新蒙汉杂居村蒙古人语言能力分析》（苏日那 2019）、《阜新蒙汉杂居区蒙古族家庭语言使用情况》（苏日那 2019）、《呼伦贝尔市新巴尔虎右旗蒙古人语言使用调查》（席红英 2020）、《フルンボイル陳巴爾虎旗モンゴル人の言語に関する生態学的調査》（席红英 2021）、《“蒙古语语言政策数据库”的构建》（安娜尔、达胡白乙拉 2020）、《1990 年代文字改革运动及其教训》（乌日雅 2019）、《简述中国民族语文政策（1949—1959）》（乌日雅 2020）、《蒙古国蒙古语文政策在教育领域中的实施情况分析》（其木格额尔敦 2020）、《关于行政部门蒙古语文使用现状分析》（特日格乐 2021）、《关于呼伦贝尔厄鲁特蒙古人口语中祈使句的观察》（乌日汗 2021）、《呼伦贝尔厄鲁特口语前响复合元音变异探析》（乌日汗 2021）、《语言教育助力乡村振兴——青海省茶卡镇蒙古族的个案》（赵婷婷 2022）等。

学位论文中博士学位论文共八篇，分别是内蒙古大学博士论文《呼伦贝尔市蒙古语授课中小学语言教学现状的社会语言学分析——以英语教学为例》（海拉 2019）、《呼伦贝尔市蒙古族日常生活领域语言生活调查研究》（席红英 2020）、《蒙古贞地区蒙古族语言生活调查研究》（苏日那 2020）、《通辽市蒙古族教育领域语言生活调查研究》（奈曼斤 2020）、《蒙古国语言政策研究》（乌日雅 2021）、《锡林郭勒盟蒙古族语言生活调查研究》（特日格乐 2022）；中央民族大学博士学位论文《青海回族托茂人语言文化适应和身份建构研究》（史冬梅 2021）、《肃北蒙古族语言生活调查研究》（包冬梅 2021）。硕士学位论文共 14 篇，分别是内蒙古大学硕士论文《蒙古族家庭语言使用的代际差异研究》（萨楚日拉 2018）；《科尔沁右翼前旗蒙古族语言生活调查研究》（阿利玛 2020）、《伊金霍洛旗蒙古族行政、司法领域语言生活调查研究》（傲尔罕 2020）、《阿拉善左旗蒙古族日常生活领域语言生活调查研究》（乌达布拉 2020）、《蒙古语文语言政策文本句法计量研究》（安娜尔 2021）、《呼伦贝尔市牧业四旗餐饮业语言服务调查研究》（乌日噶 2021）；中央民族大学硕士论文《海西州行政和司法领域蒙古语文使用调查研究》（赵婷婷 2020）、《海西州传媒领域蒙古语文使用调查研究》（禄雨薇 2020）、《海西州蒙汉双语教育调查研究》（兰鸽 2020）、《甘肃省肃北县行政司法领域蒙古语文使用调查研究》（罗向鱼 2020）、《青海省海西州蒙古族语言生活调查》（安冉欣 2020）、《信仰伊斯兰教蒙古族与回族托茂人语言生活对比研究》（邓垚 2021）、《前郭尔罗斯蒙古族自治县蒙古族教育领域语言生活研究》（秀琴 2021）；内蒙古民族大学硕士论文《杜尔伯特蒙古族自治县蒙古族教育领域语言生活调查》（阿尼斯 2021）。

研究报告一篇：《蒙古国恢复使用蒙古文政策述评》（乌日雅、巴达玛敖德斯尔 2020）。

四、研究实例

（一）日常生活领域

立足于呼伦贝尔市牧业四旗（多语言多方言社区）的调查研究个案（席红英：《呼伦贝尔市蒙古族日常生活领域语言生活调查研究》，博士学位论文，内蒙古大学，2020）。

截至2018年，呼伦贝尔市常住人口253.01万人，其中蒙古族人口25.07万，占总人口的9.91%。其中，新巴尔虎右旗蒙古族占全市蒙古族人口的83%，新巴尔虎左旗蒙古族占77%，陈巴尔虎旗蒙古族占46%，鄂温克旗蒙古族占21%，上述牧业四旗蒙古族人口占呼伦贝尔市蒙古族人口的46.09%，其他旗市蒙古族则处于散居状态。牧业四旗蒙古族的部落构成多样，主要有巴尔虎（新巴尔虎、陈巴尔虎）、布里亚特、厄鲁特、科尔沁、喀喇沁等蒙古诸部，他们在语言使用、态度、能力等方面存在一定差异。

1. 调查过程

课题组先后三次赴呼伦贝尔市调查牧业四旗语言生活。走访牧业四旗民族事务委员会、广播电视台、教育局、统计局、公检法等机关单位及部门、城镇社区；通过结构性访谈（50多人）、深度访谈（30多人）和大型座谈会（2场），获取40余小时的访谈记录和有效问卷270份（每份问卷包含97道日常领域语言使用相关的题目），完成3万字调查日志。

2. 调查结果

在社会语言学、言语社区理论、城市语言调查和生态语言学理论指导下，综合运用文献调查、问卷调查、访谈调查等方法，从中观层面出发，调查研究了呼伦贝尔市蒙古族日常生活领域的语言使用、语言态度、语言习得和语言学习及语言能力、语言环境等。

呼伦贝尔市牧业四旗的语言生活状况可分为以下三种类型：一是以新巴尔虎左旗和新巴尔虎右旗为代表的传统牧业旗。两旗均离市中心较远，经济以传统畜牧业为主，人口较少，蒙古族人口占大多数，蒙古语保持较好。蒙古族日常交流以蒙古语为主，对蒙古语言文字的态度积极，蒙古语能力较强。新巴尔虎蒙古族的母语保持好于呼伦贝尔市其他地区，有强烈的民族认同和语言认同，汉语使用率与其他两旗相比较低，老年人的双语化程度低于中、青年人。二是以鄂温克族自治旗为代表的城市化牧业旗。自治旗紧邻海拉尔区，多民族杂居，汉族人口居多，蒙古族汉语使用率高、蒙古语使用率低，蒙古语和汉语兼用普遍，对汉语认同度高。三是以陈巴尔虎旗为代表的从传统牧业向城镇化过渡的转型牧业旗。陈巴尔虎旗工业较发达，传统牧业和新型工业齐头并进，蒙古族和汉族人口各占一半，旗内鄂温克族人口占比较高，但鄂温克语未形成影响势力。语言方面呈现蒙古语和汉语同步发展的趋势。陈巴尔虎蒙古族语言保持较好，蒙古语使用率高，对蒙古语态度较为积极；城镇蒙古族双语化程度高，部分居民在海拉尔区安家，受汉语影响比传统牧业旗更深。

城镇差异、年龄差异，语言态度差异和行为差异是牧业四旗语言生活的整体特点，且呈现家庭内部蒙古语使用率高，社会交际面汉语使用率逐渐增长的趋势。巴尔虎蒙古族、布里亚特蒙古族和厄鲁特蒙古族在语言习惯上有很多相似之处，与呼伦贝尔市科尔沁、喀喇沁等其他蒙古族差异较大：前者母语能力和意识强，家庭内部和社会交际均以蒙古语为主，汉语能力较低；后者普遍兼用蒙古语和汉语，语码混用现象较多，家庭内部以蒙古语为主，社会交际以汉语为主，汉语能力较强。当地中、青年蒙古族蒙汉语码混用现象较为明显。

蒙古语作为跨境语言，在蒙古国和俄罗斯均有使用人群。呼伦贝尔市布里亚特蒙古族长期与俄罗斯布里亚特人联系，受俄语影响较大，日常生活中较多使用俄语借词。蒙古国虽与呼伦贝尔市相邻，但其语言影响较小。从语言景观、语言格局和蒙古族社区语言使用看，牧业四旗受汉语影响较大，汉语处于优势地位，影响着蒙古语发展态势。

呼伦贝尔市有蒙古语广播、电视、网络等媒体，有利于推动蒙古语言文字的使用和发展。总体而言，播放时间短，内容创新不足，重复率高，受众以牧区中、老年蒙古族为主，这些都导致媒体对语言发展的推动力不足。

牧业四旗蒙古族的蒙古语可大致分为巴尔虎—布里亚特方言和科尔沁（喀喇沁）土语，进而形成不同的使用人群与地域分布。城镇居民以科尔沁土语为主，牧区居民以巴尔虎—布里亚特方言为主。经多年密切接触，这些方言土语仍然保持并行发展的趋势。语言使用上，科尔沁土语有晋级强势方言地位的趋势。总之，呼伦贝尔市蒙古族日常生活领域语言生活呈现蒙古语使用率下滑、使用范围缩小、使用功能降低，蒙汉双语化程度逐渐提高等态势，且存在代际、部落、城乡、阶层差异。

（二）行政、司法领域

内蒙古大学硕士学位论文《伊金霍洛旗蒙古族行政、司法领域语言生活调查研究》（傲尔罕 2020）是鄂尔多斯市伊金霍洛旗的调查个案。据统计，2020年末伊金霍洛旗总人口180245人，其中蒙古族14608人，占总人口的8%。旗内蒙古族人口比例小，各岗位蒙古族公务人员少，蒙古语文使用状况不尽人意。公务人员考试和干部提拔注重考生或干部的业务能力，不太重视其蒙古语言文字水平和能力。

在行政领域，公务员工作和下发文件时主要使用汉语；下基层或接待群众时说蒙古语多一些。旗政府办、旗委办、苏木镇党委设立翻译岗位，主要负责政府文件、会议材料、政府标语、蒙古文网站内容的翻译。其他机关单位不设专职翻译，蒙汉双语人才严重短缺。在司法领域，蒙古族公务人员数量更少，蒙古语文使用有限。文件多使用汉语，很少有蒙古语翻译，法律法规宣传材料偶尔使用蒙古文。每年用蒙古语诉讼的人数不多，当事人用蒙古语诉讼的要求和权利可以得到满足和保障。公检法司、民委部门在蒙古族学校或蒙古族集中的嘎查村普法时，一般派懂蒙汉双语的工作人员用蒙古语宣传。

公务员招录和干部提拔时对考生或干部的双语水平重视不够，导致双语人才短缺，未能很好地为群众提供蒙语或双语服务；政府公文较少使用蒙古文；民族政策、法律法规宣传不够；很多机关单位监督机制不完善，没有专职翻译，翻译水平参差不齐，翻译人员的编制问题得不到解决、工作待遇低。总之，蒙古语文在伊金霍洛旗行政司法领域的功能呈现式微态势。

（三）教育领域

内蒙古大学博士学位论文《蒙古贞地区蒙古族语言生活调查研究》（苏日那 2020）以阜新蒙古族自治县（俗称“蒙古贞地区”）为个案，指出当地民族教育模式为双语教育，蒙古语文课程以会话为主，教学中推广蒙古语标准音。当地的蒙古语文教学面临的主要挑战是，教师层面，因来源地不同，教师蒙古语文掌握程度参差不齐；教师在家庭中主要使用蒙古语，在学校以及媒体接触语言以汉语为主；对蒙古语言文字的态度积极，对后代学习和授课语言的期望是学好蒙古语标准音；对双语教育持赞成态度，希望享受差别化优惠待遇。教学中存在教材不适用、参考资料有限、课时安排不合理等问题。学生层面，受地域和家庭影响，蒙古语文掌握程度不平衡。家庭、学校、社会和媒体接触均以汉语为主，蒙古语文使用率不高、使用范围有限，写作和语法是学生的学习难点；学生接触蒙古文书刊机会少，只在学校接触课本相关的内容；对蒙古语言文字的发展持积极态度，比较看重升学优惠政策；希望多开展短剧表演、情景对话、演讲、朗诵比赛等活动，提高学习蒙古语文的兴趣和能力。

五、初步结论与值得思考的几个问题

（一）初步结论

第一，城市化进程深刻地影响着蒙古语言文字的使用；第二，蒙古族语言生活现状因言语社区不同而存在差异（多语多言地区、居住方式、生产生活方式）；第三，保护内蒙古自治区语言和方言多样性具有重要的政治、经济、文化意义。

（二）进一步思考的几个问题

第一，语言的性质和功能特点；第二，语言观与语言规划的关系；第三，不同类型语言社区语言生活调查的特点。

参考文献

[1] 陈・巴特尔．关于蒙古族儿童双语、三语学习态度的调查研究[J]．中国儿童发展,1992（5）．

[2] 广西壮族自治区语言文字工作委员会．广西语言文字使用问题调查与研究[M]．南宁：广西教育出版社，2005.

[3] 国家语言资源监测与研究中心．中国语言生活状况报告（2005—2021）[M]．北京：商务印书馆，2008—2022.

[4] 国家语言文字工作委员会．中国语言政策研究报告[M]．北京：商务印书馆，2016.

[5] 国家语言文字工作委员会．中国语言文字事业发展报告[M]．北京：商务印书馆，2017.

[6] 哈斯额尔敦．科尔沁左翼中旗蒙古族语言使用现状及其演变[M]．北京：商务印书馆，2012.

[7] 教育部语言文字信息管理司．北京语言生活状况报告[M]．北京：商务印书馆，2016.

[8] 教育部语言文字信息管理司．世界语言生活状况[M]．北京：商务印书馆，2016.

[9] 教育部语言文字信息管理司．世界语言生活报告[M]．北京：商务印书馆，2016.

[10] 李宇明．论语言生活的层级[J]．语言教学与研究，2012（5）．

［11］李宇明．语言生活与语言生活研究［J］．语言战略研究，2016（3）．

［12］马学良．应该重视“双语”问题的研究［J］．汉语学习，1981（5）．

［13］王远新．语言田野调查实录（14）［G］．北京：中央民族大学出版社，2019.

［14］王远新．语言田野调查实录（15）［G］．北京：中央民族大学出版社，2021.

［15］王远新．语言田野调查实录（16）［G］．北京：中央民族大学出版社，2022.

［16］王远新．语言生活调查的主要内容和方法［J］．民族教育研究，2019（2）．

［17］王远新．中国民族语言学70年：成就和努力方向［J］．陕西师范大学学报（哲学社会科学版），2019（6）．

［18］王远新．传媒领域语言生活调查［J］．陕西师范大学学报（哲学社会科学版），2021（4）．

［19］武小军．流动人口语言变化的社会语言学研究［M］．北京：科学出版社，2015.

［20］杨亦鸣，赵晓群．“一带一路”沿线国家语言国情手册［M］．北京：商务印书馆，2017.

［21］真田信治．社会言語学の展望［M］．東京：くろしお出版，2006.

［22］中国社会科学院．中国少数民族语言使用情况［M］．北京：中国藏学出版社，1994.

［23］中国语言文字使用情况调查领导小组办公室．中国语言文字使用情况调查资料［M］．北京：语文出版社，2006.

［24］周庆生．语言生活与语言政策：中国少数民族研究［M］．北京：社会科学文献出版社，2015.

［25］周炜．中国少数民族语言生活研究：以西藏自治区为例［M］．北京：人民出版社，2013.

田野调查方法

疫情期间的方言田野调查：方法与反思

郑仲桦*

【摘要】疫情期间，实地语言田野调查受到许多限制，作为新的调查途径，“线上”调查在汉语和少数民族语言及方言调查方面具有积极作用。“线上”调查有省时、省经费、可录音录像、短时间积累大量语料等优点，但受网络信号、发音人软件操作等条件影响，语音调查需要克服声母、辅音丛、多音节词记音等困难。本文反思了中国语言调查研究存在调查点数量不足、调查范围和比较研究受行政区划和民族划分干扰、因循前人研究结论和描写范式等问题。

【关键词】线上调查，方言学，描写范式

语言田野调查是现代语言学研究的重要组成部分，实地记录自然语言获取第一手语料，是建构语言学理论不可或缺的基础。2019 年新型冠状病毒肺炎疫情暴发以来，实地语言田野调查变得愈发困难，“无法到田野”成为许多语言学家必须面对的现实，“线上语言调查”便成为语言学家可选择的一种研究途径。本文拟探讨“线上调查”的方法与实践，试图为疫情期间甚至“后疫情时代”的语言田野调查提供一种可能性。

中国的汉语方言学、少数民族语言方言学研究，与西方的方言学研究传统有本质差异。自赵元任在 20 世纪初创建中国方言学研究框架以来，其研究范式未见根本性变化，仍属受音韵学强烈影响的历史方言学，不同于西方的地理方言学（又称方言地理学、地理语言学）。受方言学传统影响，中国的地理方言学长期处于待开发阶段。近几年，虽然许多汉语方言和少数民族语言研究都开始强调方言地图的绘制，方言地理研究取向的讨论也日益增加，但仍与西方方言地理学研究存在一定差距，主要体现在方言调查点的数量较少、尚未打牢方言地理研究的基础。对一种语言或方言进行全面、大规模的方言调查，是方言学地理研究的基础条件，调查的关键是描写标准的统一性和语料的可比性，

---

*郑仲桦（1980—），男，台州学院教师教育学院讲师，北京大学文学博士，南京大学社会学院博士研究生，主要从事理论语言学、方言学和社会语言学研究。

以此达到方言共时比较的目的。国内的方言调查多为零星的个案研究，综合性研究也多是比较不同学者甚至不同时期的语料。这样的研究虽有一定意义，但因每位学者的记音标准不同、语言也不可能经久不变，比较研究的结果很难令人完全信服。因此，新时期的中国方言学研究必须正视传统方言调查描写的局限性，学习借鉴西方的方言学研究。只有这样，才能实现真正意义上的追赶，最终建立更完整、更全面、与国际接轨的现代方言学。

疫情期间，实地的语言田野调查不易实现，“线上”语言调查成为突破困境的一种新尝试，若能善用此类工具，不仅可以继续做各类方言调查，还大大提高了效率，将“疫情”危机变为“研究”转机。本文借此机会反思以往研究的局限，打破“封控”困局，开辟方言调查研究的新局面。

一、“线上”语言调查

在汉语方言或少数民族语言方言研究中，语音调查对音值要求较高，“线下”调查似乎是唯一选择。然而，疫情难以实现“线下”调查，通过“微信视频”“腾讯会议”等软件进行“线上”调查成为替代方案。

（一）“线上”调查的优势

1. 省时、省经费

实地语言田野调查需要到发音人所在地，安排住处、调查场所与时间等事项。除交通住宿等费用，还要在社交等非调查事宜中消耗大量时间和精力。“线上”调查基本可以免除上述消耗，原则上只需与发音人约好时间并完成调查任务就能收集到所需要的语料。例如，笔者于 2021 年七月底八月初赴西北地区调研，走访了新疆、甘肃、青海地区的 8 个城市，调查了 20 余个汉语方言和少数民族语言方言点，21 天的调查花费约 7000 元。在隔离期间，笔者采用“线上”调查，两周共记录了 35 个汉语方言点的语料，调研花费几乎为零。

2. 可录制调查过程

通信视频软件大多具有录音录像功能，方便档案的存储与分享。“线下”调查需要使用录音笔或摄像机等设备，在操作与档案存储方面都不如视频软件方便。

3. 可在短时间积累大量语料

方言地理学研究需要积累大量可比较的第一手语料。“线上”调查高效、省时，可以在短时间积累大量方言语料。笔者 2018 年在“线下”调查了 41 个汉语方言点；疫情期间，2021 年调查了 353 个汉语方言点，其中“线上”调查将近 250 个点，调查效率显而易见。

（二）“线上”调查的前提

发音人具备使用通信软件的能力是保证“线上”调查的前提，部分年长的发音人可能无法正确使用网络或通信软件，需他人引导协助，以完成“线上”调查。除此之外，“线上”调查需要有以下两个条件。

1. 通畅网络信号是关键

以记音为主要调查目的的“线上”调查，若网络信号不佳，不仅会出现漏记、误记的情况，还会使整个调查过程十分艰难。网络不佳时，发音人常常被要求不断重复一些语音片段，且常常无法跟上调查者的节奏，即调查者与发音人之间处于“非实时”状态，严重影响调查的顺利进行。这样的调查结果，容易出现失误或遗漏重要语音信息。

2. 避免调查音系复杂的语言

调查一种语言或方言前，需要了解其基本语音面貌。对调查新手而言，若调查音系非常复杂的语言，“线上”调查会增加调查难度，因为“线上”调查无法百分之百地呈现“线下”的效果，难免遗漏一些语音信息。因此，不建议新手“线上”调查音系复杂、难度过大的语言或方言。

（三）“线上”调查的注意事项

“线上”调查更适合访谈获得质性研究资料，以及词汇、语法等不涉及语音调查的内容。“线上”语音调查主要有以下几个方面的困难。

1. 声母辨析困难、不容易掌握辅音丛

“线上”调查中，CV（C）结构语言的韵母一般容易辨认，声母的发音却不容易听清，从而影响声母的定位。简言之，容易获取比较完整的元音信息，不容易掌握辅音信息。

阿尔泰语系许多语言有丰富的辅音丛，词尾辅音丛比词首辅音丛更为复杂、难记。最难记录的是两个音节中间的辅音丛（CVCCVC），如奈曼蒙古语的 nierləkə（细心）、ʃʊqtərə（露水）、χɔlqatɕʰ（小偷）等；还容易混淆边音和颤音。这些都是“线上”语音调查的难点，需要重点听辨。

2. 不容易记录语流快、读音轻柔或多音节词较多的语言

有些语言自然语速较快，发音人不习惯慢读，调查者不容易记准。还有些语言的发音习惯很“轻”，体现在语流音高变化的起伏不明显、语调较平等方面，这种情况下，多音节词中的读音如 CVCVCVC，就不容易听清。突厥语族

语言一般语速快、读音轻柔；有的语言如俄语多音节词较多，语速也比较快，记音时常常存在上述困难。

上述困难并非无法克服。对母语人或语感极佳、经验丰富的调查者而言，“线上”与“线下”调查差异不大。另外，还可以“线上线下”同时调查，或采用“先线上、后线下”的方式弥补“线上”调查的不足。采用“线上”调查的最大阻碍并非技术的局限性，而是根深蒂固的传统观念，即认为“线上”调查无法获取完美无误的语料。笔者认为，在积累充足调查经验的基础上，扬长避短，“线上”调查或能成为一种长期有效、可行的田野调查方法。

二、传统方言学调查的反思

赵元任《现代吴语的研究》（1928）是现代汉语方言调查研究发凡的标志性成果。赵元任早期的方言研究试图融合中国传统音韵学和西方方言学的理论和方法，后继学者大都遵循他的研究范式。因此，汉语方言研究发展出具有中国特色的历史方言学传统，即重视方音与中古音的对应关系和音类的聚合，不重视语音的特征调查研究。《汉语方言区分的条件》（丁邦新 1982）中的相关阐述，最能说明汉语方言研究“重音类、轻音值”的倾向：“以汉语语音史为根据，用早期历史性的条件区分大方言；用晚期历史性条件区分次方言；用现在平面性的条件区别小方言。……最早期的条件最重要，最晚期的条件也就是平面性的语音差异了。”（丁邦新 1997：168）这句话表述的意思被视为汉语方言分区的基本准则本身无大问题，然而在方言学界重视音韵学的背景下，有可能使方言学家将历史性的音类条件当作关注目标，其他非音类性的语音现象成为不甚重要、可忽略不计的“平面性的语音差异”。

以历史语言学作为指导原则的现代汉语方言研究，大多是具体方言内部音系的音类与古音对应的研究，存在语音描写不够精确、缺乏方言间平行比较的弊端。在这样的研究传统下，多数学者只研究自己熟悉的方言，缺乏比较视野，对邻近方言、相关方言、其他类型方言都不甚了解，最终形成孤立的“中古音对应具体方言”的语言观与研究范式。在没有对其他方言做实地调查的情况下，无法判断他人的记音标准以及记音是否准确。综合当前方言学研究现状，笔者认为需要反思以下几个问题。

（一）欠缺大量、可比较的方言材料

赵元任之所以被称作“汉语方言之父”，不仅在于他将现代语言学方法带

入汉语方言研究，更在于他一生亲力亲为调查了各地汉语方言点约300个，两广、江浙沪、湖南、湖北、四川、云南等地都留下了他的足迹。他带领团队中的丁声树、董同龢、吴宗济、杨时逢共同完成了民国时期最重要的四部方言调查报告：《湖北方言调查报告》《湖南方言调查报告》《四川方言调查报告》《云南方言调查报告》，共涉及374个汉语方言点。由于方言点较多、时间和经费有限，他们不得不采取分工调查，即由两位以上成员共同调查。赵元任为什么这样安排呢？因为他深知每个研究者的记音标准是不一致的，安排不同学者共同调查，可以最大限度缩小不同调查者的记音差异。初步统计，赵元任个人或与他人配合调查的方言点超过总数的三分之一，可见他为兼顾方言点数量以及可供比较的材料所做出的努力。笔者相信，在时间、精力、经费等条件允许的情况下，赵元任有可能独立完成所有方言点的调查，如他的吴语调查，唯此才能统一记音标准，建立可供比较的方言数据库。此外，倘若赵元任没有去美国，而是一直待在中国，他也许会完成全国性的方言调查，而非局限在几个省份。

距1928年《现代吴语的研究》出版已近百年，百年来像赵元任那样调查大量汉语方言的中国学者并不多。曹志耘应是现代调查方言点最多且涉及不同类型方言的方言学家，其调查总数在200—300之间，包括南部吴语、徽语、山东方言、湘西方言、西北方言等。曹志耘主编的《汉语方言地图集》（2008）是中国汉语方言地理学的标志性成果，代表中国汉语方言研究与西方方言学的接轨。此项研究由34所高校或研究单位的57位学者共同完成，包含了930个汉语方言点。此后，学界陆续出现了多部方言综合比较的成果，均包含数量较多的方言点，且绘制了方言地图，如王文胜的《处州方言的地理语言学研究》（2008）、张世方的《北京官话语音研究》（2010）、张燕来的《兰银官话语音研究》（2014）、林齐倩的《苏州郊区方言研究》（2016）、牟成刚的《西南官话音韵研究》（2016）、王海燕的《方言地理学视角下徐州市、铜山县城乡方言接触研究》（2017）等。这些研究初步具备了方言地理学的研究精神，但可比较性问题仍未解决，绝大多数的比较研究用的是不同时期、不同学者的调查材料（加入作者调查的部分材料）。这类研究在音类分析中或许有一定意义，但对具体语音现象的描写或分析方面，难免产生偏差甚至谬误。

总体而言，在现代汉语方言的综合比较研究中，涵盖大量方言点的成果多缺乏可比性，具有可比性的研究方言点数量又太少，二者厚此薄彼，殊难兼顾。西方方言地理学研究以大量、可比较的方言语料为基础：方言地图的绘制往往是每十年改版一次，每次改版都会增加新的方言点，并修订前版的不精确之处，逐步完成大量的方言调查。同时，调查团队人数不会太多，并反复确认记音标准的一致性，确保方言的可比性。如若调查标准不一致，不同特征可能被描写为相同的，相同特征也可能被描写为不同的，所获方言语料再多也无法进行科学的比较。学界普遍认为，法国方言地理学的开创者是吉耶龙（Jules Gilliéron），但更为传奇的是他派去做环法方言调查的艾德蒙·艾德蒙（Edmond Edmont）。后者在1897—1901年间调查了639个法语方言点，奠定了实地调查方言的法国研究传统。吉耶龙当时未派更多的人调查法语方言，目的是确保语料具有可比性。这是否可以认为，依托高效的“线上”调查以及学者独立完成较大数量的方言调查已成可能，这是疫情背景下的新方法，也是中国方言学、少数民族语言方言学向方言地理学全面发展的契机。

（二）行政区划对汉语方言研究的局限

方言学研究对象的范围决定研究内容的合理性，最佳的研究是在语言学分类基础上确定研究范围，而不是由非语言学因素决定。中国的16种汉语方言片区（北京官话、冀鲁官话、胶辽官话、中原官话、江淮官话、西南官话、兰银官话、晋方言、吴方言、徽方言、赣方言、湘方言、闽方言、客家话、粤方言、平话）中，除平话分布在广西境内，其他方言均跨省区分布。

国内方言学研究长期受制于行政区划的影响。首先，从一些研究题目就能看出问题。如李冬香的《湖南赣语语音调查研究》（2015）、孙宜志的《江西赣方言语音研究》（2007）、亓文婧的博士学位论文《山东境内中原官话》（2019）等。以行政区划作为研究范围的不当之处在于会割裂某一方言，如湖南东部、江西西部的赣方言区连成一片，跨省赣方言区是宜浏片和吉茶片（“宜浏”是江西的宜春和湖南的浏阳、“吉茶”是江西的吉安和湖南的茶陵），上述成果以省界划定研究范围，不利于梳理赣方言区内部的一致性和差异。其次，方言志一般都是按照各省制定的写作模式而不是按照方言类别的原则编纂，如顾黔主持的“江苏方言研究丛书”包括了江苏省的三种方言（苏北中原官话、苏中江淮官话、苏南吴方言）；汪国胜主持的“湖北方言研究丛书”包含了湖北省境内的赣方言、江淮官话、西南官话；邢向东主持的《陕西方言重点调查研究》包括了陕北的晋方言、关中的中原官话和陕南的西南官话。再次，一些最新的方言比较著作也有以省为界的倾向，如《近八十年来关中方音微观演变研究》（2021）调查了陕西省境内的48个中原官话点，但没有包括陕南地区的中原官话。这些调查点分别隶属于中原官话关中片、汾河片、秦陇片，虽然以关中片为主，但没有穷尽关中片的其他方言点，如宁夏、甘肃、河南境内的关中片方言；汾河片和秦陇片的方言点也仅限于陕西省境内。这样确定研究范围，主要依据行政区划，没有考虑或淡化了语言学分类原则。

不同地区的方言往往具有一定的行政区划特征，如甘肃兰银官话有小舌音，宁夏地区没有；宁夏地区中原官话、兰银官话都有特殊的央高元音，甘肃、陕西都没有。既然已经根据语言学原则将方言分类或分区，从事方言研究就应该依据方言分类和分区原则确定研究对象，而非行政区划。以长江三角洲地区为例，以省界为调查范围无法说明江苏省境内三种方言的共性和特点，如苏南吴方言与苏中江淮官话的共性难道大于苏南与浙江、上海的吴方言？确定方言研究范围的基本原理是对内具有一致性、对外具有排他性，这也是方言分类和分区最基本、最需要坚持的原则。因此，方言调查应当选择整个方言所有地区的方言点（如整个吴方言区）或某个方言片区的方言点（如吴方言太湖片所有方言点）。"线上"调查不需要实地调查就能搜集各地方言语料，不仅节约了时间和经费，也能体现方言调查范围的合理性，还可弥补以行政区划调查方言的不足。

（三）民族划分对少数民族语言方言学的干扰

中华人民共和国成立以来，民族识别经历了漫长、反复的过程，1990 年全国第四次人口普查后，我国正式确立了 56 个民族。民族识别属于民族学研究领域，语言在民族识别中发挥了重大作用，但"民族"和"语言"毕竟是不同的概念，二者不能画等号。国内少数民族语言方言学研究存在与汉语方言学相似的问题，即非语言学因素制约了研究范围和内容。换言之，民族学的民族划分，对少数民族语言方言学研究产生了巨大影响，几乎决定了方言研究的走向，产生了许多不合理的、混乱的分类结果。

一方面，从方言比较角度看，比较研究首选相似性高的语言变体进行内部比较，而非相似性低的变体。例如，壮语北部方言与布依语属同一种语言的不同变体，壮语南部方言与傣语、泰语比较接近。然而，在壮族这个民族标志下，张均如等的《壮语方言研究》（1999）比较分析了差异较大的壮语南部方言和壮语北部方言，却未比较差异小的北部壮语和布依语、南部壮语和傣语。合理的研究应当是北部壮语与布依语、南部壮语与傣语的内部比较，即少数民族语言的方言学研究应与民族学脱钩，回归到语言本体上。即便对变体差异、历史源流均有清晰理解，[1]《壮语方言研究》仍选择了民族学划分的结果，将

---

①"在词汇方面，傣、泰等语言和壮语南部方言之间有一批彼此相同而与壮语北部方言和布依语不同的词。……由此可见，壮语南部方言和傣、泰、老、掸等语言的密切关系……"（张均如等，1999：9-11）。从历史上来看也是如此，"操壮语北部方言和布依语、临高话的先民源于西瓯，而操壮语南部方言和侗台语族其他语言的先民都源于骆越。"（张均如等，1999：8）。

壮语分为南北方言，而布依语和傣语也有各自的方言，与壮语南北方言无关。

另一方面，从语言或方言本身研究看，应注意区分语言与民族的概念。鄂伦春语和鄂温克语、满语和锡伯语、佤语和布朗语，都因民族划分而分为不同的语言，然而，就语言本身看它们分别是同一种语言。语言和民族不能也不可能是等同的概念，如果说受民族意识、学术研究、社会实践固化等因素的影响，会使锡伯人认为锡伯语是满语的方言、让鄂温克人认为鄂温克语和鄂伦春语是同一种语言、让南部壮族认为自己的壮语和傣语更接近，有可能造成抵触或不认同的心理。笔者主张，单纯从语言研究角度看，民族的归民族，语言的归语言，如将北部壮语和布依语放在一起比较，将鄂伦春语、鄂温克语、埃文基语（俄罗斯境内）放在一起研究，这才符合语言研究的基本原则，即将内部一致性较高的语言变体放在一起比较，排除差异较大的语言变体。

（四）因循前人与固有语言观

一个世纪前，中国语言学的开创者筚路蓝缕，如赵元任、李方桂等对这门新兴学科的发展具有奠基作用，并逐渐形成了固化的学术传统。这突出表现在师生传承中，出现了僵化保守、缺乏反思和创新的弊端。人文学科重视积累，对传统的继承是积累的主要途径，因此很难像自然科学那样出现颠覆性、非传承性的“典范转移”（paradigm shift）或“科学革命”（scientific revolution）。托马斯·库恩（Thomas Kuhn）的经典名著《科学革命的结构》（*The Structure of Scientific Revolutions* 1962）对学科史研究模型的演变过程有着深刻影响，应用到语言学学科中，与“范式”截然不同的“科学革命”发生的可能性很低，而对前人“范式”的修正与反思，应是学科自身发展的必要环节。

一方面，应反思前人描写的语言现象或得出的结论有无新的发展变化。目前，在中国方言学界，前人的一些研究似乎已成为学术定理，甚至是僵化的教条，束缚了后人对语言事实的观察。例如，江淮官话被认为是有入声的方言，“入声”因此成为其标志性特征。我们的最新调查结果表明，江淮官话的入声大多是不带喉塞音尾的短调，甚至完全舒声化。《涟水方言研究》（2011）语音部分列出了14个带喉塞音的韵尾，然而语图分析表明：“但涟水方言的入声调，语图显示时长一般较长，说明已经舒化。”（胡士云 2011：70）既然入声已经舒化，那应该就不是入声了。再如赵元任的《现代吴语的研究》（1928）发现，吴方言的塞、塞擦、擦音是浊、清、送气三分格局，后来的研究者大多将此视为吴方言最主要的特征，对“浊音清化”的自然语音演变置若罔闻，最常见的是用“清音浊流”（也由赵元任提出）说明吴方言的清化现象。汪平的《苏州方言研究》（2011：21）列出了多个浊声母，但在描写时说：“而所谓的浊音，从现代实验方法可知，在起首位置是不带音的，浊擦音［v z］的不带音性比塞音更为显著，仅凭人耳就能清晰地分辨。”既然是“不带音的”（即清音），为什么还要描写成 v、z？不能记为 f、s 吗？就现代吴方言的清化趋势看，苏南吴方言大多是擦音、塞擦音完全清化，塞音保留了“清音浊流”特征，而上海吴方言新派则是擦音、塞擦音仍保留浊音，但塞音已清化。汪平的描述完全正确，只是在音系中仍保留浊擦音、浊塞擦音，体现了其固有的语言观。曹志耘的《吴语婺州方言研究》（2016：97）也有类似情况，即金华话声母有完整的浊塞音、浊塞擦音、浊擦音，书中写道：“浊塞音、浊塞擦音声母为清音浊流，浊擦音声母接近清音。”笔者调查过婺州区金华话、金东区曹宅、孝顺话以及临近的兰溪话，发现这些方言点不论塞音、塞擦音、擦音都已全面清化，完全不带浊音特点，更没有苏南吴方言的“清音浊流”。吴方言中，金华地区的清化现象是最显著和彻底的。

另一方面，应反思前人调查过程的不足，提出再次调查时的改进措施。钱乃荣的《当代吴语研究》（1992）是纪念赵元任《现代吴语的研究》（1928）60 周年之作，其调查点几乎与赵元任完全一致。60 年前，赵元任对吴方言的了解有限，《现代吴语的研究》虽是现代汉语方言学的开山之作，但存在明显的结构问题，即南北吴方言调查点不平衡：北部太湖片 28 个点，南部 5 个点。60 年后，学界对南北吴方言的认识更加深入，即南部吴方言比北部吴方言更加复杂。即便在这个学术共识之下，《当代吴语研究》仍是萧规曹随，在“前言”部分表明：“梦想有一天能开始循着赵先生足迹迈出第一步，亲自到他调查过的吴语 33 个地点去，继承赵先生开创的事业，深入了解这些地方的语言及其变化的情况。”（钱乃荣 1992：1）。1992 年的吴语研究虽然继承了 1928 年的调查，却没有超越。复杂地区应比一致性高的地区调查点更多是基本常识，如《汉语方言地图集》（曹志耘 2008）北方官话区调查点稀疏，几个县一个点；南部非官话区调查点较密集，至少一个县一个点。吴方言的调查也应遵循这样的原则，不仅应在方言点分配上更为合理，调查点的数量更应当超越赵元任。

（五）新旧描写范式的差异

汉语方言学本质是历史方言学，重视与古音的对应关系。相比之下，由于缺乏方言地理学传统，对方言间的平行比较研究重视不够，因此，可能导致许多重要语音信息无法呈现。

本文将受传统音韵学影响的方言描写称为旧范式，摆脱传统描写的为新范式，二者最大的差异在于记音标准有别，即记音宽严程度差异。新范式比旧范式更严，更加重视除音类之外的语音现象。采用新范式可以“发现”许多早已存在的语音现象，如汉语方言的小舌音、后滑音（off-glides），吴方言的浊音清化，江淮官话的入声演变，四川地区的西南官话以及客家话有 mb-、nl-、ŋg-声母，湖南地区的湘方言、赣方言、西南官话都有这样的特征，且大多有超高声调（又称假声，调值一般为 56 或 66），官话方言的双元音类型差异等，都在新范式描写中完整地呈现出来，并成为汉语方言语音研究中的议题。以后滑音为例，姜燕的《黄岛话韵母后滑音初探》（2018）是少数探讨后滑音的论文，以往关于山东境内方言音系描写中少见后滑音的描写。后滑音并非突然出现，也不是个人的发音习惯，就目前调查看，它的分布范围相当广泛，山东半岛、西北、西南都有大量分布，其分布具有区域特征。过去，研究者缺乏比较视野，忽略了后滑音的区域性特征，认为它与音类分合无关，只是平面的语音现象或个人的发音习惯，无关“宏旨”。

此外，新范式重视大量调查基础上的共时对比，能够更加细致地梳理区域特征之间的关系。例如在双元音韵母的变异方面，中原官话和西南官话存在“对内具有一致性，对外具有排他性”的现象。以普通话为对比标准，-uo、-ai、-ei、-au、-ou 韵母对应四川西南官话的-o（-ɔ）、-ai、-ei、-au、-əu 和河南中原官话的-ou、-aɛ、-eɪ（或-e）、-aɔ、-oʊ（或-o），二者形成了规律的对应关系。河南中原官话的-aɛ、-eɪ（或-e）、-aɔ、-oʊ（或-o）时常被前人描写为-ai、-ei、-au、-ou 或-ɛ、-ei、-ɔ、-ou 不够精准，无法凸显双元音单化的中间阶段，即-aɛ、-eɪ、-aɔ、-oʊ。河南中原官话多数方言点的这四组音都介于单双元音之间，属过渡阶段，尤其是-aɛ 和-aɔ，很可能会向单元音-ɛ、-ɔ 发展。在官话方言中，单元音-ɛ、-e、-ɔ、-o 出现在中原官话区东西两端的方言中，山东的冀鲁官话、胶辽官话，江苏和安徽的江淮官话，甘肃、青海、新疆的官话方言大多为单元音。这样就可以看出中原官话特殊的语音特点，因为北京官话和西南官话大多有-ai、-ei、-au、-ou（或-əu）双元音韵母，中间隔着一大片中原官话的“过渡阶段”。发现这个语音特征，主要依靠新范式的大量调查，还与地理分布有联系，为方言地理学提供了新的研究视角。

三、结　语

疫情期间，实地田野调查受到很大限制，本文提出可采用“线上”调查方式作为“线下”调查的补充。“线上”调查有省时、省经费、可录制调查过程等优势，但受网络信号、发音人软件操作等因素制约。就语音调查而言，声母、辅音丛等都是调查难点。合理运用“线上”调查可在一定程度上改变我国方言学研究的走向。新时代的方言学除了应在方法上有所革新，在观念上也需摆脱束缚，包括获取大量可比较的方言资料、摆脱行政区划与民族划分的干扰、反思前人研究中固有的语言观、发挥新范式描写的优势等。只有合理使用新技术，充分发挥新范式的影响力，才能形成不同以往的研究成果，实现中国方言地理学与国际的接轨。

参考文献

[1] 曹志耘．吴语婺州方言研究[M].北京：商务印书馆，2016.

[2] 丁邦新．汉语方言区分的条件[J].清华学报，1982（14）.

[3] 丁邦新．丁邦新语言学论文集[M].北京：商务印书馆，1997.

[4] 胡士云．涟水方言研究[M].北京：中华书局，2011.

[5] 姜燕．黄岛话韵母后滑音初探[J].汉藏语学报，2019（10）.

[6] 林齐倩．苏州郊区方言研究[M].苏州：苏州大学出版社，2016.

[7] 牟成刚．西南官话音韵研究[M].北京：中国社会科学出版社，2016.

[8] 钱乃荣．当代吴语研究[M].上海：上海教育出版社，1992.

[9] 托马斯·库恩．科学革命的结构[M]．金吾伦，胡新和，译．北京：北京大学出版社，2012.

[10] 汪平．苏州方言研究[M].北京：中华书局，2011.

[11] 王海燕．方言地理学视角下徐州市、铜山县城乡方言接触研究[M].苏州：苏州大学出版社，2017.

[12] 王文胜．处州方言的地理语言学研究[M].北京：中国社会科学出版社，2008.

[13] 邢向东．近八十年来关中方音微观演变研究[M].北京：中华书局，2021.

[14] 张均如，梁敏，欧阳觉亚，郑贻青，李旭练，谢建猷．壮语方言研究[M].成都：四川民族出版社，1999.

[15] 张世方．北京官话语音研究[M].北京：北京语言大学出版社，2010.

[16] 张燕来．兰银官话语音研究[M].北京：北京语言大学出版社，2014.

[17] 赵元任．现代吴语的研究[M].北京：商务印书馆，2011.

语言本体调查

新疆鄯善县七克台镇汉语方言选择性问句研究

黄　晔*

【摘要】新疆鄯善县七克台镇汉语方言的选择性问句中，选择问句的基本形式是"X吗Y"，正反问句的基本形式有VP-吗-Neg-VP和VP-Neg-VP两种，同时存在"VP-吗-Neg"型句式。正反问句的省略式中，前省式与后省式并存，后省式占优势。VP-吗-Neg-VP与VP-Neg-VP无实质的语义差别，但语用分工不同。中原官话南疆片的选择性问句存在内部差异，V-Neg-VO型正反问句有可能逐渐替代VO-Neg-V型。

【关键词】七克台话，选择问，正反问，句法结构，语气词

相对于语音和词汇研究，新疆汉语方言的语法研究较为薄弱，近年来才受到关注。研究者主要考察新疆汉语方言语法受少数民族语言影响在构词或句型语序方面产生的变异现象，如构词法（刘俐李1989、1994，张洋2007，张新红、刘锋2011）、语序（刘俐李1989、1994，王远新2009、2011、2013、2014、2015、2017、2018）、"把"字句（王景荣2002，彭嬿2005，廖冬梅2006，马敏2011、2013）等。目前，描写选择性问句的文献主要有刘俐李（1994）、张洋（2011）以及部分硕士学位论文。研究者或着眼于谓语成分进行分类描写，或立足于语序类型进行句类分析，但相对于新疆以外其他方言区的研究较为滞后。本文依据2018年赴新疆鄯善县七克台镇调查的语料，以语气词的使用为切入点，探讨七克台话选择性问句的特征，以期为新疆汉语方言语法研究、中原官话研究以及方言类型学研究提供参考。

鄯善县位于天山东段南麓吐鲁番盆地东缘，东邻哈密，西连吐鲁番，南毗若羌，北接木垒和奇台，辖7镇3乡1个国营农场和2个省级工业园区。鄯善县历史文化悠久，是古丝绸之路上"四大文化"交汇地，自汉代至元朝先后隶属于车师前部、沙州、前秦、凉州、高昌王国和西州、高昌回鹘等地方政

---

*黄晔（1989—），女，中央民族大学中国少数民族语言文学学院语言学及应用语言学专业社会语言学方向2020级博士研究生，新疆大学国际文化交流学院讲师，主要研究社会语言学和汉语方言学相关问题。

权，元末至清初隶属于柳城达鲁花赤、东察合台汗国和叶尔羌汗国。清康熙五十九年（1720）归附清廷，光绪二十八年（1902）设鄯善县。新中国成立初期，先后隶属于迪化专区和更名后的乌鲁木齐专区。1958 年 4 月划属自治区直属县，1970 年 1 月隶属于哈密地区，1975 年 7 月 1 日起隶属于吐鲁番地区。

七克台镇隶属于新疆吐鲁番市鄯善县，位于县城东部，距鄯善镇 35 公里。全镇东界哈密市七角井乡，北越天山与木垒接壤，西连辟展乡三十里大墩，南界南湖大戈壁。七克台是古代屯兵之地，唐设赤亭守捉，赤亭道是丝绸之路上的要冲、蒲昌县的东境门户，为兵家必争的重镇。后“赤亭”又译写为“齐克腾木”“齐克塔木”，清末至今用名七克台。（《鄯善县志》编纂委员会 2001：2）截至 2010 年，七克台镇常住人口 17012 人，其中维吾尔族占 43.7%，汉族 43.47%，回族 12.24%，其他少数民族 0.59%（郭景平等 2016：221-222）。

《中国语言地图集（第 2 版）》(2012) 根据北京官话古入声今读将鄯善县划入中原官话南疆片，县内仅一种汉语方言，无其他方言分布。本研究以邢向东编制的《西北地区汉语方言地图集调查手册》（内容资料 2015）中的语法部分为调查大纲，同时参考黄伯荣等编著的《汉语方言语法调查手册》(2001) 设计调查问卷；发音合作人为赵恩才，男，回族，1965 年生于七克台镇，农民，初中文化程度。

一、七克台话选择性问句的句法结构

选择性问句是从相关的几个方面提出疑问，要求选择回答的疑问句式，包括选择问句和正反问句两类（黄大祥 2016）。七克台话选择性问句的形式与普通话不同，普通话的选择性问句一般使用选择连词“是……还是……”连接选择疑问的选项，七克台话的选择性问句则是在并列选项之间使用语气词“吗”或语气词组合“呢吗”“咧吗”，一般不使用选择连词。本文按照语气词的使用将七克台话的选择问句和正反问句进行分类和描写，所用符号为：X/Y=问项，VP=谓词性成分，V=动词，O=宾语，A=形容词，C=补语，Neg=否定词（“不”“没”“没有”），Prt=语气词，AB=双音节动词或形容词。

（一）选择问句

选择问句指说话人提供两种及两种以上的并列选项供听话者选择的问句，分句之间一般有停顿。七克台话的选择问句基本形式为 X-Prt-Y-（Prt），句子连接紧密，没有明显停顿，句调均为平调。

1. 只使用语气词的选择问句

（1）询问将要发生的事情时，选择前项末用语气词“呢吗”，选择后项末用语气词“呢”，构成“X-呢吗-Y-呢”格式。即使前后两项谓语动词相同，也不省略动词。回答时可选择其中一项，并在选择项后加语气词“呢”。例如：

你吃干饭呢吗吃拉条子呢？
他坐飞机去呢吗坐火车去呢？

即使疑问信息焦点不同，也使用该格式，例如：

你放羊去呢吗浪去呢？
你去呢吗我去呢？
今儿开会呢吗明儿开会呢？

（2）询问已经发生的事件，则将“X-呢吗-Y-呢”中的语气词“呢”变为“咧”，即“X-咧吗-Y-咧”。回答时选择其中一项，并在选择项后加语气词“咧”。例如：

你大父亲放羊去咧吗浪去咧？
你去北京咧吗去上海咧？

（3）询问正在发生的事件，选择前项使用语气词“呢吗”，选择后项使用语气词“呢”，并要在语气词前、谓语动词后添加“的”［ti^{21}］表示动作的持续，构成“X的-呢吗-Y的-呢”格式。回答时选择其中一项，并在选择项后加“的呢”。例如：

你妈洗衣裳的呢吗做饭的呢？
你学习的呢吗睡觉的呢？
门开的呢吗关的呢？

（4）询问反复发生或长久存在的行为、状态时，格式是“X-吗-Y”。例如：

你喝啤酒吗喝白酒？
你爱爷爷吗爱奶奶？
这房子是你的吗旁人的？
杏子酸吗甜？
你识字吗他识字？

2. 使用选择连词“还是”的选择问句

若选择项超过两项，前两个选择项的格式不变，第三个选项前要用选择连词“还是”，语气词“吗”有略微延长，整体句调为平调。例如：

你吃拉条子呢吗吃干饭呢，还是喝米汤粥呢？
你坐飞机去呢吗坐火车去呢，还是坐汽车去呢？

（二）正反问句

正反问又称反复问，问句中会出现正反两个方面的选项供对方选择。邵敬敏、周娟（2007）将汉语方言的正反问分为三种基本类型：VP-Neg-VP、VP-Neg 和 K（疑问副词）-VP，基本格式为 VP-Neg-VP。调查表明，七克台话的正反问句有两种基本格式，即 VP-Prt-Neg-VP 和 VP-Neg-VP。

1. 有语气词的正反问句

与选择问句相同，七克台话的正反问句使用语气词“呢吗”“吗”“咧吗”连接正反两个选项，不使用选择连词，基本格式为“VP-Prt-Neg-VP”，句调均为平调；VP 可由动词、形容词、动宾结构、动补结构构成。

（1）询问动作是否将要发生时，语气词为“呢吗”，否定词为“不”，主要有两类：

第一类，VP 为动词或动宾结构，格式为“V（O）-呢吗-不-V”。例如：

他去呢吗不去？
你睡觉呢吗不睡？
你大父亲吃饭呢吗不吃？
今儿开会呢吗不开？

第二类，VP 为动补结构，格式为“VC-呢吗-V-不-C”。例如：

赶上呢吗赶不上？

洗到呢吗洗不到？洗得干净还是洗不干净？

（2）询问动作实现与否时，语气词为“咧吗”，否定词用“没”，主要有三类：

第一类，VP 为动词，格式为“V-咧吗-没-V”。例如：

盐买咧吗没买？

你娃娃毕业咧吗没毕业？

第二类，VP 为动补结构，格式为“VC-咧吗-没-VC”。例如：

喝饱咧吗没喝饱？

吃完咧吗没吃完？

第三类，可使用 VP-Prt-Neg 型正反问句询问动词状态实现与否，句中语气词“吗”可省略，仅保留“咧”，否定词为“没有”。例如：

盐买咧吗没有？/盐买咧没有？

杏子熟咧吗没有？/杏子熟咧没有？

你在学校打捶打架咧吗没有？/你在学校打捶咧没有？

喝饱咧吗没有？/喝饱咧没有？

（3）询问动词状态是否正在进行或持续时，格式为“V 的-呢吗-没 V”。例如：

尕丫头嚎的呢吗没嚎？小丫头是不是正在哭？

你妈洗衣裳的呢吗没洗？你妈妈是不是正在洗衣服？

门开的呢吗没开？门是不是开着的？

（4）询问反复发生或长久存在的行为、状态时，格式为“A（B）-吗-不-A（B）”。例如：

那老汉劳道吗不劳道？那老头儿厉害不厉害？
那尕丫头俊吗不俊？那小姑娘漂亮不漂亮？
她嘴碎吗不碎？她唠叨不唠叨？
你抽烟吗不抽烟？你抽不抽烟？

2. 无语气词的正反问句

七克台话的正反问句可以不使用语气词，基本格式为 VP-Neg-VP，否定词只能使用“不”，同时存在不同变式。这与邵敬敏（2007）所说的现代汉语正反问句的基本格式一致。他指出，如果 VP 是一个单音节动词或形容词，那么各方言表现出很大的一致性，都说成 V-Neg-V，但如果是 V 后带有宾语的格式（VO-Neg-VO）或者是双音节的动词、形容词（AB-Neg-AB），就会出现不同的变式：VO-Neg-VO（完整式）、VO-Neg-V（后省式）、V-Neg-VO（前省式）。从调查结果看，七克台话正反问句的变式基本符合这一结论。

（1）VP 为单音节动词、形容词，格式为“V-不-V”。例如：

你去不去？
那尕丫头俊不俊？
杏子酸不酸？

（2）VP 为双音节形容词或动词，有“AB 不 AB”和“A 不 AB”两种变式，即完整式和前省式，但前省式使用频率较少。例如：

这菜新鲜不新鲜？/这菜新不新鲜？
那老汉劳道不劳道？/那老汉劳不劳道？
你知道不知道？/你知不知道？

（3）VP 为动宾结构，有“VO-不-V”和“V-不-VO”两种格式，即后省式与前省式并存，但后省式比前省式使用率高。例如：

你吃饭不吃？/你吃不吃饭？
你抽烟不抽？/你抽不抽烟？
你大在房子不在？/你大在不在房子？

（4）VP 为动补结构，正反问句为完整式，肯定式在前，否定式在后。与普通话不同的是，这类结构中不出现助词“得”，而是构成“VCV 不 C”的格式。例如：

洗到洗不到？洗得干净还是洗不干净？
这筐子装下装不下？
你猜着猜不着？猜得出还是猜不出？
你来下来不下？你来得了还是来不了？

综上所述，七克台话正反问句主要有 VP-Prt-Neg-VP 和 VP-Neg-VP 两种形式，其中 VP-Neg-VP 的省略式主要为后省式，前省式不占优势。据发音人介绍，前省式正反问句是近些年才出现的，年轻人说得多。另外，存在 VP-Prt-Neg 型句式，仅在询问动词状态是否实现时使用。

二、七克台话选择性问句中的语气词

七克台话一般使用语气词“呢吗”“吗”“咧吗”“咧”嵌入选择疑问句前后两个选项之间，有时也会分别置于句中和句末组合使用，构成“……呢吗……呢”“……咧吗……咧”或“……吗……呢”的格式。X-Prt-Y-(Prt)的选择疑问句式在西北地区分布很广，只是 Prt 有多种语音形式，如“吗”在临夏话中读 mu，西宁话读 ma；“呢”在临夏话中读 ni，西宁话读 li。研究者对这类句式中语气词性质的分析结论基本一致，即“吗”是兼有一定连词功能的疑问语气词（宋金兰 1993，张安生 2003）。本研究认为，七克台话选择性问句中的语气词“呢”“咧”与宁夏同心话的“哩”性质相同，具有陈述语气词的特征，而“吗”字主要承担的是关联功能。

（一）“呢”“咧”的性质

相对于“咧”而言，“X 呢/咧吗 Y 呢/咧”中的语气词“呢”单从读音和出现位置看与普通话很相似，更容易被看作疑问语气词。通过比较可知，二者都不表达疑问语气，而是表陈述语气。

1. “呢”“咧”与询问事件的体貌相关

从前文“呢”和“咧”在七克台话选择性问句中的分布可以看出，“咧”“的”“呢”分别用在已然态、正然态、未然态成分后，三者各有分工，并且都可用于陈述句及各类问句中。各句式比较见表 1。

表 1 “呢”“咧”用法比较表

	~咧（已然）	~的呢（正然）	~呢（未然）
陈述句	他吃咧。	他吃的呢。	他吃呢。
是非问句	他吃咧吗？	他吃的呢吗？	他吃呢吗？
选择问句	他吃咧吗丨小王吃咧？	他吃的呢吗丨小王吃的呢？	他吃呢吗丨小王吃呢？
正反问句	他看咧吗丨没看？	他吃的呢吗丨没吃？	他吃呢吗丨不吃？

2. “呢”“咧”不是选择性问句的必要成分

从上文可以看出，“呢”和“咧”的使用一般要以“吗”为前提，使用语气词“吗”时可以不用“咧/呢”，省略“呢”“咧”选择问句依然成立。例如：

喝茶呢/咧吗喝酒呢/咧？（选择问）→喝茶吗喝酒？（选择问）

3. 仅使用“咧”“呢”的句子没有疑问语调

是非问句中，疑问语调是必有的主要疑问手段（沈迥 1985）。上文所列的带“吗”是非问句，句调均为升调，而省略“吗”后句调均变为平调。这进一步说明，“呢”“咧”在七克台话中不属于疑问语气词。

因此，“呢”和“咧”实际上处于并列是非问语段的陈述式层面，紧密附着在两个语段后，从属于句中的两个选择项，是表示叙述意义的事态标记，不具备传疑功能和关联功能。

（二）“吗”的性质

在选择问句和有语气词的正反问句中，“吗”都是出现在前一问项后，但在选择问句和正反问句中的必要程度不同。通过进一步分析发现，“吗”在七克台话的选择性问句中主要承担关联功能。

1. 选择性问句是独立的表达单位

吕叔湘（1985）将选择问句和正反问句均看作两个是非问句合并而成的问句，即正反问属是非问的下位类型，如“你吃？你不吃？”合并后就是正反问“你吃不吃”。据此，研究者多认为前一问项后保留了是非问的疑问标记“吗”，后一问项的“吗”处于隐含状态，并在选择问句中承担传疑功能。笔者认为，合并前的两个句子实际是两个独立的表达单位，合并后的句子是另一个表达单位，可从疑问信息焦点、疑问程度两方面分析。

（1）疑问信息焦点不同。合并前与合并后的疑问信息焦点不同，例如：

合并前：今儿开会呢吗？/明儿开会呢吗？
合并后：今儿开会呢吗明儿开会呢？
合并前：你吃吗？/你不吃吗？
合并后：你吃呢吗不吃？

以上两组句子中，合并前的是非问句透明度不高，疑问信息焦点或为整个句子，或由对比重音表示，或借助上下文、答语等语境因素确定焦点。前一组合并后，选择问句的焦点落在“今儿”和“明儿”上，回答时二者可分别独立充当答语；后一组合并后，答语要针对“吃不吃”回答，即主语“你”后的部分“吃呢吗不吃”为该正反问句的焦点。

（2）疑问程度不同。疑问程度主要表现在合并前与合并后的疑问程度不同，合并前两个句子的疑问程度也不同，疑问程度比较见表 2。

表 2　疑问程度比较表

<table>
<tr><th>A 式</th><th>B 式</th></tr>
<tr><td>今儿的客人多吗？</td><td rowspan="2">今儿的客人多吗少？</td></tr>
<tr><td>今儿的客人少吗？</td></tr>
<tr><td>吃饱咧吗？</td><td rowspan="2">吃饱咧吗没吃饱？</td></tr>
<tr><td>没吃饱吗？</td></tr>
</table>

A 式与 B 式的疑问程度不同。正如赵元任《汉语口语语法》（1979）指出，“吗”字是非问句“对于肯定的答案抱有或多或少的怀疑，也就是可能性在 50%以下，‘V 不 V’的问话是不偏于哪一边的”。例句的情况与赵元任所述相符。A 式第一和第三句与第二和第四句的疑问程度不同，前者疑问性质更强，后者主观判断性更强，即问话人意识中已有一定答案，而实际情况与问话人的预期不符，希望答话人给出与心中预期一致的回答，带有吃惊、意外的色彩。

因此可以认为，A 式和 B 式实际上分别是不同的表达单位，说话人发问时主观上只有“X 还是 Y”，而不会有“X 吗”“Y 吗”的合并意识，不宜将选择性问句看作是两个并列的是非问句的合并紧缩。“吗”应是选择性问句中两个选项的连接成分、关系成分。

2. 七克台话的正反问句可归入选择问句

朱德熙（1982）认为正反问句属于一种选择问句，区别在于选择问句要对方在X与Y里选择一项作为回答，正反问句则是在X和非X里选择一项作为回答。徐杰（2001）认为不能把正反问句归入选择问句，理由之一是汉语正反叠用的“反项”只能以“不/没+正项”的形式构成，而不能用“正项”的反义词。笔者同意朱的观点，原因在于七克台话中存在不少“正项+正项的反义词”这类形式，例如：杏子酸吗甜/眼睛大吗小/那老汉高吗矬。虽限于单音节形容词，但也能够说明，七克台话的正反问句是可以归入选择问句一类的，“吗”字则是句中表达选择关系的关联标记。

3. “吗”是七克台话选择性问句中必要的结构要素

在两个意义上有密切关系的表达单位之间添加“吗”可以使其变成选择性问句。例如：

这房子是你的？这房子是旁人的？→这房子是你的吗旁人的？
吃饱咧？没吃饱？→吃饱咧吗没吃饱？

有的句子省略“吗”则不能构成选择性问句。例如：

今儿的客人多吗少？≠今儿的客人多少？
杏子酸吗甜？≠杏子酸甜？

4. 七克台话选择性问句中的“吗”与普通话“还是”相对应

七克台话选择性问句中的“吗”出现的语法位置以及承担的功能与普通话的“还是”相对应，二者可相互转换。七克台话与普通话选择性问句比较见表3。

表3 七克台话与普通话选择性问句比较表

七克台话	普通话
你放羊去呢吗浪去呢？	你放羊去还是闲逛去？
你丫头的眼睛大吗小？	你女儿的眼睛大还是小？
你去咧吗没去？	你去还是没去？
你家儿娃子皮实①呢吗不皮实？	你家儿子皮实还是不皮实？

① 新疆汉语方言中的“皮实”形容人身体健康，不爱生病。

从以上例句可以看出，七克台话“吗”与普通话“还是”出现的语法位置一致，均处在连词位置上，连接前后两个选项，二者功能一致，都是选择性问句的关联标记。

综上所述，语气词“吗”在七克台话的选择性问句中主要承担的是关联功能。

（三）语气词“吗”在正反问句中的使用区别

通过描写正反问句的句法结构可知，VP-吗-Neg-VP 型问句（A 式）与 VP-Neg-VP 型问句（B 式）在语义上并无实质区别，即省略句中语气词“吗”不会改变其语义。进一步的比较可知，“吗”的使用特点与语用相关。例如：

（1）A 式：（明儿）你大父亲在房子[①]呢吗不在？
　　B 式：你大在房子不在？我找他呢。
　　　　　你大在不在房子？我找他呢。
（2）A 式：（礼拜六）去上海的车票有呢吗没有？
　　B 式：有车票没有？一会儿上车呢。
　　　　　车票有没有？一会儿上车呢。
（3）A 式：你（平时）抽烟吗不抽？
　　B 式：你抽烟不抽？我给你一根。
　　　　　你抽不抽烟？我给你一根。
（4）A 式：你吃饱咧吗没吃饱？
　　B 式：你吃饱咧没有？

例（1）A 式是询问将来的某个时间在不在家，多是离家较远的情境下使用，B 式指当下在不在家，多是在发问者已走到家门口时使用。例（2）A 式是询问将来某个时间有没有车票，B 式是问当前这个时间有没有车票，语气相对 A 式更为急切。例（3）A 式是询问对方有没有抽烟的习惯，一般是询问自己不了解或不熟悉的人，B 式是询问较为熟悉的人，一般在已知对方有抽烟习惯的情况下，问当下对方要不要抽烟。例（4）A 式多是长辈询问晚辈尤其是面对小孩子时使用，更多关注小孩子是否已经吃饱，带有关心、亲切的情感色

① 新疆汉语方言中的“房子”指“家”。

彩，B 式多是询问平辈或关系不太亲近的人时使用。可见，七克台话正反问句中语气词“吗”的使用与语用有关。

综上所述，七克台话选择问句的基本形式是 X-吗-Y，正反问句基本形式为 VP-吗-Neg-VP 和 VP-Neg-VP，且有丰富的变式。根据已有的调查材料，可以初步梳理出七克台话选择性问句的基本句式和相关变式，见表 4。

表 4　七克台话选择性问句句式表

<table>
<tr><th>句类</th><th>语气词</th><th>基本句式</th><th>相关变式</th></tr>
<tr><td>选择问</td><td>+</td><td>X-吗-Y</td><td>无</td></tr>
<tr><td rowspan="15">正反问</td><td rowspan="6">+</td><td rowspan="6">VP-吗-Neg-VP</td><td>V-吗-不-V</td></tr>
<tr><td>AB-吗-不-AB</td></tr>
<tr><td>VO-吗-不-V</td></tr>
<tr><td>VC-吗-V-不-C</td></tr>
<tr><td>VC-吗-没-VC</td></tr>
<tr><td>V（C）-吗-没有</td></tr>
<tr><td rowspan="9">-</td><td rowspan="9">VP-Neg-VP</td><td>V-不-V</td></tr>
<tr><td>AB-不-AB</td></tr>
<tr><td>A-不-AB</td></tr>
<tr><td>VO-不-VO</td></tr>
<tr><td>VO-不-V</td></tr>
<tr><td>V-不-VO</td></tr>
<tr><td>VC-V-不-C</td></tr>
<tr><td>VO 没有</td></tr>
<tr><td>VC 没有</td></tr>
</table>

三、七克台话与焉耆话选择性问句的差异

焉耆话属中原官话南疆片，位于中原官话南疆片中南段，与东段的鄯善县相距约 500 公里。刘俐李的《焉耆汉语方言研究》（1994）较详细地描写了焉耆话的选择性问句。焉耆话与七克台话的选择性问句既有共性，也有差异。共

性体现在都可使用语气词连接两个并列选项，正反问句的省略式均为前省式和后省式并存；差异主要表现在以下两个方面。

（一）关联标记不同

焉耆话的选择性问句除使用语气词“吗”连接两个并列选项，还可使用“是”“还是”作为关联标记。

A 组：焉耆话：站的吃好呢，还是坐着吃好呢？
七克台话：站的吃好呢吗坐着吃好？
B 组：焉耆话：水烫咧还是没烫？
七克台话：水烫咧没烫？/水烫咧吗没烫？
C 组：焉耆话：酸是不酸？
七克台话：酸吗不酸？/酸不酸？

（二）正反问句的变式存在差异

正反问句的谓语成分由动补结构构成，焉耆话有两种变式：VC-V-不-C 和 V 不 VC，即完整式和前省式，并使用结构助词“得”；七克台话的正反问句中只有完整式，不使用结构助词“得”。例如：

A 组：焉耆话：拿得动还是拿不动？
七克台话：拿动呢吗拿不动？/拿动拿不动？
B 组：焉耆话：洗不洗得净？/洗净洗不净？
七克台话：洗到呢吗洗不到？/洗到洗不到？

由此可知，中原官话南疆片的选择性问句在句法结构上存在一定差异，主要表现在焉耆话的选择问句和正反问句均可使用连接词“是”“还是”，而七克台话仅在选择问句的选项超过两项时使用；正反问的省略式中，焉耆话前省式分布更为广泛。整体来看，焉耆话的句法结构更接近普通话。

邵敬敏、周娟（2007）指出，VO-Neg-V 逐渐被 V-Neg-VO 取代，这一演变趋势符合焦点集中、语义顺指和格式类推原则。苏若阳（2018）的博士学位论文分析了汉语正反问句三大类型的历史层次和内在联系，指出三者的演变链为：VP 否/不→VP 不/V（P）→V 不 VP，其中“VP 否/不”最古，大致出现于西汉时期，VP 不 V（P）成长于唐五代时期，V 不 VP 主要兴起于明代以后，晚近时期流行开来。从前文的分析可知，老派七克台话 VO-Neg-V 占优势，V-Neg-VO 是近些年年轻人常说的句式，且在焉耆话中的分布更为广泛。可见，V-Neg-VO 型正反问句或许也将成为七克台话乃至中原官话南疆片的演变趋势。

四、结　语

本文主要从句法结构和语用两方面分析了鄯善县七克台镇汉语方言选择性问句的特点，认为七克台话选择问句的基本形式是“X 吗 Y”，正反问句的基本形式有 VP-吗-Neg-VP 和 VP-Neg-VP 两种。正反问句的省略式中，前省式和后省式并存，后省式占优势，同时存在 VP-Neg 型句式，但仅在询问动词状态是否实现时使用。VP-吗-Neg-VP 与 VP-Neg-VP 无实质性的语义差别，但语用分工不同。比较焉耆话与七克台话可知，中原官话南疆片选择性问句的句法结构存在一定差异，前省式即 V-Neg-VO 有可能逐渐替代后省式VO-Neg-V，其演变原因、演变机制以及最终的演变趋势还需从移民历史、方言接触、社会语言学等方面做进一步调查研究。

参考文献

[1] 戴庆厦，朱艳华．藏缅语、汉语选择疑问句比较研究[J]．语言研究，2010（10）．

[2] 郭景平，李宁平，托乎提·亚克夫．中华人民共和国政区大典·新疆维吾尔自治区卷[M]．北京：中国社会出版社，2016.

[3] 郭利霞．山阴话的正反问句[J]．邵阳学院学报（社会科学版），2006（5）．

[4] 郭利霞．汉语方言疑问句比较研究——以晋陕蒙三地为例[M]．天津：南开大学出版社，2015.

[5] 黄大祥．甘肃民勤方言的选择性问句——兼论其“X+啊+Y”句式的来源[J]．邵阳学院学报（社会科学版），2006（5）．

[6] 廖冬梅．新疆汉语方言中的“把”字句及其在维吾尔语中的对应关系[J]．伊犁师范学院学报，2006（2）．

[7] 刘丹青．语法调查研究手册[M]．上海：上海教育出版社，2008.

[8] 刘俐李．焉耆汉语方言研究[M]．乌鲁木齐：新疆大学出版社，1994.

[9] 吕叔湘．疑问·肯定·否定[J]．中国语文，1985（4）．

[10] 马敏．浅谈汉语方言中“把”字句的泛用及其原因[J]．伊犁师范学院学报（社会科学版），2011（2）．

[11] 马敏．新疆汉语方言“把”字结构中的“过”[J]．伊犁师范学院学报（社会科

学版)，2013（1）.

［12］彭嬿．新疆汉语方言中的“把”字句——兼论阿尔泰语对西北汉语方言的影响［J］.新疆大学学报（哲学社会科学版)，2005（4）.

［13］《鄯善县志》编纂委员会．鄯善县志［M］.乌鲁木齐：新疆人民出版社，2001.

［14］邵敬敏，周娟．汉语方言正反问的类型学比较［J］.暨南学报（哲学社会科学版)，2007（2）.

［15］沈炯．北京话声调的音域和语调［G］//林焘，王理嘉等．北京语音实验录，北京：北京大学出版社，1985.

［16］宋金兰．甘青汉语选择问句的特点［J］.民族语文，1993（1）.

［17］苏若阳．汉语是非问句的历时发展与类型嬗变［D］.暨南大学博士学位论文，2018.

［18］王波．新疆汉语方言的语序类型研究［D］.新疆大学硕士学位论文，2021（5）.

［19］王景荣．新疆汉语方言“把+人+VP”结构中“人”的指称研究［J］.语言与翻译，2002（3）.

［20］王双成．西宁方言的疑问句［G］//盛益民，陶寰，陈振宇．汉语方言疑问范畴比较研究，上海：中西书局，2016.

［21］王远新．新疆汉语方言中维吾尔语借词的使用及语序差异——以察布查尔锡伯自治县察布查尔镇公务员为个案［G］//王远新．语言田野调查实录（三)，北京：中央民族大学出版社，2009.

［22］王远新．新疆汉语方言中维吾尔语借词的使用及语序差异——以哈巴河县公务员为个案［G］//王远新．语言田野调查实录（六)，北京：中央民族大学出版社，2011.

［23］王远新．新疆汉语方言中维吾尔语借词的使用及语序差异——以吐鲁番市公务员为个案［G］//王远新．语言田野调查实录（九)，北京：中央民族大学出版社，2013.

［24］王远新．新疆汉语方言中维吾尔语借词的使用及语序差异——以新疆维吾尔自治区民语委公务员为个案［G］//王远新．语言田野调查实录（十)，北京：中央民族大学出版社，2014.

［25］王远新．新疆汉语方言中维吾尔语借词的使用及语序差异——以新疆人民出版社工作人员为个案［G］//王远新．语言田野调查实录（11)，北京：中央民族大学出版社，2015.

［26］王远新．新疆汉语方言中维吾尔语借词的使用及语序差异——以新疆维吾尔自治区民委公务员为个案［G］//王远新．语言田野调查实录（12)，北京：中央民族大学出版社，2017.

［27］王远新．新疆汉语方言中维吾尔语借词的使用及语序差异——以新疆喀什地区行署公务员为个案［G］//王远新．语言田野调查实录（13)，北京：中央民族大学出版社，2017.

［28］王远新．新疆汉语方言中维吾尔语借词的使用及语序差异——以新疆库尔勒市公务员为个案［G］//王远新．语言田野调查实录（14)，北京：中央民族大学出版社，2018.

［29］徐杰．普遍语法原则与汉语语法现象［M］．北京：北京大学出版社，2001.

［30］尹洪波．现代汉语疑问句焦点研究［J］．江汉大学学报（人文科学版），2008（1）.

［31］张安生．同心方言研究［M］．北京：中华书局，2006.

［32］张新红，刘锋．新疆汉语方言词根词缀话形式探析［J］．盐城工学院学报（社会科学版），2011（9）.

［33］张洋．哈密方言选择问句［J］．新疆大学学报（哲学·人文社会科学版），2011（6）.

［34］赵元任．汉语口语语法［M］．北京：商务印书馆，1979.

［35］朱德熙．汉语方言里的两种反复问句［J］．中国语文，1985（1）.

［36］朱德熙．"V-neg-VO"与"VO-neg-V"两种反复问句在汉语方言里的分布——为纪念季羡林先生八十寿辰作［J］．中国语文，1985（1）.

［37］朱德熙．语法讲义［M］．北京：商务印书馆，2019.

西宁方言的助词“着”

魏　萌*

【**摘要**】“着”作为体助词，在中原官话西宁方言简单谓语句中主要表持续体的语法意义；也可与起始体、完成体标记连用，构成复合形式持续体标记；连用中，“着”均处于起始体、完成体助词之后。此外，“着”还常用于复杂谓语结构（连动、兼语结构谓语句）、述补结构和复句中。句末位置的“着”进一步语法化，具有语气助词功能。

【**关键词**】西宁汉语方言，助词“着”，体标记叠用

汉语不同方言体标记“着”的语法意义和功能存在差异，如闽南方言的“着”有介词用法（黄丁华 1958）、晋方言神木话的“着”有动态或结构助词用法（邢向东 1997）、晋方言洪洞话的“着”有语气词用法（乔全生 1998）等。青海西宁地处河湟谷地，自古就是多民族杂居的民族走廊地区，有汉、藏、回、蒙古等 13 个世居民族。汉语西宁方言属中原官话秦陇片，在与周边少数民族语言长期、深入接触中，与同地区类型差异较大的少数民族语言产生了部分语法共性，如黏着性语法范畴、SOV 语序等。西宁汉语方言的助词“着”，除表持续体语法意义，还可用于连动、述补等结构中。

一、体助词“着”

（一）“着”的语法意义

对比两组含单一体标记的简单谓语句，通过同一句法位置的替换分析，可观察西宁方言体助词“着”的语法意义。

---

*魏萌（1987—），女，中央民族大学中国少数民族语言文学学院语言学及应用语言学专业社会语言学方向 2019 级博士研究生，主要研究社会语言学相关问题。

（1）a 傢尕舅母家里去了。
b 傢正尕舅母家里去着。
c 傢尕舅母家里去着。
d 傢每天上尕舅母家里去着。
e 傢尕舅母家里就去着。
（2）a 桃儿坏了。
b 桃儿坏着。

例（1）五句的谓语动词均为“去”，a 句的体助词“了”表达完成体语法意义，即动作行为已发生或完成，动作有明确的终点。b 句体标记“着”与谓语动词“去”、副词“正”共同标记进行体，即表示“去”这一动作正在进行。c 句只使用体标记“着”表不同语义：一是依据上下文语境，“着”与谓语共同标记进行体，与 b 句相同，当地人表达进行体语义时，更多选用 b 类句。二是“着”与谓语共同标记持续体，表时不时或经常“去”，即在一段时间内，“去”这一动作表持续的时间和持续性的状态，与 d 句惯常体语义相当。d 句谓语前加表示频次的状语“每天上”，强调持续的惯常性，即表示“去尕舅母家”这一状态的持续性。e 句“着”与谓语以及副词“就”共现，表短时间内即将发生的语法意义，可称作“即行体”。例（2）两句谓语由性质形容词“坏”充当，a 句体助词“了”强调“坏了”的状态已经发生，即桃子的初始状态是新鲜的，后来变坏了；b 句“着”与谓语共同表达“坏”的持续状态，即桃子已经是坏的了，且“坏”的状态在未来一段时间仍会持续。

由上可知，西宁方言的“着”在简单谓语句中单独作体标记时，主要表持续体语法意义，其时间意义由“着”与相搭配的时间词（时间副词、时间体助词等）共同体现。

（3）a（这个事）傢心里惦记着。
b（这个事）傢心里有惦记着。
c（这个事）傢心里惦记着哇？
d（这个事）你心里惦记着（啊）。
e（这个事）你心里要惦记着（啊）。

例（3）是心理动词与持续体标记“着”连用，其中 a 句为肯定形式陈述句；b句是a句的否定形式，即在谓语前加否定词“冇”；c句末加疑问语气词“哇”，构成肯定形式的疑问句，也可在句尾位置加“冇”，构成是非问形式；d句为肯定形式的祈使句；e句谓语动词前加否定词“嫑”，构成否定形式的祈使句。总之，“着”作为持续体助词，可用于肯定和否定形式的陈述、祈使或疑问句。除一般性疑问形式，“着”在部分特殊疑问句中可单独标记体范畴义，如：

（4）阿们着？

（5）抓［$tsua^{35}$］着？

例（4）和例（5）是西宁方言的特色问候语，分别为“（你）最近怎么样”和“（你）在做什么呢”之意。例（4）中“着”与特殊疑问词“阿们”连用，表“怎么样”这一状态的持续；例（5）的“抓”［$tsua^{35}$］是“做啥”的合音形式，后加“着”表正在做什么的进行体语法意义。

（6）（老师）欧阳姓着（说）。

（7）傢我的一个朋友像着。

例（6）的谓语为称谓动词，例（7）为关系动词。其中例（6）为间接陈述句，句尾的“说”为引语标记“（傢）说着”的缩略形式，表后知语气。此外，“着”可与能愿动词连用，其否定形式需在谓语前加否定词“不”，如例（8）：

（8）a这会儿（腿腿）走路呵成着。

b这会儿（腿腿）走路呵不成着。

c这会儿（腿腿）走路呵成着吗？

此外，西宁方言存现句中也常用“着”。如：

（9）门口上个尕娃啊坐着。

（10）家里客人啊来（下）着。

例（9）和例（10）中的“着”与动词构成“V着”结构充当存现句的谓语。老派使用“处所或时间+人或物+动词性词语”结构（一般不允许动词谓语隐现）的存现句。例（10）的谓语动词“来+着”表持续性动作，也可叠加完成体标记“下”。

（11）*阿爷殁着。

（12）*（你）垃圾扔着。

例（11）和例（12）不符合方言表达习惯，其中的谓语动词“殁”（死亡）和“扔”均为瞬时性动词，与体助词“着”连用语义上相抵触。

由上可知，简单谓语句中，“着”作为体助词主要表持续体的语法意义，与持续性动作动词、心理动词或关系动词、性质形容词等作谓语时连用。值得注意的是，西宁方言“的字结构”中也常出现“着”。如：

（13）钱儿就是（娃娃）花着的呗。

（14）傢们说着的是啥呀现在，不赔给呵法院去着告下俩就。

（15）公园里的花儿多诶，红着的了、黄着的了。

（16）娃娃撒就晒着成下啥着，胳膊上就红红着的着。

例（13）中“的字短语”作表语，例（14）为“主谓短语+的”结构作主语。例（15）中的“红”“黄”为性质形容词，“的字短语”主要描述事物“花”的性质；例（16）的“红红”为性质形容词词素重叠构成的AA式状态形容词，“的字短语”侧重描写事物的状态，兼表强调、夸张的语气意义。这两句“的字短语”词根相同，形态和表义均有差异。形容词、主谓短语等构成的“的字短语”具有较显著的持续性，与“着”的持续体语法意义不排斥。由例（12）可知，瞬时性动作动词“扔”不能与表持续体义的“着”配合使用；但“的字短语”中的“着”可与“扔”类动词共现，如“这些呀傢用着的说，这些扔着的”。此类用法中的“着”进入“的字短语”后，其体范畴义服从于短语甚至整体句法结构表达的体范畴义，即“扔着的”“用着的”整体用为表语成分，与主语共同构成省略系词“是”的系词句。表语主要用于对主语状态、结果的陈述，而系词句则主要用于对事物性质、关系等状况的判定，二者均与“着”单独表达的持续体义不排斥。

总体而言，“着”进入一般性动词、性质形容词充当谓语的SOV型陈述句，与谓语共同标记表持续体范畴义，如例（1）（2）；“着”进入其他特殊谓语句或句式，则其构成的“V着”结构的体范畴义需要进行调整，进而服从于整体句法结构所表达的体范畴，如“的字短语”。

（二）“着”与其他体标记共现规律

汉语可复合使用多个体助词共同标记句子的时体意义，体标记的组合有一定规律。西宁方言的起始体标记“上、开、脱”，完成体标记“下、掉、了”常单独作为句中的补语成分或体助词；也可置于持续体助词“着”之前，构成复合形式的持续体标记。

1. “着”与起始体标记共现

西宁方言“上”除作实义动词表位移，更常用于动词之后作补语或起始体。如：

(17) a＊（我去了呵）傢们吃上。

b（我去了呵）傢们吃着。

c（我去了呵）傢们吃上着。

“上”主要标记动作的开始，因而主要与动词连用。例（17）a句谓语动词后仅使用起始体标记“上”，无法足句。b句的“吃”与持续体标记“着”连用，标记进行体，表去的时候他们吃的动作正在进行，未强调开始的时间和状态。c句的起始体标记“上”用于持续体助词“着”之前，表去的时候他们已开始吃了，并且此状态将持续进行。

西宁方言“V开”和“V脱”结构也标记动作或状态的起始，伴随表动作或状态开始后的持续。与“上”的语义稍有不同，“开”和“脱”更侧重起始这一时间点的状态，而不关注后续状态；尤其是“脱”，兼表夸张等修饰性语义，如“唱脱了”侧重表达开始开心地唱、撒欢地唱。因此，“开”和“脱”更多用于体助词“了”之前，表变化已经发生的语法意义。

综上所述，西宁方言持续体助词“着”与起始体标记复合使用时，句法位置层面，“着”只能用于起始体助词之后，虚化程度更高；起始体标记“上/开/脱”虚化程度相对较低，仍保留部分补语用法，与动词关系更紧密。语义关系层面，起始体助词主要标记动作或状态的开始，其后与表动作状态持续的助词连用，语义上具有顺承关系；起始体标记指向前面的谓语动词，构成“V+上/开/脱”结构，其后的“着”指向“V+上/开/脱”，表动作行为开始后的持续状态，层层套叠。共现频率层面，“着”与“上”复合使用较多，是因为“上”在标记动作或状态起始的同时，也强调动作或事件将在一段时间内持续，更符合“着”的持续体语法意义；“开”和“脱”则较少关注后续状态。由此可知，“着”与起始体助词共同构成复合形式的持续体标记，“着”

仍表持续体的语法意义；同时，可按时间先后顺序表复杂的语义关系，即动作或状态发生后的持续状态。

2. “着”与完成体助词共现

西宁方言“下”除作实义动词表位移，更常用作补语或体助词。其中“下”可作为完成体标记，表动作或状态已完成的语法意义。如：

（18）a 娃娃哭着。
b 娃娃哭下着。
c 娃娃哭下了。
d * 娃娃哭了。
e * 娃娃哭下。

（19）a * 衣服脏着。
b 衣服脏下着。
c 衣服脏下了。
d * 衣服脏了。
e * 衣服脏下。

对比例（18）的四句可知，a 句的可持续性动词“哭”与“着”连用，表动作的持续或正在进行状态，且自说话人开始关注的起始状态孩子就已经在哭了。b 句复合使用“下”和“着”，表孩子没有哭是起始状态，受其他因素影响产生了“哭”的动作，“下”表“哭”这一动作已开始，其后的“着”表“哭下”状态的持续。c 句的“哭”复合使用完成体助词“下”和“了”，表起始状态为没有哭，后产生了“哭”的动作变化，“下”和“了”均表“哭”这一变化已经完成。d 句是受普通话影响产生的表达形式，老派较少使用。e 句不符合西宁方言表达习惯，即“下”单独作体标记不能完句。例（19）四句情况类似，谓语为性质形容词。

西宁方言完成体助词还有“掉”和“了”。如：

（20）a 尕舅母家的丫头疯掉了。
b 尕舅母家的丫头疯掉着。
c 丫头疯掉着，尕舅母头发一挂白掉着。

与“了”和“下”相比，“掉”除表示动作或变化已完成的语法意义外，还兼表“消极完成”的语义色彩，即说话人对信息或事件的惋惜、嫌弃等消极态度，常与“死、坏、疯”等动词连用。例（20）中 a、b 两句句末体助词不同，a 句“掉”和“了”均为完成体标记，b 句“着”表“疯掉”这一状态的持续。语篇中，前句动作或状态的持续可能进一步引发或需增补其他相关信息，如因果复句 c。

“了”是典型的完成体助词。作为体标记，西宁方言的“了”较少用于单音节动词简单谓语句。如上文例 18d 和例 19d，均为受普通话影响的新派西宁方言句型，老派发音人认为“别扭，不这么说”，必须使用例 18b 和例 19b、例 18c 和例 19c。

可见，西宁方言持续体助词“着”与完成体助词复合使用时，句法位置层面，“着”只能用于完成体助词之后，虚化程度更高。语义关系层面，完成体助词主要表动作或变化已完成的语法意义，其后与表动作或状态持续的“着”连用，语义上具有一定的顺承关系，二者共同构成复合形式的持续体标记。

总之，复合形式的体标记即多个表义不同的体标记连用，连用顺序往往具有一定的规律，不能随意变换。西宁方言的持续体助词“着”与其他体标记共现时，“上、下、开、掉、了”等标记多位于动词之后、“着”之前，位置不能调换，“着”的语法意义未发生变化，仍主要表持续体的语法意义，其语义指向为前面的“V+上/下/开/掉/了”结构，表已经完成 V 动作或形成 V 结果状态的进一步持续。

二、“着”用于多个谓语之间

除用于简单谓语句，西宁方言体助词“着”还常用于复杂谓语结构或复句中。

（一）“着”用于连动结构

现代汉语对连动结构的定义有“两个或以上动词性词语连用，中间没有语音停顿或关联词语”这一条件（张斌 2010：329）。西宁方言以 OV 型语序为主，常用“啊/哈”等后置词表动词与名词的关系，部分普通话的连动结构在西宁方言中惯用后置词表达。如普通话连动句“你拿塑料袋装（大米）”，西宁方言惯常表达为“（大米）袋袋俩装上”；普通话“她坐火车回西宁了”，西宁方言惯常表达为“傢火车俩回西宁着”；普通话“她去北京上学了”，西宁方言惯常表达为“傢北京哒/价上学去着”。除以上使用后置词，西宁方言的其他连动结构几乎强制性使用“着”，构成“V 着 V”结构。如：

(21) 我们走上着来了。
(22) (傢) 喝着醉醉着的，你 (傢) 搬上着走撒。
(23) 傢阿门招呼冇打着车开上着跑掉了？
(24) 娃娃病下着再冇上 (学)。
(25) (你) 明天上片子装上着来啊，我给你看给个。
(26) 我尕摩托俩把傢推着学校里去着。

例 (21) (22) 中“走上”“搬上”为一整体，与“着”构成“V 着”结构补充说明后一动作“来”“走”的方式。例 (23) 中两个动作“车开上”和“跑掉”、例 (24) 中两个动作“病下”和“冇上”依据动作发生的时间排序。例 (25) (26) 前一动作“装上”“推着”可视为后一动作的条件。此类助词“着”还可用于兼语句中，与含“命令、邀请、介绍”等义的三价谓语动词连用。

(27) 傢我乔上着吃饭去俩说明天。
(28) 我把你拜托上着去把傢去看给个撒。
(29) 傢家里催上着结婚着。

需要注意的是，普通话中部分含致使义动词（如“使、叫、让、利用”等）的兼语结构句，如“你让老师检查一下作业”，西宁方言也不用连动结构，习惯用法为“你老师啊作业检查给个”。

由上可知，在复杂谓语句中，“着”构成的“V1 着 V2”结构可标记具有时间先后关系的两个动词成分，也可标记无明确时间关系、主要为逻辑或事理关系的两个动词成分。此类用法中的“着”仍表持续体义，强调在“V1 着”动作或状态的持续中发生 V2 这一事件或状态。信息结构方面，普通话连动结构的 V1 往往是信息焦点，V2 多为补充、附带性信息。西宁方言情况相反，即 V2 是信息焦点，全句时体意义更依赖于 V2 配合使用的相关体助词；“V1 着”以单纯持续体或复合持续体形式修饰、说明 V2，提供方式、条件等背景信息，以突出 V2 这一前景信息。可以说，西宁方言此类复杂谓语结构句中的“着”具有一定的背景化功能。

（二）“着”用于复句

西宁方言助词“着”也常用于表复杂意义的紧缩句或复句中。如：

（30）高考呵是试卷上名字涂掉着，老师们才判俩。
（31）明天不下雨了着，我们就去。
（32）我们这扎耍着，还不如看电影去俩。
（33）傢有个兄弟着，尕的时候就残下着。
（34）风太大了着，傢学冇上啊。

例（30）（31）中，前后两个分句之间具有条件关系，“着”居前一小句末，即“高考时（只有）涂掉试卷上的名字，老师才判卷”“（如果）明天不下雨，我们就去”。例（32）中“耍”和“看电影”之间具有选择关系。例（33）后一分句“尕的时候就残下着”是对前一分句的解释说明。例（34）“风太大了”是“傢学冇上”的原因，为因果关系复句。

由上可知，西宁方言的助词“着”可用于复杂谓语结构句，构成“V1 着 V2”结构，其中 V1 和 V2 的范畴可进一步扩大至复句的分句结构。

三、“着”用于述补结构

西宁方言助词“着”常以“V+着+C”形式用于述补结构谓语句中。如：

（35）雪下着大诶，把我一挂冻着冇吃住。
（36）洋芋呵尕着的好，太大着的水着不成呐。
（37）阿娘身体好着很呐，再要惦记。

以上三句句中的“着”与谓语连用，后加程度类补语成分。

（38）三个小时喂，（保洁）（玻璃）就擦着糊涂干净呐。

例（38）的“着”与持续性动作动词“擦”连用，后加结果补语。

（39）跟前站着定定啊，要呵老师啊棍棍俩打俩。

（40）现在伙食好下了，你看个，娃娃们一个个吃着越来越胖啊。

（41）傢想着清楚着吓死俩，各傢吃着的、穿着的钱儿花上着。

（42）太阳大着眼睛睁不开啊。

例（39）至例（42）“V着”后加情态补语。

（43）把你喊了几声了，阿门还坐着不动呐?!

（44）你抓紧着要松啊，掉下去俩。

（45）这个娃娃糊涂能吃啊，每顿傢要吃着三碗呐。

（46）我你大着三岁呐。

例（43）（44）中，“着”后为解释性补语，例（45）（46）为数量补语。

由上可知，作为持续体助词的“着”常用于西宁方言的述补结构中，一般与可持续性动作动词、性质形容词等谓语连用，其后可加情态、程度、数量等补语成分，形式上补语可由单个形容词或副词、数量或偏正短语及主谓结构充当。部分“V+着+C”结构可用于特指问句，如“你吃着阿蒙着?”此外，当补语类型为可能补语时，不能使用“着”，如：

（47）这个事做得，那个事做不得。

（48）腿腿成下这么的你还坐下要?

（49）车车上坐下要?

例（47）中前后两分句述语分别为肯定和否定形式可能补语，表道义情态，即敢/不敢做。例（48）（49）中的可能补语均为“下”，前者表能力的动力情态语义，即有能力坐下，后者表许可的道义情态语义，即可以坐车。两句中的“下”已虚化。西宁方言可能补语成分主要有“得、下、成”等，均为单音节形式，构成述补结构必须为VC形式，即“动相补语”（吴福祥 1998）。此外，其他单音节形式补语构成述补结构也不能使用“着”。如：

（50）四月里进了，天气就暖和多了。

（51）饭吃罢着大家就喧开了。

（52）你我啊跟上啊。

例（50）“多”为程度补语，其VC结构中不能使用“着”。例（51）中的“罢”为结果补语、例（52）中的“上”为趋向补语。述补结构充当谓语时，所表现的事件通常可用“动作+结果”表示，即述语为动作或状态，补语表程度、趋向、数量等结果。“着”具一定背景化功能，即将述语相关信息处理为背景信息，以更好地突出图形信息“补语”成分。

四、语气助词“着”

陈前瑞（2012）指出汉语表时体意义时，无论是词汇手段或是语法手段均以谓语动词为中心，常用三个句法位置表时体义，即词前、词尾和句尾，且语法化程度依次增高。西宁方言兼用OV和VO语序且以OV语序为主，“着”在语用中常占据语法化程度最高的词尾和句尾位置，进一步虚化后，分化出语气助词用法。如：

（53）电视阿门可坏下了着！
（54）将过了几天着，（我）老师可叫着学校里去了喂。
（55）钱花光了着。
（56）工资将发下喂，你阿门可有钱了着？
（57）你说给个（这件事）有啥意义了着？

例（53）至例（57）中句末语气词“着”具有增强语气的功能，使用“着”可加强对事件的确认、判断，表显而易见、不容怀疑、不置可否的语气，也可表不耐烦、责备、催促等语气。

语气词“着”还可与动词构成重叠式“V着V着”结构，强调动作行为重复、多次出现或长期进行，即反复体。

（58）傢就《西游记》一遍一遍俩看着看着。
（59）娃娃就一天外面要着要着。

“V着V着”结构中，V可以是单音节或双音节、及物或不及物动词。例（58）（59）可通过增加上下文的形式扩展为复句，如“傢就《西游记》一遍一遍俩看着看着，（快背着下来了）”和“娃娃就一天外面要着要着，（家啊就不回啊）”。

五、结　语

由上可知，西宁方言的“着”作为体助词主要表持续体语法意义，可与起始体、完成体助词连用，构成复合持续体形式。连用中，“着”均位于起始体、完成体助词之后，其语义指向“V+起始/完成体助词”结构，表动作行为开始后进一步持续的状态，或动作已完成、形成某种结果状态的进一步持续。此外，持续体标记“着”在不同句式、句型中与共现的谓语成分整合，并服从于整体句式的语义范畴。

参考文献

[1] 陈前瑞，王继红．从完成体到最近将来时——类型学的罕见现象与汉语的常见现象［J］．世界汉语教学，2012（2）．

[2] 黄丁华．闽南方言的虚字眼“在、着、里”［J］．中国语文，1958（2）．

[3] 贾晞儒．青海话中的民族语借词［J］．民族语文，2006（2）．

[4] 李锦姬．现代汉语补语研究［D］．复旦大学博士学位论文，2003.

[5] 刘坚，江蓝生，白维国，曹广顺．近代汉语虚词研究［M］．北京：语文出版社，1992.

[6] 梅祖麟．汉语方言里的虚词“著”字三种用法的来源［J］．中国语言学报，1988（3）．

[7] 乔全生．从洪洞方言看唐宋以来助词“着”的性质［J］．方言，1998（2）．

[8] 吴福祥．重谈“动+了+宾”格式的来源和完成体助词“了”的产生［J］．中国语文，1998（6）．

[9] 邢向东．陕北神木话的助词“着”［J］．中国语文，1997（4）．

[10] 张斌．现代汉语描写语法［M］．北京：商务印书馆，2010.

[11] 张成材．西宁方言词典［M］．南京：江苏教育出版社，1994.

[12] 赵绿原．青海民和甘沟话的致使结构［J］．中国语文，2019（2）．

冀鲁官话邹平话音系及后滑音的实验语音分析

郑仲桦　高子淇*

【摘要】 邹平话属冀鲁官话章利片，具有山东境内方言共有的后滑音以及自身的语音特点。本文根据最新调查结果，采用新的描写范式，整理邹平话的音系，通过与普通话、冀鲁官话以及其他官话方言的共时比较，凸显邹平话的声韵调特点。邹平话的语音特点包括后滑音、单双元音与声调的搭配关系、三声调等，通过实验语音学分析，进一步说明邹平话后滑音的语图表现。

【关键词】 邹平话，后滑音，单双元音，声调

一、研究缘起

邹平是山东省滨州市下属县级市，位于山东省中部偏北，西北临黄河，地处鲁中泰沂山区与鲁北黄泛平原的叠交地带。

邹平话是邹平当地人所说的方言土语，属冀鲁官话章利片（中国社会科学院及澳大利亚人工科学院 1990）。钱曾怡（2001：22）将邹平话划归为冀鲁官话西齐片。在以往文献中，《邹平县志》（1992）对邹平话的描述最为详尽，不仅整理了邹平话的音系，还列出了大量方言词汇。

总体而言，邹平话的相关研究涉及语音、语法、语用等方面。语音方面的调查较多，如王晓莹（2016）、王小梅（2017）、林珈亦（2017）、宋怡琳（2021），大都将邹平作为方言地理调查中的一个点，大致描写邹平话的音系、文白异读以及语流音变，其中邹平话的声调受到更多关注。钱曾怡（2001：88，92）指出，邹平话为入声型方言，县城邹平话有阴平（213）、阳平/上声

---

*郑仲桦（1980—），男，台州学院教师教育学院讲师，北京大学文学博士，南京大学社会学院博士研究生，主要从事理论语言学、方言学和社会语言学研究。

高子淇（1997—），女，曲阜师范大学文学院语言学及应用语言学 2020 级硕士研究生，主要研究语言接触、方言学和实验语音学相关问题。

（45）、去声（31）、入声（33）四个调类，这在冀鲁官话乃至山东境内的方言中均较为罕见。语法、语用方面，仅刘白鸽（2012）描述了邹平话第一人称代词“我”和“俺”的句法表现、语用条件及社会使用因素。

尽管已有不少邹平话语音研究成果，但总体不够充分，主要表现在两个方面：从内容上看，研究者多将邹平作为方言地理调查中的一个点，描写较为粗略；从描写方式看，多拘泥于传统音韵学，重视与中古音的对应关系，方言间的共时比较不多。本文根据最新调查结果，采用新的描写范式梳理邹平话音系，一方面试图摆脱传统描写的惯性，重视共时比较，将邹平话置于与普通话、冀鲁官话的比较框架中，突出其语音特点，如后滑音、单双元音的变异、三声调等。此外，从笔者多年的调查材料看，后滑音是山东境内汉语方言中常见的区域性语音特征，前人甚少提及，本文通过语音实验进一步分析邹平话后滑音的声学特征。

邹平话的发音人高子淇，女，生于1997年，山东省滨州市邹平县城人，硕士研究生在读，调查时间为2022年3月6日。

二、邹平话的声韵调

（一）声母及特点

1. 声母

邹平话的声母有24个（不含零声母），见表1。

表1　邹平话的声母

方式 \ 部位	双唇	唇齿	舌尖	舌尖后	舌面	舌根
塞音	p pʰ		t tʰ			k kʰ
塞擦音			ts tsʰ	tʂ tʂʰ	tɕ tɕʰ	
擦音		v f	s	ʂ	ɕ	x
鼻音	m		n			ŋ
边音			l			
前喉边音				ʔɭ		
近音				ɻ		

声母例字如下：

p	双唇不送气清塞音	碑 pei^{35}	冰 piŋ^{35}	笔 pei^{35}
p^{h}	双唇送气清塞音	皮 p^{h}iɤ̆^{55}	贫 p^{h}ĩ^{55}	劈 p^{h}iɤ̆^{35}
t	舌尖不送气清塞音	刀 taɔ^{35}	胆 tæ̃^{55}	笛 tiɤ̆^{55}
t^{h}	舌尖送气清塞音	桃 t^{h}aɔ^{55}	甜 t^{h}iɛ̃^{55}	踢 t^{h}iɤ̆^{35}
k	舌根不送气清塞音	鬼 kui^{55}	感 kæ̃^{55}	国 kuʌ^{55}
k^{h}	舌根送气清塞音	口 k^{h}ou^{55}	看 k^{h}æ̃^{42}	刻 k^{h}ei^{35}/k^{h}ɤ^{42}
ʦ	舌尖不送气清塞擦音	走 ʦou^{55}	贼 ʦei^{55}	卒 ʦuo^{55}
ʦ^{h}	舌尖送气清塞擦音	凑 ʦ^{h}ou^{42}	蚕 ʦ^{h}æ̃^{55}	侧 ʦ^{h}ɤ^{42}
tʂ	舌尖后不送气清塞擦音	知 tʂʅɤ̆^{35}	张 tʂaŋ^{35}	摘 tʂaɛ^{55}
tʂ^{h}	舌尖后送气清塞擦音	锤 tʂ^{h}ui^{55}	沉 tʂ^{h}ə̃^{55}	插 tʂ^{h}a^{35}
ʨ	舌面不送气清塞擦音	季 ʨiɤ̆^{42}	肩 ʨiɛ̃^{35}	剧 ʨyɤ̆^{42}
ʨ^{h}	舌面送气清塞擦音	桥 ʨ^{h}iaɔ^{55}	裙 ʨ^{h}yĩ^{55}	七 ʨ^{h}iɤ̆^{35}
v	唇齿浊擦音	围 vei^{55}	问 və̃^{42}	完 væ̃^{55}
f	唇齿清擦音	飞 fei^{35}	犯 fæ̃^{42}	法 fa^{55}
s	舌尖清擦音	死 sɿɤ̆^{55}	僧 səŋ^{35}	塞 sei^{35}
ʂ	舌尖后清擦音	师 ʂʅɤ̆^{35}	神 ʂə̃^{55}	色 ʂei^{35}
ɕ	舌面清擦音	箫 ɕiaɔ^{35}	心 ɕĩ^{35}	锡 ɕiɤ̆^{35}
x	舌根清擦音	虎 xuo^{55}	欢 xuæ̃^{35}	黑 xei^{35}
m	双唇鼻音	马 ma^{55}	名 miŋ^{55}	木 muo^{42}
n	舌尖鼻音	鸟 niaɔ^{55}	弄 noŋ^{42}/nəŋ^{42}	年 niɛ̃^{55}
ŋ	舌根鼻音	饿 ŋɤ^{42}	岸 ŋæ̃^{42}	恶 ŋɤ^{42}
l	舌尖边音	料 liɔ^{42}	蓝 læ̃^{55}	蜡 la^{42}
ʔɭ	前喉塞卷舌边音	二 ʔɭɤ^{42}	耳 ʔɭɤ^{55}	儿 ʔɭɤ^{55}
ɻ	卷舌近音	绕 ɻɔ^{42}	染 ɻæ̃^{55}	入 ɻuo^{42}

2. 声母特点

（1）普通话的 ɻ 对应邹平话的 l 或零声母。邹平话 l 对应普通话 ɻ 只出现在部分字，如 luo^{55}（如）、loŋ^{55}（荣）、luo^{42}（褥）等字，并且是 l 与 ɻ 两可的情况，即“如”可读 ɻuo^{55}也可读 luo^{55}。老派一般读边音 l，新派多读 ɻ。钱曾怡、罗福腾（1992）提到普通话 ʐ（即本文的 ɻ）的读音是山东东西区方言分区的标准，东区读零声母，西区读 ʐ 或 l。滨州位处西区，与淄博一带的方言都有将普通话 ɻ 读为 l 的现象，差异在于这类读音的辖字多寡不一。邹平县城内仅部分字读 l，各乡镇的情况也大致如此，唯独青阳镇可以将普通话的 ɻ 声母字读为 l。另一方面，虽处于山东方言西区，但老派邹平话也存在普通话 ɻ 对应为零声母的情况，如 yɛ̃^{55}（软）、yʅ^{42}(闰)。

（2）普通话卷舌元音ɤ对应邹平话前喉塞卷舌边音 ʔɭ。在山东、河南一带的冀鲁官话和中原官话中，普通话的央中卷舌元音 ɚ 对应的是前喉塞卷舌边音 ʔɭɤ，如 ʔɭɤ^{55}(儿)、ʔɭɤ^{42}(二)、ʔɭɤ^{55}(耳)。这个声母过去一般记为 ɭ，然而实际发音时，边音前往往会伴随一个轻微的喉塞音，听感上边音前有个停顿，因此记为前喉塞卷舌边音。

（3）普通话零声母对应邹平话舌根鼻音 ŋ。普通话的零声母对应邹平话的舌根鼻音 ŋ，这在许多汉语方言中都存在，如 æ̃^{42}/ŋæ̃^{42}（暗）、ou^{55}/ŋou^{55}(藕)、uʌ^{42}/ŋɤ^{42}(饿）等，老派一般读 ŋ，新派一般读零声母，形成新老派差异。读不读 ŋ 声母在新老派中的区分只是大体趋势，老派也可能不读 ŋ，新派也可能读 ŋ。

（4）普通话韵母 u 对应邹平话声母唇齿浊擦音 v。普通话后高元音 u 韵母对应邹平话的 v，是后高元音擦音化的结果。这个对应存在变异，即部分字仍读 u，如 ua^{55}（瓦）、uo^{35}（屋），部分字读作擦音 v，如 vei^{42}（胃）、væ̃^{55}(碗)。

（二）韵母及特点

1. 韵母

邹平话共 39 个韵母，包括开音节单元音 4 个、开音节双元音 12 个、开音节三元音 3 个、后滑音 4 个、鼻化元音 8 个、后鼻音 8 个，见表 2。

表 2 邹平话的韵母

开音节韵母					
	a	ɛ	ɔ	ɤ	
	ia			iʌ	
	ua			uʌ	ui
				yʌ	
aɛ	aɔ	ei	ou	uo	iu
uaɛ	iaɔ	iei			
后滑音韵母					
	iɤ̆	yɤ̆	ɿɤ̆	ʅɤ̆	
鼻音韵母					
	æ̃	iɛ̃	ɿ̃	ə̃	
	uæ̃	yɛ̃	yɿ̃	uə̃	
	aŋ		oŋ	əŋ	
	iaŋ	iŋ	ioŋ		
	uaŋ			uəŋ	

韵母例字见表 3。

表 3 韵母例字

单元音韵母			复元音韵母			鼻音韵母		
a	把 pa^{55}	骂 ma^{42}	uʌ	果 kuʌ^{55}	火 xuʌ^{55}	æ̃	板 pæ̃^{55}	慢 mæ̃^{42}
ɛ	该 kɛ^{35}	拜 pɛ^{42}	iʌ	夜 iʌ^{42}	写 ɕiʌ^{55}	uæ̃	转 tʂuæ̃^{42}	软 ɻuæ̃^{55}
ɔ	造 tsɔ^{42}	靠 kʰɔ^{42}	yʌ	雪 ɕyʌ^{55}	绝 tɕyʌ^{55}	iɛ̃	见 tɕiɛ̃^{42}	烟 iɛ̃^{35}
ɤ	蛇 ʂɤ^{55}	车 tʂʰɤ^{35}	ua	瓜 kua^{35}	花 xua^{35}	yɛ̃	卷 tɕyɛ̃^{55}	园 yɛ̃^{55}
后滑音韵母			ia	嫁 tɕia^{42}	虾 ɕia^{35}	ɿ̃	进 tɕɿ̃^{42}	亲 tɕʰɿ̃^{35}
iɤ̆	寄 tɕiɤ̆^{42}	皮 pʰiɤ̆^{55}	aɛ	菜 tsʰaɛ^{55}	海 xaɛ^{55}	yɿ̃	军 tɕyɿ̃^{35}	裙 tɕʰyɿ̃^{55}
yɤ̆	举 tɕyɤ̆^{55}	移 iɤ̆^{55}	ei	背 pei^{42}	妹 mei^{42}	ə̃	镇 tʂə̃^{42}	神 ʂə̃^{55}
ɿɤ̆	刺 tsʰɿɤ̆^{42}	紫 tsɿɤ̆^{55}	aɔ	嫂 saɔ^{55}	熬 aɔ^{55}	uə̃	滚 kuə̃^{55}	孙 suə̃^{35}
ʅɤ̆	世 ʂʅɤ̆^{42}	纸 tʂʅɤ̆^{55}	ou	偷 tʰou^{35}	狗 kou^{55}	aŋ	帮 paŋ^{35}	汤 tʰaŋ^{35}

续表

单元音韵母			复元音韵母			鼻音韵母		
			uo	租 tsuo^{35}	古 kuo^{55}	uaŋ	霜 ʂuaŋ^{35}	床 tʂ^{h}uaŋ^{55}
			iu	酒 tɕiu^{55}	牛 niu^{55}	iaŋ	亮 liaŋ^{42}	浆 tɕiaŋ^{35}
			ui	追 tʂui^{35}	水 ʂui^{55}	iŋ	冰 piŋ^{35}	明 miŋ^{55}
			iei	鞋 ɕiei^{55}	街 tɕiei^{35}	oŋ	东 toŋ^{35}	聋 loŋ^{55}
			uaɛ	歪 uaɛ^{35}	怀 xuaɛ^{55}	ioŋ	兄 ɕioŋ^{35}	永 ioŋ^{55}
			iaɔ	鸟 niaɔ^{55}	摇 iaɔ^{55}	əŋ	证 tʂəŋ^{42}	风 fəŋ^{35}
						uəŋ	翁 uəŋ^{35}	

2. 韵母特点

（1）后滑音韵母。后滑音是主元音后增生的一个短元音，音值和主元音不同，类似一个收尾的“拖音”，在官话方言中十分常见。后滑音一般出现在单字音，在词中仍读单元音，若在词中能听到这个增生的音，即便它比韵腹元音时长短，也应记为双元音。在官话方言中，后滑音主要分布在山东、甘肃、青海、新疆、四川、云南等地，大致存在于河南中原官话东西两端的冀鲁官话、胶辽官话、兰银官话，以及部分的西南官话中。姜燕（2018）将后滑音描写为央中元音 ə，认为是高元音回归到标记性最低的 ə 的初始状态。邹平话有四个后滑音韵母，听感上发音位置较央中元音靠后，本文记为 iɤ̆、yɤ̆、ɿɤ̆、ʅɤ̆，即前高元音和舌尖元音后均出现了后滑音。从实验语音学角度看，都是央中元音 ə。由于后滑音具有短、轻的特点，所以并不是双元音，用短音符号˘记录。从听感上看，邹平话的后滑音音值都是ɤ̆（或靠后的 ə），但在不同方言中，后滑音的音值除了ɤ̆之外，还有ɪ̆、ĕ、ʌ̆、ɔ̆等，根据主元音音值的不同有所不同。此外，对比其他有后滑音的山东方言，邹平话少了一组后滑音，即 uɤ̆，与之对应的是双元音 uo，如 t^{h}uo^{55}（土）。比较高密话的t^{h}uɤ̆^{55}（土）可知，普通话的 u 对应邹平话的 uo，可从后滑音角度解释，即原本轻、短的后滑音ɤ̆受主元音 u 的影响圆唇化，音长拉长后形成了新的双元音韵母 uo。从实验语音学角度看，o 的发音时长短于 u，也能视为后滑音韵母，可记为 uŏ，但实际听感已接近双元音 uo，因此仍可将其视为一个双元音韵母，其音变过程为：uɤ̆→uŏ→uo。

从音系角度看，普通话 uo 对应邹平话 uʌ，应该也是受后滑音影响所致。因为邹平话的后滑音是不圆唇的ɤ̆，让原本韵尾的圆唇元音“展唇化”，这就可以解释为什么普通话 uo 对应邹平话的 uʌ，可视作韵尾元音 o 展唇化为 ʌ 的结果。在有后滑音的方言中大多如此，即普通话的 uo 在有后滑音的方言中一般读作 uʌ。比较高密话的 ʦuʌ55（左）、xɤʌ51/xuʌ51（河），可以看出后滑音对音系的影响，一方面表现为“单元音双化”，另一方面是“韵尾圆唇元音展唇化”。

元音ɤ也存在轻微的后滑音，实际读音为ɤɐ̆，由于动程不明显，听感上与ɤ差异不大，仍记为ɤ。

（2）aɛ/ɛ 和 aɔ/ɔ 的分化。普通话的 ai 对应邹平话的 aɛ 或 ɛ，au 对应 aɔ 或 ɔ，这体现了邹平话作为东部官话（冀鲁官话、胶辽官话、江淮官话）的特点。老派邹平话里这两组对应的是单元音 ɛ 和 ɔ，新派则衍生出了 aɛ 和 aɔ 两个双元音韵母，很难说一定是普通话影响产生的单元音双化，因为 aɛ/ɛ 以及 aɔ/ɔ 的变异很常见，存在个体发音差异，并且这类单双元音的变异是双向的、浮动的、不稳定的，在不同地区官话方言中有不同类型。总体而言，北方官话分为三大类型，第一类是北京官话（含东北）和西南官话，大多保留双元音 ai 和 au；第二类是河南、安徽、陕西地区中原官话，大多是向单元音过渡型的 aɛ 和 aɔ；第三类是东西两端的山东、江苏、甘肃、青海、新疆的胶辽官话、冀鲁官话、兰银官话、中原官话，多为单元音 ɛ（或 e）、ɔ（或 o）。这是北方官话的大体趋势，其中不乏一些例外。东部官话区（冀鲁官话、胶辽官话、江淮官话）属单元音优势地区，大多是 ɛ 和 ɔ；在新派邹平话中有 aɛ 和 aɔ 变体，出现的环境与单元音 ɛ 和 ɔ 形成互补，且与相应的声调搭配。aɛ/ɛ 在 55 调时是双元音 aɛ，35、42 调时是单元音 ɛ；aɔ/ɔ 在 55、35 调时是双元音 aɔ，42 调时是单元音 ɔ。可见，在读高平调 55 时，因音长相对较长，为双元音的出现创造了条件，而 42 调因降幅小、音长较短，只能搭配单元音。比较特殊的是中升调 35，既可与单元音 ɛ 搭配，也可与双元音 aɔ 搭配，说明其音长介于高平 55 和中降 42 之间。由于这个特殊的韵调搭配关系，本文将 aɛ 和 ɛ、aɔ 和 ɔ 分别处理为两个韵母，说明是由声调导致的韵母分化现象，在一些官话方言中也有类似情况，值得进一步研究。此外，普通话三元音韵母 uai 和 iau 对应邹平话的 uaɛ/uɛ 和 iaɔ/iɔ，与前述情况相同，都是受声调影响而产生的分化。

（3）ui 和 iu 韵母。普通话三元音韵母 uei 和 iou 对应邹平话的双元音韵母 ui 和 iu，是复元音缩减、单化的结果。

（4）鼻化元音韵母。普通话的前鼻音韵母对应邹平话的鼻化元音韵母，即普通话 an、uan、iɛn、yɛn、ən、uən、in、yin 对应邹平话的 æ̃、uæ̃、iɛ̃、yɛ̃、ə̃、uə̃、ɿ̃、yɿ̃。鼻化元音韵母与后鼻音韵母形成对立，与普通话前后鼻音韵母对立的格局相一致。鼻化元音韵母是冀鲁官话和胶辽官话的语音特点之一，与西北地区的中原官话、兰银官话相比，差异在于鼻化—后鼻音对立与普通话前鼻音—后鼻音对立的情况一致，而西北地区的中原官话、兰银官话大多是后鼻音，主元音 i 和 ə 的鼻音韵尾时常中和为一组（多数为后鼻音-iŋ 和-əŋ，无前鼻音-in 和-ən）。西北地区的中原官话、兰银官话并非前后鼻音不分，而是区分方式与普通话不同。从官话方言看，鼻音分类与普通话一致的有北京官话、中原官话（河南、安徽地区）、冀鲁官话、胶辽官话，与普通话不一致的是兰银官话、西南官话、江淮官话、晋语、中原官话（陕西、甘肃、青海、新疆）。邹平话的ɘ̃和 uɘ̃读音较为特殊，听感上这个韵腹元音介于央元音 ə 和前元音 e 之间，因此记为央半高不圆唇的 ɘ。ɘ̃和 uɘ̃是滨州地区的特色读音，如阳信、惠民也都是这组音。

（5）三元音韵母 iei。邹平话的一个特色韵母是 iei，如 tɕiei^{55}（解）、iei^{55}（矮）、tɕiei^{42}（戒）、tɕiei^{35}（街），这些音多属老派，新派则多读 aɛ 或 iʌ，如 tɕiei^{55}/tɕiʌ^{55}①（解）、iei^{55}/aɛ^{55}（矮）、tɕiei^{42}/tɕiʌ^{42}（戒）、tɕiei^{35}/tɕiʌ^{35}（街）。

（6）普通话的ɤ、uo、ei 对应邹平话的 ei。邹平话的古入声字中，老派通常是 ei，对应普通话的ɤ、uo、ai，而新派多为ɤ、uʌ、aɛ（或 ɛ），读音更接近普通话，如 mei^{42}/muʌ^{42}（墨）、$\text{k}^{h}\text{ei}^{35}$/$\text{k}^{h}\text{ɤ}^{35}$(刻)、$\text{tei}^{55}$/$\text{tɤ}^{55}$(得)、$\text{kei}^{35}$/$\text{kɤ}^{35}$（格）、$\text{k}^{h}\text{ei}^{35}$/$\text{k}^{h}\text{ɤ}^{42}$(客)、$\text{mei}^{42}$/$\text{mɛ}^{42}$（麦）、$\text{pei}^{35}$/$\text{paɛ}^{55}$（百）、$\text{p}^{h}\text{ei}^{35}$/$\text{p}^{h}\text{ɛ}^{35}$（拍）、$\text{pei}^{55}$/$\text{paɛ}^{55}$（白）、$\text{kei}^{55}$/$\text{kɤ}^{55}$(隔)。

3. 邹平话与普通话韵母的差异

邹平话与普通话韵母差异比较见表 4。

表 4　邹平话与普通话韵母差异比较

邹平话韵母	普通话韵母
uʌ（多）	uo
iʌ（叶）/iei（街）	iɛ
yʌ（雪）	yɛ
uo（图）	u
aɛ（牌）/ɛ（卖）	ai
uaɛ（怀）/uɛ（怪）	uai
ui（灰）	uei

①“/”前为老派读音，“/”后为新派读音，下同。

续表

邹平话韵母	普通话韵母
aɔ（毛）/ɔ（帽）	au
iaɔ（表）/iɔ（庙）	iau
iu（酒）	iou
iɤ̆（皮）	i
yɤ̆（女）	y
ʅɤ̆（制）	ʅ
ɿɤ̆（紫）	ɿ
æ̃（三）	an
uæ̃（官）	uan
iɛ̃（险）	iɛn
yɛ̃（原）	yɛn
ə̃（根）	ən
uə̃（吞）	uən
ĩ（心）	in
yĩ（军）	yin

部分特殊韵母未构成系统性对应，比如：ʂei^{42}（事）、xaĩ^{55}（含）、ɕĩ^{55}（寻）、naɔ^{35}（暖）、pɛ^{35}（半）、luə̃^{42}（嫩）、xui^{55}（魂）、xaɔ^{42}（鹤）、tʂʰei^{55}（雀）、pa^{35}（剥）、ɕyɤ̆^{35}（宿）、xui^{42}（或）。

（三）声调

邹平话有三个声调，调值分别为35、55、42，与古调类的关系见表5（去声包括全浊上）。

表5 邹平话的声调

古调类	阴平、阴入	阳平、上声、阳入	去声
今调值	35	55	42

冀鲁官话中，三声调方言主要分布在滨州、淄博、济南章丘、沧州青县、德州庆云，形成一个地理连续片区。调型一般为升调、平调、降调各一个，调

类大多是阳平和上声合并，但也有例外，如滨州惠民话是阳平和去声合并，见表6。

表6　冀鲁官话三声调方言的比较①

声调／地区方言	古调类、今调值			
滨州邹平	阴平、阴入35	阳平、上声、阳入55	去声42	
滨州沾化	阴平、阴入35	阳平、上声、阳入55	去声53	
滨州惠民	阴平、阴入35	阳平、去声、阳入53	上声55	
淄博张店	阴平、阴入35	阳平、上声、阳入55	去声42	
淄博沂源	阴平、阴入24	阳平、上声、阳入45	去声51	
济南章丘	阴平、阴入35	阳平、上声、阳入55	去声42	
济南商河	阴平、阴入35	阳平、阳入55	上声45	去声42
沧州青县	阴平、阴入35	阳平、上声、阳入55	去声42	
德州庆云	阴平、阴入35	阳平、上声、阳入55	去声42	
德州德城	阴平、阴入35	阳平、阳入51	上声55	去声31

值得注意的是济南最北边的商河县，在地理上紧挨着滨州惠民县，虽然有四个声调，但阳平55和上声45的调值很接近，听感上很容易将二者混淆为一个声调。这说明商河话介于三声调的滨州与四声调的德州之间，是三、四声调的过渡区，原本四个声调正逐渐向三个声调发展。德州东北部紧邻滨州的庆云，仍是三声调方言。

钱曾怡（2001：88，92）提到邹平话的入声调为33，是四声调方言点，本调查并未发现独立的入声调。就汉语方言入声今读的变异中，有同时保留塞音韵尾和短促入声调的类型，如吴语（7—9个声调，多数有2组入声）、晋语（4—6个声调，1组为入声）；有塞音韵尾消失但仍保留入声调的类型，如江淮官话（短促调）、部分西南官话（非短促调，调值与非入声调不同）。钱曾怡（2001）所述的情况较为少见，即在塞音尾已脱落的情况下，非入声调类的合并早于入声调并入舒声调，值得深入研究。

① 表内资料为笔者调查。

三、邹平话后滑音的声学分析

在调查邹平话过程中，我们发现部分一级元音后存在非常清晰的后滑音，在语图上表现为共振峰在主元音后有波动，见图 1。

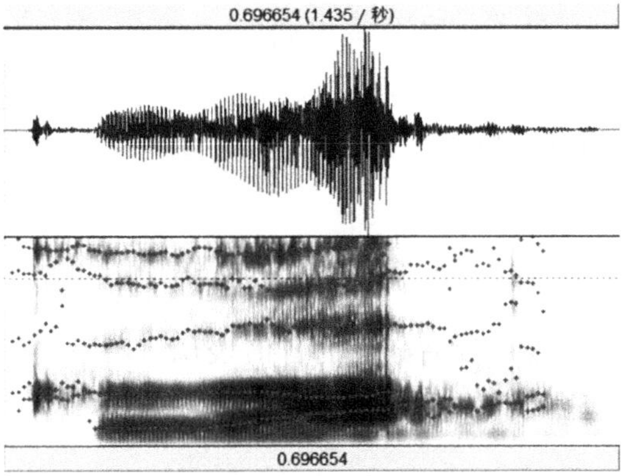

图 1　“哥”的语图

为验证此项调查结果，我们利用语音实验方法，随机选取样本（字表见附录）① 开始段和结束段各三个点，以这六个取样点的相关数据为基础数据绘制每个有后滑音的元音声学散点图，具体结果见图1—图 15②。

（一）舌尖元音

如图 2、图 3 所示，ɿ、ʅ 均存在后滑音，其后滑音音值均为央元音 ə。

---

① 在前文的论述中，ε 与 ɔ 虽然在新派中只出现在特定声调中，在听感上，u 更像复元音，ɤ更像单元音，但为了全面准确地描写邹平方言的后滑音，我们仍将该韵类所辖字作为实验材料，并测试其声学特征。

② 限于篇幅以及为将结果展示得更加清晰，邹平话的一级元音声学图只在图 2 中完整展示，在下文的声学图中，仅展示/A//i//u/三个顶点元音。

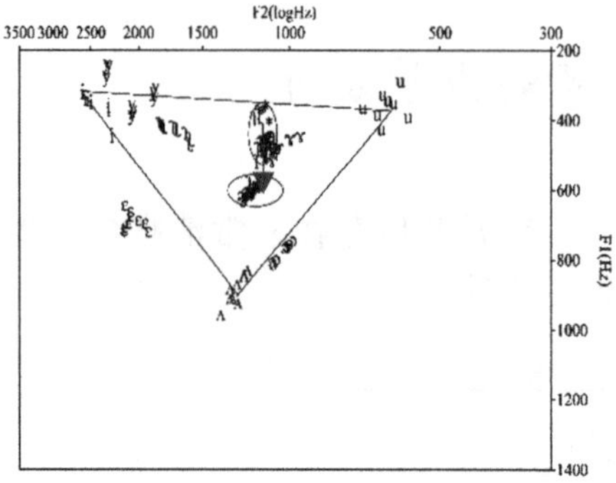

图 2　/ɿ/元音声学散点图①

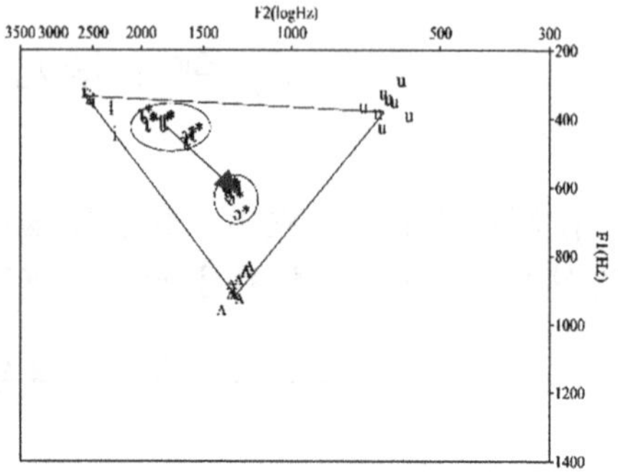

图 3　/ʅ/元音声学散点图

（二）舌面元音

1. 高元音

在舌面高元音中，邹平话后滑音的音值表现有所不同。由图 4—图 7 可以看出，读 i、y 时，后滑音为 ə；读 u 时，后滑音更接近于 o②；读ɤ时，后滑音为 ɐ。

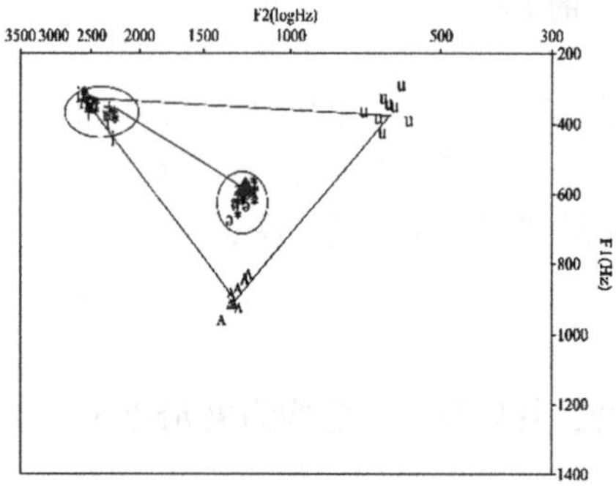

图 4　/i/元音声学散点图

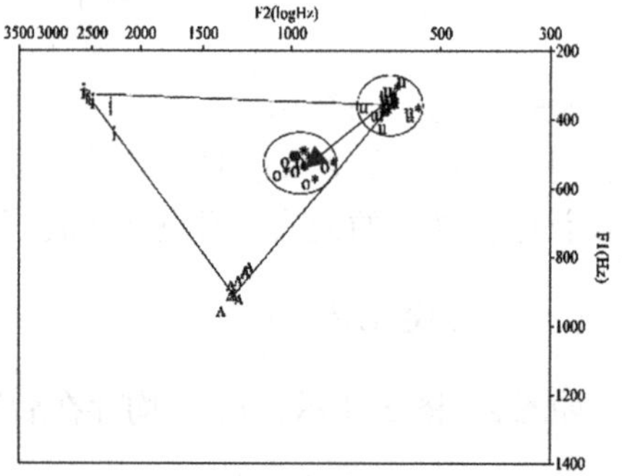

图 5　/u/元音声学散点图

① 前文将邹平话舌面低不圆唇元音记为/a/是考虑音系的系统性，此处记为/A/是考虑实际读音。其他前后音值的不同也是出于此原因。

② 本次实验仅引用了 F1 和 F2，未引用与唇形圆展相关的 F3，此处记为 o，而非ɤ主要参考了听感上的记音结果。

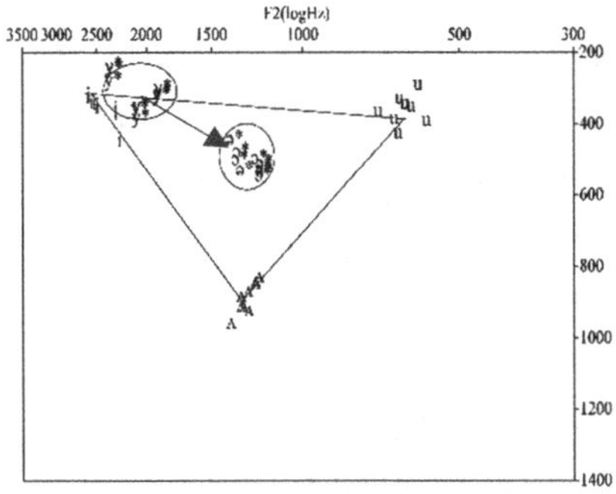

图6 /y/元音声学散点图

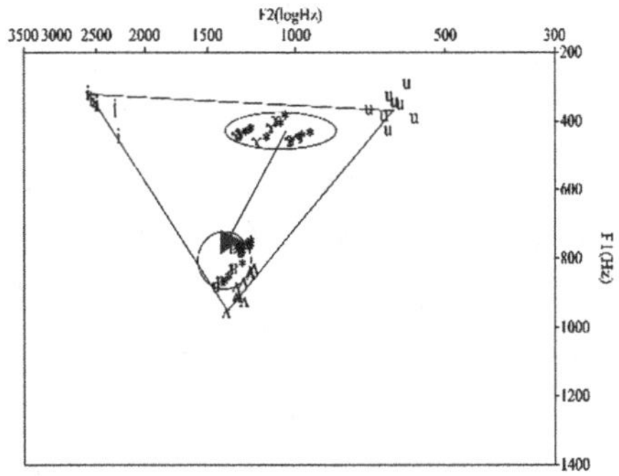

图7 /ɤ/元音声学散点图

2. 低、次低元音

舌面低元音 A 与次低元音 ε、ɔ 共振峰较平稳，无后滑音，如图 8—图 10。

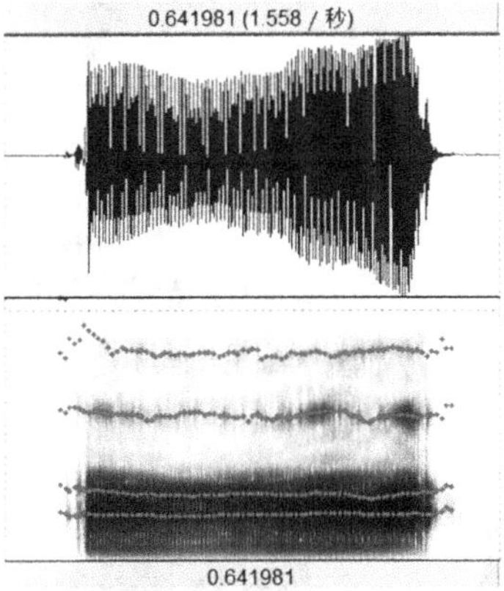

图8 “阿”语图

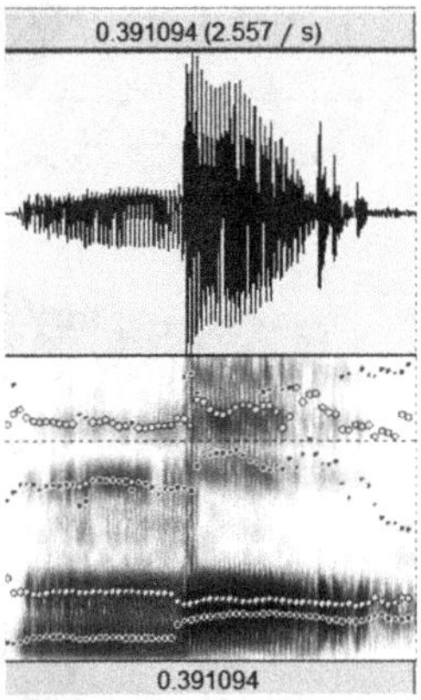

图9 “帽”语图

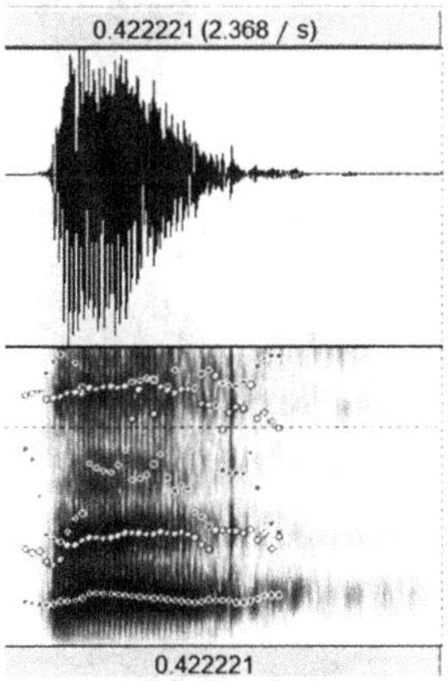

图10 “败”语图

（三）关于后滑音与复韵母的讨论

上述实验证明，邹平话只有高元音、舌尖元音存在后滑音，次低元音与低元音均无后滑音，且高元音的后滑音音值存在差异。朱晓农（2004）提到高元音的裂化类型，指出后显低裂化是元音“低化”的结果，是一种回复到混元音这个调音初状态的回归变化，认为后裂化增生一个后滑音可能与回归初始态有关，最后总结到这些音变一开始都是前响式的，后面增生个滑音，但时间长了，后面的滑音有可能逐渐增强，最后变成后响式复元音也不无可能。邹平话属于典型的后显低裂化，由于后滑音与复元音皆有动程，我们并不能看出现阶段邹平话中的后滑音是否已经变为后响复元音。由前响复元音过渡到后响复元音，主要是主元音开口度较大、声音较响亮、发音较稳定的元音位置变化，可以从开口度、响度、时长三个维度判断音节中主元音的位置。开口度大小与舌位高低有关，反映在语图上即为 F1 的大小，F1 越大，舌位越低、开口度越大；响度大小与振幅有关，反映在语图上即为共振峰颜色的深浅，共振峰颜色越深，振幅越大、响度越大。同时满足以上三个条件，才能认为主元音的位置发生了转移。

通过比较一级元音与后滑音的开口度、响度以及时长，我们发现在现阶段邹平话中，具有后滑音的韵母大多还为前响复元音（即韵腹元音响度较韵尾元音大），见图 11—图 16。

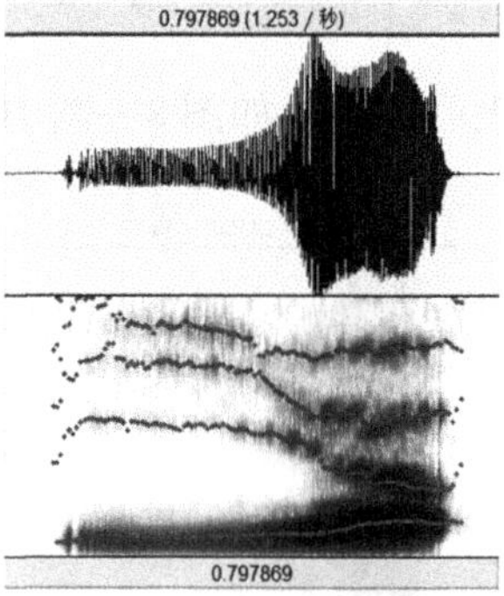

图 11 “一”的语图

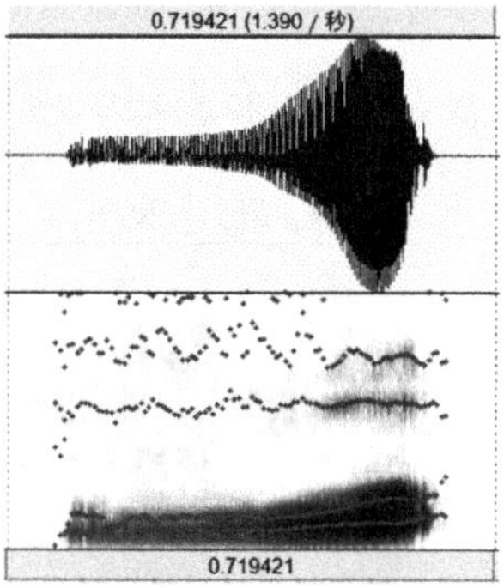

图 12 “屋”的语图

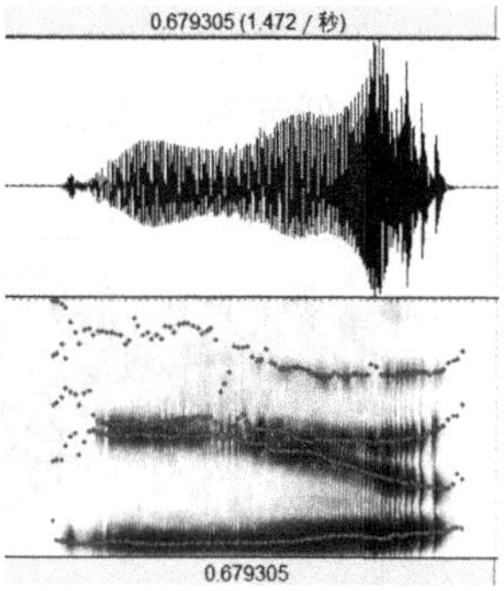

图 13 “育”的语图

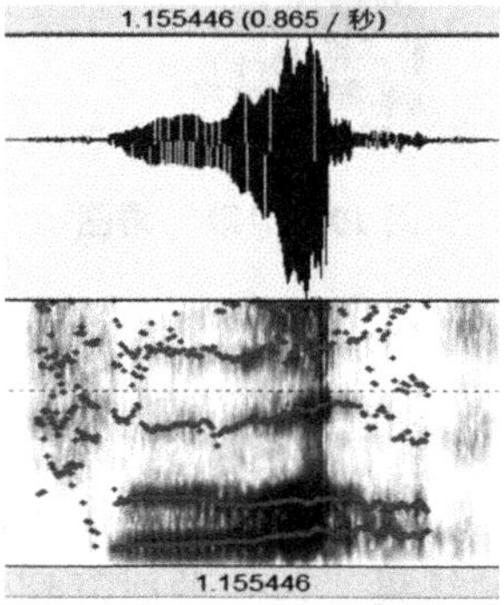

图 14 “资”的语图

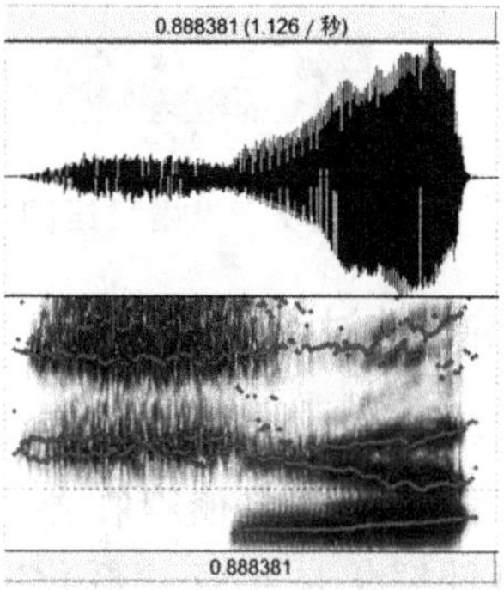

图 15 “施”的语图

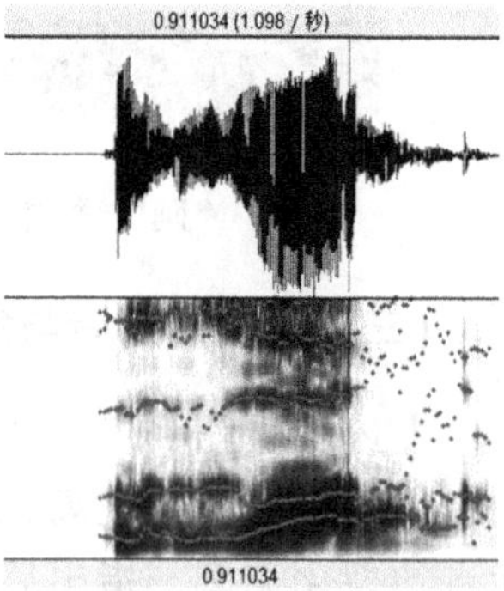

图 16 “鹅”的语图

从开口度看，以上六字 F1 的变化趋势均为增加，表明后滑音的开口度均大于与其相配的一级元音。从响度看，以上六字共振峰强的位置均在后滑音部分，表明后滑音的音强大于与其相配的一级元音。从时长看，“一”“屋”“育”“鹅”均为一级元音，时长较长；“资”的后滑音时长与一级元音相当；“施”的后滑音时长较长，即在有后滑音的一级元音中，只有ʅ的后滑音时长大于一级元音，ɿ的一级元音时长与后滑音相当，i、u、y、ɤ的后滑音时长均小于一级元音。这说明，在有后滑音的一级元音中，只有ʅ的后滑音满足了开口度、响度以及时长均大于或长于一级元音的要求，实现了由前响复元音到后响复元音的转变。此结果与前文提到的听感上一级元音u因后滑音ŏ变为复元音uo的结果存在差异，表明记音方法的不同导致对具体音值的记音存在差异，但均证明了邹平方言中存在后滑音现象。

附表1　邹平话字表

多 tuʌ^{35}	瓜 kua^{35}	吕 lyɤ̆^{55}	来 lɛ^{55}
拖 t^{h}uʌ^{35}	瓦 ua^{55}	徐 ɕyɤ̆^{55}	菜 ʦ^{h}aɛ^{42}
大 ta^{42}	花 xua^{35}	猪 tʂuo^{35}	财 ʦ^{h}aɛ^{55}
锣 luʌ^{55}	华 xua^{55}	除 tʂ^{h}uo^{55}	该 kɛ^{35}
左 ʦuʌ^{55}	姐 ʨiʌ^{55}	初 tʂ^{h}uo^{35}	改 kaɛ^{55}
歌 kuʌ^{35}/k ɤ^{35}	借 ʨiʌ^{42}	锄 tʂ^{h}uo^{55}	开 k^{h}ɛ^{35}
个 kuʌ^{42}/k ɤ^{42}	写 ɕiʌ^{55}	所 suʌ^{55}	海 xaɛ^{55}
可 k^{h}uʌ^{55}/k^{h} ɤ^{55}	斜 ɕiʌ^{55}	书 ʂuo^{35}	爱 ŋɛ^{42}/ɛ^{42}
鹅 uʌ^{55}/ŋ ɤ^{55}	谢 ɕiʌ^{42}	鼠 ʂuo^{55}	杯 pei^{35}
饿 uʌ^{42}/ŋ ɤ^{42}	车 tʂ^{h} ɤ^{35}	如 ɻuo^{55}/luo^{55}	背 pei^{42}
河 xuʌ^{55}/x ɤ^{55}	蛇 ʂɤ^{55}	举 ʨyɤ̆^{55}	配 p^{h}ei^{42}
破 p^{h}uʌ^{42}	射 ʂɤ^{42}	锯 ʨyɤ̆^{42}	赔 p^{h}ei^{55}
婆 p^{h}uʌ^{55}	爷 iʌ^{55}	去 ʨ^{h}yɤ̆^{42}	背（背诵）pei^{42}
磨（磨刀）muʌ^{55}	野 iʌ^{55}	渠 ʨ^{h}yɤ̆^{55}	煤 mei^{55}
磨（推磨）muʌ^{42}	夜 iʌ^{42}	鱼 yɤ̆^{55}	妹 mei^{42}
躲 tuʌ^{55}	谱 p^{h}uo^{55}	许 ɕyɤ̆^{55}	对 tui^{42}
螺 luʌ^{55}	布 puo^{42}	余 yɤ̆^{55}	雷 lui^{55}/lei^{55}
坐 ʦuʌ^{42}	布（布置）puo^{42}	府 fuo^{55}	罪 ʦui^{42}
锁 suʌ^{55}	铺 p^{h}uo^{35}	付 fuo^{42}	碎 sui^{42}
果 kuʌ^{55}	簿 puʌ^{55}	父 fuo^{42}	灰 xui^{35}

续表

过 kuʌ^{42}/k ɤ^{42}	步 puo^{42}	武 uo^{55}	回 xui^{55}
课 kʰuʌ^{42}/kʰ ɤ^{42}	赌 tuo^{55}	雾 uo^{42}	带 tɛ^{42}
火 xuʌ^{55}	土 tʰuo^{55}	取 tɕʰyɤ̆^{55}	盖 kɛ^{42}
货 xuʌ^{42}	图 tʰuo^{55}	柱 tʂuo^{42}	害 xɛ^{42}
祸 xuʌ^{42}	杜 tuo^{42}	住 tʂuo^{42}	外 uɛ^{42}
靴 ɕyʌ^{35}	路 luo^{42}	数（数钱） ʂuo^{55}	会（开会）xui^{42}
把 pa^{55}	租 ʦuo^{35}	数（算数） ʂuo^{42}	拜 pɛ^{42}
爬 pʰa^{55}	做 ʦuo^{42}/ʦuʌ^{42}	主 tʂuo^{55}	排 pʰaɛ^{55}
马 ma^{55}	错 ʦʰuʌ^{42}	输 ʂuo^{35}	埋 maɛ^{55}
骂 ma^{42}	箍 kuo^{35}	竖 ʂuo^{42}	戒 tɕiei^{42}/tɕiʌ^{42}
茶 tʂʰa^{55}	古 kuo^{55}	树 ʂuo^{42}	怪 kuɛ^{42}
沙 ʂa^{35}	苦 kʰuo^{55}	句 tɕyɤ̆^{35}	怀 xuaɛ^{55}
假 tɕia^{55}	裤 kʰuo^{42}	区 tɕʰyɤ̆^{35}	坏 xuɛ^{42}
嫁 tɕia^{42}	吴 uo^{55}	遇 yɤ̆^{42}	摆 paɛ^{55}
牙 ia^{55}	五 uo^{55}	雨 yɤ̆^{55}	派 pʰɛ^{42}
虾 ɕia^{35}	虎 xuo^{55}	芋 yɤ̆^{42}	牌 pʰaɛ^{55}
下 ɕia^{42}	壶 xuo^{55}	裕 yɤ̆^{42}	买 maɛ^{55}
夏 ɕia^{42}	户 xuo^{42}	胎 tʰaɛ^{35}	卖 mɛ^{42}
桠 ia^{35}	乌 uo^{35}	台 tʰaɛ^{55}	柴 tʂʰaɛ^{55}
哑 ia^{55}	女 nyɤ̆^{55}	袋 tɛ^{42}	晒 ʂɛ^{42}
街 tɕiei^{35}/tɕiʌ^{35}	儿 ʔʅɤ^{55}	祠 ʦʰɿɤ̆^{55}	造 ʦɔ^{42}
解 kaɛ^{55}/tɕiei^{55}/tɕiʌ^{55}	寄 tɕiɤ̆^{42}	寺 sɿɤ̆^{42}	嫂 saɔ^{55}
鞋 ɕiei^{55}/ɕiʌ^{55}	骑 tɕʰiɤ̆^{55}	治 tʂʅɤ̆^{42}	高 kaɔ^{35}
蟹 ɕiei^{42}/ɕiʌ^{42}	蚁 iɤ̆^{55}	柿 ʂʅɤ̆^{42}	靠 kʰɔ^{42}
矮 iei^{55}/aɛ^{55}	义 iɤ̆^{42}	事 ʂʅɤ̆^{42}/ ʂei^{42}	熬 aɔ^{55}/ŋaɔ^{55}
歪 uaɛ^{35}	戏 ɕiɤ̆^{42}	使 ʂʅɤ̆^{55}	好 xaɔ^{55}
画 xua^{42}	移 iɤ̆^{55}	试 ʂʅɤ̆^{42}	号 xɔ^{42}
败 pɛ^{42}	嘴 ʦui^{55}	时 ʂʅɤ̆^{55}	包 paɔ^{35}

续表

快 k^{h}uɛ^{42}	随 sui^{55}	市 ʂʅɤ̆^{42}	饱 paɔ^{55}
话 xua^{42}	吹 tʂ^{h}ui^{35}	耳 ʔɭɤ^{55}	炮 p^{h}ɔ^{42}
币 piɤ̆^{42}	规 kui^{35}	记 tɕiɤ̆^{42}	猫 maɔ$^{35/55}$
制 tʂʅɤ̆^{42}	亏 k^{h}ui^{35}	棋 tɕ^{h}iɤ̆^{55}	闹 nɔ^{42}
世 ʂʅɤ̆^{42}	跪 kui^{42}	喜 ɕiɤ̆^{55}	罩 tʂɔ^{42}
艺 iɤ̆^{42}	危 ui^{35}	意 iɤ̆^{42}	抓 tʂua^{35}
岁 sui^{42}	比 piɤ̆^{55}	几 tɕiɤ̆^{55}	找 tʂaɔ^{55}
卫 vei^{42}	屁 p^{h}iɤ̆^{42}	气 tɕ^{h}iɤ̆^{42}	抄 tʂ^{h}aɔ^{35}
肺 fei^{42}	鼻 piɤ̆^{55}	衣 iɤ̆^{35}	交 tɕiaɔ^{35}
米 miɤ̆^{55}	眉 mei^{55}	飞 fei^{35}	敲 tɕ^{h}iaɔ^{35}
低 tiɤ̆^{35}	地 tiɤ̆^{42}	费 fei^{42}	孝 ɕiɔ^{42}
梯 t^{h}iɤ̆^{35}	梨 liɤ̆^{55}	肥 fei^{55}	校 ɕiɔ^{42}
剃 t^{h}iɤ̆^{42}	资 tsɿɤ̆^{35}	尾 iɤ̆/vei^{55}	表 piaɔ^{55}
弟 tiɤ̆^{42}	死 sɿɤ̆^{55}	味 vei^{42}	票 p^{h}iɔ^{42}
递 tiɤ̆^{42}	四 sɿɤ̆^{42}	鬼 kui^{55}	庙 miɔ^{42}
泥 niɤ̆^{55}	迟 tʂ^{h}ʅɤ̆^{55}	贵 kui^{42}	焦 tɕiaɔ^{35}
犁 liɤ̆^{55}	师 ʂʅɤ̆^{35}	围 vei^{55}	小 ɕiaɔ^{55}
西 ɕiɤ̆^{35}	指 tʂʅɤ̆^{55}	胃 vei^{42}	笑 ɕiɔ^{42}
洗 ɕiɤ̆^{55}	二 ʔɭɤ^{42}	宝 paɔ^{55}	朝 tʂ^{h}aɔ^{55}
鸡 tɕiɤ̆^{35}	器 tɕ^{h}iɤ̆^{42}	抱 pɔ^{42}	照 tʂɔ^{42}
溪 ɕiɤ̆^{35}	姨 iɤ̆^{55}	毛 maɔ^{55}	烧 ʂaɔ^{35}
契 tɕ^{h}iɤ̆^{42}	追 tʂui^{35}	帽 mɔ^{42}	绕 ɻɔ^{42}
系 ɕiɤ̆^{42}	锤 tʂ^{h}ui^{55}	刀 taɔ^{35}	桥 tɕ^{h}iaɔ^{55}
桂 kui^{42}	水 ʂui^{55}	讨 t^{h}aɔ^{55}	轿 tɕiɔ^{42}
碑 pei^{35}	龟 kui^{35}	桃 t^{h}aɔ^{55}	腰 iaɔ^{35}
皮 p^{h}iɤ̆^{55}	季 tɕiɤ̆^{42}	道 tɔ^{42}	要 iɔ^{42}
被（被子）pei^{42}	柜 kui^{42}	脑 naɔ^{55}	摇 iaɔ^{55}
紫 tsɿɤ̆^{55}	位 vei^{42}	老 laɔ^{55}	鸟 niaɔ^{55}

续表

刺 ʦʰɿɤ̆^{42}	李 liɤ̆^{55}	早 ʦaɔ^{55}	钓 tiɔ^{42}
知 ʈʂʅɤ̆^{35}	子 ʦɿɤ̆^{55}	灶 ʦɔ^{42}	条 tʰiaɔ^{55}
池 ʈʂʰʅɤ̆^{55}	字 ʦɿɤ̆^{42}	草 ʦʰaɔ^{55}	料 liɔ^{42}
纸 ʈʂʅɤ̆^{55}	丝 ʂɿɤ̆^{35}	糙 ʦʰaɔ^{35}	箫 ɕiaɔ^{35}
叫 ʨiɔ^{42}	有 iu^{55}	占 ʈʂæ̃^{42}	急 ʨiɤ̆^{55}
母 muo^{55}	右 iu^{42}	折 ʈʂɤ^{55}	琴 ʨʰɪ̃^{55}
抖 tou^{55}	油 iu^{55}	染 ɻæ̃^{55}	及 ʨiɤ̆^{55}
偷 tʰou^{35}	丢 tiu^{35}	钳 ʨʰiɛ̃^{55}	吸 ɕiɤ̆^{35}
头 tʰou^{55}	幼 iu^{42}	验 iɛ̃^{42}	音ɪ̃^{35}
豆 tou^{42}	贪 tʰæ̃^{35}	险 ɕiɛ̃^{55}	单 tæ̃^{35}
楼 lou^{55}	潭 tʰæ̃^{55}	厌 iɛ̃^{42}	炭 tʰæ̃^{42}
走 ʦou^{55}	南 næ̃^{55}	炎 iɛ̃^{55}	弹 tʰæ̃^{55}
凑 ʦʰou^{42}	蚕 ʦʰæ̃^{55}	盐 iɛ̃^{55}	达 ta^{55}
钩 kou^{35}	感 kæ̃^{55}	叶 iʌ^{42}	难 næ̃^{55}
狗 kou^{55}	含 xæ̃^{55}/xaɪ̃^{55}	剑 ʨiɛ̃^{42}	懒 læ̃^{55}
够 kou^{42}	暗æ̃^{42}/ŋæ̃^{42}	欠 ʨʰiɛ̃^{42}	烂 læ̃^{42}
口 kʰou^{55}	胆 tæ̃^{55}	严 iɛ̃^{55}	辣 la^{42}
藕 ou^{55}/ŋou^{55}	担 tæ̃^{42}	业 iʌ^{42}	擦 ʦʰa^{35}
后 xou^{42}	毯 tʰæ̃^{55}	法 fa^{55}	伞 sæ̃^{55}
厚 xou^{42}	塔 tʰa^{42}	犯 fæ̃^{42}	肝 kæ̃^{35}
富 fuo^{42}	痰 tʰæ̃^{55}	点 tiɛ̃^{55}	看 kʰæ̃^{42}
副 fuo^{42}	淡 tæ̃^{42}	店 tiɛ̃^{42}	岸æ̃^{42}/ŋæ̃^{42}
浮 fuo^{55}	蓝 læ̃^{55}	跌 tiʌ^{35}	汉 xæ̃^{42}
妇 fuo^{42}	蜡 la^{42}	添 tʰiɛ̃^{35}	汗 xæ̃^{42}
流 liu^{55}	三 sæ̃^{35}	贴 tʰiʌ^{35}	安æ̃^{35}/ŋæ̃^{35}
酒 ʨiu^{55}	甘 kæ̃^{35}	甜 tʰiɛ̃^{55}	半 pæ̃^{42}
修 ɕiu^{35}	敢 kæ̃^{55}	碟 tiʌ^{55}	拨 puʌ^{35}
袖 ɕiu^{42}	喊 xæ̃^{55}	念 niɛ̃^{42}	判 pʰæ̃^{42}

续表

抽 tʂʰou^{35}	赚 tʂuæ̃^{42}	嫌 ɕiɛ̃^{55}	泼 pʰuʌ^{35}
绸 tʂʰou^{55}	插 tʂʰa^{35}	协 ɕiʌ^{55}	盘 pʰæ̃^{55}
愁 tʂʰou^{55}	闸 tʂa^{55}	品 pʰɪ̃^{55}	满 mæ̃^{55}
瘦 ʂou^{42}	杉 ʂæ̃^{35}	林 lɪ̃^{55}	末 muʌ^{42}
州 tʂou^{35}	减 tɕiɛ̃^{55}	浸 tɕɪ̃^{42}	端 tuæ̃^{35}
臭 tʂʰou^{42}	夹 tɕia^{55}	心 ɕɪ̃^{35}	短 tuæ̃^{55}
手 ʂou^{55}	咸 ɕiɛ̃^{55}	寻 ɕyɪ̃^{55}/ɕɪ̃^{55}	脱 tʰuʌ^{35}
寿 ʂou^{42}	衫 ʂæ̃^{35}	沉 tʂʰə̃^{55}	断 tuæ̃^{42}
九 tɕiu^{55}	监 tɕiɛ̃^{35}	参（人参） ʂə̃^{35}	夺 tuʌ^{55}
球 tɕʰiu^{55}	甲 tɕia^{55}	针 tʂə̃^{35}	暖 nuæ̃^{55}/naɔ^{35}
舅 tɕiu^{42}	岩 iɛ̃^{55}	汁 tʂʅɤ̆^{35}	乱 luæ̃^{42}
旧 tɕiu^{42}	鸭 ia^{35}	深 ʂə̃^{35}	酸 suæ̃^{35}
牛 niu^{55}	黏 niɛ̃^{55}	十 ʂʅɤ̆^{55}	算 suæ̃^{42}
休 ɕiu^{35}	尖 tɕiɛ̃^{35}	任 ɻə̃^{42}	官 kuæ̃^{35}
忧 iu^{35}	接 tɕiʌ^{35}	入 ɻuo^{42}	宽 kʰuæ̃^{35}
尤 iu^{55}	签 tɕʰiɛ̃^{35}	金 tɕɪ̃^{35}	阔 kʰuʌ^{42}
欢 xuæ̃^{35}	杰 tɕiʌ^{55}	捏 niʌ^{35}	邻 lɪ̃^{55}
完 væ̃^{55}	孽 niʌ^{42}	莲 liɛ̃^{55}	栗 liɤ̆^{42}
换 xuæ̃^{42}	绝 tɕyʌ^{55}	节 tɕiʌ$^{55/35}$	进 tɕɪ̃^{42}
碗 væ̃^{55}	雪 ɕyʌ^{55}	切 tɕʰiʌ^{35}	亲 tɕʰɪ̃^{35}
扮 pæ̃^{42}	转 tʂuæ̃^{42}	前 tɕʰiɛ̃^{55}	七 tɕʰiɤ̆^{35}
八 pa^{35}	传 tʂʰuæ̃^{55}	先 ɕiɛ̃^{35}	新 ɕɪ̃^{35}
办 pæ̃^{42}	砖 tʂuæ̃^{35}	肩 tɕiɛ̃^{35}	侄 tʂʅɤ̆^{55}
扎 tʂa^{35}	船 tʂʰuæ̃^{55}	见 tɕiɛ̃^{42}	镇 tʂə̃^{42}
铲 tʂʰæ̃^{55}	软 ɻuæ̃^{55}/yɛ̃^{55}	牵 tɕʰiɛ̃^{35}	陈 tʂʰə̃^{55}
山 ʂæ̃^{35}	卷 tɕyɛ̃^{55}	显 ɕiɛ̃^{55}	虱 ʂʅɤ̆^{35}
产 tʂʰæ̃^{55}	圈 tɕʰyɛ̃^{35}	现 ɕiɛ̃^{42}	震 tʂə̃^{42}
杀 ʂa^{35}	权 tɕʰyɛ̃^{55}	烟 iɛ̃^{35}	神 ʂə̃^{55}

续表

间 tɕiɛ̃^{35}	圆 yɛ̃^{55}	决 tɕyʌ^{55}	实 ʂʅɤ̆^{55}
眼 iɛ̃^{55}	院 yɛ̃^{42}	缺 tɕʰyʌ^{35}	身 ʂə̃^{35}
限 ɕiɛ̃^{42}	铅 tɕʰiɛ̃^{35}	血 ɕiʌ$^{55/35}$	失 ʂʅɤ̆^{35}
班 pæ̃^{35}/pɛ^{35}	建 tɕiɛ̃^{42}	县 ɕiɛ̃^{42}	辰 tʂʰə̃^{55}
板 pæ̃^{55}	健 tɕiɛ̃^{42}	吞 tʰuə̃^{35}	人 ɻə̃^{55}
慢 mæ̃^{42}	言 iɛ̃^{55}	根 kə̃^{35}	认 ɻə̃^{42}
奸 tɕiɛ̃^{35}	歇 ɕiʌ^{35}	恨 xə̃^{42}	日 ɻʅɤ̆^{42}
颜 iɛ̃^{55}	发（头发）fa^{42}	恩 ə̃^{35}/ŋə̃^{35}	紧 tɕɿ̃^{55}
瞎 ɕia^{35}	翻 fæ̃^{35}	本 pə̃^{55}	吉 tɕiɤ̆^{55}
变 piɛ̃^{42}	饭 fæ̃^{42}	盆 pʰə̃^{55}	银 ɿ̃^{55}
骗 pʰiɛ̃^{42}	罚 fa^{55}	门 mə̃^{55}	印 ɿ̃^{42}
便 piɛ̃^{42}	晚 væ̃^{55}	墩 tuə̃^{35}	一 iɤ̆^{35}
棉 miɛ̃^{55}	万 væ̃^{42}	嫩 nə̃^{42}/luə̃^{42}	引 ɿ̃^{55}
面 miɛ̃^{42}	袜 ua^{42}	卒 tsuo^{55}	轮 luə̃^{55}
连 liɛ̃^{55}	劝 tɕʰyɛ̃^{42}	村 tsʰuə̃^{35}	俊 tɕyɿ̃^{42}
剪 tɕiɛ̃^{55}	原 yɛ̃^{55}	寸 tsʰuə̃^{42}	笋 suə̃^{55}
浅 tɕʰiɛ̃^{55}	月 yʌ^{42}	蹲 tuə̃^{35}	准 tʂuə̃^{55}
钱 tɕʰiɛ̃^{55}	冤 yɛ̃^{35}	孙 suə̃^{35}	春 tʂʰuə̃^{35}
鲜 ɕiɛ̃^{35}	园 yɛ̃^{55}	滚 kuə̃^{55}	唇 tʂʰuə̃^{55}
线 ɕiɛ̃^{42}	远 yɛ̃^{55}	骨 kuo^{55}	顺 ʂuə̃^{42}
缠 tʂʰæ̃^{55}	越 yʌ^{42}	困 kʰuə̃^{42}	纯 tʂʰuə̃^{55}
战 tʂæ̃^{42}	扁 piɛ̃^{55}	婚 xuə̃^{35}	闰 ɻuə̃^{42}/yɿ̃^{42}
折 ʂɤ^{55}	片 pʰiɛ̃^{42}	魂 xuə̃^{55}/xui^{55}	均 tɕyɿ̃^{35}
舌 ʂɤ^{55}	面 miɛ̃^{42}	温 uə̃^{35}	匀 yɿ̃^{55}
扇 ʂæ̃^{42}	天 tʰiɛ̃^{35}	笔 pei^{35}	筋 tɕɿ̃^{35}
设 ʂɤ^{42}	田 tʰiɛ̃^{55}	匹 pʰiɤ̆$^{55/35}$	劲 tɕɿ̃^{42}
热 ɻɤ^{42}	垫 tiɛ̃^{42}	贫 pʰɿ̃^{55}	勤 tɕʰɿ̃^{55}
件 tɕiɛ̃^{42}	年 niɛ̃^{55}	民 mɿ̃^{55}	近 tɕɿ̃^{42}

续表

隐 ĩ^{55}	装 tʂuaŋ^{35}	撞 tʂuaŋ^{42}/tʂʰuaŋ^{42}	织 tʂʅɤ̆^{35}
分 fə̃^{35}	壮 tʂuaŋ^{42}	窗 tʂʰuaŋ^{35}	秤 tʂʰəŋ^{42}
粉 fə̃^{55}	疮 tʂʰuaŋ^{35}	镯 tʂuʌ^{55}	绳 ʂəŋ^{55}
粪 fə̃^{42}	床 tʂʰuaŋ^{55}	双 ʂuaŋ^{35}	剩 ʂəŋ^{42}
坟 fə̃^{55}	霜 ʂuaŋ^{35}	江 tɕiaŋ^{35}	食 ʂʅɤ̆^{55}
蚊 və̃^{55}	章 tʂaŋ^{35}	讲 tɕiaŋ^{55}	升 ʂəŋ^{35}
问 və̃^{42}	厂 tʂʰaŋ^{55}	角 tɕyʌ^{35}/tɕiaɔ^{55}	极 tɕiɤ̆^{55}
军 tɕyĩ^{35}	唱 tʂʰaŋ^{42}	壳 kʰɤ^{55}	兴 ɕiŋ^{42}
裙 tɕʰyĩ^{55}	伤 ʂaŋ^{35}	降（投降）ɕiaŋ^{55}	蝇 iŋ^{55}
熏 ɕyĩ^{35}	尝 tʂʰaŋ^{55}	项 ɕiaŋ^{42}	百 paɛ^{55}/pei^{35}
云 yĩ^{55}	上 ʂaŋ^{42}	学 ɕyʌ^{55}/ɕiaɔ^{55}	拍 pʰaɛ^{35}/pʰei^{35}
运 yĩ^{42}	勺 ʂaɔ^{55}	握 uʌ^{42}	白 paɛ^{55}/pei^{55}
帮 paŋ^{35}	让 ɻaŋ^{42}	北 pei$^{55/35}$	猛 məŋ^{55}
忙 maŋ^{55}	弱 ɻuʌ^{42}/ɻɔ^{42}	朋 pʰəŋ^{55}	打 ta^{55}
党 taŋ^{55}	姜 tɕiaŋ^{35}	墨 muʌ^{42}/mei^{42}	冷 ləŋ^{55}
汤 tʰaŋ^{35}	脚 tɕyʌ^{35}/tɕiaɔ^{55}	灯 təŋ^{35}	窄 tʂaɛ^{55}/tʂei^{35}
糖 tʰaŋ^{55}	响 ɕiaŋ^{55}	等 təŋ^{55}	生 ʂəŋ^{35}
浪 laŋ^{42}	向 ɕiaŋ^{42}	凳 təŋ^{42}	省 ʂəŋ^{55}
仓 tsʰaŋ^{35}	秧 iaŋ^{35}	得 tɤ^{55}/tei^{55}	更 kəŋ^{35}/tɕiŋ^{35}
索 suʌ^{55}	约 yʌ^{35}/iaɔ^{35}	藤 tʰəŋ^{55}	格 kɤ^{55}/kei^{35}
钢 kaŋ^{35}	痒 iaŋ^{55}	特 tʰɤ^{42}	坑 kʰəŋ^{35}
各 kɤ^{42}/kuʌ^{42}	样 iaŋ^{42}	能 nəŋ^{55}	客 kʰɤ^{42}/kʰei^{35}
糠 kʰaŋ^{35}	药 iaɔ^{42}	层 tsʰəŋ^{55}	硬 iŋ^{42}
鹤 xɤ^{42}/xuʌ^{42}/xaɔ^{55}	方 faŋ^{35}	贼 tsei^{55}	额 ɤ^{55}/ŋɤ^{55}
恶 ɤ^{42}/ŋɤ^{42}	放 faŋ^{42}	僧 səŋ^{35}	行 xaŋ^{55}
光 kuaŋ^{35}	纺 faŋ^{55}	塞 sei^{35}	横 xəŋ^{55}
慌 xuaŋ^{35}	房 faŋ^{55}	肯 kʰə̃^{55}	棚 pʰəŋ^{55}
黄 xuaŋ^{55}	防 faŋ^{55}	刻 kʰɤ^{42}/kʰei^{35}	麦 maɛ^{42}/mei^{42}

续表

娘 niaŋ^{55}	缚 fuo^{42}	黑 xei^{35}	摘 tʂaɛ^{35}/tʂei$^{35/55}$
两 liaŋ^{55}	网 uaŋ^{55}	国 kuʌ^{55}	争 tʂəŋ^{35}
亮 liaŋ^{42}	筐 kʰuaŋ^{35}	或 xuʌ^{42}/xui^{42}	策 tsʰɤ^{42}/tʂʰei^{35}
浆 tɕiaŋ^{35}	狂 kʰuaŋ^{55}	冰 piŋ^{35}	耕 kəŋ^{35}/tɕiŋ^{35}
雀 tɕʰyʌ^{42}/tʂʰei^{35}	王 uaŋ^{55}	逼 piɤ̆$^{35/55}$	隔 kɤ^{55}/kei^{35}
抢 tɕʰiaŋ^{55}	旺 uaŋ^{42}	力 liɤ̆^{42}	兵 piŋ^{35}
匠 tɕiaŋ^{42}	绑 paŋ^{55}	息 ɕiɤ̆^{35}	柄 piŋ^{55}
想 ɕiaŋ^{55}	剥 puʌ^{35}/pa^{35}	直 tʂʅɤ̆^{55}	平 pʰiŋ^{55}
削 ɕyʌ^{35}/ɕiaɔ^{35}	胖 pʰaŋ^{42}	侧 tsʰɤ^{42}	病 piŋ^{42}
像 ɕiaŋ^{42}	棒 paŋ^{42}	测 tsʰɤ^{42}	明 miŋ^{55}
张 tʂaŋ^{35}	桩 tʂuaŋ^{35}	色 sɤ^{42}/ʂei^{35}	命 miŋ^{42}
长 tʂʰaŋ^{55}	桌 tʂuʌ^{35}	证 tʂəŋ^{42}	镜 tɕiŋ^{42}
庆 tɕʰiŋ^{42}	历 liɤ̆^{42}	宋 soŋ^{42}/ɕioŋ^{42}	赎 ʂuo^{55}
剧 tɕyɤ̆^{42}	青 tɕʰiŋ^{35}	风 fəŋ^{35}	属 ʂuo^{55}
迎 iŋ^{55}	星 ɕiŋ^{35}	福 fuo$^{55/35}$	褥 ɻuo^{42}/luo^{42}
影 iŋ^{55}	锡 ɕiɤ̆^{35}	丰 fəŋ^{35}	恭 koŋ^{35}
兄 ɕioŋ^{35}	经 tɕiŋ^{35}	凤 fəŋ^{42}	曲 tɕʰyɤ̆^{55}
荣 ɻoŋ^{55}/loŋ^{55}	击 tɕiɤ̆^{35}	服 fuo^{55}	共 koŋ^{42}
永 ioŋ^{55}	吃 tʂʰʅɤ̆^{35}	梦 məŋ^{42}	局 tɕyɤ̆^{55}
饼 piŋ^{55}	形 ɕiŋ^{55}	目 muo^{42}	玉 yɤ̆^{42}
名 miŋ^{55}	篷 pʰəŋ^{55}	六 liu^{42}	凶 ɕioŋ^{35}
领 liŋ^{55}	木 muo^{42}	宿 suo^{42}/ɕyɤ̆^{35}	拥 ioŋ^{35}
井 tɕiŋ^{55}	东 toŋ^{35}	中 tʂoŋ^{35}	容 ɻoŋ^{55}/loŋ^{55}
积 tɕiɤ̆^{35}	懂 toŋ^{55}	竹 tʂuo^{55}	用 ioŋ^{42}
清 tɕʰiŋ^{35}	冻 toŋ^{42}	畜 tʂʰuo^{42}	浴 yɤ̆^{42}
静 tɕiŋ^{42}	通 tʰoŋ^{35}	虫 tʂʰoŋ^{55}	
姓 ɕiŋ^{42}	桶 tʰoŋ^{55}	缩 suʌ^{35}/ʂuʌ^{55}	
惜 ɕiɤ̆^{35}	痛（tʰəŋ^{55}）	终 tʂoŋ^{35}	

续表

席 ɕiɤ̆^{55}	铜 tʰoŋ^{55}	粥 tʂou^{35}	
程 tʂʰəŋ^{55}	动 toŋ^{42}	充 tʂʰoŋ^{35}	
整 tʂəŋ^{55}	洞 toŋ^{42}	叔 ʂuo^{35}	
正 tʂəŋ^{42}	读 tuo^{55}	熟 ʂuo^{55}	
尺 tʂʰʅɤ̆^{55}	聋 loŋ^{55}	肉 ɻou^{42}	
声 ʂəŋ^{35}	弄 noŋ^{42}/nəŋ^{42}	宫 koŋ^{35}	
城 tʂʰəŋ^{55}	鹿 luo^{42}	菊 tɕyɤ̆$^{55/35}$	
石 ʂʅɤ̆^{55}	粽 tsoŋ^{42}/tɕioŋ^{42}	穷 tɕʰioŋ^{55}	
轻 tɕʰiŋ^{35}	葱 tsʰoŋ^{35}	熊 ɕioŋ^{55}	
益 iɤ̆^{42}	族 tsuo^{55}	雄 ɕioŋ^{55}	
赢 iŋ^{55}	送 soŋ^{42}	育 yɤ̆^{42}	
壁 piɤ̆^{42}	公 koŋ^{35}	封 fəŋ^{35}	
劈 pʰiɤ̆^{35}	谷 kuo^{55}	蜂 fəŋ^{35}	
瓶 pʰiŋ^{55}	孔 kʰoŋ^{55}	缝 fəŋ^{55}	
钉 tiŋ^{35}	哭 kʰuo^{35}	浓 noŋ^{55}	
顶 tiŋ^{55}	烘 xoŋ^{35}	龙 loŋ^{55}/lioŋ^{55}	
厅 tʰiŋ^{35}	红 xoŋ^{55}	绿 lyɤ̆^{42}	
听 tʰiŋ^{35}	翁 uəŋ^{35}	足 tsuo^{55}/tɕyɤ̆^{35}	
踢 tʰiɤ̆^{35}	屋 uo^{35}	松（松树）ɕioŋ^{35}/soŋ^{35}	
停 tʰiŋ^{55}	冬 toŋ^{35}	重 tʂoŋ^{42}	
挺 tʰiŋ^{55}	统 tʰoŋ^{55}	肿 tʂoŋ^{55}	
定 tiŋ^{42}	毒 tuo^{55}	种 tʂoŋ^{42}	
笛 tiɤ̆^{55}	脓 noŋ^{55}	烛 tʂuo^{55}	
零 liŋ^{55}	松（松紧）soŋ^{35}	冲（冲撞）tʂʰoŋ^{35}	

附表 2　邹平一级元音声学实验表

一级元音	A	ɤ	i	ɿ	ʅ	u	y	ɔ	ɛ
例字	巴大阿	鹅德哥	比皮衣	资刺四	知吃施	不独屋	鱼徐居	炮报帽	败派盖

参考文献

[1] 北京大学中文系现代汉语教研室．现代汉语[M]．北京：商务印书馆，2012.

[2] 姜燕．黄岛话韵母后滑音初探[J]．汉藏语学报，2018（10）．

[3] 林珈亦．山东方言子尾音变研究[D]．山东大学硕士学位论文，2017.

[4] 刘白鸽．山东邹平话第一人称代词的功能考察[D]．上海外国语大学硕士学位论文，2012.

[5] 钱曾怡．山东方言研究[M]．济南：齐鲁书社，2001.

[6] 山东省邹平县地方史志编纂委员会．邹平县志[M]．北京：中华书局，1992.

[7] 石锋．普通话元音的再分析[J]．世界汉语教学，2002（4）．

[8] 宋怡琳．鲁北方言两字组连调研究[D]．山东大学硕士学位论文，2021.

[9] 王小梅．山东滨州方言语音研究[D]．山东大学硕士学位论文，2017.

[10] 王晓莹．滨州方言文白异读地理语言学研究[D]．云南师范大学硕士学位论文，2016.

[11] 中国社会科学院及澳大利亚人文科学院．中国语言地图集[M]．香港：香港朗文（远东）有限公司，1990.

[12] 朱晓农．汉语元音的高顶出位[J]．中国语文，2004（5）．

鄂温克语的重音*

郑仲桦

【摘要】鄂温克语的重音不固定，落在多音节词的不同音节上。虽然重音不固定，却有规律可循。本文通过音节轻重的原理，指出鄂温克语存在超轻音节、轻音节以及重音节三种不同的音重层次，重音落在相对较重的音节上。若是多音节词存在两个以上音节轻重一致的情况，根据“后重定律”，重音落在靠后的音节上。“后重定律”与《鄂温克语简志》中所描写的“前重”有所不同，具体原因仍需进一步考察。

【关键词】鄂温克语，重音，音节轻重

一、引　言

鄂温克语（Ewenki）属阿尔泰语系满—通古斯语族通古斯语语支，与鄂伦春语、埃文基语接近，使用人口约三万人，主要分布在我国内蒙古鄂温克族自治旗、呼伦贝尔市。鄂温克语通过添加词缀的方式构词，形成多音节结构的词形，是较典型的黏着语（agglutinative language）。鄂温克语内部分海拉尔（索伦）、陈巴尔虎、敖鲁古雅三个方言，本文主要依据海拉尔方言材料探讨鄂温克语的重音模式。

世界上语言的超音段特征主要分为“声调型”与“重音型”两大类。以单音节语素为主的语言，如汉语、越南语、壮语，大多属于“曲折型声调”语言，即音节内部有音高的起伏变化；而以多音节语素为主的语言，如日语、约鲁巴语，则属于“高低型声调”语言，音高变化表现在不同音节之间。多音节语素语言的另一种类型，如英语、俄语、维吾尔语、鄂温克语，属于“重音型”语言，此类语言多音节词中某一个音节的音势较为显著，具有“音高较

---

*基金项目：国家社科基金一般项目“阿美语方言研究”（项目编号：18BYY204）。

高、音长较长”的特点。还有一些语言介于“重音型”和“声调型”之间，如马拉加西语（Malagasy），既有重音，也有曲折声调的变化（郑仲桦 2021）。

《中国少数民族语言简志丛书修订本·卷陆》（2009：722）认为，鄂温克语的重音落在第一音节，具体描写为：“（1）词的第一音节的发音清晰，比其他音节着力，是重音的所在，音调为低平。（2）词的末尾音节读得很轻，但比第一音节音调要高，整个音节的音调从高往下降。（3）双音节词的最末一个元音是弱化元音时，第一个音节的音调从高往下降，第二个音节的音调为低平。（4）词首词中有长元音的音节，音调为高平。”

上述描述有一些令人疑惑的地方。例如（2）“词的末尾音节读得很轻，但比第一音节音调要高”，音调较高应该就是重音之所在，重音究竟落在最后一个音节，还是第一音节呢？若是音高从高往下降，应是高降调，为重音音节，末音节重音似乎就与（1）所说第一音节为重音存在矛盾。

针对多音节语言的重音音节，本文定义为：一个音节的音高（pitch）最高者，即为重音音节。过去对重音的定义，往往将音高、音长、音强同时当作判定的参数，音高最高、音长最长、音强最强的音节为重音音节。然而，这是一个相对理想的语言状态。在人类语言中，存在许多不同的重音类型，例如布农语郡群（Isbubukun）罗娜土语（Luluna）存在倒数第二音节音长较长、最后一个音节音高较高的现象，应该如何判断其重读音节呢？鄂温克语是具有长短元音的多音节语言，重音的分布情况较复杂，本文从“音节轻重”（syllabic weight）角度，重新检视鄂温克语的音节特性与重音之间的关系。

本文语料为笔者调查所得，调查时间是 2015 年 8 月 9—20 日，调查点为内蒙古呼伦贝尔市鄂温克族自治旗，调查对象为鄂温克语索伦方言。发音合作人信息：（1）乌云哈斯，女，鄂温克族，生于 1963 年；（2）乌兰格日勒，女，鄂温克族，生于 1974 年；（3）特古斯，男，鄂温克族，生于 1974 年；（4）娜民，女，鄂温克族，生于 1985 年。发音人均为鄂温克族，母语为鄂温克语，大多兼用蒙古语、汉语，有人还会说达斡尔语。

二、鄂温克语的音节轻重

音节轻重（syllabic weight）对判定多音节词重音起关键作用。音节中常见的轻音节有 V、CV，重音节有 VV、CVV、CVC、VC 等。音节是一个音系单位，分音节首（onset）和韵（rhyme），韵又分为音节核（nucleus）和音节尾（coda），音节轻重与韵关系较大，与音节首无关。音节轻重又与音节长短有关，音韵学家布鲁斯（Bruce 2009）提出的“莫拉”（mora）概念认为，轻音节只有一个莫拉，而重音节则有两个以上莫拉。清楚划分音节界限，通过“音节化”（syllabification）过程，获取轻重音节的结构。例如一个词为CVCVC，可以有$[\mathrm{CV}]_{\sigma}$ $[\mathrm{CVC}]_{\sigma}$或$[\mathrm{CVC}]_{\sigma}$ $[\mathrm{VC}]_{\sigma}$两种划分音节方式。在这种情况下，音节重音就会出现两读的可能，与语言事实不符。布鲁斯（2009）提出了跨语言最常见的音节化过程，首先是“音节赋予”（σ assignment），即将音节连接到元音的节点上，之后是“形成音节首”（onset formation），最后才是“形成音节尾”（coda formation）。按照这样的顺序，在上例中，只可能出现$[\mathrm{CV}]_{\sigma}$ $[\mathrm{CVC}]_{\sigma}$这样的音节形式。

正确认识音节轻重及音节化过程，有助于回答鄂温克语的重音问题。笔者的调查表明：首先，鄂温克语的音节轻重不是轻音节和重音节两种形式，而是有轻音节、超轻音节、重音节三种音节轻重模式，与大量弱化元音有关。弱化元音在快读时几乎听不见，应是历时演变的结果。作为共时层面的语音现象，其音节轻重赋值为“超轻音节”（super light syllable，以小写 v 表示）。第二，鄂温克语存在大量长元音，就音节轻重来看属于 VV，即重音节。第三，鄂温克语有一些词的词中有双辅音（germinate），在音节化过程中应分为前后音节。第四，鄂温克语存在大量只出现在词尾处的鼻化元音，是 Vn 的音变形式（小写 n 表示词尾鼻化元音），因此不能看作单元音，而是一个 VC，即两个莫拉的重音节。动词一般都是鼻化元音词尾，因此动词的重音全部落在最后一个音节上。

鄂温克语超轻音节、轻音节及重音节的表现如下（重音在元音上标 ˊ，弱化元音上标˘，每个词后标示其音节结构）：

（1）重音第一音节：pɪéʁă（月亮，CVV. Cv）、t^{h}ə́ʧ^{h}ʧ^{h}i（云，CVC. CV）、úrə̆（山，V. Cv）、pʊ́ʁʊ̆（地，CV. Cv）、qɔ́ɔlɔ̆（铜，CVV. Cv）、ə́ttə（早晨，VC. CV）、tɔ́lpɔ̆（晚上，CVC. Cv）、íkkə（公绵羊，VC. CV）、χə́əχə（猫，CVV. CV）、sʊ́lĭxĭ（狐狸，CV. Cv. Cv）、níixĭ（鸭，CVV. Cv）、ə́wə̆（刺，V. Cv）、ámma（嘴，VC. CV）、sáwə̆（子宫，CV. Cv）、xɪ́mpala（浓鼻涕，CVC. CV. CV）、mánta（雪，CVC. CV）。

（2）重音第二音节：t^{h}əŋkə́r（天，CVC. CVC，蒙古语借词）、kərə́r（光，CV. CVC）、ɪlã́（光，V. CVn）、əmə́ʧ^{h}ʧ^{h}i（冰，V. CVC. CV）、ʃɪɪrẽ́（彩虹，CVV. CVn）、amáʧ（湖，V. CVC）、t^{h}aláa（那边，CV. CVV）、əʃí（现在，V. CV）、mɔχɔ́r（秃牛，CV. CVC）、ʊlkɪẽ́（猪，VC. CVVn）、ʊʁʊ́lă（老鼠，V. CV. Cv）、ʧɔmpə́r（硕鼠，CVC. CVC）、xəlt^{h}əx（鲫鱼，CVC. CVC）、χʊlée（蛇，CV. CVV）、ɪesə́l（眼睛，VV. CVC）、iŋí（舌头，V. CV）、χap^{h}át^{h}t^{h}a

（喉咙，CV. CVC. CV）、qʊqqátʰtʰa（胡子，CVC. CVC. CV）、pəltír（脚，CVC. CVC）、aaxĩ́（肝，VV. CVn）、paatʰə́r（英雄，CVV. CVC，蒙古语借词）、apá（爸爸，V. CV）。

（3）重音第三音节：saxɪrʁã́（雷，CV. CVC. CVn）、tawulʁã́（波涛，CV. CVC. CVn）、amiláa（后面，V. CV. CVV）、assəlã́（狮子，VC. CV. CVn）、χaχará（鸡，CV. CV. CV）、qarasã́（燕子，CV. CV. CVn）、atʰamál（睾丸，V. CV. CVC）。

三、音节化与重音规则

从上述例子看，鄂温克语的重音并不固定在一个音节上，因此并非固定重音型的语言。然而，这并不意味着鄂温克语重音是不可预测的；相反，若从音节轻重角度进行解读，重音规律则一目了然。鄂温克语的音节轻重分为三个等级，即超轻（以小写 v 表示）、轻（V）、重（VV、VC、Vn）。在多音节词中，若出现不同的轻重音，重音一律落在较重的音节上。详见下表的分析。

例词	pɪeʁă（月亮）	tʰalaa（那边）	amaʧ（湖）	atʰamal（睾丸）
音节化	[pɪe] [ʁă]	[tʰa] [laa]	[a] [maʧ]	[a] [tʰa] [mal]
音节成分	[CVV] [Cv]	[CV] [CVV]	[V] [CVC]	[V] [CV] [CVC]
音节轻重	[重] [超轻]	[轻] [重]	[轻] [重]	[轻] [轻] [重]
重音位置	第一音节 pɪ́eʁă	第二音节 tʰaláa	第二音节 amáʧ	第三音节 atʰamál

然而，倘若多音节词不同音节间的音节轻重相同时，重音会落在靠后的音节上，即所谓的“后重定律”，详见下表的分析。

例词	qʊqqatʰtʰa（胡子）	saxɪrʁã（雷）	ʧɔmpər（硕鼠）
音节化	[qʊq] [qatʰ] [tʰa]	[sa] [xɪr] [ʁã]	[ʧɔm] [pər]
音节成分	[CVC] [CVC] [CV]	[CV] [CVC] [CVC]	[CVC] [CVC]
音节轻重	[重] [重] [轻]	[轻] [重] [重]	[重] [重]
后重定律			
重音位置	第二音节 qʊqqátʰtʰa	第三音节 saxɪrʁã́	第二音节 ʧɔmpə́r

从“后重定律”看，似乎与《鄂温克语简志》的描写有出入：倘若鄂温克语重音落在第一音节上，应属“前重型语言”，这与本研究的观察结果不同，目前尚无法解释原因。简言之，鄂温克语重音规则由两个主要部分组成：一是音节化后的音节轻重，落在较重的音节上；二是“后重定律”，相同音重的音节中，重音落在靠后的音节上。

四、结　语

重音是许多多音节语言超音段特征的基础，鄂温克语是黏着型的多音节语言，《鄂温克语简志》将其描写为落在第一音节上的固定重音，即“前重型”语言。根据笔者的最新调查，鄂温克语的重音位置并不固定，各个音节都可能成为重读音节，但通过规则可推导出正确的重音位置。通过音节化过程，将鄂温克语多音节词的音节区分为超轻、轻、重三种类型，重音落在较重的音节上。倘若出现两个以上音节轻重相同的情况，遵循“后重定律”，重音落在靠后的音节上。笔者认为，鄂温克语属“后重型”语言，与《鄂温克语简志》的描写存在差异，形成差异的原因，有待进一步研究。

参考文献

[1] 郑仲桦．马拉加西语 Merina 方言音系［A］//汪锋，宋作艳，李子鹤．理论照亮材料［C］．昆明：云南大学出版社，2021.

[2]《中国少数民族语言简志》编委会．中国少数民族语言简志丛书（修订本·卷陆）［M］．北京：民族出版社，2009.

[3] Bruce，Hayes. Introductory Phonology［M］. Oxford：Wiley-Blackwell，2009.

白市酸汤话音系及其新老派差异

吴　玲*

【摘要】酸汤话是分布在湘黔边界、被湘方言和西南官话包围的汉语方言变体，在语言接触研究中具有特殊价值。本文依据实地调查语料，描写分析贵州省天柱县白市镇白市村酸汤话的语音面貌，探究其语音特点及新老派差异。

【关键词】酸汤话，音系，新老派差异

湘黔交界处的苗族因喜欢吃酸而被称为“酸汤苗”，他们所操语言与当地汉语方言不同，被称为“酸汤话”。酸汤话分布在湘黔边界，是被湘方言和西南官话包围的以汉语为主、夹杂苗语和侗语成分的特殊汉语方言变体。天柱县位于贵州省东南部，因县城边郊“石柱擎天”胜景得名，地处黔东与湘西交界处，与湖南新晃、芷江、会同、靖州及本省的剑河、三穗、锦屏等县接壤，是川渝黔通往两广、江浙的重要门户，有“黔东第一关”之称。全县总面积2201平方公里，辖11镇4街道2乡，总人口42.1万人，其中侗族占总人口的65%，苗族占32%（2020年）。① 县城境内主要使用天柱话②、酸汤话、侗语和苗语。白市镇地处县城东部，辖1个居委会和10个行政村，总面积158.53平方公里，户籍人口53871人（2020年）。③ 白市村位于白市镇集镇所在地，总面积10.6平方公里，距天柱县城28公里，下辖盘塘、院背、辞兵洲、街上、燕子湾5个自然寨12个村民小组，总人口938户3381人。

本文以白市村为调查点，依据2021年3月、7月和2022年1月三次实地调查语料，描写老派酸汤话音系，对比分析新老派差异。发音合作人基本情况

---

*吴玲（1996—），女，中央民族大学中国少数民族语言文学学院语言学及应用语言学专业社会语言学方向2020级硕士研究生，主要研究社会语言学相关问题。

① 11镇4街道2乡分别为：凤城街道、邦洞街道、社学街道、联山街道、坪地镇、蓝田镇、瓮洞镇、高酿镇、石洞镇、远口镇、坌处镇、白市镇、渡马镇、江东镇、竹林镇、注溪乡、地湖乡。相关数据由天柱县统计局提供。

② 属西南官话湖广片黔东小片。

③ 1个居委会和10个行政村分别为：白市居委会、白市村、坪内村、新舟村、地样村、北岭村、双河村、兴隆村、沿江村、汶溪村、白云村。相关数据由天柱县统计局、白市镇人民政府提供。

如下：

杨某某，男，1958 年 5 月出生，苗族，小学文化，务农，世居白市镇白市村老街组，母语是酸汤话，会说当地汉语方言和地方普通话，是老派酸汤话的主要发音人。

杨某某，男，1961 年 9 月出生，苗族，小学文化，务农，世居白市镇白市村玉屏山组，母语是酸汤话，会说当地汉语方言和地方普通话，是老派酸汤话的辅助发音人。

杨某，男，1999 年 10 月出生，苗族，本科在读，世居白市镇白市村新街组，母语是酸汤话，会说当地汉语方言和普通话，是新派酸汤话的主要发音人。

舒某某，男，2000 年 3 月出生，苗族，本科在读，世居白市镇白市村燕子湾上组，母语是酸汤话，会说当地汉语方言和普通话，是新派酸汤话的辅助发音人。

一、音　系

（一）声韵调系统

1. 声母

酸汤话声母共 22 个（包括零声母）。

表 1　酸汤话单字音声母及例字

p 平盘婆摆	p^h 爬破怕白	m 米马明母	f 灰花发方	
t 桃大多糖	t^h 腿体铁他	n 脑泥鱼拿		l 里老龙拉
ts 招左组子	ts^h 初粗草次		s 四事色晒	
tʂ 直知纸治	$tʂ^h$ 痴耻尺齿		ʂ 诗时识是	
tɕ 猪主记穷	$tɕ^h$ 出区吃墙		ɕ 书水西夏	
k 高果江街	k^h 狗去困看	ŋ 暗爱硬岸	x 河好厚海	
ø 衣乌话王				

说明：

（1）t、t^h、n 与齐齿呼韵母相拼时，实际读音为 ȶ、ȶ^h、ȵ。

（2）tʂ、tʂ^h、ʂ 比普通话发音略后，卷舌程度略大一些。

（3）u 开头的零声母音节伴有轻微唇齿摩擦成分，如“屋五午武舞”等。

2. 韵母

酸汤话韵母共 35 个，包括单元音韵母 9 个，复元音韵母 14 个，鼻韵母 12 个。

表 2　酸汤话单字音韵母及例字

ɿ　资词死事	i　踢体急皮	u　古苦苏五	y　鱼煮书女
ʅ　知齿时诗			
a　花爬怕八	ia　家假夏夜	ua　瓜夸挖话	
o　婆多合割	io　脚雀学药		
e　白或热黑	ie　灭铁列切	ue　国	ye　决缺穴月
ə　儿而耳二			
ai　开街大来		uai　怪块歪外	
ei　背累妹费		uei　围贵亏卫	
au　包桃毛高	iau　鸟苗料教		
əu　读收醋手	iəu　救秋幼游		
an　班饭感难	ian　变田念千	uan　关晚换玩	
ən　本扔冷分	in　兵心听病	uən　滚稳文问	yn　军劝宣云
aŋ　帮讲张唱	iaŋ　枪香娘秧	uaŋ　光狂黄王	
oŋ　东红空风	ioŋ　穷琼胸荣		

说明：

（1）ʅ 的实际发音伴有尾音 ə。

（2）y 的圆唇度较小，近似于 ʉ。

（3）ə 的实际发音略后。

（4）e、ie、ue、ye 中的 e 开口度略大，接近ᴇ。

（5）əu、iəu 中的 u 发音动程不明显。

（6）an、ian、uan、yan 中 a 的实际发音在 ɛ 和 a 之间。

3. 单字调

酸汤话共 5 个单字调。

表 3 酸汤话单字调及例字

调类	调值	例字
阴平	213	高猪诗梯飞
阳平	31	穷才文龙云
上声	55	古草好五百
阴去	35	岸唱菜怕读
阳去	33	让大病树用

说明：上声的实际调值接近 54 记为 55。

（二）声韵配合关系

酸汤话声韵配合关系如下表，其中“+”表示全部或局部能相拼，空格表示不能相拼。

表 4 酸汤话声韵配合关系简表

		开口呼	齐齿呼	合口呼	撮口呼
双唇音	p、pʰ、m	+	+	只与 u 相拼	
唇齿音	f	+		只与 u 相拼	
舌尖中音	t、tʰ	+	+	只与 uan 相拼	
	n、l	+	+	只与 uan 相拼	只与 y 相拼
舌尖前音	ts、tsʰ、s	+		只与 uan 相拼	
舌尖后音	tʂ、tʂʰ、ʂ		只与 ʅ 相拼		
舌面前音	tɕ、tɕʰ、ɕ		+		+
舌面后音	k、kʰ、ŋ、x	+		+	
零声母	ø	+	+	+	+

（三）连读变调

酸汤话变调现象较少，一般出现在名词重叠中，且为后字变调。

（1）阴平 213+阴平 213→213+55。如：

灰灰［fei^{213} fei^{55}］ 钩钩［$kəu^{213}$ $kəu^{55}$］ 叉叉［$ts^{h}a^{213}$ $ts^{h}a^{55}$］

（2）阳平 31+阳平 31→31+35。如：

婆婆［po^{31} po^{35}］ 皮皮［pi^{31} pi^{35}］ 瓶瓶［pin^{31} pin^{35}］

（3）上声 55+上声 55→55+35。如：

叶叶［i^{55} i^{35}］ 钵钵［po^{55} po^{35}］ 角角［ko^{55} ko^{35}］

（4）阴去 35+阴去 35→35+55。如：

泡泡［$p^{h}au^{35}$ $p^{h}au^{55}$］ 豆豆［$təu^{35}$ $təu^{55}$］ 串串［$ts^{h}uan^{35}$ $ts^{h}uan^{55}$］

（5）阳去 33+阳去 33→33+35。如：

洞洞［$toŋ^{33}$ $toŋ^{35}$］ 巷巷［$xaŋ^{33}$ $xaŋ^{35}$］ 舅舅［$tɕiəu^{33}$ $tɕiəu^{35}$］

二、主要音韵特征

（一）声母

（1）中古全浊声母舒声字今逢塞音、塞擦音一般读为不送气清音，入声字读为送气或不送气清音。如：

舒声：	牌［pai^{31}］	桃［tau^{31}］	糖［$taŋ^{31}$］
	洞［$toŋ^{35}$］	败［pai^{35}］	病［pin^{33}］
入声：	白［$p^{h}e^{35}$］	读［$t^{h}əu^{35}$］	贼［$ts^{h}e^{35}$］
	别［pie^{31}］	独［$təu^{55}$］	组［$tsəu^{55}$］

（2）中古知庄章组的分合。知组大部分读［ts、ts^{h}、s］，遇摄字读［tɕ、$tɕ^{h}$、ɕ］；庄组读［ts、ts^{h}、s］；章组大部分读［ts、ts^{h}、s］，遇摄字读［tɕ、$tɕ^{h}$、ɕ］，蟹摄开口、止摄开口字读［tʂ、$tʂ^{h}$、ʂ］。如：

知组：	大部分	知［$tsɿ^{213}$］	池［$ts^{h}ɿ^{31}$］	追［$tsei^{213}$］
	遇摄	柱［$tɕy^{35}$］	猪［$tɕy^{213}$］	除［$tɕ^{h}y^{31}$］
庄组：		桌［tso^{55}］	初［$ts^{h}əu^{213}$］	森［$sən^{213}$］
章组：	大部分	支［$tsɿ^{213}$］	丑［$ts^{h}əu^{55}$］	蛇［sa^{31}］
	遇摄	主［$tɕy^{55}$］	处［$tɕ^{h}y^{35}$］	书［$ɕy^{213}$］
	蟹止摄开口	制［$tʂʅ^{35}$］	齿［$tʂ^{h}ʅ^{55}$］	是［$ʂʅ^{33}$］

（3）泥来母在洪音和细音前均不混。如：

泥［ni^{31}］—犁［li^{31}］ 年［nin^{31}］—连［lin^{31}］

脑［nau^{55}］—老［lau^{55}］ 内［nei^{33}］—累［lei^{33}］

尿［$niau^{33}$］—料［$liau^{33}$］　南［nan^{213}］—兰［lan^{213}］

（4）晓匣母合口字和非组字部分相混。表现为晓匣母部分字混入非组，读为［f］；非组通摄合口三四等舒声字混入晓组，读为［x］。如：

晓母：花［fa^{213}］　婚［$fən^{213}$］　呼［fu^{213}］

匣母：会［fei^{35}］　换［$fuan^{35}$］　回［fei^{31}］

非组：风［$xoŋ^{213}$］　封［$xoŋ^{213}$］　逢［$xoŋ^{31}$］

（5）匣母字一部分读为零声母。如：

话［ua^{33}］　滑［ua^{35}］　黄［$uaŋ^{31}$］

（6）日母字一般读［l］，少数读为零声母，部分字两读。如：

如［$ləu^{35}$］　扔［$lən^{213}$］　入［$ləu^{35}$］　儿［$ə^{31}$］　耳［$ə^{55}$］

让［$laŋ^{33}$］／［$aŋ^{33}$］　肉［$ləu^{35}$］／［$əu^{35}$］

（7）疑影母开口一二等字一般读为［ŋ］。如：

疑母：鹅［$ŋo^{31}$］　咬［$ŋau^{55}$］　硬［$ŋən^{33}$］

影母：爱［$ŋai^{35}$］　暗［$ŋan^{35}$］　恩［$ŋən^{213}$］

（8）见系部分字保留开口呼，主要为假蟹效咸山江等韵摄的开口二等字。如：

下［xa^{33}］　街［kai^{213}］　敲［k^hau^{213}］

夹［ka^{31}］　间房~［kan^{213}］　讲［$kaŋ^{55}$］

（二）韵母

（1）果摄一等字无论开合多读为［o］，大［tai^{33}］、哪［na^{55}］、那［na^{35}］、阿［a^{213}］除外。如：

多［to^{213}］　个［ko^{35}］　河［xo^{31}］

婆［po^{31}］　课［k^ho^{35}］　鹅［$ŋo^{31}$］

（2）遇摄合口三等知章组字今读撮口呼［y］，与精见晓影组合口三等字合流。如：

遇摄知组　猪［$tɕy^{213}$］　柱［$tɕy^{35}$］　除［$tɕ^hy^{31}$］

遇摄章组　煮［$tɕy^{55}$］　处到~［$tɕ^hy^{35}$］　书［$ɕy^{213}$］

（3）蟹摄、止摄开口字在章组后读为［ʅ］。如：

蟹摄开口　制［$tʂʅ^{35}$］　世［$ʂʅ^{35}$］　逝［$ʂʅ^{35}$］

止摄开口　支［$tʂʅ^{213}$］　齿［$tʂ^hʅ^{55}$］　是［$ʂʅ^{33}$］

（4）日母止摄字今读为［ə］。如：

儿［$ə^{31}$］　耳［$ə^{55}$］　二［$ə^{35}$］

（5）遇摄、通摄部分合口字读为［əu］，主要为遇摄合口一等端泥精组字，合口三等庄日组字；通摄合口一等端系入声字，合口三等泥精章日组入声字。如：

遇摄　合口一等端泥精组　肚［təu^{55}］　堵［təu^{55}］
　　　合口三等庄日组　初［ts^{h}əu^{213}］　锄［tsəu^{31}］
通摄　合口一等端系入声字　督［təu^{55}］　毒［təu^{35}］
　　　合口三等泥精章日组入声字　肉［ləu^{35}］　促［ts^{h}əu^{55}］

（6）果蟹止臻摄多数合口字失去介音［u］，主要为果摄开口一等字、蟹摄合口一等字、止摄合口三等字（支脂）、臻摄合口一等字。如：

果摄　开口一等字　多［to^{213}］　拖［t^{h}o^{213}］　罗［lo^{31}］
蟹摄　合口一等字　堆［tei^{213}］　推［t^{h}ei^{213}］　催［ts^{h}ei^{213}］
止摄　合口三等字（支脂）　嘴［tsei^{213}］　吹［ts^{h}ei^{213}］　挥［fei^{213}］
臻摄　合口一等　顿［tən^{35}］　论［lən^{35}］　尊［tsən^{213}］

（7）宕江摄部分舒声字读为［aŋ］，主要为宕摄合口一等晓组、宕江摄庄组。如：

宕摄　合口一等晓组　皇［faŋ^{31}］　慌［faŋ^{213}］　谎［faŋ^{55}］
宕摄　开口三等庄组　庄［tsaŋ^{213}］　装［tsaŋ^{213}］　状［tsaŋ^{35}］
江摄　开口二等庄组　窗［ts^{h}aŋ^{213}］　双［saŋ^{213}］

（8）曾梗通三摄部分舒声字在唇音和舌面后声母之后读为［oŋ］。如：

曾摄　开口一等　崩［poŋ^{213}］　朋［p^{h}oŋ^{31}］
梗摄　开口二等　烹［p^{h}oŋ^{213}］　彭［p^{h}oŋ^{31}］　萌［moŋ^{31}］
通摄　合口一等　蓬［p^{h}oŋ^{31}］　篷［p^{h}oŋ^{31}］　蒙［moŋ^{31}］
　　　合口三等　风［xoŋ^{213}］　丰［xoŋ^{213}］　奉［xoŋ^{33}］

（9）入声韵尾演变为无塞音韵尾的开尾韵。如：

得［te^{55}］　别［pie^{31}］　突［t^{h}əu^{55}］　桌［tso^{55}］　脚［tɕio^{55}］

（三）声调

（1）清、次浊上声归上声，全浊上声归阳去，少数字归阴去。如：

清：　古［ku^{55}］　短［tuan^{55}］　口［k^{h}əu^{55}］
　　　丑［ts^{h}əu^{55}］　手［səu^{55}］
次浊：五［u^{55}］　女［ny^{55}］　买［mai^{55}］　老［lau^{55}］　有［iəu^{55}］
全浊：近［tɕin^{33}］　是［ʂʅ^{33}］　坐［tso^{33}］　父［fu^{33}］　柱［tɕy^{35}］

（2）去声分阴阳，清去大部分归阴去，浊去大部分归阳去。如：

清：盖［kai^{35}］ 爱［$ŋai^{35}$］ 唱［$ts^{h}aŋ^{35}$］

菜［$ts^{h}ai^{35}$］ 世［$ʂʅ^{35}$］ 放［$faŋ^{35}$］

浊：大［tai^{33}］ 病［pin^{33}］ 树［$çy^{33}$］

让［$laŋ^{33}$］ 用［$ioŋ^{33}$］ 岸［$ŋan^{35}$］

（3）入声消失，清入声主要归上声，少数归阳平；浊入声主要归阴去，少数归上声。如：

清：得［te^{55}］ 七［$tç^{h}i^{55}$］ 黑［xe^{55}］

拍［$p^{h}e^{55}$］ 百［pe^{55}］ 约［io^{31}］

浊：读［$t^{h}əu^{35}$］ 白［$p^{h}e^{35}$］ 合［xo^{35}］

服［fu^{35}］ 食［$ʂʅ^{35}$］ 月［ye^{55}］

三、新老派差异和文白异读

（一）新老派差异

新派酸汤话比老派多一个声母［z］，其余差异均为音系结构内部的调整和变化。

1. 声母

（1）古全浊声母今逢塞音、塞擦音时，老派不论平仄多读不送气清音，部分入声字读送气清音；新派不论平仄都读送气清音，入声字读不送气清音。如：

婆［po^{31}］—［$p^{h}o^{31}$］ 糖［$taŋ^{31}$］—［$t^{h}aŋ^{31}$］

瓶［pin^{31}］—［$p^{h}in^{31}$］ 白［$p^{h}e^{35}$］—［pe^{35}］

贼［$ts^{h}e^{35}$］—［$tsei^{35}$］ 昨［$ts^{h}o^{35}$］—［tso^{35}］

（2）中古知庄章组的分合。老派知组大部分读［ts、ts^{h}、s］，遇摄字读［tç、$tç^{h}$、ç］；庄组读［ts、ts^{h}、s］；章组大部分读［ts、ts^{h}、s］，遇摄字读［tç、$tç^{h}$、ç］，蟹摄开口、止摄开口字读［tʂ、$tʂ^{h}$、ʂ］。新派知、章组遇摄部分字读为［ts、ts^{h}、s］。如：

猪［$tçy^{213}$］—［tsu^{213}］ 柱［$tçy^{35}$］—［tsu^{35}］

除［$tç^{h}y^{31}$］—［$ts^{h}u^{31}$］ 主［$tçy^{55}$］—［tsu^{55}］

处［$tç^{h}y^{35}$］—［$ts^{h}u^{35}$］ 书［$çy^{213}$］—［su^{213}］

（3）老派晓匣母合口字和非组字部分相混，新派有区分趋势。如：

婚［$fən^{213}$］—［$xuən^{213}$］ 呼［fu^{213}］—［xu^{213}］

换［$fuan^{35}$］—［$xuan^{35}$］ 回［fei^{31}］—［$xuei^{31}$］

风［$xoŋ^{213}$］—［$foŋ^{213}$］ 封［$xoŋ^{213}$］—［$foŋ^{213}$］

（4）古匣母部分字，老派读零声母，新派读［x］。如：

话［ua^{213}］—［xua^{213}］ 黄［$uaŋ^{31}$］—［$xuaŋ^{31}$］

滑［ua^{35}］—［xua^{35}］

（5）日母字除止摄外老派读［l］，新派读［z］。如：

如［$ləu^{35}$］—［zu^{35}］ 让［$laŋ^{33}$］—［$zaŋ^{33}$］ 肉［$ləu^{35}$］—［zu^{35}］

（6）疑影母开口一二等字，老派读［ŋ］，新派读零声母。如：

爱［$ŋai^{35}$］—［ai^{35}］ 岸［$ŋan^{35}$］—［an^{35}］ 硬［$ŋən^{33}$］—［in^{33}］

2. 韵母

（1）果摄一等字老派多读为［o］，新派部分字读为［ə］。如：

个［ko^{35}］—［$kə^{35}$］ 河［xo^{31}］—［$xə^{31}$］ 课［k^ho^{35}］—［$k^hə^{35}$］

（2）遇摄合口三等知章组字老派读撮口呼［y］，新派读合口呼［u］。如：

猪［$tɕy^{213}$］—［tsu^{213}］ 柱［$tɕy^{35}$］—［tsu^{35}］

除［$tɕ^hy^{31}$］—［ts^hu^{31}］ 煮［$tɕy^{55}$］—［tsu^{55}］

处到~［$tɕ^hy^{35}$］—［ts^hu^{35}］书［$ɕy^{213}$］—［su^{213}］

（3）遇摄、通摄部分合口字老派多读为［əu］，新派读为［u］。如：

肚［$təu^{55}$］—［tu^{55}］ 锄［$ts^həu^{31}$］—［ts^hu^{31}］

初［$ts^həu^{213}$］—［ts^hu^{213}］

（4）蟹合一等、止合三等、臻合一等绝大部分字老派失去介音［u］，新派有介音。如：

堆［tei^{213}］—［$tuei^{213}$］ 罪［$tsei^{33}$］—［$tsuei^{33}$］

醉［$tsei^{35}$］—［$tsuei^{35}$］

（5）宕江摄部分舒声字老派读为［aŋ］，新派读为［uaŋ］。如：

皇［$faŋ^{31}$］—［$xuaŋ^{31}$］ 装［$tsaŋ^{213}$］—［$tsuaŋ^{213}$］

窗［$ts^haŋ^{213}$］—［$ts^huaŋ^{213}$］

（6）部分韵摄见系二等老派保留开口呼，新派为齐齿呼。如：

街［kai^{213}］—［$tɕie^{213}$］ 敲［k^hau^{213}］—［$tɕ^hiau^{213}$］

夹［ka^{31}］—［$tɕia^{55}$］

3. 声调

白市酸汤话声调的新老差异主要表现在去声和入声上。

（1）老派酸汤话去声分阴阳，新派有合并的趋势。如：

阴去：盖［kai^{35}］—［kai^{35}］　爱［$ŋai^{35}$］—［$ŋai^{35}$］

菜［$ts^{h}ai^{35}$］—［$ts^{h}ai^{35}$］

阳去：病［pin^{33}］—［pin^{35}］　让［$laŋ^{33}$］—［$zaŋ^{35}$］

用［$ioŋ^{33}$］—［$ioŋ^{35}$］

（2）老派清入声主要归上声，少数归阳平；浊入声主要归阴去，少数归上声，新派入声字无论清浊逐渐出现归阳平的趋势。如：

清：黑［xe^{55}］—［xe^{21}］　拍［$p^{h}e^{55}$］—［$p^{h}e^{21}$］

铁［$t^{h}ie^{55}$］—［$t^{h}ie^{21}$］

浊：白［$p^{h}e^{35}$］—［$p^{h}e^{21}$］　合［xo^{35}］—［xo^{21}］

服［fu^{35}］—［fu^{21}］

白市酸汤话阳平老派读31，新派读21。酸汤话区别于天柱话①的语音特征主要为：声母上，中古全浊声母舒声字今逢塞音、塞擦音一般读为不送气清音，入声字读为送气或不送气清音；中古知庄章组分合不同。韵母上，匣母字一部分读为零声母；遇摄合口三等知章组字今读撮口呼［y］；蟹摄、止摄字在章组后读为［ʅ］。声调上，去声分阴去和阳去；入声消失，清入多归上声，浊入多归阴去。总体而言，酸汤话区别于天柱话的语音特征逐渐受到磨损，出现明显新老派差异，有向天柱话发展的趋势，同时酸汤话和天柱话均与普通话趋同。

（二）文白异读

文白异读现象很早就受到汉语方言学界的关注。从语体色彩看，白读多为口语，文读多用于书面语；从语言接触看，文白共存是方言接触在同一系统中的历时体现；从语音形式看，文白异读主要是声母、韵母或声调的差异，其中声母差异表现显著。

（1）古全浊声母今逢塞音、塞擦音平声字文读音送气，白读音不送气。如：

例字	文读	白读
锄	［$ts^{h}əu^{31}$］～奸	［$tsəu^{31}$］～头
桃	［$t^{h}au^{31}$］投～报李	［tao^{31}］～子
牌	［$p^{h}ai^{31}$］奖～	［pai^{31}］打～
糖	［$t^{h}aŋ^{31}$］～尿病	［$taŋ^{31}$］红～

① 天柱话语音特点参考《贵州省志汉语方言志》。

（2）古全浊声母今逢塞音、塞擦音仄声字文读音不送气，白读音送气。如：

例字	文读	白读
白	[pe^{35}] ~眼	[p^{h}e^{35}] ~色
读	[təu^{35}] 朗~	[t^{h}əu^{35}] ~书
昨	[tso^{35}] ~天	[ts^{h}o^{35}] ~日
贼	[tse^{35}] ~眉鼠眼	[ts^{h}e^{35}] 做~

（3）部分开口二等见系字，声母文读音为舌面前音［tɕ、tɕ^{h}、ɕ］，白读音为舌面后音［k、k^{h}、x］。如：

例字	文读	白读
讲	[tɕiaŋ^{55}] 演~	[kaŋ^{55}] ~话
解	[tɕie^{55}] ~决	[kai^{55}] ~放
敲	[tɕ^{h}iau^{213}] ~诈	[k^{h}au^{213}] ~门
下	[ɕia^{33}] ~雨	[xa^{33}] 一~
项	[ɕiaŋ^{33}] ~目	[xaŋ^{33}] ~链

（4）部分疑母字，声母文读音为零声母，白读音为［ŋ］或［n］。如：

例字	文读	白读
熬	[au^{31}] 煎~	[ŋau^{31}] ~油
咬	[au^{55}] ~字	[ŋau^{55}] ~手
严	[ian^{31}] 尊~	[nian^{31}] ~重
岸	[an^{35}] 回头是~	[ŋan^{35}] ~边
硬	[in^{35}] 坚~	[ŋən^{33}] ~币

受天柱话和普通话影响，新派文白异读现象逐渐减弱，界限不再明晰，有合流趋势。

四、结　语

新老派音系对比表明，白市酸汤话区别于天柱话的语音特点逐渐受到磨损，二者的声韵调系统差别逐渐减小，新派酸汤话的文白读音趋于合流。总体而言，白市酸汤话有朝着天柱话发展的趋势；同时，受普通话影响，白市酸汤话和天柱话正与其趋同。酸汤话分布在湘黔边界地区，处于湘方言和西南官话的包围中，长期频繁的交流接触使其带有混合方言的特征，是语言接触研究的重要案例，应当加强其语言本体调查，以及与周边语言和方言的比较研究，进一步探讨语言和方言接触问题。

参考文献

[1] 贵州省地方志编纂委员会．贵州省志汉语方言志[M]．北京：方志出版社，1998.

[2] 刘宗艳．酸汤话研究[D]．湖南师范大学博士学位论文，2014.

[3] 吴才勇．全浊声母在酸汤话中的今读情况[J]．语文学刊，2016（8）．

[4] 谢玲．湘西南酸汤话语音研究[D]．吉首大学硕士学位论文，2011.

[5] 杨钦．锹里地区“酸汤话”语音研究[D]．中南大学硕士学位论文，2012.

[6] 杨学军．“酸汤话”音系记略（续）[J]．黔东南民族师范高等专科学校学报，2006（5）．

[7] 张雄．酸汤话内部差异研究[D]．贵州大学硕士学位论文，2007.

[8] 张雄．湘黔边界酸汤话今读中的古音遗迹[J]．凯里学院学报，2008（5）．

[9] 张雄．中古知庄章三组声母在酸汤话中的读音研究[J]．语文学刊（高等教育版），2015（9）．

西陵镇北京官话方言岛的文白异读

曾雪雨*

【摘要】 考察西陵镇北京官话方言岛的文白异读，描写其词汇搭配和语言环境，结合数据分析其使用情况。调查发现：西陵话部分保留了北京话的文白异读，主要是宕江曾梗通五摄入声字和见精组字。从词汇搭配和语言环境角度可分为异名同实、文白分明且有固定指称或搭配、语体差异导致的词以及专有名词四类。词汇搭配和语言环境是影响文白读音竞争的重要因素：文白分明且有固定指称或搭配的词，文白读音势力相当；语体差异导致的词，文读音更为强势。

【关键词】 方言岛，文白异读，语言环境，使用情况

河北省保定市易县西陵镇所在地是冀鲁官话保唐片定霸小片包围下的北京官话方言岛。西陵镇满族居民主要使用西陵话，汉族居民和方言岛外居民主要使用易县话。《北京官话方言岛研究：清东陵和清西陵的满族汉语》（王远新、张阳、李媛冬 2012）是系统描写东陵话和西陵话的专著。书中提到，西陵话新老派文白读音使用有差异，“老派读为白读音的字，新派只读文读音”（王远新、张阳、李媛冬 2012：129）。该书记录的西陵话文白异读字数量少于易县话，如“伯、叔、虹、约节约”等字都是易县话有而西陵话无的文白异读字。本次调查发现，这些字在如今的西陵话中也存在文白异读现象。

为进一步了解和分析西陵话文白异读字的使用情况，笔者于 2021 年 10 月和 2022 年 2 月两次前往西陵镇进行田野调查。预调查阶段，参考《北京音系里的文白异读的新旧层次》（陈重瑜 2002）、《北京话入声字文白异读的历史层次》（高晓虹 2001）、《汉语官话方言研究》（钱曾怡 2010）、《北京官话方言岛研究：清东陵和清西陵的满族汉语》（王远新、张阳、李媛冬 2012）和《普通话异读词审音表》（1985）制成调查词表，在西陵镇选择 14 位不同性别、年龄和文化程度的村民为发音人。预调查后，筛选有异读现象的例字制成

---

*曾雪雨（1998—），女，中央民族大学中国少数民族语言文学学院语言学及应用语言学专业社会语言学方向 2020 级硕士研究生，主要研究社会语言学和汉语方言学相关问题。

调查词表，词表例字后附例词和例句。正式调查采用诱导式提问法，引导调查对象说出例词并记录。正式调查共获取有效词表39份，其中男性17份、女性22份，满族27份、汉族12份，青年组12份、中年组10份、老年组17份。

一、文白异读的相关概念

李荣（1957：96）认为，文白异读“专指同一个字文言音和白话音不同而言”。学界对文白异读的内涵达成了这样的共识：文白异读是不能脱离汉字独立分析的“字音”，是系统的又音现象。文白读音有使用场合的区别，文读音多用于识字教学，白读音多用于日常口语，二者的界限有时不清晰。文白读音常固定在特定词语和语法中，不能相互替换。简言之，文白异读是语音共时变读现象，指一个音韵地位相同的字在共时状态下有文白并存的两种读音。

不同方言文白异读的形成模式不同，常见的有：方言间的互相借用产生的；受到权威方言影响形成的；强势外来移民语言覆盖在原住民语言之上形成的（李蓝 2013）。“文教传习”“书音存古”和方言混合也是文白异读形成的原因，只是较为少见。李蓝从方言混合的角度解释北京话文白异读，认为其反映了不同来源的方言差异。学界一般把文白异读视作一种已形成的历史现象；从共时角度来看，文白异读也是一种可目睹其形成过程的语言现象。笔者从共时角度分析西陵镇文白读音的语言环境和使用情况，为相关研究提供一些线索。

二、西陵话文白异读的基本情况

从语音的历史地位出发，可将西陵话的文白异读大致分为宕江曾梗通五摄入声字、见精组字和其他三类。

（一）宕江曾梗通五摄入声字的文白异读

今北京话的文白异读一般指宕江曾梗通五摄入声字的文白异读，具体为：宕江摄入声字的白读和中古效摄合并，文读和果摄合并；曾摄开口一等入声字白读和蟹摄合口、止摄唇音字合并，文读和果摄合并；曾摄开口三等庄组和梗摄开口二等入声字白读和蟹摄开口一二等合并，文读和果摄合并；通摄合口三等入声字白读和流摄合并，文读和遇摄合并（高晓虹 2001）。西陵话与北京话关系密切，部分文白异读词与北京话相同。

表 1　西陵话宕江曾梗通五摄入声字的文白异读

例字	音韵地位	现代读音		例词	
		文读	白读	文读	白读
落	宕開一來鐸	luo^{51}	lau^{51}/la^{51}	降落	树叶落了/落下
薄	宕開一並鐸	po^{35}	pau^{35}	单薄	太薄了、薄饼
雀	宕開三精藥	$tɕ^{h}ye^{51}$	$tɕ^{h}iau^{214}$	麻雀	家雀
弱	宕開三日藥	$ʐuo^{51}$	$ʐau^{51}$	瘦弱	身子（骨）弱
约	宕開三影藥	ye^{55}	iau^{55}	约定	约好了
跃	宕開三喻藥	ye^{51}	iau^{51}	大跃进	跃（过去）
剥	江開二幫覺	po^{55}	pau^{55}	剥削	剥皮
觉	江開二見覺	$tɕye^{35}$	$tɕiau^{214}$	感觉、觉悟	觉得
学	江開二匣覺	$ɕye^{35}$	$ɕiau^{35}$	学习	上学
岳	江開二疑覺	ye^{51}	iau^{51}	五岳	岳飞
色	曾開三審職	$sɤ^{51}$	$ʂai^{214}$	颜色	掉色
伯	梗開二幫陌	po^{35}	$pai^{55}/pai^{0}/pei^{0}$	伯父	大伯
客	梗開二溪陌	$k^{h}ɤ^{51}$	$tɕ^{h}ie^{214}$	客人、做客	来客了
熟	通合三禪物	$ʂu^{35}$	$ʂou^{35}$	熟悉	麦子熟了
叔	通合三審屋	$ʂu^{55}$	$ʂu^{35}/ʂou^{55}/ʂou^{35}$	叔叔	三叔

将上述例字按声母、韵母和声调差异分类可以看出：多数文白读音的差异是韵母异读，少数是韵母声调异读，个别是声韵调异读。宕摄入声字中，“雀”是韵母声调异读，其余是韵母异读。江摄入声字中，“觉”的异读涉及调类的归并，其余是韵母异读。“色、客”是声母、韵母和声调都有异读，其中“色”在白读时多儿化，“客”白读音只出现在“来客了”中。“叔、伯”多为亲属称谓语或称呼语，存在文白杂配现象。“叔”的文白杂配形式最为丰富，既可文读声调与白读声韵母相配，也可白读声调与文读声韵母相配。

（二）见精组字的文白异读

《汉语官话方言研究》提到，“（北京官话）部分见系开口二等字有不同的层次”（钱曾怡 2010：69），即见系开口二等字声母在北京官话中一般与见系细音字一样发生腭化，与精组细音字合并。在西陵话中，少数深臻江梗摄见精组字也存在这样的层次。这些字的文白读音使用范围较广，且与语言风格有关，本文暂将其界定为文白异读。

表 2　西陵话见精组字的文白异读

例字	音韵地位	现代读音		例词	
		文读	白读	文读	白读
给	深開三見緝入	$tɕi^{214}$	kei^{214}	给予	送给我
俊	臻合三精稕去	$tɕyn^{51}$	$tsuən^{51}$	俊俏	长得俊
虹	江開二見絳去	$xuŋ^{35}$	$kaŋ^{51}/tɕiaŋ^{51}$	彩虹	出虹了
耕	梗開二見耕平	$kəŋ^{55}$	$tɕiŋ^{55}$	春耕	耕地
更	梗開二見庚平	$kəŋ^{55}$	$tɕiŋ^{55}$	五更天	半夜三更
客	梗開二溪陌入	$k^{h}ɤ^{51}$	$tɕ^{h}ie^{214}$	客人、做客	来客了
颈	梗開三見靜上	$tɕiŋ^{214/51}$	$kəŋ^{214}$	颈椎	脖颈

文白读音的差异主要体现在声母和韵母上。“给、俊、颈”文读音声母腭化为［tɕ］，韵母有［i］［u］韵头；白读音声母为［k］或［ts］，韵母为开口呼或合口呼。“虹、更、耕、客”则与之相反。“虹、客”二字的声调也存在异读。“颈”的声调存在文白杂配现象。

（三）其他例字的文白异读

部分例字无法归入上述分类。具体见表 3。

表 3　西陵话其他的文白异读

例字	音韵地位	现代读音		例词	
		文读	白读	文读	白读
谁	止合三禪脂平	$ʂuei^{35}$	$ʂei^{35}$	是谁	谁来了
尾	止合三微尾上	uei^{214}	i^{214}	尾巴	蒸鹿尾儿
避	止開三並寘去	pi^{51}	pei^{51}	躲避、避开	避避雨
蝶	咸開四定帖入	tie^{35}	$t^{h}ie^{214}$	蝴蝶	蝴蝶儿
节	山開四精屑入	$tɕie^{35}$	$tɕie^{55}$	春节	节日
括	山合一見末入	$k^{h}uo^{51}$	$k^{h}ɤ^{51}$	括号	包括

续表

例字	音韵地位	现代读音		例词	
		文读	白读	文读	白读
血	山合四曉屑入	$ɕye^{51}$	$ɕie^{214}/ɕye^{214}$	血战	鸭血
国	曾合一見德入	kuo^{35}	$kuo^{214/55}$	中国	美国、国家
媳	曾開三心職入	$ɕi^{35}$	$ɕi^{214}$	媳妇	媳妇
福	通合三非屋入	fu^{35}	fu^{214}	福气	有福了

“谁、尾、避”三字是止摄的非入声字，文白读音的差异是韵母不同。“谁、尾”同为止摄合口三等字，文读音韵母有介音［u］，白读音则没有介音。“节、国、媳、福”四字文白读音的差异在声调，“节”的文读音是阳平，白读音则是阴平；“国、媳、福”的文读音是阳平，白读音多为上声。“国”的白读声调或与连读变调有关，在“美国”中多为上声，在“国家”中多为阴平。

三、西陵话文白读音的语言环境

西陵话文白读音的分布与语言环境有关。在不同的语体风格、搭配和指称中或使用文读音，或使用白读音，或二者皆可。一些字文读音与白读音界限明显，语言条件也受到严格的限制；一些字文白读音可互换，界限相对模糊。如“剥”在“剥削”中对应文读韵母［o］，“剥皮”中对应白读韵母［au］，文白读音一般不互换。再如“括”的文读韵母为［uo］，白读韵母为［ɤ］。在“括号、括弧、括起来、包括”等词组中，既可都发文读音，也可都发白读音，也可动词发白读音，名词发文读音。从词汇搭配和语体风格两方面分析西陵话的文白异读，可将其分为异名同实、文白分明且指称和搭配较为固定的、语体差异主导的和专有名词。

（一）异名同实的文白异读词

异名同实的文白异读词，指存在文白读音的两个词词性和含义相同，语体风格不同。在西陵话中，“异名同实”的文白异读词数量较少，此处以“虹”为例。“虹”，在西陵话口语词汇中读白读音［$kaŋ^{51}$］或［$tɕiaŋ^{51}$］，多出现在“出虹了”中，民谚“东虹日头西虹雨，南虹北虹卖儿女”也为白读音；“彩虹”则为文读音［$xuŋ^{35}$］。

（二）文白分明且有固定指称或搭配的词

根据语体风格不同，文白读音常用于不同的指称和搭配。白读音多对应单音节词，文读音多对应双音节词。“尾、媳、福、更、避、给、俊、客、颈、落、薄、弱、剥”等字都属于此类。部分文白读音字在对应词汇中意义完全相同，部分意义不完全相同。

以“避、俊、福”为例，这些字文白读音的意义完全相同，文读词对应文读音，白读词对应白读音，一般不互换。“避”的文白读音对应的含义相同，在“躲避、逃避”中读文读音［pi^{51}］，在“避避雨、避一避”中读白读音［pei^{51}］。“俊”，形容人的相貌好看、俊俏，在“俊俏、俊美”中读文读音［$tɕyn^{51}$］；“长得真俊”，读白读音［$tsuən^{51}$］。“福”，在“福气、幸福”中调值为35，在“有福、享福”中调值为214。“熟、客”等字的文白读音对应的意义则不完全相同。“熟”，表示人际关系亲近时，文读音主要出现在书面词汇中，如“熟悉、熟知”；在口语交流中主要使用白读音，如“我俩很熟”；表示农作物长成、饭菜加热到可食用时，一般使用白读音，即“麦子熟了、饭熟了”，较少使用文读音。“客”，在“来客了”中多读白读音［$tɕ^{h}ie^{214}$］，在“客人、做客、请客”中只读文读音［$k^{h}ɤ^{51}$］。“来客了”中的“客”指亲戚；“客人”的“客”指朋友。

（三）语体差异主导的文白异读词

部分文白读音随语体不同而变化，且文白读音没有明确界限，常常是“这样说也行，那样说也行”。不少调查对象认为白读的说法是“土话”，在日常交际中常用。到了更正式的场合，或者需要诵读、朗读时，就会主动使用文读音。“谁、节、觉、色、蝶、括、学、伯、国、耕、血、熟、约、跃、叔、岳”等字的文白读音属于此类。例如“蝴蝶儿”在口语语体中是白读音，在书面语体是文读音。“叔叔/三叔”作为亲属称谓语，在口语中多为白读音，且存在文白杂配现象；在书面语体中，“叔叔/三叔”为文读音。

（四）专有名词

西陵话中，一些专有名词里的白读音保留得比较好。“麻雀”，民间称其为“家雀儿”，一般只白读。“猫尾巴、狗尾巴”中的“尾”既可以白读也可以文读，但在“燕鹿尾儿”中一般只白读。

四、文白异读的使用

文白异读的使用情况指文白读音的使用情况，分为“只使用文读音”“只使用白读音”和“既使用文读音也使用白读音”三类（下称为“只文”“只白”和“两读”）。“只使用”指所有例词都使用文读音或白读音，“两读”则是部分例词用文读音，部分用白读音。计算相应调查对象占样本总量的比例可得到“只文率”“只白率”和“两读率”。数据见表4。

表4　西陵镇北京官话方言岛文白异读的使用（$n=39$；%）

例字		只文率	只白率	两读率	例字	只文率	只白率	两读率
宕江曾梗通五摄	落	0	0	100	伯	15.4	20.5	64.1
	薄	5.1	5.1	89.7	客	12.8	0	87.2
	雀	12.8	0	87.2	熟	2.6	38.5	59.0
	弱	12.8	2.6	84.6	约	94.9	0	5.1
	剥	5.1	5.1	89.7	跃	89.7	2.6	7.7
	觉	41.0	0	59.0	叔	17.9	56.4	25.6
	学	28.2	2.6	69.2	岳	97.4	0	2.6
	色	23.1	5.1	71.8				
见精组	给	0	66.7	33.3	更	69.2	17.9	12.8
	俊	10.3	2.6	87.2	客	12.8	0	87.2
	虹	53.8	0	46.2	颈	12.8	0	87.2
	耕	38.5	0	61.5				
其他组	谁	51.3	17.9	30.8	括	66.7	12.8	15.4
	尾	0	79.5	20.5	血	0	35.9	64.1
	避	41.0	0	59.0	国	79.5	0	20.5
	蝶	41.0	38.5	20.5	媳	38.5	56.4	5.1
	节	84.6	0	15.4	福	12.8	2.6	84.6

由上表可知，不同分组内部两读率、只文率和只白率有差异，其数值之间的关系一定程度上反映了文白读音的竞争情况。当两读率较高，只文率和只白

率较低时，文白读音的保留程度比较高。此时文白读音的适用范围不一定相同，但都有各自的使用环境。当两读率较低，且只文率大于只白率时，文读音处于优势；只白率大于只文率时，白读音处于优势。文白异读虽是汉字字音的异读现象，但其使用单位是词。通过分析数据发现，词汇搭配和语言环境会影响文白读音的使用情况。

文白分明且有固定搭配或指称的文白异读词两读率主要在 90.0%左右，个别低于 30.0%。具体排序：落（100）>剥薄（89.7）>俊颈客（87.2）>弱福（84.6）>避（59.0）>给（33.3）>尾（20.5）>更（12.8）>媳（5.1）。两读率在 80.0%以上的，都还存在低比率只使用文读音的情况，说明白读音适用范围略有缩小，但保留程度较高。两读率在 60.0%以下的例字，文白读音的使用情况相对复杂。“避”的两读率和只文率都较高，不存在只读白读的情况，说明文读音更强势。“更”的文读音也强势，但它的两读率很低，只文率比只白率高。“给、尾、媳”三字的两读率较低，但只白率高于只文率，白读音更强势。

语体差异主导的文白异读词两读率更低，多在 60.0%左右。具体排序：色（71.8）>学（69.2）>伯血（64.1）>耕（61.5）>觉熟（59.0）>谁（30.8）>叔（29.6）>蝶国（20.5）>节括（15.4）>跃（7.7）>约（5.1）>岳（2.6）。两读率在 60.0%上下的例字中，“色、学、耕、觉”的只文率高于只白率，“伯、血、熟”的只白率高于只文率。两读率较低的例字中，“叔”的只白率高于只文率，其余则是只文率更高。

徐通锵（2019：389-390）将文白竞争的过程分为三个阶段：第一阶段文弱白胜，文读形式使用范围受到极为严格的词汇条件限制；第二阶段文白相持，势均力敌，有些词语的读音是文白共存，体现为雅/土的风格色彩的差别；第三阶段文胜白弱，白读形式受到词汇条件的限制，只出现在几个有限的词语中。文白异读虽是系统的字音异读现象，但其使用单位是词。受到词汇限制的读音，一方面可以依靠词汇保留，一方面也会随词汇的变化而变化。从使用情况来看，西陵镇北京官话方言岛的文白竞争处于文白相持到文胜白弱的过渡阶段。文白分明且有固定指称和搭配的词，文白读音势力接近；语体差异主导文白读音的词，文读音有胜于白读音的趋势。

五、结论与反思

（一）研究结论

文读音和白读音有各自的分布特点，其使用受词汇限制，即需要跟具体的词语相结合，这样的限制常体现语体特点。西陵话的文白异读基本符合这一描述。部分文白异读词是文白分明的，文读词对应文读音，白读词对应白读音；部分的文白读音之间虽没有明确界限，但能体现出语体的特点。笔者认为，词汇形式的限制和语言环境是影响文白竞争的因素之一，文白分明的词，文白读音势力相当；语体差异导致的词，文读音更为强势。但文读和白读一定都有语体的区别吗？张玉来（2017）认为："根据现代方言的实际情况看，文读和白读不一定都有语体的区别，也不一定都有词语分布的限制，有的仅仅是本源的读音和外来折合而成的读音的不同。"北京话的文白异读是方言混合的结果，西陵话又属北京官话，那么西陵话中是否存在一些原本就没有语体区别的文白异读词呢？如何辨别并分析这类词文白读音的竞争情况也是后续研究的要点。

文白读音的使用情况应该也受到了社会因素的影响。笔者整理了不同性别、民族和年龄的语言材料，并试图分析这些因素的影响。初步分析之后发现，这些因素带来的影响比较复杂，呈现含混不清的状态，一时难以明晰。如果后续研究扩大样本量，或许能得出更具说服力的结论。

（二）调查研究方法反思

文白读音的使用情况需借助词汇考察，不可只关注单字音。在制作词表时要注意例字、例词和例句的选择。选取例字时，既要关注前人研究中的例字，也需要结合调查目的和调查地实际情况进行增补或删减。如果目的是尽可能多地记录和搜集，词表规模要大，选词应尽可能全面；如果是考察语言变项的使用情况，词表宜简宜精。选取例词时，要结合文白读音的分布情况，兼顾语体特点，选择常见的、常用的词组。例句也需要考虑语体差异，统一的例句可以确保例词所处语言环境的同一性。合适的例句既能引导调查对象说出例词，也便于聊天发散，能让调查对象举例说明其他场景下如何使用例词。预调查可以检验词表的合理性。调查者要及时记录调查对象对词表的反馈，找出词表的不足，以完善正式词表。预调查是调查者熟悉调研地和调查词表的有利机会，通过反复的询问和引导，调查者可以提升对话的准确性和精准度，节约时间的同时也能抓住词表重点。本研究在数据分析方面存在一些问题。进行数据分析时，需要将定量和定性分析相结合，不能只谈数据而不关注其背后的规律。由于样本量较少，本研究在定量分析文白竞争时缺乏更准确的标准，无法直接量化文白竞争的程度，只能根据其趋势做简单的解释，可信度不足。虽缺乏更细致的分析，但也可以发现，从共时角度可以观察到文白竞争的不同阶段，进而推测文白异读的演变趋势。即使是同一方言内部，不同语言环境中的文白竞争速度也有差异。

参考文献

[1] 高晓虹．北京话入声字文白异读的历史层次[J].语文研究，2001（2）.

[2] 姜燕．青岛话文白异读变异研究[D].中央民族大学博士学位论文，2018.

[3] 李蓝．文白异读的形成模式与北京话的文白异读[J].中国社会科学，2013（9）.

[4] 李荣．汉语方言调查手册[M].北京：科学出版社，1957.

[5] 钱曾怡．汉语官话方言研究[M].济南：齐鲁书社，2010.

[6] 王远新，张阳，李媛冬．北京官话方言岛研究：清东陵和清西陵的满族汉语[M].北京：中央民族大学出版社，2012.

[7] 徐通锵．历史语言学[M].北京：商务印书馆，2019.

[8] 张玉来．汉语方言文白异读现象的再认识[J].语文研究，2017（3）.

汶上县高中生方言特色词的使用和语言态度

李　荷*

【摘要】青少年是传承方言和地方文化的重要力量。汶上方言属中原官话兖菏片，本文采用问卷调查、访谈和观察法，调查汶上县高中生方言特色词的使用情况和语言态度，分析其社会差异。调查表明，汶上县高中生语言能力和使用情况同质化程度高，普通话与汶上方言功能互补；方言特色词的知晓和使用差异显著；不同出生地高中生方言特色词使用差异显著；方言认同程度高，但与行为倾向不一致。

【关键词】传统文化，方言特色词，语言使用，语言态度

高中生群体的语言使用同质性较高，且具有求新求异的特点。方言特色词是指反映地方独特文化、风俗和事物以及当地人特有语言习惯的词语。调查高中生方言特色词的使用和语言态度，可在一定程度上预判方言及其文化的传承和发展趋势，对保护和传承方言文化乃至中华优秀传统文化具有重要意义。本文采用问卷调查、访谈和观察法，调查汶上县高中生方言特色词的使用情况和语言态度，运用SPSS软件分析数据，以期了解汶上县高中生方言使用特点和方言文化发展趋势。

一、调查概况

（一）调查地

汶上县地处山东省西南部，属济宁市，总面积889平方公里，截至2020

---

*李荷（1987—），女，北京语言大学汉语国际教育研究院教师，中央民族大学文学博士，主要从事社会语言学和国际中文教育研究。

年12月30日，总人口82.44万，是北辛文化、大汶口文化的发祥地之一。①汶上方言属中原官话兖菏片，包含了较多反映汶上文化和风貌的方言特色词。随着经济发展、城镇化建设推进、信息化程度提高、国家通用语言文字推广与普及、人员流动加快，各地生活环境、文化风俗等方面发生了很大变化，不少体现地域文化特色的词语已鲜有人知晓或使用。比如"走吼喽头儿"，意为表演木偶戏，以前经常在"会"上表演，"会"已消失，依托于"会"的表演也极少开展；又如"大老飞"，意为一种善飞的蝗虫，汶上县自古就是农业区，蝗虫种类较多，相关词汇丰富。这些词语年轻人很少使用，提及时也多用普通话对应词表达。

（二）调查方法

1. 特色词的筛选

本项调查的特色词筛选过程：第一步，选取六位土生土长的汶上县居民为试调查对象②，根据他们的语料并参考《汶上方言志》（2005）词汇部分，整理出汶上方言词汇表，共计2087个词。第二步，比照《山东方言词典》（1997）、《汉语方言大词典》（1999）、《金乡方言志》（2000）及《现代汉语方言大词典》（2002）等工具书，剔除汶上方言词汇表中与山东境内其他方言及中原官话其他方言点相同或相近的词语，得到494个汶上方言特色词。第三步，按照20%的比例，每5词抽取1词，得到不同类别的特色词。第四步，选取10名调查对象做进一步试调查，剔除知晓率过低的词语，形成含85个词项的汶上方言特色词调查表。

2. 抽样及样本构成

在汶上县第一中学高二年级抽取41名学生作为调查对象，获取41份有效样本。调查对象年龄在15至18周岁，样本构成见表1。

---

① 汶上县行政区划［EB/OL］．汶上县人民政府官网［2021-06-07］．http：//www.wenshang.gov.cn/art/2021/9/2/art_18994_2709440.html.

② 何树霭，男，83岁，中国农业银行汶上县支行退休职工，中专学历，出生于汶上县寅寺镇东石楼村，1955年迁至县城；李文甫，男，72岁，汶上县寅寺镇宋新庄行政村退休会计，小学文化，出生于汶上县寅寺镇宋新庄村；李广建，男，53岁，汶上县寅寺镇草桥村小学教师，中专学历，出生于汶上县寅寺镇草桥村；杨周举，男，50岁，汶上县国土局职工，大专学历，出生于汶上县东门，曾在外地当兵两年；李广利，男，31岁，农民，小学文化，出生于汶上县郭仓镇美化村，农闲时在县城打工；李媛媛，女，30岁，县城个体业主，高中文化，出生于汶上县南门。

表 1 性别及出生地（$n=41$；人/%）

性别		出生地	
男	女	城镇	农村
8/19.5	33/80.5	14/34.1	27/65.9

二、语言习得和语言使用

（一）语言习得和习得环境

1. 语言习得

小时候（上学前或五周岁前）最先学会的语言或方言（可多选）：汶上方言 33 人（80.5%），汶上方言/普通话 7 人（17.1%），普通话 1 人（2.4%），合计 41 人。分解多选项：汶上方言（40 人次）>普通话（8 人次）。

2. 习得环境

（1）小时候，长辈与调查对象使用的语言或方言（可多选）

祖父：汶上方言 36 人（87.8%），汶上方言/普通话 1 人（2.4%），无此情况 4 人（9.8%），合计 41 人。分解多选项：汶上方言（37 人次）>普通话（1 人次）。

祖母：汶上方言 37 人（90.2%），汶上方言/普通话 1 人（2.4%），无此情况 3 人（7.3%），合计 41 人。分解多选项：汶上方言（38 人次）>普通话（1 人次）。

父亲（或男性抚养人）：汶上方言 38 人（92.7%），汶上方言/普通话 3 人（7.3%），合计 41 人。分解多选项：汶上方言（41 人次）>普通话（3 人次）。

母亲（或女性抚养人）：汶上方言 33 人（80.5%），汶上方言/普通话 5 人（12.2%），普通话 2 人（4.9%），东北话 1 人（2.4%），合计 41 人。分解多选项：汶上方言（38 人次）>普通话（7 人次）>东北话（1 人次）。

（2）上小学时，老师讲课使用的语言或方言（可多选）：汶上方言/普通话 27 人（65.9%），普通话 10 人（24.4%），汶上方言 3 人（7.3%），普通话/淄博话① 1 人（2.4%），合计 41 人。分解多选项：普通话（38 人次）>汶

① 淄博话属于冀鲁官话石（家庄）济（南）片，在山东方言分区中属于西区西齐片。

上方言（30 人次）>淄博话（1 人次）。

数据表明，大多数调查对象最先学会汶上方言。小时候，父母及其他长辈跟调查对象交流主要使用汶上方言，少数长辈跟调查对象说普通话。祖父母、父母均使用“汶上方言/普通话”的是城镇出生的 16 岁女生，她的祖父母曾在外多年，父亲为公务员，母亲是教师。最先学会普通话的是城镇出生的 17 岁女生，母亲由外地嫁至本地，跟调查对象交流使用普通话。大多数调查对象上小学时，老师兼用汶上方言和普通话授课。选择普通话和淄博话的是农村出生的 17 岁女生，她曾在淄博市上小学。

（二）语言能力

（1）现在能用哪些语言或方言与人交谈（可多选）：汶上方言/普通话 39 人（95.1%），汶上方言 1 人（2.4%），汶上方言/普通话/淄博话 1 人（2.4%），合计 41 人。分解多选项：汶上方言（41 人次）>普通话（40 人次）>淄博话（1 人次）。

（2）语言掌握程度。调查对象均掌握汶上方言和普通话。具体数据见表 2。

表 2 语言掌握程度（*n*=41；人/%）

指标 \ 语言变体	汶上方言	普通话	其他语言或方言
能熟练交谈，没有任何障碍	28/68.3	28/68.3	
能熟练交谈，个别时候有障碍	11/26.8	11/26.8	
基本能交谈	2/4.9	2/4.9	1/2.4（淄博话）
合计	**41/100**	**41/100**	**1/2.4**

数据表明，调查对象均掌握汶上方言，与上题自报一致；单选汶上方言的是 17 岁农村出生的女生。调查对象均掌握普通话，上题一人自报偏低。选择其他语言或方言的是本地农村出生的 17 岁女生，她曾在淄博市上小学，基本掌握淄博话。

（三）语言使用现状

1. 家庭场域

（1）与长辈使用的语言或方言（可多选）

与祖父：汶上方言 31 人（75.6%），汶上方言/普通话 1 人（2.4%），无此情况9人（22.0%），合计41人。分解多选项：汶上方言（32人次）>普通话（1人次）。

与祖母：汶上方言33人（80.5%），汶上方言/普通话1人（2.4%），无此情况7人（17.1%），合计41人。分解多选项：汶上方言（34人次）>普通话（1人次）。

与父亲（或男性抚养人）：汶上方言38人（92.7%），汶上方言/普通话3人（7.3%），合计41人。分解多选项：汶上方言（41人次）>普通话（3人次）。

与母亲（或女性抚养人）：汶上方言38人（92.7%），汶上方言/普通话3人（7.3%），合计41人。分解多选项：汶上方言（41人次）>普通话（3人次）。

（2）与同辈（同学、兄弟姐妹等）使用的语言或方言（可多选）：汶上方言36人（87.8%），汶上方言/普通话4人（9.8%），汶上方言/普通话/淄博话1人（2.4%），合计41人。分解多选项：汶上方言（41人次）>普通话（5人次）>淄博话（1人次）。

2. 社会场域

（1）与外地人（相识）使用的语言或方言（可多选）：普通话24人（58.5%），汶上方言11人（26.8%），汶上方言/普通话2人（4.9%），淄博话1人（2.4%），无此情况3人（7.3%），合计41人。分解多选项：普通话（26人次）>汶上方言（13人次）>淄博话（1人次）。

（2）与外地人（陌生人）使用的语言或方言（可多选）：普通话33人（80.5%），汶上方言1人（2.4%），无此情况7人（17.1%），合计41人。

（3）在不同交际场合使用的语言或方言（可多选）

去学校部门办事：普通话16人（39.0%），汶上方言14人（34.1%），汶上方言/普通话11人（26.8%），合计41人。分解多选项：普通话（27人次）>汶上方言（25人次）。

去本地医院看病：汶上方言30人（73.2%），普通话6人（14.6%），汶上方言/普通话4人（9.8%），无此情况1人（2.4%），合计41人。分解多选项：汶上方言（34人次）>普通话（10人次）。

逛街或去市场买东西：汶上方言30人（73.2%），普通话6人（14.6%），汶上方言/普通话4人（9.8%），无此情况1人（2.4%），合计41人。分解多选项：汶上方言（34人次）>普通话（10人次）。

数据表明，在家庭场域，调查对象跟父母及其他长辈交流主要使用汶上方言；跟同辈也多使用汶上方言，较少使用普通话。在社会场域，与相识的外地人交流，多使用普通话，部分调查对象使用汶上方言；与陌生的外地人交流，一般使用普通话。在正式场合，即去学校部门办事，使用汶上方言和普通话的人次相当；在非正式场合，即去医院看病、逛街或去市场买东西，一般使用汶上方言。

三、方言特色词知晓、使用调查及其社会差异

（一）知晓和使用

根据词义和功能，可将汶上方言的特色词大致分为六类：动作行为类（18个/21.2%），才能品性类（13个/15.3%），性质状态类（11个/12.9%），动物类（7个/8.2%），饮食类（6个/7.1%），其他类（30个/35.3%），合计85个。平均知晓率分类排序：饮食类（84.6%）>性质状态类（81.1%）>动作行为类（70.5%）>才能品性类（70.0%）>其他类（62.7%）>动物类（47.4%）；平均使用率分类排序：性质状态类（52.1%）>才能品性类（49.7%）>饮食类（49.6%）>动作行为类（48.5%）>其他类（38.8%）>动物类（18.1%）。

知晓率大于或等于50.0%的特色词中，动作行为类12个（14.1%），才能品性类10个（11.8%），性质状态类10个（11.8%），饮食类6个（7.1%），感觉类4个（4.7%），动物类3个（3.5%）合计45个，占调查词项总数的53.0%。

使用率大于或等于50.0%的特色词中，动作行为类10个（11.8%），才能品性类7个（8.2%），性质状态类6个（7.1%），饮食类4个（4.7%），感觉类3个（3.5%），动物类1个（1.2%），合计31个，占调查词项总数的36.5%。具体数据见表3—1至3—6。

表3—1 动作行为类特色词知晓率和使用率（$n=41$；人/%）

序号	词语	知晓	使用	序号	词语	知晓	使用
1	回脸儿朝上	39/95.1	32/78.0	10	粘歪	40/97.6	35/85.4
2	暖窝子	36/87.8	24/58.5	11	做派	16/39.0	5/12.2
3	罗古子腰	41/100	32/78.0	12	虚让	19/46.3	10/24.4
4	没你哩开粥	4/9.8	2/4.9	13	漫酒	16/39.0	9/22.0

续表

序号	词语	知晓	使用	序号	词语	知晓	使用
5	呲啦	25/61.0	11/26.8	14	告情	12/29.3	5/12.2
6	挤搭挤搭眼	41/100	27/65.9	15	残坏	41/100	26/63.4
7	漾	40/97.6	39/95.1	16	撅梗嘴	39/95.1	22/53.7
8	孤遂	35/85.4	30/73.2	17	壮光面	13/31.7	6/14.6
9	省可	24/58.5	14/34.1	18	瞎话流云	39/95.1	29/70.7

表 3—2 才能品性类特色词知晓率和使用率（$n=41$；人/%）

序号	词语	知晓	使用	序号	词语	知晓	使用
1	人龟儿	37/90.2	21/51.2	8	邪头怪脑	24/58.5	8/19.5
2	热毛儿	21/51.2	6/14.6	9	认	41/100	40/97.6
3	鬼子玩儿	39/95.1	30/73.2	10	邋查	36/87.8	26/63.4
4	傻儿巴叽	40/97.6	36/87.8	11	水淡	3/7.3	1/2.4
5	上样子	41/100	40/97.6	12	吃才	30/73.2	20/48.8
6	故事眼子	8/19.5	2/4.9	13	成手	13/31.7	6/14.6
7	笨次歪哩	40/97.6	29/70.7				

表 3—3 性质状态类特色词知晓率和使用率（$n=41$；人/%）

序号	词语	知晓	使用	序号	词语	知晓	使用
1	小尕尕儿	39/95.1	27/65.9	7	细索	24/58.5	7/17.1
2	拿子捏子	33/80.5	19/46.3	8	剔滑	38/92.7	29/70.7
3	红乎哩	39/95.1	33/80.5	9	逡白	37/90.2	23/56.1
4	粗骨轮哩	32/78.0	16/39.0	10	斯毛撅腚	41/100	35/85.4
5	斯黄了拉	15/36.6	5/12.2	11	差三落四	36/87.8	23/56.1
6	扁古搭	32/78.0	18/43.9				

表 3—4 动物类特色词知晓率和使用率（$n=41$；人/%）

序号	词语	知晓	使用	序号	词语	知晓	使用
1	土车子	22/53.7	11/26.8	5	老恶	37/90.2	2/4.9

续表

序号	词语	知晓	使用	序号	词语	知晓	使用
2	蛇头绿子	5/12.2	0/0	6	细狗	31/75.6	27/65.9
3	参参木	10/24.4	1/2.4	7	大老飞	15/36.6	7/17.1
4	咣咣哆嗦	16/39.0	4/9.8				

表 3—5 饮食类特色词知晓率和使用率（$n=41$；人/%）

序号	词语	知晓	使用	序号	词语	知晓	使用
1	蝎子爪儿	34/82.9	22/53.7	4	炼饭	39/95.1	1/2.4
2	呱嗒	41/100	35/85.4	5	打馋	38/92.7	28/68.3
3	涴	35/85.4	29/70.7	6	馏汤水	21/51.2	7/17.1

表 3—6 其他类特色词知晓率和使用率（$n=41$；人/%）

序号	词语	知晓	使用	序号	词语	知晓	使用
1	扯溜儿	10/24.4	3/7.3	16	眉棱头	30/73.2	15/36.6
2	尾根儿	8/19.5	5/12.2	17	货	33/80.5	25/61.0
3	走吼喽头儿	2/4.9	0/0	18	憋堵	37/90.2	30/73.2
4	老老帝儿	36/87.8	24/58.5	19	新亲	13/31.7	6/14.6
5	春脖子	2/4.9	0/0	20	搐树	30/73.2	22/53.7
6	发码子	12/29.3	8/19.5	21	蔫败	41/100	39/95.1
7	倒褂子	35/85.4	23/56.1	22	摸乱	36/87.8	28/68.3
8	屋壳郎子	20/48.8	6/14.6	23	灰布剂	32/78.0	19/46.3
9	网巴络子	17/41.5	12/29.3	24	灶户窝	35/85.4	19/46.3
10	坟子头	40/97.6	26/63.4	25	胎里带	27/65.9	11/26.8
11	瓦碴子盆	17/41.5	4/9.8	26	抄手荷包	36/87.8	26/63.4
12	成块儿哩	40/97.6	34/82.9	27	扯挤疙瘩	19/46.3	6/14.6
13	蛰蛰拉拉哩	41/100	34/82.9	28	当孚间里	31/75.6	16/39.0
14	米米蒿	34/82.9	16/39.0	29	百摸了神	14/34.1	2/4.9
15	急急觉觉	24/58.5	7/17.1	30	七星大马勺	19/46.3	11/26.8

高中生汶上方言特色词的知晓和使用情况呈现以下特点：

知晓率：平均知晓率为 68.1%；知晓率为 100%的 9 个，大于或等于 90.0%的词 28 个（32.9%）；大于或等于 50.0%小于 90.0%的 31 个（36.5%）。使用率：平均使用率为 43.3%；大于等于 90.0%的词 4 个（4.7%）；大于或等于 50.0%小于 90.0%的 35 个（41.2%）。

总体而言，调查对象汶上方言特色词的知晓率和使用率较低，且差异显著，即知晓率明显高于使用率。对特色词的知晓率和使用率进行独立样本 t 检验，结果是 $t=5.535$，$P<0.01$，有统计学意义，即汶上方言特色词的知晓率和使用率有差异。

（二）知晓、使用情况的社会差异分析

1. 性别差异

调查对象方言特色词知晓和使用的性别差异不显著，具体数据见表 4—1 至表 4—6。

表 4—1　动作行为类特色词知晓和使用的性别差异（$n=41$，男=8，女=33；人/%）

序号	词语	知晓		使用		序号	词语	知晓		使用	
		男	女	男	女			男	女	男	女
1	回脸儿朝上	8/100	31/93.9	6/75.0	24/72.7	10	粘歪	8/100	32/97.0	8/100	27/81.8
2	暖窝子	8/100	28/84.8	7/87.5	17/51.5	11	做派	5/62.5	11/33.3	1/12.5	4/12.1
3	罗古子腰	8/100	33/100	6/75.0	26/78.8	12	虚让	4/50.0	16/48.5	2/25.0	8/24.2
4	没你哩开粥	0/0	4/12.1	0/0	2/6.1	13	漫酒	2/25.0	14/42.4	1/12.5	18/54.5
5	吡啦	5/62.5	19/57.6	3/37.5	8/24.2	14	告情	3/37.5	9/27.3	1/12.5	4/12.1
6	挤搭挤搭眼	8/100	33/100	6/75.0	20/60.6	15	残坏	8/100	33/100	6/75.0	20/60.6
7	漾	8/100	32/97.0	7/87.5	32/97.0	16	撅梗嘴	7/87.5	32/97.0	3/37.5	10/30.3
8	孤遂	6/75.0	29/87.9	4/50.0	26/78.8	17	壮光面	3/37.5	10/30.3	1/12.5	5/15.2
9	省可	5/62.5	19/57.6	4/50.0	10/30.3	18	瞎话流云	8/100	31/93.9	7/87.5	22/66.7

表 4—2 才能品性类特色词知晓和使用的性别差异（*n*=41，男=8，女=33；人/%）

序号	词语	知晓		使用		序号	词语	知晓		使用	
		男	女	男	女			男	女	男	女
1	人龟儿	8/100	29/87.9	6/75.0	15/45.5	8	邪头怪脑	6/75.0	18/54.5	1/12.5	7/21.2
2	热毛儿	4/50.0	17/51.5	0/0	6/18.2	9	认	8/100	33/100	8/100	29/87.9
3	鬼子玩儿	8/100	31/93.9	8/100	22/66.7	10	邋查	8/100	28/84.8	5/62.5	21/63.6
4	傻儿巴叽	8/100	32/97.0	7/87.5	28/84.8	11	水淡	1/12.5	2/6.1	0/0	1/3.0
5	上样子	8/100	33/100	8/100	32/97.0	12	吃才	6/75.0	24/72.7	3/37.5	17/51.5
6	故事眼子	1/12.5	7/21.2	0/0	2/6.1	13	戍手	4/50.0	9/27.3	1/12.5	5/15.2
7	笨次歪哩	8/100	32/97.0	7/87.5	22/66.7						

表 4—3 性质状态类特色词知晓和使用的性别差异（*n*=41，男=8，女=33；人/%）

序号	词语	知晓		使用		序号	词语	知晓		使用	
		男	女	男	女			男	女	男	女
1	小豖豖儿	8/100	31/93.9	7/87.5	20/60.6	7	细索	4/50.0	20/60.6	3/37.5	4/12.1
2	拿子捏子	6/75.0	27/81.8	4/50.0	15/45.5	8	剐滑	8/100	30/90.9	7/87.5	24/72.7
3	红乎哩	8/100	31/93.9	7/87.5	26/78.8	9	逡白	8/100	29/87.9	6/75.0	17/51.5
4	粗骨轮哩	7/87.5	25/75.8	4/50.0	12/36.4	10	斯毛撅腚	8/100	33/100	7/87.5	28/84.8
5	斯黄了拉	2/25.0	13/39.4	1/12.5	4/12.1	11	差三落四	7/87.5	29/87.9	3/37.5	20/60.6
6	扁古搭	6/75.0	27/81.8	4/50.0	14/42.4						

表 4—4 动物类特色词知晓和使用的性别差异（n=41，男=8，女=33；人/%）

序号	词语	知晓		使用		序号	词语	知晓		使用	
		男	女	男	女			男	女	男	女
1	土车子	7/87.5	15/45.5	3/37.5	8/24.2	5	老恶	1/12.5	3/9.1	0/0	2/6.1
2	蛇头绿子	3/37.5	2/6.1	0/0	0/0	6	细狗	8/100	23/69.7	8/100	19/57.6
3	参参木	3/37.5	7/21.2	0/0	1/3.0	7	大老飞	6/75.0	9/27.3	2/25.0	5/15.2
4	咣咣哆嗦	6/75.0	10/30.3	1/12.5	3/9.1						

表 4—5 饮食类特色词知晓和使用的性别差异（n=41，男=8，女=33；人/%）

序号	词语	知晓		使用		序号	词语	知晓		使用	
		男	女	男	女			男	女	男	女
1	蝎子爪儿	8/100	26/78.8	5/62.5	17/51.5	4	炼饭	2/25.0	0/0	1/12.5	0/0
2	呱嗒	8/100	33/100	5/62.5	30/90.9	5	打馋	8/100	30/90.9	5/62.5	23/69.7
3	涴	8/100	27/81.8	7/87.5	22/66.7	6	馏汤水	4/50.0	17/51.5	3/37.5	5/15.2

表 4—6 其他类特色词知晓和使用的性别差异（n=41，男=8，女=33；人/%）

序号	词语	知晓		使用		序号	词语	知晓		使用	
		男	女	男	女			男	女	男	女
1	扯溜儿	3/37.5	7/21.2	0/0	3/9.1	16	眉棱头	7/87.5	23/69.7	3/37.5	12/36.4
2	尾根儿	2/25.0	5/15.2	2/25.0	3/9.1	17	货	8/100	25/75.8	4/50.0	21/63.6
3	走吼喽头儿	0/0	2/6.1	0/0	0/0	18	憋堵	8/100	29/87.9	8/100	22/66.7
4	老老帝儿	7/87.5	27/81.8	5/62.5	19/57.6	19	新亲	6/75.0	7/21.2	4/50.0	2/6.1
5	春脖子	0/0	2/6.1	0/0	0/0	20	搐树	7/87.5	23/69.7	6/75.0	16/48.5
6	发码子	4/50.0	8/24.2	4/50.0	4/12.1	21	蔫败	8/100	33/100	8/100	31/93.9
7	倒褂子	6/75.0	29/87.9	5/62.5	12/36.4	22	撲乱	7/87.5	29/87.9	7/87.5	21/63.6
8	屋壳郎子	3/37.5	16/48.5	2/25.0	4/12.1	23	灰布剂	7/87.5	25/75.8	6/75.0	13/39.4

续表

序号	词语	知晓		使用		序号	词语	知晓		使用	
		男	女	男	女			男	女	男	女
9	网巴络子	3/37.5	14/42.4	2/25.0	10/30.3	24	灶户窝	8/100	27/81.8	4/50.0	15/45.5
10	坟子头	8/100	32/97.0	7/87.5	19/57.6	25	胎里带	4/50.0	23/69.7	2/25.0	9/27.3
11	瓦碴子盆	4/50.0	13/39.4	2/25.0	2/6.1	26	抄手荷包	8/100	28/84.8	6/75.0	13/39.4
12	成块儿哩	8/100	32/97.0	7/87.5	27/81.8	27	扯挤疙瘩	4/50.0	15/45.5	1/12.5	5/15.2
13	蛰蛰拉拉哩	8/100	33/100	8/100	26/78.8	28	当孚间里	6/75.0	25/75.8	5/62.5	13/39.4
14	米米蒿	6/75.0	28/84.8	5/62.5	11/33.3	29	百摸了神	3/37.5	11/33.3	0/0	2/6.1
15	急急觉觉	6/75.0	13/39.4	2/25.0	5/15.2	30	七星大马勺	5/62.5	14/42.4	3/37.5	8/24.2

高中生汶上方言特色词知晓和使用情况的性别差异呈现以下特点：

知晓率：男生的平均知晓率为72.1%；大于或等于90.0%的词33个（38.8%），均为100%；大于或等于50.0%小于90.0%的34个（40.0%）。女生的平均知晓率为64.4%；大于或等于90.0%的词23个（27.1%），其中知晓率为100%的9个；大于或等于50.0%小于90.0%的32个（37.6%）。

对男生和女生的知晓率进行独立样本t检验，结果是$t=1.629$，$P=0.105$，无统计学意义，即不同性别高中生的汶上方言特色词知晓率差异不显著。

使用率：男生的平均使用率为49.7%；大于或等于90.0%的词8个（9.4%），均为100%；大于或等于50.0%小于90.0%的39个（45.9%）。女生的平均使用率为41.3%；大于或等于90.0%的词4个（4.7%）；大于或等于50.0%小于90.0%的32个（37.6%）。

对男生和女生的使用率进行独立样本t检验，结果是$t=1.774$，$P=0.078$，无统计学意义，即不同性别高中生的汶上方言特色词使用率差异不显著。

2. 出生地差异

城镇出生调查对象的使用率高于农村出生调查对象。具体数据见表5—1至表5—6。

表 5—1 动作行为类特色词知晓和使用的出生地差异

（$n=41$，城镇 = 14，农村 = 27；人/%）

序号	词语	知晓		使用		序号	词语	知晓		使用	
		城镇	农村	城镇	农村			城镇	农村	城镇	农村
1	回脸儿朝上	14/100	25/92.6	12/85.7	20/74.1	10	粘歪	13/92.9	27/100	13/92.9	22/81.5
2	暖窝子	14/100	22/81.5	11/78.6	13/48.1	11	做派	7/50.0	9/33.3	3/21.4	1/3.7
3	罗古子腰	14/100	27/100	11/78.6	21/77.8	12	虚让	8/57.1	12/44.4	4/28.6	6/22.2
4	没你哩开粥	1/7.1	3/11.1	1/7.1	1/3.7	13	漫酒	5/35.7	11/40.7	4/28.6	5/18.5
5	吡啦	8/57.1	17/63.0	5/35.7	6/22.2	14	告情	5/35.7	7/25.9	3/21.4	2/7.4
6	挤搭挤搭眼	14/100	27/100	10/71.4	9/33.3	15	残坏	14/100	27/100	12/85.7	14/51.9
7	漾	13/92.9	27/100	13/92.9	26/96.3	16	撅梗嘴	13/92.9	26/96.3	8/57.1	14/51.9
8	孤遂	11/78.6	24/88.9	9/64.3	22/81.5	17	壮光面	7/50.0	6/22.2	4/28.6	2/7.4
9	省可	8/57.1	16/59.3	7/50.0	7/25.9	18	瞎话流云	13/92.9	26/96.3	12/85.7	17/63.0

表 5—2 才能品性类特色词知晓和使用的出生地差异

（$n=41$，城镇 = 14，农村 = 27；人/%）

序号	词语	知晓		使用		序号	词语	知晓		使用	
		城镇	农村	城镇	农村			城镇	农村	城镇	农村
1	人龟儿	14/100	23/85.2	11/78.6	10/37.0	8	邪头怪脑	10/71.4	14/51.9	4/28.6	4/14.8
2	热毛儿	8/57.1	5/18.5	1/7.1	5/18.5	9	认	14/100	27/100	14/100	26/96.3
3	鬼子玩儿	13/92.9	26/96.3	13/92.9	17/63.0	10	邋查	12/85.7	24/88.9	9/64.3	17/63.0
4	傻儿巴叽	14/100	26/96.3	13/92.9	14/51.9	11	水淡	2/14.3	1/3.7	0/0	1/3.7
5	上样子	14/100	27/100	14/100	26/96.3	12	吃才	12/85.7	18/66.7	6/42.9	14/51.9
6	故事眼子	2/14.3	6/22.2	1/7.1	1/3.7	13	成手	7/50.0	6/22.2	4/28.6	2/7.4
7	笨次歪哩	13/92.9	27/100	12/85.7	17/63.0						

表 5—3 性质状态类特色词知晓和使用的出生地差异
（*n*=41，城镇=14，农村=27；人/%）

序号	词语	知晓		使用		序号	词语	知晓		使用	
		城镇	农村	城镇	农村			城镇	农村	城镇	农村
1	小尕尕儿	13/92.9	26/96.3	11/78.6	16/59.3	7	细索	9/64.3	13/48.1	5/35.7	2/7.4
2	拿子捏子	10/71.4	23/85.2	8/57.1	11/40.7	8	剔滑	13/92.9	25/92.6	12/85.7	17/63.0
3	红乎哩	13/92.9	26/96.3	12/85.7	20/74.1	9	逡白	14/100	23/85.2	10/71.4	13/48.1
4	粗骨轮哩	11/78.6	21/77.8	8/57.1	8/29.6	10	斯毛撅腚	14/100	27/100	12/85.7	23/85.2
5	斯黄了拉	5/35.7	10/37.0	4/28.6	10/37.0	11	差三落四	11/78.6	25/92.6	6/42.9	17/63.0
6	扁古搭	10/71.4	22/81.5	7/50.0	11/40.7						

表 5—4 动物类特色词知晓和使用的出生地差异（*n*=41，城镇=14，农村=27；人/%）

序号	词语	知晓		使用		序号	词语	知晓		使用	
		城镇	农村	城镇	农村			城镇	农村	城镇	农村
1	土车子	11/78.6	11/40.7	6/42.9	5/18.5	5	老恶	3/21.4	1/3.7	1/7.1	1/3.7
2	蛇头绿子	4/28.6	2/7.4	0/0	0/0	6	细狗	14/100	17/63.0	14/100	13/48.1
3	参参木	5/35.7	5/18.5	0/0	1/3.7	7	大老飞	8/57.1	6/22.2	4/28.6	3/11.1
4	咣咣哆嗦	9/64.3	7/25.9	3/21.4	1/3.7						

表 5—5 饮食类特色词知晓和使用的出生地差异（*n*=41，城镇=14，农村=27；人/%）

序号	词语	知晓		使用		序号	词语	知晓		使用	
		城镇	农村	城镇	农村			城镇	农村	城镇	农村
1	蝎子爪儿	13/92.9	21/77.8	8/57.1	14/51.9	4	炼饭	2/14.3	0/0	1/7.1	0/0
2	呱嗒	14/100	27/100	10/71.4	25/92.6	5	打馋	14/100	24/88.9	11/78.6	17/63.0
3	涴	13/92.9	22/81.5	11/78.6	18/66.7	6	馏汤水	7/50.0	14/51.9	4/28.6	3/11.1

表 5—6　其他类特色词知晓和使用的出生地差异（$n=41$，城镇=14，农村=27；人/%）

序号	词语	知晓		使用		序号	词语	知晓		使用	
		城镇	农村	城镇	农村			城镇	农村	城镇	农村
1	扯溜儿	13/92.9	8/29.6	0/0	3/11.1	16	眉棱头	12/85.7	18/66.7	6/42.9	9/33.3
2	尾根儿	5/35.7	3/11.1	4/28.6	1/3.7	17	货	12/85.7	21/77.8	8/57.1	17/63.0
3	走吼喽头儿	0/0	2/7.4	0/0	0/0	18	憋堵	13/92.9	24/88.9	12/85.7	18/66.7
4	老老帝儿	11/78.6	25/92.6	9/64.3	15/55.6	19	新亲	8/57.1	5/18.5	5/35.7	1/3.7
5	春脖子	0/0	2/7.4	0/0	0/0	20	搐树	12/85.7	18/66.7	10/71.4	12/44.4
6	发码子	6/42.9	6/22.2	5/35.7	3/11.1	21	蔫败	14/100	27/100	14/100	25/92.6
7	倒褂子	11/78.6	24/88.9	8/57.1	15/55.6	22	摸乱	11/78.6	25/92.6	11/78.6	17/63.0
8	屋壳郎子	6/42.9	14/51.9	3/21.4	3/11.1	23	灰布剂	13/92.9	19/70.4	10/71.4	9/33.3
9	网巴络子	6/42.9	11/40.7	5/35.7	7/25.9	24	灶户窝	12/85.7	23/85.2	8/57.1	11/40.7
10	坟子头	14/100	26/96.3	11/78.6	15/55.6	25	胎里带	8/57.1	19/70.4	4/28.6	7/25.9
11	瓦碴子盆	6/42.9	11/40.7	4/28.6	0/0	26	抄手荷包	13/92.9	23/85.2	10/71.4	16/59.3
12	成块儿哩	14/100	26/96.3	13/92.9	21/77.8	27	扯挤疙瘩	6/42.9	14/51.9	3/21.4	3/11.1
13	蛰蛰拉拉哩	14/100	27/100	14/100	20/74.1	28	当孚间里	11/78.6	20/74.1	7/50.0	9/33.3
14	米米蒿	11/78.6	23/85.2	8/57.1	8/29.6	29	百摸了神	5/35.7	9/33.3	1/7.1	1/3.7
15	急急觉觉	9/64.3	15/55.6	3/21.4	4/14.8	30	七星大马勺	8/57.1	11/40.7	6/42.9	5/18.5

不同出生地调查对象方言特色词的知晓和使用呈现以下特点：

知晓率：城镇出生的调查对象平均知晓率为70.7%；大于或等于90.0%的词33个（38.8%），知晓率为100%的18个；大于或等于50.0%小于90.0%的33个（38.8%）。农村出生的调查对象平均知晓率为63.9%；大于或等于90.0%的词25个（29.4%），其中知晓率为100%的12个；大于或等于50.0%小于90.0%的31个（36.5%）。

对城镇出生和农村出生的知晓率进行独立样本 t 检验，结果是 $t=1.372$，

P=0.172，无统计学意义，即不同出生地高中生的汶上方言特色词知晓率差异不显著。

使用率：城镇出生的调查对象平均使用率为51.6%；大于或等于90.0%的词语10个（11.8%），使用率为100%的5个；大于或等于50.0%小于90.0%的36个（42.4%）。农村出生的调查对象平均使用率为38.6%；大于或等于90.0%的词5个（5.9%）；大于或等于50.0%小于90.0%的29个（34.1%）。

对城镇出生和农村出生的使用率进行独立样本 t 检验，结果是 t=2.836，P=0.005，有统计学意义，即不同出生地高中生的汶上方言特色词使用率有差异。

（三）语言态度

1. 情感认同

（1）怎样看待汶上方言特色词（分解多选项）：亲切（36人次）>能够体现本地文化（34人次）>可以准确表达自己的意思（23人次）>能够体现本地人的身份（22人次）>会影响交流（5人次）>很土（3人次）。

（2）觉得什么语言或方言对本人比较重要（分解多选项）：汶上方言（37人次）>普通话（36人次）>其他语言或方言（3人次）①。

（3）对汶上人在本地讲普通话有什么看法（分解多选项）：听着不舒服=做作、矫情（各25人次）>无所谓，没什么感觉或没什么差别（5人次）>听着顺耳（4人次）>其他看法（2人次）。

数据表明，绝大多数调查对象认同汶上方言特色词，持积极态度的人数远大于持消极态度的人数。大多数调查对象认为汶上方言和普通话对本人比较重要，对汶上人在当地使用普通话持消极态度。

2. 发展期望

希望这些方言特色词今后如何发展：继续使用25人（61.0%），顺其自然14人（34.1%），逐渐淘汰2人（4.9%），合计41人。大多数调查对象都对汶上方言特色词持积极态度。一位16岁城镇出生的男生表示："现在说方言的都少了，再不说以后就没有了，所以我以后还要用它（汶上方言）。"

3. 行为倾向

希望后代最好学会哪几种语言或方言（分解多选项）：普通话（41人次）>汶上方言（33人次）>其他语言或方言（9人次）。调查对象均希望后代

---

① 包括英语、韩语。

学好普通话，大部分调查对象希望后代学好汶上方言，部分调查对象希望后代学好英语、法语、俄语、意大利语等外语。

四、结　语

方言与地方文化紧密相连，方言特色词是地方文化的载体；方言及其文化是中华文化的组成部分。调查研究方言特色词对传承地方文化和中华传统文化具有一定价值。高中生方言特色词的使用及相关语言态度的特点，一定程度上体现了方言和地方文化正在进行的变化。

（一）语言能力和使用同质化程度高，普通话与汶上方言功能互补

1. 语言能力和使用同质化程度高

汶上县域内方言保留完好，绝大多数本地居民日常使用汶上方言交际，绝大多数调查对象的家庭语言是汶上方言。小时候父母及其他长辈同调查对象均使用汶上方言交流，调查对象均掌握汶上方言，最先学会的主要是汶上方言。国家通用语言文字推广以来，大多数调查对象上小学时，老师使用汶上方言和普通话双言授课，加之普通话与汶上方言在语音、词汇和句法上差异较小，调查对象均掌握普通话。

2. 普通话与汶上方言功能互补

汶上方言和普通话都是调查对象的主要交际语，但使用场合和对象存在差异。调查对象跟长辈、同辈交流多使用汶上方言，较少使用普通话。选择跟同辈交流使用“汶上方言/普通话”的一位17岁农村出生女生说：“平常和同学说话都用汶上话，只有上课的时候才说普通话。”与外地人交流，不管相识与否，主要使用普通话。一位17岁农村出生女生说：“四川的亲戚来汶上，我说汶上话他们听不懂，只能说普通话。”

调查对象在正式场合如去学校部门办事，使用普通话和汶上方言的人次相当。笔者调查时注意到，大部分学生课下和同学交流使用汶上方言，和老师交流使用普通话；课堂上使用普通话。在非正式场合如去医院看病、逛街或去市场买东西时，多使用汶上方言。

（二）高中生方言特色词的知晓和使用差异显著

调查对象汶上方言特色词知晓率和使用率较低，且差异显著，主要原因如下：

第一，国家通用语言文字的推广和普及。21 世纪初，汶上基础教育已普及普通话教学。在语言学习期，部分调查对象的父母跟他们使用普通话。随着国家通用语言文字的推广和普及，越来越多的汶上人成为普通话和汶上方言的双言人，很多普通话词语进入汶上方言词汇系统，并取代了部分方言特色词。

第二，方言特色词代表的事物逐渐消亡。调查对象跟长辈及同辈交流多使用汶上方言（主要指方言的语音和句法），较少使用方言特色词。随着时代发展，方言特色词所代表的事物不断消亡，导致缺少使用方言特色词的环境，与之相应，一些方言特色词已被普通话词语所替代。

在知晓率和使用率大于或等于 50.0%的特色词中，动物类词语的知晓率和使用率较低，感觉类词语的知晓率和使用率较高。这是因为多数动物类特色词在普通话中能找到对应词，并且随着城镇化水平提高，很多动物在日常生活中已不常见。越来越多的动物类特色词被普通话词语取代，知晓率和使用率自然较低，如“蛇头绿子”（蜥蜴）多直接说“蜥蜴”。部分感觉类特色词，在普通话中没有对应词，如“蛰蛰拉拉哩”，表示烧、烫伤后疼的感觉，形象又生动，因此这类词语知晓率和使用率较高。

（三）不同出生地高中生方言特色词使用差异显著

从汶上方言特色词的社会差异分析可知，不同性别调查对象的知晓率和使用率无明显差异；不同出生地调查对象的知晓率无明显差异，但使用率有差异，即城镇出生调查对象方言特色词的使用率高于农村出生调查对象。主要原因有以下两点：

第一，语言习得与使用环境无明显差异。绝大多数调查对象小时候最先学会汶上方言；父母及其他长辈的语言使用同质性较高，均以汶上方言为主；小学时，教师授课语言均以普通话为主，兼用汶上方言。总体而言，不同性别调查对象的语言习得和使用环境没有太大差别，因此方言特色词的知晓率和使用率无明显的性别差异。

第二，青少年心理特点影响调查对象方言特色词的使用。方言特色词的使用率呈现出生地差异，主要是由青少年心理特点导致。汶上一中的学生多数来自农村，这部分学生的父母多在外务工，为积极融入新环境获得身份认同，加之心理较为敏感，他们不会过多使用方言特色词。一位 17 岁农村出生的女生表示，“很多词我爷爷奶奶经常说，我觉得挺土的，所以平时很少说”。城镇出生的调查对象出于求新求异的心理，有时会刻意使用方言特色词。一位 16 岁城镇出生的男生解释：“我觉得说这些方言词特别有意思，好多同学都没听过。”

（四）方言认同度高，但与行为倾向不一致

多数调查对象认同汶上方言，对其持积极态度，对汶上人在本地讲普通话持消极态度。一位17岁农村出生的女生表示：“汶上人在汶上说普通话听着不舒服，有汶上口音的普通话让人听了心烦。”然而，调查对象对方言的积极态度与行为倾向并不完全一致，即调查对象均希望后代学好普通话，大部分调查对象希望后代学好汶上方言，部分希望后代学好外语。这主要有两方面原因：一方面，普通话是学校教学语言，是高中生必须学习和掌握的交际语；另一方面，相较于汶上方言，普通话作为国家通用语，其社会地位更高、使用范围更广，从实用功能考虑，调查对象更希望后代学好普通话。一位17岁农村出生的男生表示，“我现在说汶上话，以后出去上学、工作肯定说普通话，否则别人听不懂”。一位18岁城镇出生女生说：“以后会让孩子学普通话和英语，这两种话比汶上话重要。”

本研究调查样本数量较少，没有对调查对象进行追踪调查。后续研究需要增加调查样本数量，进行跟踪对比调查，持续考察青少年方言特色词的使用及其语言态度。青少年是实现伟大复兴中国梦的中坚力量，方言和方言特色词是地方传统文化的重要载体，推广普及国家通用语言文字是铸牢中华民族共同体意识的重要内容和保障，如何实现三者的共同发展是新的时代背景下需要认真思考的课题。

参考文献

[1] 曹志耘．论浙江方言文化的传承和保护[J]．浙江社会科学，2021（2）．
[2] 董绍克，张家芝．山东方言词典[M]．北京：语文出版社，1997.
[3] 何中华．为什么必须弘扬中华优秀传统文化[J]．人民论坛，2017（17）．
[4] 李荣．现代汉语方言大词典[M]．南京：江苏教育出版社，2002.
[5] 马凤如．金乡方言志[M]．济南：齐鲁书社，2000.
[6] 宋恩泉．汶上方言志[M]．济南：齐鲁书社，2005.
[7] 许宝华，宫田一朗．汉语方言大词典[M]．北京：中华书局，1999.
[8] 徐青山，杨立华．中国传统文化对青少年教育的启示[J]．中国青年研究，2015（8）．
[9] 王远新．三亚市中廖村的语言生活变迁[J]．语言文字应用，2021（1）．
[10] 杨丽娜．方言的文化和社会功能[J]．人民论坛，2020（1）．

晋方言邯新片峰峰土语人体词使用调查

李贵英*

【摘要】本文采用一对一访谈式问卷调查法，考察邯郸市峰峰矿区周边不同社区居民人体词的知晓、使用情况及语言态度。总体来看，各类调查对象人体词的知晓率较高、使用率较低；农村社区调查对象人体词平均知晓率和使用率均高于城镇。

【关键词】峰峰土语，人体词，语言使用，社会差异

峰峰话是河北省邯郸市峰峰矿区周边居民使用的汉语方言，属晋语邯新片磁漳小片。人体词属基本词汇范畴，具有较强的构词能力，承载了浓厚的地域文化和乡土情怀。本研究选取矿区属城镇社区的天择小区、属农村社区的东小屯村和北界城村两类三个社区为调查点，分析社区居民语言习得和使用情况、峰峰土语特色人体词的知晓和使用情况，并筛选有代表性的调查对象进行结构性访谈，以深入了解其语言使用和语言态度。

一、调查地概况

峰峰矿区位于河北邯郸市西南隅，距邯郸市区 34.5 公里。矿区东、西、南部与磁县接壤，北部与武安市为邻（峰峰志编委会 1996）。峰峰 1950 年建区，1952 年归河北省直辖；1955 年改为省辖峰峰市，1956 年撤市设区，归邯郸市所辖至今；全区面积 353 平方公里，辖 9 个镇、1 个乡、1 个街道办事处，157 个农村社区、41 个城市社区，总人口 53 万，是一个工农交叉、城乡交错的资源型老工矿区。①

---

*李贵英（1997—），女，中央民族大学中国少数民族语言文学学院语言学及应用语言学专业社会语言学方向 2019 级硕士研究生，主要研究社会语言学相关问题。

① 峰峰概况［EB/OL］. 邯郸市峰峰矿区人民政府［2022-03-28］. http://www.ff.gov.cn/zjff/ffgk/.

综合考虑语音的地域差异和居民的居住地差异，本研究选的两个农村社区分别为矿区北部大社镇东小屯村、南部界城镇北界城村；选择的城镇社区为位于矿区中部的天择小区。三个调查点基本情况如下：东小屯村位于峰峰矿区大社镇东北部，常居人口约1200人、245户，耕地面积约1200亩。东小屯村交通较便利，村中牛屯芦直接与G22高速路连接线相通；内村紧邻峰峰集团新屯矿，地下水资源丰富，便于村民种植灌溉。北界城村毗邻孙庄矿，下辖2个村民小组，共170户、约680人。北界城村附近有界城王家大院旅游景点。天择小区位于峰峰矿区鼓山中街2号路南段路西，距滏阳东路街道办事处约2公里；常住人口约5760人、1928户，小区内大部分是天择机械厂的员工，有菜市场、篮球场、运动馆等设施，小区门口交通方便，有公交站点。①

二、调查概况

（一）样本构成

问卷设计主要参考王远新教授《新疆汉语方言中维吾尔借词的使用及语序差异调查》问卷和王睿智《山东临邑亲属称谓语使用调查研究》问卷，设置调查对象基本情况、语言掌握及使用情况、峰峰土语人体词知晓和使用情况、语言态度及行为倾向四部分内容，获得有效问卷126份：东小屯村45份，北界城村40份，天择小区41份。样本构成见表1至表3。②

表1　性别、年龄段及居住地（$n=126$；人/%）

性别		年龄段			居住地		
男	女	青年组	中年组	老年组	东小屯	北界城	天择小区
61/48.4	65/51.6	44/34.9	40/31.7	42/33.3	45/35.7	40/31.7	41/32.5

① 数据由大社镇东小屯村村民委员会、界城镇北界城村村民委员会、天择小区居民委员会提供，特此致谢。

② 根据调查地实际情况，调查对象年龄限制在15—69岁，15—34岁为青年组（含个别小于15岁的调查对象），35—54岁为中年组，55岁及以上为老年组，下同。未上过学、小学、初中文化程度归为低学历组，高中（含中专、技校）归入中等学历组，大专、本科及以上归为高学历组。“单位工作人员”指公务员和企事业单位工作人员，“专技人员”指专业技术人员。

表 2　受教育程度（$n=126$；人/%）

没上过学	小学	初中	高中	大专	本科及以上
9/7.1	31/24.6	18/14.3	44/34.9	17/13.5	7/5.6

表 3　职业（$n=126$；人/%）

工作人员	教师	专技人员	商服人员	学生	工人	农民	不在业
19/15.1	6/4.8	6/4.8	21/16.7	31/24.6	13/10.3	18/14.3	12/9.5

（二）调查词项

在选择语言变项时，删除前期试调查词表中说法与普通话一致且知晓率为100%的词，保留被试常用、与人体有关、有地方特色但不专指人体器官的词或熟语，最终筛选出 33 条峰峰土语人体词作为正式调查词项，包括头部类 10 个、肢体类 9 个、内脏类 2 个、毛发类 5 个、其他类 7 个。

三、不同社区语言习得和使用、人体词使用情况

（一）中部城镇社区：天择小区

本项调查获取有效样本 41 个，样本构成见表 4 至表 5。

表 4　天择小区性别、年龄及受教育程度（$n=41$；人/%）

性别		年龄段			受教育程度		
男	女	青年组	中年组	老年组	初中及以下	高中	大专及以上
21/51.2	20/48.8	16/39.0	13/31.7	12/29.2	14/34.1	15/36.6	12/29.2

表 5　天择小区职业分布（$n=41$；人/%）

单位工作人员	教师	商业服务人员	学生	工人	不在业
7/17.1	2/4.9	3/7.3	12/29.3	14/34.1	3/7.3

1. 语言习得、语言能力和语言使用

1）语言习得

（1）小时候最先学会的语言或方言（可多选）：峰峰土语 24 人（58.5%），

普通话[①] 14 人（34.1%），峰峰土语/普通话 3 人（2.4%），合计 41 人。分解多选项：峰峰土语（27 人次）>普通话（17 人次）。

数据表明，被试最先习得峰峰土语的人次明显高于习得普通话的人次，最先习得普通话的被试也占有一定比例，其中有 3 位被试比较典型：17 岁女性，在学习和生活中都只使用普通话，其父母是机关单位工作人员；26 岁本地出生女性，父母是本地人，从小的语言环境便是普通话，父亲和母亲也不说方言；34 岁男性，医生，平时与患者交流说普通话，且其家庭成员文化程度均较高。

同时学会峰峰土语和普通话的 3 名被试：14 岁男性，母亲是中学教师，父亲在机关单位工作；21 岁女性，从小父母便让她说普通话，爷爷奶奶则让她使用峰峰土语；17 岁男性，父母常年在外打工，主要和姑姑、姑夫一起生活，姑姑从事服务业，姑夫是小学教师。他们的语言使用情况多与父母、祖父母等长辈的语言使用有关。

（2）小时候与长辈使用的语言或方言

祖辈（可多选）：祖父，峰峰土语 32 人（78.0%），峰峰土语/普通话 3 人（7.3%），无此情况 6 人（14.6%），合计 41 人。分解多选项：峰峰土语（35 人次）>普通话（3 人次）。祖母，峰峰土语 34 人（82.9%），峰峰土语/普通话 2 人（4.9%），无此情况 5 人（12.2%），合计 41 人。分解多选项：峰峰土语（36 人次）>普通话（2 人次）。

父辈（可多选）：父亲，峰峰土语 30 人（73.2%），普通话 3 人（7.3%），峰峰土语/普通话 8 人（19.5%），合计 41 人。分解多选项：峰峰土语（38 人次）>普通话（11 人次）。母亲，峰峰土语 32 人（78.0%），普通话 4 人（9.8%），峰峰土语/普通话 5 人（12.2%），合计 41 人。分解多选项：峰峰土语（37 人次）>普通话（9 人次）。

数据表明，长辈与被试小时候交流多使用峰峰土语，少数父母兼用普通话，祖父母兼用普通话的人数更少。15 岁女性表示，父母在家多用峰峰土语，外出时会使用普通话。21 岁男性表示，为了让自己能学好普通话，父母普通话虽不标准，小时候也会使用普通话与其交流。

2）语言能力

您现在能用哪些语言或方言与人交谈（可多选）：峰峰土语 10 人（24.4%），普通话 10 人（24.4%），峰峰土语/普通话 17 人（41.5%），峰峰

---

① 包括地方普通话。

土语/普通话/英语 4 人（9.8%），合计 41 人。分解多选项：峰峰土语（31 人次）=普通话（31 人次）>英语（4 人次）。

数据表明，当地居民主要交际语是峰峰土语和普通话。能使用峰峰土语、普通话或英语交流的四名被试均为青年组女性，且受教育程度较高。其中一人为高中英语教师，她表示自己平时生活中不常使用英语，上课需使用英语，为保持语感也会练习口语；另一人是出于自身爱好选择了英语专业的大学生。

3）语言掌握程度

表 6　语言或方言掌握程度（$n=41$；人/%）

指标 \ 语言		峰峰土语	普通话	英语
听	完全能听懂	40/97.6	39/95.1	0/0
	大部分能听懂	0/0	2/4.9	3/7.3
	基本能听懂	1/2.4	0/0	1/2.4
	能听懂日常用语	0/0	0/0	2/4.9
	基本听不懂	0/0	0/0	0/0
	完全听不懂	0/0	0/0	35/85.4
合计		**41/100**	**41/100**	**41/100**
说	能熟练交谈，没有障碍	32/78.0	28/68.3	0/0
	能熟练交谈，个别时候有障碍	0/0	5/12.2	3/7.3
	基本能交谈	3/7.3	2/4.9	1/2.4
	会说日常用语	2/4.9	3/7.3	2/4.9
	基本不会说	0/0	0/0	0/0
	完全不会说	4/9.8	3/7.3	35/85.4
合计		**41/100**	**41/100**	**41/100**

峰峰土语掌握程度。97.6%的被试表示“完全能听懂”，78.0%的被试使用峰峰土语“能熟练交谈，没有任何障碍”，四名被试自报完全不会说峰峰土语。其中一位初二女生自称从小与父母用普通话交谈；一位高三男生能听懂但不会说峰峰土语，他的父母在烟草局工作，从小便鼓励他说普通话。

普通话掌握程度。所有被试均能听懂普通话，其中 95.1%的被试“完全能听懂”，4.9%的被试“大部分能听懂”。“说”前三项指标相加，85.4%的被试能用普通话交谈。一位46岁高中女教师（本科学历）认为，普通话和峰峰话很像，听懂完全没问题，在学校每个学生都讲普通话，而且几乎没有峰峰土语口音。选择普通话“完全不会说”的被试均为老年组，有的老年被试表示虽然讲普通话很“洋气”，但自己用峰峰土语也可以满足日常出行、购物等需求。

英语掌握程度。“听”“说”两题前三项相加，9.7%的被试能听懂并使用英语交谈；另有两名被试表示能“会说日常英语”，且均通过了大学英语四、六级考试。

4）家庭语言使用

（1）跟祖辈（可多选）

祖父：峰峰土语12人（29.3%），普通话4人（9.8%），峰峰土语/普通话3人（7.3%），无此情况22人（53.7%），合计41人。分解多选项：峰峰土语（15人次）>普通话（7人次）。祖母：峰峰土语14人（34.1%），普通话6人（14.6%），峰峰土语/普通话5人（12.2%），无此情况16人（39.0%），合计41人。分解多选项：峰峰土语（19人次）>普通话（11人次）。

（2）跟父辈（可多选）

父亲：峰峰土语25人（61.0%），普通话6人（14.6%），峰峰土语/普通话2人（4.9%），无此情况8人（19.5%），合计41人。分解多选项：峰峰土语（27人次）>普通话（8人次）。母亲：峰峰土语26人（63.4%），普通话8人（19.5%），峰峰土语/普通话3人（7.3%），无此情况4人（9.8%），合计41人。分解多选项：峰峰土语（29人次）>普通话（11人次）。

（3）跟同辈（可多选）

配偶、兄弟姐妹：峰峰土语25人（61.0%），普通话9人（22.0%），峰峰土语/普通话7人（17.1%），合计41人。分解多选项：峰峰土语（32人次）>普通话（16人次）。

（4）跟晚辈（可多选）

子女：峰峰土语/普通话15人（36.6%），普通话12人（29.3%），峰峰土语8人（19.5%），无此情况6人（14.6%），合计41人。分解多选项：普通话（27人次）>峰峰土语（23人次）。

数据表明，调查对象与长辈、同辈交流主要使用峰峰土语；与晚辈交流兼用峰峰土语和普通话，且使用普通话的人次略高。一位26岁男性被试（初中文化，煤矿工人）称自己是土生土长峰峰人，与长辈使用峰峰土语交流，若与家人使用普通话，感觉“半土不洋”；一位25岁女性被试（高中文化，服务业人员）表示，自己的工作要求使用普通话，但与家人交流使用峰峰土语，面对家人还是说方言更亲切。

5）社会语言使用

（1）与邻居或熟人交流（可多选）：峰峰土语 30 人（73.2%），峰峰土语/普通话 7 人（17.1%），普通话 4 人（9.8%），合计 41 人。分解多选项：峰峰土语（37 人次）>普通话（11 人次）。

（2）与陌生人交流（可多选）：峰峰土语/普通话 18 人（43.9%），峰峰土语 17 人（41.5%），普通话 6 人（14.6%），合计 41 人。分解多选项：峰峰土语（35 人次）>普通话（24 人次）。

（3）工作中（可多选）：普通话 14 人（34.1%），峰峰土语 8 人（19.5%），峰峰土语/普通话 5 人（12.2%），无此情况 14 人，合计 41 人。分解多选项：普通话（19 人次）>峰峰土语（13 人次）。

（4）去政府部门办事（可多选）：普通话 14 人（34.1%），峰峰土语 7 人（17.1%），峰峰土语/普通话 3 人（7.3%），无此情况 17 人（41.5%），合计 41 人。分解多选项：普通话（17 人次）>峰峰土语（10 人次）。

（5）去医院看病（可多选）：峰峰土语 20 人（48.8%），普通话 9 人（22.0%），峰峰土语/普通话 2 人（4.9%），无此情况 10 人（24.4%），合计 41 人。分解多选项：峰峰土语（22 人次）>普通话（11 人次）。

（6）逛街或去市场买东西（可多选）：峰峰土语 25 人（61.0%），峰峰土语/普通话 9 人（22.0%），普通话 7 人（17.1%），合计 41 人。分解多选项：峰峰土语（34 人次）>普通话（16 人次）。

数据表明，被试与邻居、熟人或陌生人交流，去医院看病、逛街或去市场买东西多使用峰峰土语；工作、去政府部门办事则多使用普通话。一位 45 岁女性被试（纺织厂工人）表示，自己去菜市场使用峰峰土语，去商场则用普通话。她说自己的普通话水平不高，但在商场大家都说普通话，自己不讲怕被别人笑话。一位 34 岁男性被试（煤矿工人）表示，自己在坑下（地下）工作时用峰峰土语，在地面工作（特别是面对领导或上级）则使用普通话。同时使用峰峰土语和普通话的多为青年组被试。部分老年组被试去医院看病也使用峰峰话。一名 63 岁男性被试（待业）表示，自己基本不会讲普通话，本地医生大多能听懂峰峰土语，使用峰峰话就行了。结合被试社会特征交叉分析可知，使用或兼用普通话的被试受教育程度普遍较高，或为服务业人员。

总的来说，语言能力方面，85.3%的被试能用峰峰土语与他人交谈，85.4%的被试能使用普通话与他人交谈。受当地语言环境影响，被试在非正式场合多使用峰峰土语，正式场合多使用普通话。

2. 人体词知晓和使用情况

人体词知晓和使用情况见表 7 和表 8。

表 7 天择小区方言人体词知晓和使用情况（调查词 $n=33$，样本量 $n=41$；人/%）

类别	序号	普通话	峰峰土语	知晓情况	使用情况
头部类	1	额头	席连门的	34/82.9	28/68.3
	2	下巴	嘴巴骨儿	37/90.2	29/70.7
	3	太阳穴	耳叉根的	24/58.5	15/36.6
	4	额头大且凸起	崩楼头	26/63.4	15/37.5
	5		门楼头	21/51.2	3/7.3
	6	皱眉头	何愁脸	18/43.9	2/4.9
	7	眼屎	眵马糊	35/85.4	32/78.0
	8	唇	嘴片的	37/90.2	35/85.4
	9	牙龈	牙拨的	19/46.3	5/12.2
	10	牙垢	牙花的	12/29.3	2/4.9
肢体类	11	胳肢窝	圪老肢	37/90.2	16/39.0
	12	甲状腺肿大	粗脖的	12/29.3	4/9.8
	13	手指关节	手圪节儿	19/46.3	10/24.4
	14	光脚	些吧脚儿	38/92.7	11/26.8
	15	脚后跟	嘉庚	21/51.2	14/34.1
	16	光膀子	些脊粱	26/63.4	10/24.4
	17	鼻屎	鼻饹馇	39/95.1	11/26.8
	18	颧骨	腮骨突	18/43.9	5/12.2
	19	膝盖	巴拉盖儿	37/90.2	30/73.2
内脏类	20	胸膛	克朗的	25/61.0	19/46.3
	21	五脏	肠么嘟的	19/46.3	6/14.6

续表

类别	序号	普通话	峰峰土语	知晓情况	使用情况
毛发类	22	刘海儿	毛拉僧	33/80.5	18/43.9
	23		齐么穗儿	33/80.5	6/14.6
	24	卷发	郭鸾毛	37/90.2	32/78.0
	25	头发	毛胰	40/97.6	36/87.8
	26	两鬓脱发	脱髫	12/29.3	1/2.4
其他	27	雀斑、痣	黑雀的	37/90.2	13/31.7
	28		黑残渣	37/90.2	13/31.7
	29	皱纹	郭戳纹	40/97.6	32/78.0
	30		老化纹	31/75.6	6/14.6
	31	圆形手指纹	斗	37/90.2	35/85.4
	32	肋骨	列巴条	37/90.2	11/26.8
	33	皮肤上的条状凸起充血物	拨领	20/48.8	5/12.2

表8　天择小区方言人体词知晓率和使用率（调查词项 $n=33$，样本量 $n=41$；人/%）

使用率＼知晓率	80%—99.9%	60%—79.9%	40%—59.9%	20%—39.9%	0%—19.9%
80%—99.9%	嘴片的、斗、毛胰				
60%—79.9%	席连门的、嘴巴骨儿、眵马糊、郭鸾毛、郭戳纹、巴拉盖儿				
40%—59.9%	毛拉僧	克朗的			
20%—39.9%	圪老肢、黑雀的、黑残渣、些吧脚儿、鼻饹馇、列巴条	崩楼头、些脊梁	耳叉根的、手圪节儿、嘉庚		
0%—19.9%	齐么穗儿	老化纹	肠么嘟的、门楼头、何愁脸、牙拨的、腮骨突、拨领	粗脖的、脱髫、牙花的	

统计分析天择小区峰峰土语人体词知晓、使用数据可知：

（1）天择小区人体词呈现高知晓率、低使用率的特点，知晓率多集中在80.0%—99.9%和40.0%—59.9%两个区间；使用率分布不均，集中在0%—19.9%、20.0%—39.9%、60.0%—79.9%三个区间。一位27岁男性被试（机关工作人员）表示："这些词我们都知道，有些确实用的比较多，但是有些词，比如'脱髻''老化纹'，我得使劲儿想想才能知道它的意思。"一位55岁女性被试（待业）称："像'肠么嘟的''腮骨突''耳叉根的'这些词都是上一辈儿才用，我这一代还有下一代可能都不用了，用了别人也可能不知道意思。"

（2）四对异形同指词高知晓率并不对应高使用率，相同知晓率也不对应相同使用率。"毛拉僧""齐么穗儿"都指"刘海儿"，二者知晓率相同，使用率差别较大（分别为43.9%和14.6%）；"黑雀的""黑残渣"都指"痣"，二者的使用率和知晓率均相同；"郭戳纹""老化纹"都指"皱纹"，前者的知晓率和使用率均明显高于后者；"崩楼头""门楼头"指"额头大且凸起"，二者的知晓率差别不大，但使用率存在较大差距（分别为37.5%和7.3%）。一位18岁女性被试（学生）表示："'毛拉僧''齐么穗儿'我知道都是指刘海儿，'毛拉僧'比'齐么穗儿'好听点儿，不过两个我都不常使用。"一位36岁男性被试（工人）表示："我一般都说'郭戳纹'，老一辈儿估计会说'老化纹'。不过现在都提倡说普通话，还是'皱纹'用得更多。"

（3）老年组被试人体词知晓率和使用率明显高于青年组。一位65岁女性被试（农民）表示："'克朗的''脱髻'两个词，我不会跟孙子孙女说，说了他们也不知道什么意思，不过我和小区其他老年人会说。"一位14岁男性被试（学生）称："这里面有些词，我听都没听过，更别说用了。我爸妈也不说。"

（二）南部农村社区：北界城村

本项调查以南部农村社区界城镇北界城村为调查点，获取有效样本40个，样本构成见表9至表10。

表9　北界城村性别、年龄及受教育程度（$n=40$；人/%）

性别		年龄段			受教育程度		
男	女	青年组	中年组	老年组	初中及以下	高中	大专及以上
20/50.0	20/50.0	14/35.0	13/32.5	13/32.5	19/47.5	15/37.5	6/15.0

表 10 北界城村职业分布（n=40；人/%）

单位工作人员	教师	专业技术人员、工人	商业服务人员	学生	农民
3/7.5	5/12.5	4/10.0	5/12.5	9/22.5	14/35.0

1. 语言习得、语言能力和语言使用

1）语言习得

（1）小时候最先学会的语言或方言（可多选）：峰峰土语 40 人（100%），合计 40 人。所有被试小时候均最先学会峰峰土语。

（2）小时候与长辈使用的语言或方言

祖辈（可多选）：祖父，峰峰土语 38 人（95.0%），无此情况 2 人（5.0%），合计 40 人。祖母，峰峰土语 39 人（97.5%），无此情况 1 人（2.5%），合计 40 人。

父辈（可多选）：父亲，峰峰土语 38 人（95.0%），峰峰土语/普通话 2 人（5.0%），合计 40 人。分解多选项：峰峰土语（40 人次）>普通话（2 人次）。母亲，峰峰土语 38 人（95.0%），峰峰土语/普通话 2 人（5.0%），合计 40 人。分解多选项：峰峰土语（40 人次）>普通话（2 人次）。

数据表明，长辈与被试均用峰峰土语交谈，只有两名青年组被试父母兼用普通话。其中一位 15 岁男性被试（学生）父亲是小学体育教师，母亲是民办幼儿园教师，父母更鼓励他讲普通话，与他交谈也多用普通话，不过比较生气或着急时也用峰峰土语。一位 13 岁女性被试（学生）表示，自己的父母都是初中老师，普通话和峰峰土语都会用。

2）语言能力

您现在能用哪些语言或方言与人交谈（可多选）：峰峰土语 21 人（52.5%），峰峰土语/普通话 19 人（47.5%），合计 40 人。分解多选项：峰峰土语（40 人次）>普通话（19 人次）。

数据表明，所有被试均能用峰峰土语与人交流，47.5%的被试可用普通话与他人交流。

3）语言掌握程度

峰峰土语掌握程度：全部被试“完全能听懂”，95.0%的被试“能熟练交谈，没有任何障碍”，5.0%的被试“能熟练交谈，个别时候有障碍”，与自报一致。普通话掌握程度：“听”“说”前三项指标相加，全部被试能听懂普通话，19 名被试能使用普通话交谈，与自报一致。21 位被试不会使用普通话交谈，多为老年或中年组被试。具体数据见表 11。

表 11 语言或方言掌握程度（$n=40$；人/%）

指标	语言	峰峰土语	普通话
听	完全能听懂	40/100	35/87.5
	大部分能听懂	0/0	4/10.0
	基本能听懂	0/0	1/2.5
	能听懂日常用语	0/0	0/0
	基本听不懂	0/0	0/0
	完全听不懂	0/0	0/0
合计		**40/100**	**40/100**
说	能熟练交谈，没有任何障碍	38/95.0	5/12.5
	能熟练交谈，个别时候有障碍	2/5.0	7/17.5
	基本能交谈	0/0	7/17.5
	会说日常用语	0/0	7/17.5
	基本不会说	0/0	6/15.0
	完全不会说	0/0	8/20.0
合计		**40/100**	**40/100**

4）家庭语言使用

（1）跟祖辈（可多选）

祖父：峰峰土语 18 人（45.0%），峰峰土语/普通话 2 人（5.0%），无此情况 20 人（50.0%），合计 40 人。分解多选项：峰峰土语（20 人次）>普通话（2 人次）。祖母：峰峰土语 17 人（42.5%），峰峰土语/普通话 4 人（10.0%），无此情况 19 人（47.5%），合计 40 人。分解多选项：峰峰土语（21 人次）>普通话（4 人次）。

（2）跟父辈（可多选）

父亲：峰峰土语 22 人（55.0%），峰峰土语/普通话 5 人（12.5%），无此情况 13 人（32.5%），合计 40 人。分解多选项：峰峰土语（27 人次）>普通话（5 人次）。母亲：峰峰土语 23 人（66.7%），峰峰土语/普通话 8 人（3.3%），无此情况 9 人（30.0%），合计 40 人。分解多选项：峰峰土语（31 人次）>普通话（8 人次）。

（3）跟同辈（可多选）

配偶、兄弟姐妹：峰峰土语 34 人（85.0%），峰峰土语/普通话 6 人（15.0%），合计 40 人。分解多选项：峰峰土语（40 人次）>普通话（6 人次）。

（4）晚辈

子女：峰峰土语 23 人（57.5%），峰峰土语/普通话 7 人（17.5%），无此情况 10 人（25.0%），合计 40 人。分解多选项：峰峰土语（30 人次）>普通话（7 人次）。

数据表明，被试与长辈、同辈交流多使用峰峰土语，少数兼用普通话。与晚辈交流时，75.0%的被试用峰峰土语，17.5%的被试兼用普通话。一位 15 岁女性被试（学生）表示："与爷爷奶奶面对面交流用土话，打电话用普通话。"

5）社会语言使用

（1）与邻居或熟人交流（可多选）：峰峰土语 38 人（95.0%），峰峰土语/普通话 2 人（5.0%），合计 40 人。分解多选项：峰峰土语（40 人次）>普通话（2 人次）。

（2）与陌生人交流（可多选）：峰峰土语 33 人（82.5%），峰峰土语/普通话 6 人（15.0%），普通话 1 人（2.5%），合计 40 人。分解多选项：峰峰土语（39 人次）>普通话（7 人次）。

（3）工作中（可多选）：峰峰土语 28 人（70.0%），峰峰土语/普通话 6 人（15.0%），无此情况 6 人（15.0%），合计 40 人。分解多选项：峰峰土语（34 人次）>普通话（6 人次）。

（4）去政府部门办事（可多选）：峰峰土语 21 人（52.5%），峰峰土语/普通话 9 人（22.5%），普通话 4 人（10.0%），无此情况 6 人（15.0%），合计 40 人。分解多选项：峰峰土语（30 人次）>普通话（13 人次）。

（5）去医院看病（可多选）：峰峰土语 27 人（67.5%），普通话 5 人（12.5%），峰峰土语/普通话 3 人（7.5%），无此情况 5 人（12.5%）。分解多选项：峰峰土语（30 人次）>普通话（8 人次）。

（6）逛街或去市场买东西（可多选）：峰峰土语 28 人（70.0%），峰峰土语/普通话 7 人（17.5%），普通话 5 人（12.5%），合计 40 人。分解多选项：峰峰土语（35 人次）>普通话（12 人次）。

数据表明，被试多使用峰峰土语与他人交谈，青年组被试兼用普通话较多，中、老年组使用普通话的场合和人次较少。一位 53 岁女性被试（工人）表示："我们这个年纪，说土话比较舒服，用土话完全可以在本地生活。自己普通话讲不好，总感觉变味儿了。和孙子孙女儿玩儿的时候，我常用普通话逗他们，但也说不标准。”一位19岁男性被试（学生）表示：“虽然从小老师便教我们普通话，普通话的使用范围较广。但不在学校还是说土话多，不然难以融入本地。特别是大学放假回家，感觉还是家乡话亲切，自己也愿意讲土话。”

由上可知，峰峰土语是当地最主要的交际用语，社区居民对其有很强的认同感。语言习得方面，几乎所有被试习得峰峰土语，仅两位被试的父母兼用普通话和峰峰土语，其父母受教育程度较高。语言使用方面，47.5%的被试可使用普通话与他人交流，但普通话水平较低；被试使用峰峰土语的人次明显高于普通话。

2. 人体词知晓和使用情况

人体词知晓和使用情况见表12和表13。

表12　北界城村方言人体词知晓、使用情况（调查词项 $n=33$，样本量 $n=40$；人/%）

类别	序号	普通话	峰峰土语	知晓情况	使用情况
头部类	1	额头	席连门的	37/92.5	34/85.0
	2	下巴	嘴巴骨儿	34/85.0	30/75.0
	3	太阳穴	耳叉根的	34/85.0	1/2.5
	4	额头大且凸起	崩楼头	38/95.0	2/5.0
	5		门楼头	32/80.0	4/10.0
	6	皱眉头	何愁脸	37/92.5	3/7.5
	7	眼屎	眵马糊	40/100	38/95.0
	8	唇	嘴片的	39/97.5	21/52.5
	9	牙龈	牙拨的	31/77.5	3/7.5
	10	牙垢	牙花的	30/75.0	3/7.5
肢体类	11	胳肢窝	圪老肢	39/97.5	37/92.5
	12	甲状腺肿大	粗脖的	32/80.0	14/35.0
	13	手指关节	手圪节儿	39/97.5	30/75.0
	14	光脚	些吧脚儿	37/92.5	29/72.5
	15	脚后跟	嘉庚	36/90.0	31/77.5
	16	光膀子	些脊梁	36/90.0	27/67.5
	17	鼻屎	鼻饹馇	40/100	30/75.0

续表

类别	序号	普通话	峰峰土语	知晓情况	使用情况
肢体类	18	颧骨	腮骨突	21/52.5	5/12.5
	19	膝盖	巴拉盖儿	37/92.5	34/85.0
内脏类	20	胸膛	克朗的	21/52.5	4/10.0
	21	五脏	肠么嘟的	20/50.0	1/2.5
毛发类	22	刘海儿	毛拉僧	37/92.5	10/25.0
	23		齐么穗儿	30/75.0	12/30.0
	24	卷发	郭鸾毛	32/80.0	27/37.5
	25	头发	毛胰	39/97.5	29/72.5
	26	两鬓脱发	脱髻	19/47.5	2/5.0
其他	27	雀斑、痣	黑雀的	40/100	38/95.0
	28		黑残渣	40/100	38/95.0
	29	皱纹	郭戳纹	38/95.0	10/25.0
	30		老化纹	27/67.5	8/20.0
	31	圆形手指纹	斗	37/92.5	35/87.5
	32	肋骨	列巴条	2767.5	24/60.0
	33	皮肤上的条状凸起充血物	拨领	37/92.5	29/72.5

表 13 北界城村方言人体词知晓率和使用率（调查词项 $n=33$，样本量 $n=40$；人/%）

使用率＼知晓率	80.0%—99.9%	60.0%—79.9%	40.0%—59.9%	20.0%—39.9%	0%—19.9%
80.0%—99.9%	席连门的、眵马糊、圪老肢、巴拉盖儿、黑雀的、黑残渣、郭戳纹				
60.0%—79.9%	嘴巴骨儿、手圪节儿、些吧脚儿、嘉庚、些脊梁、鼻饹馇、毛胰、斗、拨领	列巴条			

续表

知晓率 使用率	80.0%—99.9%	60.0%—79.9%	40.0%—59.9%	20.0%—39.9%	0%—19.9%
40.0%—59.9%	嘴片的	老化纹			
20.0%—39.9%	粗脖的、郭鸾毛	齐么穗儿	腮骨突		
0%—19.9%	崩楼头、门楼头、何愁脸、毛拉僧	耳叉根的、牙拨的、牙花的	克朗的肠么嘟的、脱髻		

统计分析北界城村峰峰土语人体词知晓、使用数据可知：

（1）北界城村峰峰土语人体词知晓率较高，多集中于80%以上，而使用率分布不均衡，集中于0%—19.9%、60%—79.9%、80%—99.9%三个区间。头部类、内脏类、毛发类人体词知晓率和使用率显著高于其他。“眵马糊”“鼻饹馇”“黑雀的”“黑残渣”知晓率为100%。

（2）部分词项高知晓率对应低使用率，如“耳叉根的”“崩楼头”“门楼头”。一位47岁男性被试（服务业人员）表示：“小时候爹娘可能会跟我们说这种词，但是土话听起来不洋气，我们这一辈儿一般不说。现在大家都说普通话，普通话和咱们的话差别也不太大，有些词也就不说了。”一位27岁女性被试（初中教师）表示：“我是这儿长大的，这些词都听过，但是一般不说。我的职业也要求说普通话，学生年纪小，估计没有听过。”

（3）除“黑雀的”“黑残渣”，其他异形同指词高知晓率对应低使用率，如知晓率较高的“崩楼头”使用率仅为5.0%、“门楼头”为10.0%。一位16岁女性被试（学生）表示：“我从小说普通话，普通话中有对应的词，也就不说土话了，而且如果我说土话，别的同学会笑我。”

（三）北部农村社区：东小屯村

本项调查以北部农村社区大社镇东小屯村为调查点，获取有效样本45个，样本构成见表14和表15。

表 14　东小屯村性别、年龄及受教育程度（n=45；人/%）

性别		年龄段			受教育程度		
男	女	青年组	中年组	老年组	初中及以下	高中	大专及以上
23/51.1	22/48.9	16/35.6	14/31.1	15/33.3	25/55.6	14/31.1	6/13.3

表 15　东小屯村调查对象职业分布（n=45；人/%）

单位工作人员	教师	专业技术人员、工人	商业服务人员	学生	农民
5/11.1	7/15.6	4/8.9	6/13.3	16/35.6	7/15.6

1. 语言习得、语言能力和使用

1）语言习得

（1）小时候最先学会的语言或方言（可多选）：峰峰土语 45 人（100%），合计 45 人。数据表明，所有调查对象小时候均最先学会峰峰土语。

（2）小时候与长辈使用的语言或方言

祖辈（可多选）：祖父，峰峰土语 40 人（90.0%），无此情况 5 人（10.0%），合计 45 人。祖母，峰峰土语 39 人（86.7%），无此情况 6 人（10.0%），合计 45 人。

父辈（可多选）：父亲，峰峰土语 43 人（86.5%），无此情况 2 人，合计 45 人。母亲，峰峰土语 45 人（86.5%），合计 45 人。

数据表明，祖父母、父母与被试交流均使用峰峰土语。

2）语言能力

您现在能用哪些语言或方言与人交谈（可多选）：峰峰土语/普通话 29 人（66.7%），峰峰土语 15 人（33.3%），峰峰土语/普通话/英语 1 人，合计 45 人。分解多选项：峰峰土语（45 人次）>普通话（30 人次）>英语（1 人次）。

数据表明，峰峰土语是当地居民最主要的交际用语，普通话次之。据笔者观察，当地居民日常使用峰峰土语明显多于普通话。一位 35 岁男性被试（煤矿工人）表示自己在上班和日常生活中，都使用峰峰土语，只有开家长会或去银行等公共场合才使用普通话。一位 52 岁女性被试（农民）指出，自己一般不出远门，在本地使用峰峰土语完全可以生活。

3）语言掌握程度

峰峰土语掌握程度：所有被试“完全能听懂”，并“能熟练交谈，没有任何障碍”，与自报一致。普通话掌握程度：“听”指标前三项指标相加，所有被试能听懂普通话；“说”前三项指标相加，30 名被试能用普通话与他人交谈，与自报一致，15 名被试不使用普通话与他人交谈，多为老年组被试。一位自报掌握英语的 23 岁女性被试（大学生）是英语专业学生，她表示自己从小就向往当一名英语教师，现在能使用英语与他人熟练交谈，只有个别单词或专业名词存在障碍。具体数据见表 16。

表 16 语言或方言掌握程度（n=45；人/%）

指标 \ 语言		峰峰土语	普通话
听	完全能听懂	45/100	38/84.4
	大部分能听懂	0/0	3/6.7
	基本能听懂	0/0	4/8.9
	能听懂日常用语	0/0	—
	基本听不懂	0/0	—
	完全听不懂	0/0	—
合计		**45/100**	**45/100**
说	能熟练交谈，没有任何障碍	45/100	19/42.2
	能熟练交谈，个别时候有障碍	0/0	8/17.8
	基本能交谈	0/0	3/6.7
	会说日常用语	0/0	5/11.1
	基本不会说	0/0	5/11.1
	完全不会说	0/0	5/11.1
合计		**45/100**	**45/100**

4）家庭语言使用

（1）跟祖辈（可多选）

祖父：峰峰土语 39 人（86.7%），峰峰土语/普通话 1 人（2.2%），无此情况 5 人（11.1%），合计 45 人。分解多选项：峰峰土语（40 人次）>普通话（1 人次）。祖母：峰峰土语人 39（86.7%），峰峰土语/普通话 2 人（4.4%），无此情况 4 人（8.9%），合计 45 人。分解多选项：峰峰土语（41 人次）>普通话（2 人次）。

（2）跟父辈（可多选）

父亲：峰峰土语 40 人（88.9%），峰峰土语/普通话 4 人（8.9%），无此情况 1 人（2.2%），合计 45 人。分解多选项：峰峰土语（44 人次）>普通话（4 人次）。母亲：峰峰土语 42 人（93.3%），峰峰土语/普通话 3 人（6.7%），合计 45 人。分解多选项：峰峰土语（45 人次）>普通话（3 人次）。

（3）跟同辈（可多选）

配偶、兄弟姐妹：峰峰土语 43 人（93.3%），峰峰土语/普通话 2 人（6.7%），合计 45 人。分解多选项：峰峰土语（45 人次）>普通话（2 人次）。

（4）晚辈（可多选）

子女：峰峰土语 28 人（56.7%），峰峰土语/普通话 7 人（23.3%），无此情况 10 人（20.0%），合计 45 人。分解多选项：峰峰土语（35 人次）>普通话（7 人次）。

数据表明，被试与长辈或同辈交流时多使用峰峰土语，少数兼用峰峰土语和普通话，普通话使用率较低；与晚辈交流时，77.8%的被试使用峰峰土语，15.6%兼用普通话和峰峰土语。

5）社会语言使用

（1）与邻居或熟人交流（可多选）：峰峰土语 43 人（95.6%），峰峰土语/普通话 2 人（4.4%），合计 45 人。分解多选项：峰峰土语（45 人次）>普通话（2 人次）。

（2）与陌生人交流（可多选）：峰峰土语 35 人（77.8%），峰峰土语/普通话 8 人（17.8%），普通话 2 人（4.4%），合计 45 人。分解多选项：峰峰土语（43 人次）>普通话（10 人次）。

（3）工作中（可多选）：峰峰土语 28 人（62.2%），峰峰土语/普通话 6 人（13.3%），普通话 4 人（8.9%），无此情况 7 人（15.6%），合计 45 人。分解多选项：峰峰土语（34 人次）>普通话（10 次）。

（4）去政府部门办事（可多选）：峰峰土语 21 人（46.7%），峰峰土语/普通话 10 人（22.2%），普通话 5 人（11.1%），无此情况 9 人（20.0%），合计 45 人。分解多选项：峰峰土语（31 人次）>普通话（15 人次）。

（5）去医院看病（可多选）：峰峰土语 30 人（66.7%），峰峰土语/普通话 7 人（15.6%），普通话 3 人（6.7%），无此情况 5 人（11.1%），合计 45 人。分解多选项：峰峰土语（37 人次）>普通话（10 人次）。

（6）逛街或去市场买东西（可多选）：峰峰土语 38 人（84.4%），峰峰土语/普通话 4 人（8.9%），普通话 3 人（6.7%），无此情况 1 人（2.2%），合计 45 人。分解多选项：峰峰土语（42 人次）>普通话（7 人次）。

数据表明，峰峰土语是当地居民的主要交际用语，少数青年组被试兼用普通话。一位 37 岁女性被试（待业）表示，互相认识的邻里街坊，交谈时都用峰峰土语；出门在外特别是在人多的场合，比如去药房买药、医院看病等，为了让对方更明白自己的意思，多使用普通话。一位 58 岁男性被试（农民）表示，自己可以听懂普通话，但是一般不说；与陌生人交际的机会比较少，去政府部门办事，工作人员也多为本地人，能听懂峰峰土语。一位 29 岁男性被试（工人）与陌生人交流时兼用普通话和峰峰土语，他表示："这得看对方的穿着打扮和当时情况，如果在比较大的场合，比如朋友结婚就用普通话，一般情况下就说本地话。"

综上所述，峰峰土语是当地强势方言。语言习得方面，所有调查对象小时候均最先学会峰峰土语，其长辈均使用峰峰土语与被试交流。语言能力方面，所有被试均能完全听懂峰峰土语，并能使用峰峰土语与他人熟练交谈；青年组被试普通话掌握程度明显高于老年组。无论哪种场合，被试均更多使用峰峰土语，较少使用普通话。

2. 人体词知晓和使用情况

人体词知晓和使用情况见表 17 和表 18。

表 17　东小屯村方言人体词知晓、使用情况（调查词项 $n=33$，样本量 $n=45$；人/%）

类别	序号	普通话	峰峰土语	知晓情况	使用情况
头部类	1	额头	席连门的	38/84.4	21/46.7
	2	下巴	嘴巴骨儿	36/80.0	25/55.6
	3	太阳穴	耳叉根的	35/77.8	13/28.9
	4	额头大且凸起	崩楼头	37/82.2	19/42.2
	5		门楼头	34/75.6	2/4.4
	6	皱眉头	何愁脸	39/86.7	11/24.4
	7	眼屎	眵马糊	40/88.9	40/88.9
	8	唇	嘴片的	40/88.9	39/86.7
	9	牙龈	牙拨的	36/80.0	34/75.6
	10	牙垢	牙花的	32/71.1	14/31.1

续表

类别	序号	普通话	峰峰土语	知晓情况	使用情况
肢体类	11	胳肢窝	圪老肢	38/84.4	36/80.0
	12	甲状腺肿大	粗脖的	28/62.2	10/22.2
	13	手指关节	手圪节儿	33/73.3	27/60.0
	14	光脚	些吧脚儿	37/82.2	35/77.8
	15	脚后跟	嘉庚	36/80.0	33/73.3
	16	光膀子	些脊粱	40/88.9	38/84.4
	17	鼻屎	鼻饹馇	38/84.4	35/77.8
	18	颧骨	腮骨突	29/64.4	10/22.2
	19	膝盖	巴拉盖儿	39/86.7	35/77.8
内脏类	20	胸膛	克朗的	29/64.4	4/8.9
	21	五脏	肠么嘟的	27/60.0	7/15.6
毛发类	22	刘海儿	毛拉僧	35/77.8	30/66.7
	23		齐么穗儿	35/77.8	21/46.7
	24	卷发	郭鸾毛	37/82.2	35/77.8
	25	头发	毛胰	34/75.6	34/75.6
	26	两鬓脱发	脱髻	20/44.4	4/8.9
其他	27	雀斑、痣	黑雀的	40/88.9	40/88.9
	28		黑残渣	40/88.9	40/88.9
	29	皱纹	郭戳纹	38/84.8	38/84.4
	30		老化纹	24/53.3	6/13.3
	31	圆形手指纹	斗	38/84.4	38/84.4
	32	肋骨	列巴条	37/82.2	35/77.8
	33	皮肤上的条状凸起充血物	拨领	37/82.2	35/77.8

表 18 东小屯村方言人体词知晓率和使用率（调查词项 $n=33$，样本量 $n=45$；人/%）

使用率＼知晓率	80.0%—99.9%	60.0%—79.9%	40.0%—59.9%	20.0%—39.9%	0%—19.9%
80.0%—99.9%	眵马糊、嘴片的、圪老肢、些脊梁、黑雀的、黑残渣、郭戳纹、斗				
60.0%—79.9%	牙拨的、些吧脚儿、嘉庚、鼻饹馇、巴拉盖儿、郭鸾毛、毛胰、列巴条、拨领	手圪节儿、毛拉僧			
40.0%—59.9%	席连门的、嘴巴骨儿、崩楼头	牙花的、齐么穗儿			
20.0%—39.9%	何愁脸	耳叉根的、粗脖的、腮骨突			
0%—19.9%		门楼头、克朗的、肠么嘟的	脱髻、老化纹		

统计分析东小屯村峰峰土语人体词知晓、使用数据可知：

（1）东小屯村峰峰土语人体词知晓率明显高于使用率，知晓率大都在60.0%以上；使用率分布不均，各区间都有分布。一位 47 岁男性被试（煤矿工人）坦言："有些土话中的词不知道用普通话怎么说，比如'拨领''牙花的'。还有些词知道普通话咋说，但平常还是说土话。我平时也不出去打工，用土话就行。"

（2）头部类和肢体类人体词知晓率明显高于毛发类和脏器类，其他类人体词使用率最高。一位 15 岁女性被试（学生）认为："有些词我几乎没听过，家里大人也不说。在学校大家都说普通话，在家我妈还是让我说土话。"一位 27 岁女性被试（服务业人员）表示，"眵目糊""鼻饹馇""毛胰"等词在生活中比较常用，"耳叉根的""腮骨突"平时几乎不用。

（3）高知晓率多对应高使用率，也存在例外情况，如"脱髻""老化纹""门楼头"使用率较低。一位 57 岁女性被试（农民）表示，"脱髻"只有年纪稍大的女性才会使用，现在也很少见到两鬓脱发的人；“克朗的”“肠么嘟的”都是指内脏，平时聊天很少涉及这类词语，去医院看病也是直接说“肾”“胃”“肝”等普通话说法。

（4）异形同指词知晓率差别较小，使用率差别较大。“崩楼头”使用率为42.2%，“门楼头”使用率为4.4%；“郭戳纹”使用率为84.4%，“老化纹”使用率为13.3%。

四、不同社区居民语言习得和使用、人体词使用对比

对比两类社区居民语言习得和使用、人体词知晓和使用情况数据，可知不同社区的差异。

（一）语言习得和使用

总体而言，峰峰土语在两类三个社区中仍是居民的主要交际语，城镇和农村社区语言习得和使用情况存在差异，两个农村社区差异不明显。城镇社区的家庭语言掌握和使用更多元，个别受教育程度较高的被试掌握英语。

语言习得方面，城镇社区超半数被试最先学会峰峰土语，受家庭教育和语言环境影响，约34.1%的被试最先学会普通话。两个农村社区的被试则最先学会峰峰土语。

语言能力方面，农村社区被试现均能用峰峰土语与人交流，城镇社区约四分之一被试只使用普通话；农村社区被试可使用峰峰土语交流的比例高于城镇社区，城镇社区被试可使用普通话交流的比例明显高于农村社区。总的来看，城镇社区被试普通话掌握程度较高，可以使用英语与他人交流的比例也高于农村社区。

语言使用方面，城镇社区被试与长辈和同辈交流使用峰峰土语的人次明显高于普通话，与晚辈交流使用普通话的人次高于峰峰土语；非正式场合多使用峰峰土语，正式场合多使用普通话。农村社区被试与长辈或同辈交流多使用峰峰土语，少数兼用普通话；无论哪种场合，峰峰土语都是强势方言，普通话的使用率较低。

（二）人体词知晓和使用

总体而言，三地方言人体词知晓率较高，平均知晓率均在70.0%以上，其中北界城村平均知晓率最高，东小屯村次之，天择小区最低。不同社区居民人体词知晓率最高的词项数排序：北界城村（21个）>天择小区（8个）>东小屯村（4个）。三地方言人体词使用率较低，其中北界城村平均使用率最高，东小屯村次之，天择小区最低。不同社区居民人体词使用率最高的词项数排序：东小屯村（16个）>北界城村（13个）>天择小区（4个）。具体数据见表19和表20。

表19　平均知晓率和使用率的居住地差异（%）

居住地	天择小区	东小屯村	北界城村
平均知晓率	70.1	77.8	84.3
平均使用率	37.7	56.8	47.8

表20　各社区方言人体词知晓、使用

指标 由高到低排序	词项的知晓率分级	词项的使用率分级
北界城村>东小屯村>天择小区	席连门的、耳叉根的、崩楼头、门楼头、何愁脸、眵马糊、牙花的、粗脖的、手圪节儿、嘉庚、些脊梁、脱髻、拨领	眵马糊、圪老肢、粗脖的、手圪节儿、嘉庚、巴拉盖儿、黑雀的、黑残渣
北界城村>天择小区>东小屯村	嘴片的、圪老肢、鼻铬馇、巴拉盖儿、斗、毛拉僧、黑雀的、黑残渣	席连门的、嘴巴骨儿、老化纹、斗、门楼头
东小屯村>天择小区>北界城村	克朗的	崩楼头、嘴片的、牙拨的、肠么嘟的、毛拉僧、郭戳纹
天择小区>东小屯村>北界城村	齐么穗儿、郭鸾毛、列巴条	耳叉根的、郭鸾毛、毛胰
天择小区>北界城村>东小屯村	嘴巴骨儿、些吧脚儿、毛胰、郭戳纹、老化纹	克朗的
东小屯村>北界城村>天择小区	牙拨的、腮骨突、肠么嘟的	些脊梁、何愁脸、牙花的、些吧脚儿、鼻铬馇、腮骨突、齐么穗儿、脱髻、列巴条、拨领

综上所述，两类社区的方言人体词呈现高知晓率，较低使用率的特点。农村社区方言人体词平均知晓率和使用率均高于城镇社区，这一方面是因为城镇社区被试受教育程度较高，接触新鲜事物的机会较多，从事的职业类型较为多样，因而倾向于使用普通话；另一方面，城镇社区的普通话语言环境更好，受普通话影响大于农村被试，甚至出现了普通话单言人。农村社区居民受教育程度相对较低，对外交际较少，多数居民使用方言土语即可满足交际需要。两个农村社区相比，南部农村人体词的知晓率高于北部，使用率则低于北部农村。主要原因一是南部农村社区老龄化程度高于北部，方言保留比较完整；二是界城镇政府驻地位于南部农村社区，村民与周围居民来往密切，而北部农村社区距镇政府较远，与周围农村居民来往较少。

参考文献

[1] 峰峰志编委会．峰峰矿区志[M]．北京：新华出版社，1991.

[2] 王睿智．山东临邑话亲属称谓语使用调查研究[D]．中央民族大学硕士学位论文，2021.

[3] 王远新．新疆汉语方言中维吾尔语借词的使用及语序差异——以哈巴河县公务员为个案[G]//王远新．语言田野调查实录（六），北京：中央民族大学出版社，2011.

宋辽时期汉语借词在西域的使用

宋箴颜*

【摘要】宋辽时期是中国古代经济、文化与科技发展的高峰，民族交流交融空前繁荣，西域各地方政权与中原王朝关系密切。根据文献记载，可将宋辽时期西域分为“高昌回鹘喀拉汗王朝”和“西辽王朝”两个阶段。本文结合当时政治、经济、文化生活等社会背景，梳理西域少数民族语言中汉语借词的使用情况，分析汉语借词的重要地位及其成因。

【关键词】宋辽时期，西域少数民族语言，汉语借词，使用情况

一、引　言

宋辽时期，西域各地方政权与中原王朝延续着朝贡关系，政治、经济、文化的密切交流，对西域的发展产生了积极影响。纵使西域王朝更迭换代、民族迁徙流动频繁，汉语和汉文化也能在西域“通行不衰”，深深影响着西域各少数民族语言。

语言接触和相互影响的直接结果是词语的互借。广义的借词包括音译借词、意译词和仿译词（王远新 2017：148）。汉语历经多次借词高峰，从不同语言借入了一定数量的词语。比如，借自英语的“沙发”“扑克”“咖喱”“可可”，通过维吾尔语借自阿拉伯语和波斯语的“皮芽子”“巴扎”“馕”等。这些借词在日常生活中使用频率很高，已融入汉语的词汇系统，如同中华民族大家庭“你中有我、我中有你”的多元一体格局般相互交融、共同发展。

整体而言，借词与社会发展、民族接触以及政治、经济等各方面交流密切相关，是各民族之间接触交往的必然结果。社会交往越频繁，借用词语的速度越快、数量越多。本文以宋辽时期西域少数民族语言中的汉语借词为研究对

---

*宋箴颜（1998—），女，新疆师范大学中国语言文学学院中国少数民族语言文学专业翻译理论与实践方向 2020 级硕士研究生，主要研究中国少数民族语言翻译相关问题。

象，探讨少数民族与汉族的政治、经济、文化交流特点，为中华民族交往、交流、交融提供案例。

二、宋辽时期汉语借词在西域的使用

宋辽时期是中国历史上商品经济、文化教育和科学创新高度繁荣的时代，各民族交往交流交融进入了一个新阶段。汉人在中原建立的宋朝，与契丹人建立的辽、党项民族建立的夏、女真人建立的金等少数民族政权形成了以宋朝为中心的多元一体的政治格局，汉语与少数民族语言相互借用、相互影响。

根据宋辽时期的西域政治格局，结合文献记载和现有研究成果，可以将西域大致分为两个时期（马克章 2006：160）：一是高昌回鹘（又称西州回鹘）、喀拉汗王朝时期，时间约为 866—1137 年；二是西辽王朝时期，时间约为 1124—1211 年。在这两个时期 340 年里，汉语对少数民族语言的影响日益加深，汉语借词在西域有了进一步的传播和发展。

（一）高昌回鹘王国和喀拉汗王朝（866—1137）

公元 840 年，回鹘政治局势混乱，一部分回鹘人西迁，其中一支迁到今吐鲁番市和吉木萨尔县一带，建立了高昌回鹘汗国；另一支越过准噶尔盆地进入中亚草原，于 9 世纪下半叶在葛逻禄汗国的基础上建立了喀拉汗王朝。两个王朝地理位置不同，吸收的文化不同，汉语借词在少数民族语言中的通行情况也有不同，所以可分为“高昌回鹘汗国”和“喀拉汗王朝”两部分讨论。

1. 高昌回鹘汗国

高昌回鹘汗国与北宋关系密切。据《宋史·高昌传》记载，北宋建隆元年（960 年），“西州回鹘阿都督等四十二人以方物来贡”；乾德三年（965 年），“西州回鹘可汗遣僧法渊献佛牙、琉璃器、琥珀盏”（田卫疆 2003：9）。宋太宗时期，也有大臣前往高昌回鹘，据《宋史·王延德传》记载，“会高昌国遣使朝贡，太宗以远人输诚，遣延德与殿前承旨白勋……出使高昌”。自此，两地往来密切、互通有无。这期间，西域吸收了宋朝的政治制度、文学艺术，宋朝回赐佛经、各类文书，产生了丰富的高昌回鹘文献，如《慈恩传》《金光明最胜王经》《大慈恩寺三藏法师传》《弥勒三弥底经》《善恶两王子的故事》等。冯·加班（Annemarie von Gabain，1938）研究了《慈恩传》卷七中的汉语借词，冯家昇研究了《慈恩传》卷七“玄奘归国”中的 62 个汉语借词，李经纬、靳尚怡、颜秀萍在其《高昌回鹘文献语言研究》专著中刊布了

31 个汉语借词。在前人研究基础上，笔者归纳整理了已刊布的一百多个汉语借词，并将其分为以下三类：

（1）政治类：anʧaʃə（按察使）、baχʃi（博士）、totoq（都督）、qunʧuj（公主）、quwpar（酷罚）、ʃuluɣ（署）、vap（法律，法令）等；

（2）经济类：baoʧao（宝钞）、ʧao（纸币、钞）、quanbu（官布）、tintsuj（田租）、tajsaŋ（国库，大仓）等；

（3）生活类：ʧaʧan（茶盏）、sir（漆）、qaj（街）、qa（家）、so（锁）、sun（寸）、ban（万）、ʃiŋ（升）、saŋ（仓）、ʃoŋ（双）等。

从上述借词可知，政治、经济、生活类汉语借词的出现，足以证明汉民族与回鹘人接触的广度和深度。这一时期的高昌回鹘王国社会经济、思想文化空前活跃，汉语借词已进入回鹘语文的方方面面。频繁的往来加速了语言的互借，不少借词沿用至今，如现代维吾尔语中 sir（漆）、sirʧi（漆匠、油漆工）。“漆”的古代汉语声母为［ts^h］，借入突厥语族语言后变为［s］，与此类似的借词还有 saŋ（仓）、sun（寸）等（陈宗振 1982：523）。

2. 喀拉汗王朝

关于喀拉汗王朝的起源及其早期历史，学界尚有争议，但这一时期涌现的优秀文学作品及其学术价值，尤其是《突厥语词典》和《福乐智慧》，在维吾尔文学史上留下了浓墨重彩的一笔。麻赫默德·喀什噶里成书于九百多年前的《突厥语词典》采摭的条目十分广泛，举凡天文、地理、饮食、服饰、鸟兽、草木等名物故实以及突厥语族语言中表示动作、状态的语汇，应有尽有（张广达 1978：30）。

高莉琴（2005a）穷尽式梳理出《突厥语词典》中的 72 个汉语借词，其中，第一卷 17 个、第二卷 16 个、第三卷 39 个，根据词性大致可分为以下三类：

（1）名词：kɛz（秦的一种丝织品名称）、χalaχu（秦的织布）、kɛnzi（绢子，一种秦绸）、zynkyn（秦织造的一种绸）、jinʧy（珍珠，乌古斯、克普恰克人说 ʤinʤy）、kyg（曲子）、taŋ（黎明）、ʧovlə（笊篱）①、ʧaŋ（扬琴）、bitigu（墨盒）、bitik（书，书信）、bitiklik（书写用的物品）、ʧɛliŋ（碗、陶瓷）、boχtaj（包袱）等。

（2）动词：bɛzik-（战栗）、toŋ-（冻）、siŋ-（渗入）、kɛŋyr-（加宽）、

①“笊篱”，麻赫默德·喀什噶里《突厥语大词典》（民族出版社 2002 年版）为“qovlï（ʧovlə）”，陈宗振《关于维吾尔语中的早期汉语借词的探讨》为“qoylɑ（ʧojlɑ）”，《五体清文鉴》（1957 年版）为“qoli（ʧoli）”。

boqla-（包，裹）、ban-（绑，捆）、tiŋlaʃ-（一起听）等。

（3）形容词：ʧən（真实的，真正的）、tiŋ（竖的，垂直的）、tən（歇息的，无事的）、tɛŋ（相等的，相等）。

梳理《突厥语词典》中的汉语借词可知，名词的数量较多，其中“秦制的丝织品名称”占名词总数的三分之一，这在一定程度上体现出喀拉汗王朝与中原王朝密切的贸易关系。在这种关系影响下，以游牧生产生活为主的西域少数民族开始使用中原的各类丝织品，丝绸也不再是王室贵族的奢侈品，普通百姓也可以购买使用。日常生活方面，西域少数民族开始使用中原陶瓷制品，用笔墨书写信件，用中原的乐器演奏曲子等，其中部分借词经过一系列演变沿用至今。比如，jinʧy（珍珠），《突厥语词典》指出，乌古斯、克普恰克人说ʤinʤy，更接近汉语“珍珠”的读音。这说明，在不同的部落中，汉语借词的发音有区别。后来的《五体清文鉴》中，“珍珠”为jynʤi，现代维吾尔语是ynʧɛ，说明ynʧɛ是jinʧy的变体。类似的还有kyg（曲子），与中古汉语入声字的“曲”读音吻合，现代维吾尔语发展为kyj（歌曲）以及派生动词kyjla-（歌颂、歌唱）（陈宗振 1982：516）。

《突厥语词典》汉语借词中的动词占借词总数的40%，涉及行为动词、使动词和存现动词等。这些动词多采用“汉语借词+维吾尔语动词构词词缀”的构词法，例如“听”tiŋlaʃdi>tiŋ（词根）+la（动词构词词缀）+ʃ（交互共同态）+di（过去式）、“加宽”kɛŋyrdi>kɛŋ（词根）+y（动词构词词缀）+r（使动态）+di（过去式）、“包，裹”boqladi>boq（词根）+la（动词构词词缀）+di（过去式）等。各类动词的借用，说明汉语借词已进入突厥语族语言的语法系统，成为其不可或缺的一部分。

喀拉汗王朝中部处于东西方交通线上，七河、喀什噶利亚和河中地不仅与宋朝及其所属的契丹、高昌王国联系密切，而且与印度、阿富汗、伊朗等均有贸易往来（艾斯开尔·胡赛音、叶少钧 1985：92）。随着商业和对外贸易规模的扩大，不同民族、不同地域的人相互交流交融，加速了语言的接触和借词的使用，使得汉语借词在突厥语族语言中占有一席之地。

（二）西辽王朝时期（1124—1211）

西辽王朝是我国北方少数民族继高昌回鹘王朝和喀拉汗王朝之后建立的王朝，契丹贵族耶律大石统治时期，境内使用汉语的人数较多。据文献记载，西辽境内的居民同时使用契丹语和汉语，官方行政公文主要使用汉文（新疆维吾尔语自治区教委高校历史材料编写组 1991：123）。汉语和汉文化对契丹语言文化的影响主要体现在三个方面。

1. 契丹民族文化

契丹民族文化深受中原文化影响，建立西辽的耶律大石也深受汉文化熏陶。俄罗斯历史学家依据文献记载描写到，他“身着中国丝制的服装”（巴托尔德 2013：48）。北宋时期，宋朝使臣出使契丹时见到普通百姓“俗皆汉服”（张先革、李朝虹、潘志平 2020：64）。以上种种表明，当时契丹人上至统治阶级、下到平民百姓已和汉人没有太大差异，这是中原文化在西辽的体现。建立政权后，耶律大石使用中原帝王传统的帝号和年号，“复上汉尊号曰天祐皇帝，改元延庆”（脱脱 1974：357）。此外，西辽通行的钱币铭文刻有“感天元宝”“续兴元宝”等字样，形似唐代钱币（别利亚耶夫、斯达诺维奇、李铁生 2012：70）。一地钱币铭文代表了该地的通用语言，这从另一个方面证实了西辽通行的语言是汉语。在西域地区，西辽不断延续中原文化，将西域这个多民族、多语言地区烙上了中原文化的色彩，中原语言文化对西域语言文化产生了深远影响。

2. 西域汉族人口

西辽灭亡两年后，丘处机弟子李志常撰写了《长春真人西游记》，记述西域少数民族和汉族的关系：“其中大率多回纥人，田园不能自主，须附汉人及契丹、河西等。其官长以诸色人为之，汉人工匠杂处”（杨建新 1996：205）。根据书中丘处机等人西行记述的内容，可以推测当时西辽境内的汉族和少数民族已形成民族杂居格局，汉人从事农业、工业的人数不少。李志常路过俭俭州（又称谦谦州）时见到：“汉匠千百人居之，织绫罗锦绮”（杨建新 1996：224）。这足以说明西辽境内汉族人口比例，也进一步反映了汉语对西辽王朝的影响持久深远。

3. 契丹语中的汉语借词

契丹人内迁与汉族杂居，契丹语中存在许多汉语借词。比如，“详稳、令稳、常衮、大石、敞史”都是汉语音译借词，分别借自汉语“相公、令公、将军、太师、长史”（陈文俊 2005：9）。契丹语中的汉语借词以官职和称谓语居多，日常生活用品类的借词不多见。受中原王朝政治、文化的影响，加之境内使用汉语的人数较多，契丹人仿汉字创制了契丹文，但汉语借词尚未渗透到契丹人的生产生活领域。

西辽虽然是由契丹人建立的少数民族政权，但其民族文化已高度中原化。西辽王朝建立者耶律大石是中原文化的传播者，他在西域地区推行中原的政治和社会经济制度以及语言文化，促进了中原地区与西域的贸易往来，使汉语成为西辽地区的官方通用语言。中原的生活方式、生产技术、文化风俗等在西域地区的传播，促进了中华各民族的交融。

综上所述，宋辽时期的西域与中原王朝交流密切、社会经济发展迅速、民族成分复杂多样，使汉语在西域地区的影响不断扩大，汉语借词深入到少数民族语言之中，成为其不可或缺的一部分。

三、汉语在西域传播的因素分析

借词的使用与社会发展、经济和文化交流以及民族接触密切相关（王远新 2017：150）。中原王朝和西域少数民族王朝之间频繁的经贸往来和文化交流活动使语言接触程度加深，大量汉语借词进入西域少数民族语言，成为其有机组成部分。

（一）典章制度的继承

高昌回鹘王国时期的回鹘文中，政治类汉语借词较多，如官职名称“按察使、公主、博士”，法制词语“法律、酷罚”，军事词语“都督、将军”等，这些借词是历代王朝典章制度延续的成果。西域少数民族政权实行“以汉文为尊”的语言文字政策，例如契丹人建立的西辽王朝不仅与宋朝关系密切，耶律大石建国之后还最大限度地保留了辽朝已经吸纳的汉文化传统，除典章制度做出必要的改变之外，其他方面仍保留“崇尚汉语文”“以汉语文为尊”的传统。虽然各少数民族语言仍在族内使用，但汉语已居于社会通用语的地位，成为除辽朝之外的西夏、金朝等少数民族地方政权之间的族际共通语。

（二）社会经济的发展

政治上的隶属关系、语言文化上的密切交流促进了社会经济的发展。自唐朝起，回鹘人就意识到与中原汉族的互补关系，他们世代游牧，善养马匹，但不善于种植粮食；汉族是农耕民族，不愁温饱，但农耕和军事上所需马匹比较匮乏。于是，汉族和回鹘人产生了“绢马贸易”。据记载，“回鹘人每年向唐提供 10 万马匹，每匹马值 40 匹绢。唐以绢 600 万匹、金银 10 万两偿还马值”（新疆维吾尔自治区教委高校历史材料编写组 1991：100）。宋辽时期，“以物换物”形式逐渐被商品贸易取代，baoʧao（宝钞）、ʧao（纸币、钞）等汉语借词应运而生。在经济交往过程中，不同民族接触频繁、往来密切，汉语作为族际交际语的使用愈加广泛，经济类汉语借词随之进入少数民族语言。

（三）生产生活的交往

政治和经济社会的发展，促进了西域少数民族与中原汉族生产生活的交流，相关的汉语借词在少数民族语言中也逐渐增多。高昌回鹘王朝时期，回鹘人逐水草游牧，家居用品极为简陋，没有“床、桌子”之类的家具，较少使用笔墨纸砚，日常饮品也以乳制品为主。通过与汉族的接触，“锁、茶盏、墨”等生活类用品逐渐普及，给回鹘人的生产生活带来了诸多便利，生活类的汉语借词也由此借入回鹘语。喀拉汗王朝时期，生活在西域的汉族为少数民族的农业生产技术带来了新鲜血液，手工业也得以发展，丝帛受到人们的喜爱。西域地区的少数民族不仅学会了种植棉花，还可以纺线、织布，从中原地区引进的“秦丝”更是大受欢迎，各类丝织品名称大量进入突厥语族语言中。

四、结　语

宋辽时期，西域少数民族与中原汉族在政治、经济、文化、生产生活等方面有着广泛的接触和联系，其语言中沉淀了借词这一“活化石”。借词的使用是民族交往、文化接触、语言交流的必然结果，主要传播原因不仅有“以汉文为尊”的政策，还有百姓间生产生活的交往。各民族间的交往从政治领域扩展到民间贸易，文化精英和普通民众是传播汉语借词的主力。如今，这些借词有的适应了维吾尔语的内部发展规律，在现代维吾尔语中得以保留，有的已不再使用，但这些借词是古代民族友好交往、团结互助的历史见证，是各民族交错杂居、文化兼收并蓄的记录，是中华文明多元一体格局的生动例证。

参考文献

[1] 艾斯开尔·胡赛音，叶少钧. 从《突厥语大辞典》看喀喇汗王朝的回鹘文化[J]. 喀什师范学院学报，1985（1）.

[2] 巴托尔德. 中亚历史（上册）[M]. 兰州：兰州大学出版社，2013.

[3] 别利亚耶夫，斯达诺维奇，李铁生. 吉尔吉斯发现的“续兴元宝”与西辽号考[J]. 中国钱币，2012（1）.

[4] 陈文俊. 辽代契丹境内语言文字使用情况探析[D]. 中央民族大学硕士学位论文，2005.

[5] 陈宗振. 关于维吾尔语中的早期汉语借词的探讨[A]//民族语文编辑部. 民族语文研究论文集[C]. 西宁：青海民族出版社，1982.

[6] 陈宗振. 维吾尔语史研究[M]. 北京：中国社会科学出版社，2016.

[7] 冯家昇. 冯家昇论著精粹[M]. 北京：中华书局，1987.

[8] 高莉琴. 以科学的态度对待维吾尔语中的汉语借词[J]. 新疆大学学报（哲学社会科学版），2005（5）.

[9] 高莉琴. 不同时期维吾尔语中的汉语借词[M]. 乌鲁木齐：新疆大学出版社，2006.

[10] 高莉琴. 早期维吾尔语中汉语借词的文化背景透视[J]. 西北民族研究，2008（2）.

[11] 李经纬，靳尚怡，颜秀萍. 高昌回鹘文献语言研究[M]. 乌鲁木齐：新疆大学出版社，2003.

[12] 李树辉. 喀喇汗王朝的建立者及建立时间[J]. 西域研究，2004（4）.

[13] 马克章. 西域汉语通行史[M]. 兰州：甘肃教育出版社，2006.

[14] 田卫疆. 北宋时期西州回鹘相关史实考述[J]. 西域研究，2003（1）.

[15] 脱脱. 辽史[M]. 北京：中华书局，1974.

[16] 王远新. 中国民族语言学基础教程[M]. 北京：中央民族大学出版社，2012.

[17] 王远新. 语言学教程（第三版）[M]. 北京：中央民族大学出版社，2017.

[18] 王远新. 民族交往的语言表现：新疆汉语方言中的维吾尔语借词使用研究[J]. 民族语文，2021（4）.

[19] 校仲彝. 再谈《突厥语词典》汉文译名的确定[J]. 西域研究，2000（4）.

[20] 新疆维吾尔语自治区教委高校历史材料编写组. 新疆地方史[M]. 乌鲁木齐：新疆大学出版社，1991.

[21] 杨建新. 古西行记选注[M]. 银川：宁夏人民出版社，1996.

[22] 张广达. 关于马合木·喀什噶里的《突厥语词汇》与见于此书的圆形地图（上）[J]. 中央民族学院学报，1978（2）.

[23] 张先革，李朝虹，潘志平. 西辽对中华文化在西域传播的作用[J]. 新疆大学学报（哲学·人文社会科学版），2020（2）.

[24] A. von Gabain. Briefe der uigurischen Hüen-tsang-Biographie [G] //SPAW. Phil-hist. Kl，Vol. 29，Berlin，1938：371-415.

语言生活调查

北塔山牧场哈萨克族牧民安居的语言生活及语言文化适应

王远新

【摘要】 牧民定居是大势所趋，涉及生产生活方式转变、语言文化适应及再社会化过程。本研究依据实地观察、访谈和问卷调查法获取的材料和数据，描述新疆生产建设兵团第六师北塔山牧场农业二连哈萨克族移民定居者的语言生活及语言文化适应状况。调查表明，全部调查对象掌握并主要使用哈萨克语，普通话已进入部分家庭，在社交场合也得到更多使用。调查对象对普通话和汉文社会地位、发展前景期望度高于其他语文，对哈萨克语的实用功能评价高于其他语言和方言。多数人满意安居政策和安居点建设，基本适应新的语言文化环境。受观念保守、缺乏开拓精神等主观因素及语言不通、与外界交往困难、学历偏低、缺少非牧业类专业技能、就业空间狭窄等客观因素影响，部分人生产生活方式转变、语言文化适应困难。决策者和定居者应借助乡村振兴东风，使定居者尽快转变生产生活方式、完成语言文化适应及再社会化过程，当务之急是改变定居者的传统观念、提高其整体受教育程度和汉语文能力。

【关键词】 北塔山牧场，哈萨克族移民，语言生活，语言文化适应

20 世纪 80 年代中期，新疆开始有计划实施牧民定居工程。1986 年制定牧民定居政策，1996 年细化工作目标；2002 年将牧民定居与草原生态保护、农村城镇化建设相结合，并以此作为社会主义新农村建设的重要内容。2009 年，新疆生产建设兵团编制《游牧民定居工程建设规划》，提出“十二五”期间实现游牧职工全部定居的目标；2011 年，兵团启动“十二五”少数民族游牧职工定居工程，2013 年提前两年基本完成建设目标。过去，学界更多关注移民安置或牧民定居的经济发展、生产生活方式转变等问题，鲜见语言文化适应和再社会化的相关研究。2010 年以来，我们先后在内蒙古、广西、新疆、云南等民族地区调查了 30 多个生态移民社区的语言生活及定居者的语言文化适应状况，新疆生产建设兵团北塔山牧场生态移民语言文化适应是本系列调查的组

成部分，调查时间为2016年8月。①

一、调查概况

（一）调查点

1. 北塔山牧场

北塔山牧场始建于1952年，原名“新疆军区八一牧场”，隶属新疆生产建设兵团农六师（2012年改为第六师）。牧场地处准噶尔盆地东缘、中蒙边境交界处，属边陲要塞，是兵团第六师最北部的哈萨克族聚居团场，西北与阿勒泰地区青河县接壤，南与昌吉回族自治州（简称“昌吉州”）奇台县五马场乡相邻。场部所在地库甫镇距奇台县210公里、距第六师师部五家渠市450公里。

牧场南北宽约52公里，东西长约74公里，总面积约2252平方公里，地处高海拔地区，自然环境恶劣、植被稀少、大风天气多，一年只有60多天无霜期，无法满足农作物生长需求，蔬菜、瓜果需从210公里外的奇台县运送。牧场以畜牧业为主，兼营农业，主要饲养牛、羊、马、驼等耐渴耐寒牲畜，兼种少量苜蓿和土豆，经济结构单一，职工总体收入不高，1990年被列为国家级边境贫困少数民族团场。牧场基础设施差，2013年9月28日才正式通电，是新疆兵团最后一个通电的农牧团场。

北塔山牧场辖13个单位，包括畜牧一连、二连和三连，农业一连和二连，草建连，煤矿，学校和医院；另有物业管理站、广播电视站、兽医站和林管站。驻场单位有边防二团边防营、昌吉州林管站、昌吉州气象局北塔山牧场气象站和库甫镇边防派出所。截至2016年，牧场共3832人，其中哈萨克族3677人（占96.0%）；牧场在册职工1020人。本研究选取北塔山牧场农业二连作为牧民安置调查点。

① 调查得到中央民族大学2015年度学术团队建设项目“我国民族地区移民社区居民语言文化适应研究”（项目标号：2015MDTD08B）的支持。调查员由中央民族大学、新疆师范大学语言学及应用语言学专业社会语言学方向2015级和2016级博士、硕士研究生6人及笔者担任，调查得到兵团第六师、五家渠市党委办公室、五家渠市委党校、北塔山牧场党委的大力支持，相关数据由牧场办公室提供，在此一并致谢。

2. 农业二连

农业二连是2010年9月由山区牧场搬迁至第六师红旗农场三场槽子定居点的牧民安置连队，西临红旗农场十二连，距红旗农场场部36公里、昌吉州吉木萨尔县30公里、奇台县40公里、303省道15公里，距北塔山牧场畜牧三连320公里。二连有土地10050亩，其中种植面积9200亩，主要种植小麦、打瓜、甜菜等作物。全连共243户886人（常住职工157户，在编职工144人，常住人口582人），其中哈萨克族236户854人（占96.4%）；汉族10户28人（占3.2%），另有其他民族4人。

（二）调查方法和问卷结构

本研究除采用实地观察和访谈法，主要采用一对一访谈式问卷调查法。问卷由6部分96个单选和多选题组成，包括调查对象个人及其家庭信息，语言习得、语言能力和使用现状、媒体语言接触、语言文字学习途径和动机、语言态度、移民搬迁态度和语言文化适应。每题设若干选项或指标，题目、选项或指标相互印证，可通过逻辑分析检验调查对象自报的信度。问题、选项或指标为既定，调查员以访谈方式询问，并依据调查对象的回答在给定范围内圈选或填写选项。为避免遗漏重要信息，题旁留空白、问卷末留日记栏，要求调查员准确记录。问卷完成后，先由调查员检查，再交叉核对，发现问题及时联系调查对象，确保问卷的有效性。访谈分两类：一是围绕问卷问题的专题访谈；二是针对相关问题选择合适的受访者做延伸性深度访谈。

（三）抽样及样本构成

依据二连移民安置户及人口特点，本项调查共抽取33个家庭作为户访对象，每户选择1人作为问卷调查对象，获取有效样本33个。样本构成见表1和表2。

表1　性别、年龄段和职业（$n=33$；人/%）

性别		年龄段（岁）			职业		
男	女	15—30	31—50	51—69	职工	学生	干部
18/54.5	15/45.5	17/51.5	10/30.3	6/18.2	23/69.7	5/15.2	5/15.2

表2　受教育程度（$n=33$；人/%）

没上过学	小学	初中	高中	大专及以上
11/33.3	5/15.2	5/15.2	7/21.2	5/15.2

（四）族际通婚及通婚态度

族际通婚比例低，仅1人（3.0%）家族中有与回族通婚成员。通婚态度（涉己态度：假设本人与他族成员结婚，调查对象的态度；涉他态度：不论家族中有无族际通婚成员，调查对象的态度）见表3。

表3 通婚态度（$n=33$；人/%）

涉己态度					涉他态度					
愿意	无所谓	不愿意	其他想法	无法回答	应该提倡	应当尊重	可以接受	不合心意	其他想法	无法回答
8/24.2	0	23/69.7	1/3.0	1/3.0	0	15/45.5	4/12.1	10/30.3	2/6.0	2/6.0

数据表明，族际通婚态度总体不积极，涉己（69.7%）比涉他（30.3%）态度更为消极。通婚态度与受教育程度、年龄等因素无明显关联，受性别因素影响显著，其中涉己态度：女性（13人/86.7%）>男性（10人/55.6%）、涉他态度：女性（8人/53.3%）>男性（2人/11.1%）。持积极态度的调查对象主要考虑民族平等、情感和人品，持消极态度的调查对象主要担心风俗习惯和语言文化差异。

二、语言习得和语言能力

（一）语言习得和习得环境①

（1）最先学会的语言或方言（可多选）：哈萨克语29人，哈萨克语/普通话4人。

（2）父亲跟调查对象小时候使用的语言或方言（可多选）：哈萨克语33人。

（3）母亲跟调查对象小时候使用的语言或方言（可多选）：哈萨克语33人。

（4）上小学时，老师用什么语言或方言授课（可多选）：哈萨克语12人，哈萨克语/普通话7人，普通话4人，无此情况10人。

①“普通话”指带哈萨克语特点的地方普通话，“汉语方言”指兰银官话北疆片汉语，“无此情况”指不存在这种情况。

所有调查对象最先习得本族语，同时习得普通话的4人均为文化程度较高的青年组女性；父母与调查对象小时候均使用哈萨克语；小学读普通班（哈萨克语文授课）、双语班和汉语班的分别占36.4%、21.2%和12.1%，老年组读普通班、中年组读双语班、青年组读汉语班的比例较高。

（二）语言文字能力

1. 语言掌握

现在能用哪些语言或方言与人交谈（可多选）：哈萨克语/普通话12人，哈萨克语8人，哈萨克语/汉语方言7人，哈萨克语/普通话/汉语方言3人，哈萨克语/普通话/维吾尔语2人，哈萨克语/维吾尔语1人。分解多选项：哈萨克语（33人次）>普通话（17人次）>汉语方言（10人次）>维吾尔语（3人次）。全部调查对象掌握哈萨克语，哈萨克语单语人8人（24.2%）；哈萨克语和汉语（普通话或汉语方言）双语人22人（66.7%），17人掌握普通话（51.5%），9人不会汉语（27.3%）。

2. 语言掌握程度

全部调查对象熟练掌握哈萨克语，合并前三项指标，其他语言和方言“听”的程度：普通话=汉语方言（各12人/36.4%）>维吾尔语（8人/24.2%）>英语（2人/6.0%）；“说”的程度：普通话=汉语方言（10人/30.3%）>维吾尔语（5人/15.2%）>英语（1人/3.0%）。哈萨克语和汉语方言输入和输出相同，其他语言输入程度高于输出程度。具体数据见表4。

表4 语言掌握程度（$n=33$；人/%）

指标＼语言变体		哈萨克语	维吾尔语	普通话	汉语方言	英语
听	完全能听懂	33/100	1/3.0	2/6.0	2/6.0	0
	大部分能听懂	0	1/3.0	3/9.1	3/9.1	0
	基本能听懂	0	6/18.2	7/21.2	7/21.2	2/6.0
	能听懂日常用语	0	6/18.2	4/12.1	4/12.1	2/6.0
	基本听不懂	0	5/15.2	4/12.1	4/12.1	3/9.1
	完全听不懂	0	14/42.4	13/39.4	13/39.4	26/78.8
合计		**33/100**	**33/100**	**33/100**	**33/100**	**33/100**

续表

指标 \ 语言变体		哈萨克语	维吾尔语	普通话	汉语方言	英语
说	能熟练交谈，没有障碍	33/100	1/3.0	2/6.0	2/6.0	0
	能熟练交谈，个别时候有障碍	0	1/3.0	3/9.1	3/9.1	0
	基本能交谈	0	3/9.1	5/15.2	5/15.2	1/3.0
	会说日常用语	0	5/15.2	4/12.1	4/12.1	2/6.0
	基本不会说	0	8/24.2	3/9.1	3/9.1	4/12.1
	完全不会说	0	15/45.5	16/48.5	16/48.5	26/78.8
合计		**33/100**	**33/100**	**33/100**	**33/100**	**33/100**

上题普通话程度（51.5%）自报明显偏高，实际只有30.3%的调查对象掌握或基本掌握普通话。这是因为部分调查对象将会说日常用语自报为掌握普通话，同时也在一定程度上体现了调查对象的语言态度。

3. 文字掌握程度

合并前两项指标，“读”的程度：哈萨克文（26人/78.8%）>汉文（14人/42.4%）>维吾尔文（1人/3.0%）；“写”的程度：哈萨克文（24人/72.7%）>汉文（10人/30.3%）>维吾尔文（0人）。总体而言，文字输入程度均高于输出程度。具体数据见表5。

表5 文字掌握程度（*n*=33；人/%）

指标 \ 文字		哈萨克文	汉文	维吾尔文	英文
读	能读书看报	24/72.7	11/33.3	1/3.0	0
	能看懂家信或简单文章	2/6.0	3/9.1	0	1/3.0
	只能看懂便条或手机短信	3/9.1	2/6.0	5/15.2	2/6.0
	基本看不懂	0	1/3.0	2/6.0	4/12.1
	完全看不懂	4/12.1	16/48.5	25/75.8	26/78.8
合计		**33/100**	**33/100**	**33/100**	**33/100**

续表

指标＼文字		哈萨克文	汉文	维吾尔文	英文
写	能写文章	19/57.6	9/27.3	0	0
	能写家信或简单文章	5/15.2	1/3.0	0	0
	只能写便条或手机短信	4/12.1	4/12.1	0	3/9.1
	基本不会写	1/3.0	2/6.0	4/12.1	4/12.1
	完全不会写	4/12.1	17/51.5	29/87.9	26/78.8
合计		**33/100**	**33/100**	**33/100**	**33/100**

三、语言文字学习途径和动机

（一）语言文字学习途径①

1. 语言学习途径

（1）哈萨克语（可多选）：家人影响/学校学习 14 人，家人影响 12 人，家人影响/学校学习/社会交往/媒体接触 5 人，家人影响/社会交往/媒体接触 1 人，家人影响/学校学习/媒体接触 1 人。分解多选项：家人影响（33 人次）>学校学习（20 人次）>媒体接触（7 人次）>社会交往（6 人次）。

（2）维吾尔语（可多选）：社会交往 12 人，自学 3 人，学校学习 1 人，培训班 1 人，无此情况 16 人。

（3）普通话（可多选）：社会交往 8 人，学校学习 7 人，学校学习/媒体接触 3 人，在外地/社会交往 2 人，学校学习/媒体接触/自学 1 人，家人影响 1 人，学校学习/社会交往 1 人，社会交往/媒体接触 1 人，家人影响/学校学习 1 人，无此情况 8 人。分解多选项：学校学习（13 人次）>社会交往（12 人次）>媒体接触（5 人次）>家人影响=在外地（各 2 人次）>自学（1 人次）。

（4）汉语方言（可多选）：社会交往 17 人，学校学习 1 人，无此情况

① 包括学过但未学会或掌握程度不高的调查对象；语言和文字学习途径中的“家人影响”分别指在家庭环境中自然学会、由家人教会；“媒体接触”指看电视、电影，听广播或接触其他媒体；“在外地”包括在外地上学、当兵、经商务工等。

15人。

2. 文字学习途径

（1）哈萨克文（可多选）：学校学习17人，家人影响/学校学习5人，家人影响/自学4人，家人影响2人，自学1人，无此情况4人。分解多选项：学校学习（22人次）>家人影响（11人次）>自学（5人次）。

（2）维吾尔文（可多选）：社会交往5人，自学1人，无此情况27人。

（3）汉文（可多选）：学校学习13人，学校学习/自学1人，家人影响/学校学习1人，无此情况18人。分解多选项：学校学习（15人次）>家人影响=自学（各1人次）。

调查对象主要在家庭环境中自然习得哈萨克语，主要通过社会交往学习维吾尔语和汉语方言，主要通过学校学习和社会交往的途径学习普通话，主要通过学校学习的途径学习哈萨克文和汉文。

（二）语言学习目的和困难

（1）学习哈萨克语的目的（分解多选项）：从小自然学会（31人次）>生活地区广泛使用（24人次）>便于与哈萨克族沟通（16人次）>有助于传承哈萨克族文化（11人次）>工作或外出需要（5人次）>个人兴趣（4人次）。

（2）学习维吾尔语的目的（分解多选项）：便于与当地少数民族沟通（11人次）>工作或外出需要（8人次）>生活地区广泛使用（3人次）>有助于传承少数民族文化（2人次）>从小自然学会（1人次），无此情况15人。

（3）学习普通话的目的（分解多选项）：能与更多人沟通（19人次）>有前途=工作和外出需要（各12人次）>全国通用语（11人次）>学校或单位要求=个人兴趣（各7人次）>从小自然学会=其他目的（各1人次）。

（4）学习普通话的主要困难（分解多选项）：受哈萨克语影响不好改口音（17人次）>周围的人不说（13人次）>说汉语方言更自然（11人次）>说哈萨克语更容易与当地人沟通（6人次）>说哈萨克语更自然（2人次）>说汉语方言更容易与当地人沟通（1人次），没有问题2人。

总体而言，哈萨克语主要为自然习得；学习维吾尔语主要是为了与当地维吾尔族沟通；学习普通话的主要动机是与更多人沟通，主要困难是受母语影响和缺乏语言环境。选择“周围的人不说”的一位32岁女性，小学和初中均上普通班，三年级开始学汉语。2005—2008年在乌鲁木齐市兵团师范学校上中专时，她的普通话口语比现在好，其程度是基本能交流、能写简单的汉文文章。返乡后，因缺乏语言环境，她的汉语文水平明显下降，现在的普通话程度是基本能听懂、交流有障碍，汉文程度是只能发手机短信。一位28岁男性调查对象只上过一年小学，能看懂哈萨克文，只能用哈萨克文发短信。他平时与家人、邻居只使用哈萨克语，外出打工学会普通话的简单日常用语。他强调："学习普通话的主要困难是我们这里缺少语言环境，没有学习和使用的条件。"

四、语言文字使用现状

（一）家庭场域

（1）跟父亲（可多选）：哈萨克语 30 人，哈萨克语/普通话 3 人。

（2）跟母亲（可多选）：哈萨克语 31 人，哈萨克语/普通话 2 人。

（3）跟同辈（可多选）：哈萨克语 28 人，哈萨克语/普通话 5 人。

（4）跟子女（可多选）：哈萨克语 25 人，哈萨克语/普通话 6 人，无此情况 2 人。

数据表明，第一，调查对象与长辈语言使用同质性较高，主要使用哈萨克语；第二，语言使用出现代际差异，即随交际对象辈分降低，使用普通话的人次增加。选择"哈萨克语/普通话"双语的均为青年组女性。

（二）社会场域

1. 交际场合

（1）在本地集贸市场买东西（可多选）：哈萨克语 19 人，哈萨克语/普通话 7 人，普通话 4 人，汉语方言 2 人，哈萨克语/汉语方言 1 人。分解多选项：哈萨克语（27 人次）>普通话（11 人次）>汉语方言（3 人次）。

（2）去政府部门办事（可多选）：哈萨克语 15 人，哈萨克语/普通话 6 人，普通话 6 人，哈萨克语/汉语方言 5 人，无此情况 1 人。分解多选项：哈萨克语（26 人次）>普通话（12 人次）>汉语方言（5 人次）。

（3）去哈萨克斯坦（可多选）：哈萨克语 5 人，无此情况 28 人。

2. 交际对象和交际话题

（1）跟本族邻居聊天（可多选）：哈萨克语 30 人，哈萨克语/普通话 3 人。

（2）跟其他民族熟人聊天（可多选）：哈萨克语 14 人，普通话 5 人，哈萨克语/汉语方言 5 人，汉语方言 2 人，哈萨克语/维吾尔语 1 人，哈萨克语/普通话/维吾尔语 1 人，无此情况 5 人。分解多选项：哈萨克语（21 人次）>汉语方言（7 人次）>普通话（6 人次）>维吾尔语（2 人次）。

（3）跟陌生人交谈（可多选）：哈萨克语/普通话 12 人，哈萨克语 11 人，哈萨克语/汉语方言 5 人，普通话 5 人。分解多选项：哈萨克语（28 人次）>普通话（17 人次）>汉语方言（5 人次）。

（4）跟亲友谈论国家大事（可多选）：哈萨克语 28 人，哈萨克语/普通话 4 人，普通话 1 人。

（5）本族节日活动中与本族人交谈（可多选）：哈萨克语 32 人，哈萨克语/普通话 1 人。

（6）本族节日活动中与其他民族交谈（可多选）：哈萨克语 12 人，哈萨克语/普通话 4 人，普通话 3 人，哈萨克语/汉语方言 3 人，汉语方言 2 人，无此情况 9 人。分解多选项：哈萨克语（19 人次）>普通话（7 人次）>汉语方言（5 人次）。

数据表明，调查对象在社交场合主要使用哈萨克语，其次是哈萨克语和汉语（普通话或汉语方言）双语；本民族内部主要使用哈萨克语单语。15. 2%的调查对象去过哈萨克斯坦，且只使用哈萨克语。

（三）媒体语言接触

（1）收看电视或网络视频（可多选）：哈萨克语 13 人（39. 4%），哈萨克语/普通话 12 人（36. 4%），普通话 8 人（24. 2%）。

（2）收听广播（可多选）：哈萨克语 15 人（45. 5%），哈萨克语/普通话 6 人（18. 2%），普通话 4 人（12. 1%），无此情况 8 人（24. 2%）。

（3）浏览网站或网页（可多选）：汉语文 7 人（21. 2%），哈萨克语文/汉语文 5 人（15. 2%），哈萨克语文 5 人（15. 2%），无此情况 16 人（48. 5%）。

媒体语言接触排序，电视或网络视频：哈萨克语（75. 8%）>普通话（60. 6%）；广播：哈萨克语（63. 6%）>普通话（30. 3%）>不收听（24. 2%）；浏览网站或网页：不上网（48. 5%）>汉语文（36. 4%）>哈萨克语文（30. 3%）。

（四）文字使用

（1）阅读书刊（可多选）：哈萨克文 10 人，汉文 6 人，哈萨克文/汉文 5 人，无此情况 12 人。

（2）日常书写（可多选）：哈萨克文 14 人，汉文 7 人，哈萨克文/汉文 4 人，无此情况 8 人。

（3）电脑书写（可多选）：汉文 9 人，哈萨克文 3 人，哈萨克文/汉文 1 人，无此情况 20 人。

（4）发短信或微信（可多选）：哈萨克文 10 人，汉文 9 人，哈萨克文/汉文 7 人，无此情况 7 人。

文字使用排序，阅读书刊：哈萨克文（45.5%）>不阅读（36.4%）>汉文（33.3%）；日常书写：哈萨克文（54.5%）>汉文（33.3%）>不书写（24.2%）；电脑书写：不用电脑（60.6%）>汉文（30.3%）>哈萨克文（12.1%）；发短信或微信：哈萨克文（51.5%）>汉文（48.5%）>不用手机（21.2%）。

五、语言态度

（一）社会地位评价

不同语言和方言“很有用”排序：普通话>哈萨克语>英语>维吾尔语>汉语方言，前两项指标合并：哈萨克语>普通话>英语>维吾尔语>汉语方言；不同文字“很有用”排序：汉文>哈萨克文>英文>维吾尔文，前两项指标合并：哈萨克文>汉文>英文>维吾尔文。具体数据见表 6。

表 6　语言文字有用度（$n=33$；人/%）

指标 \ 语言文字		哈萨克语文	维吾尔语文	普通话汉文	汉语方言	英语英文
语言评价	很有用	29/87.9	11/33.3	30/90.9	7/21.2	19/57.6
	对一部分人或在一定范围有用	4/12.1	13/39.4	2/6.0	8/24.2	6/18.2
	没有用	0	6/18.2	1/3.0	11/33.3	5/15.2
	无法回答	0	3/9.1	0	7/21.2	3/9.1
合计		**33/100**	**33/100**	**33/100**	**33/100**	**33/100**
文字评价	很有用	27/81.8	10/30.3	28/84.8		19/57.6
	对一部分人或在一定范围有用	5/15.2	13/39.4	3/9.1		6/18.2
	没有用	1/3.0	7/21.2	2/6.0		5/15.2
	无法回答	0	3/9.1	0		3/9.1
合计		**33/33**	**33/100**	**33/100**		**33/100**

（二）实用功能评价

（1）对自己比较重要的语言或方言（可多选）：哈萨克语/普通话 13 人，哈萨克语 12 人，普通话 5 人，哈萨克语/维吾尔语 1 人，哈萨克语/英语 1 人，哈萨克语/汉语方言 1 人。分解多选项：哈萨克语（28 人次）>普通话（18 人次）>维吾尔语=英语=汉语方言（各 1 人次）。

（2）本地人学习哪种外语更有用（可多选）：英语 18 人，俄语 5 人，法语 1 人，无法回答 9 人。

（三）语言文字前景期望度

不同语言和方言“有很大发展”排序：普通话>哈萨克语>英语>维吾尔语>汉语方言，前两项指标合并排序相同；不同文字“有很大发展”排序：汉文>哈萨克文>英文>维吾尔文，前两项指标合并排序相同。调查对象对普通话和汉文前景期望度最高，其次是哈萨克语文；语言和相应文字前景期望度大体一致。具体数据见表 7。

表 7 语言文字前景期望度（$n=33$；人/%）

指标＼语言文字		哈萨克语文	维吾尔语文	普通话汉文	汉语方言	英语英文
语言态度	有很大发展	22/66.7	6/18.2	26/78.8	5/15.2	11/33.3
	在一定范围发展	5/15.2	5/15.2	3/9.1	3/9.1	2/6.0
	任其自然发展	4/12.1	15/45.5	3/9.1	14/42.4	14/42.4
	不久将来不再使用	0	0	0	3/9.1	0
	无法回答	2/6.0	7/21.2	1/3.0	8/24.2	6/18.2
合计		**33/100**	**33/100**	**33/100**	**33/100**	**33/100**
文字态度	有很大发展	22/66.7	6/18.2	26/78.8		12/36.4
	在一定范围发展	6/18.2	4/12.1	4/12.1		2/6.0
	任其自然发展	4/12.1	16/48.5	2/6.0		11/33.3
	不久将来不再使用	0	0	0		0
	无法回答	1/3.0	7/21.2	1/3.0		8/24.2
合计		**33/100**	**33/100**	**33/100**		**33/100**

（四）行为倾向

（1）希望后代最先学会的语言（可多选）：哈萨克语/普通话 20 人，哈萨克语 10 人，哈萨克语/普通话/英语 3 人。分解多选项：哈萨克语（33 人次）>普通话（23 人次）>英语（3 人次）。

（2）希望后代上什么语言授课的幼儿园（可多选）：哈萨克语/普通话 23 人，哈萨克语/普通话/英语 4 人，哈萨克语 3 人，普通话 3 人。分解多选项：普通话=哈萨克语（各 30 人次）>英语（4 人次）。

（3）希望后代上什么语言授课的小学（可多选）：哈萨克语/普通话 23 人，哈萨克语/普通话/英语 5 人，普通话 4 人，哈萨克语 1 人。分解多选项：普通话（32 人次）>哈萨克语（29 人次）>英语（5 人次）。

（4）希望后代上什么语言授课的中学（可多选）：哈萨克语/普通话 20 人，普通话 6 人，哈萨克语/普通话/英语 5 人，哈萨克语 2 人。分解多选项：普通话（31 人次）>哈萨克语（27 人次）>英语（5 人次）。

（5）希望后代上什么语言授课的大学（可多选）：哈萨克语/普通话 18 人，普通话 7 人，哈萨克语/普通话/英语 4 人，普通话/英语 2 人，哈萨克语 1 人，无法回答 1 人。分解多选项：普通话（31 人次）>哈萨克语（23 人次）>英语（6 人次）。

表 8　后代择校语言排序（$n=33$）

幼儿园	普通话=哈萨克语>英语
小学	普通话>哈萨克语>英语
中学	普通话>哈萨克语>英语
大学	普通话>哈萨克语>英语

（6）是否希望后代将来从事与哈萨克语文相关的工作：希望 20 人，不希望 5 人，无所谓 5 人，无法回答 3 人。

数据表明，希望后代最先学会的语言：哈萨克语（100%）>普通话（69.7%）>英语（9.1%）。希望后代幼儿园接受普通话和哈萨克语教育的人次相同；随学段提升，选择普通话的人次增加。60.6%的调查对象希望后代从事与哈萨克语文相关的工作。只会哈萨克语的一位 50 岁男性（没上过学）希望后代从幼儿园到大学都接受哈萨克语和普通话双语教育，将来从事与汉语文相关的工作。他强调："能用哈萨克语交流就行。掌握汉语文能与更多人交流，也容易找到工作。不能让孩子像我一样不懂汉语，吃亏。我很想学汉语，但年龄大了，学不会。”

（五）媒体语言态度

（1）是否赞成广播和电视节目使用汉语方言：赞成 3 人，不赞成 11 人，无所谓 12 人，无法回答 7 人。

（2）是否赞成在本地开播哈萨克语广播节目：赞成 31 人，无所谓 2 人。

（3）是否赞成在本地开播哈萨克语电视节目：赞成 33 人。

（4）是否赞成手机平台用哈萨克语文发布信息：赞成 28 人，无所谓 4 人，无法回答 1 人。

媒体语言态度排序：赞成开播哈萨克语电视节目（100%）>赞成开播哈萨克语广播(93.9%）>赞成手机平台用哈萨克文发布信息（84.8%）>赞成广播电视节目使用汉语方言（9.1%）。

（六）对语文政策的看法和建议

（1）对当地双语教育政策和措施的看法：赞成 28 人，不赞成 3 人，无法回答 2 人。

（2）希望政府采取哪些措施发展哈萨克语文（分解多选项）：幼儿园汉哈双语教学（33 人次）>中学汉哈双语教学=小学汉哈双语教学（各 30 人次）>开办哈萨克语电视节目（26 人次）>开办哈萨克语广播=编写哈萨克文教材（各 25 人次）>出版哈萨克文报刊图书（20 人次）>开设哈萨克语文网站或网页（19 人次）>开设哈萨克语文微信平台（18 人次）。

84.8%的调查对象赞成现行双语教育政策和措施；多数调查对象希望政府在不同学段实施汉哈双语教学，发展各类哈萨克语文媒体。

六、移民搬迁和语言文化适应

（一）搬迁安置政策及相关措施

北塔山牧场建设定居连队有两个目的：一是退牧还草，保护山地草场；二是解决山区牧场因气候干旱、草场退化导致放牧难的问题。牧民安置措施分集中和插花两类模式，前者将山上部分牧民安置在统一定居点，搬迁者主要从事牧业、种植业、零售和运输业；后者将部分牧民转移安置在第六师红旗农场农业二连、奇台农场农业一连等地，搬迁者主要从事种植业和刺绣。安居点的建设，改善了搬迁者的居住、出行、就医、子女教育等条件。按建设规划，下一步将加强产业支撑、保障能力和配套公共服务能力建设，引导定居者发展多种经营，实现多元、持续和稳定增收（张振华、袁瑞婕 2014）。

农业二连是北塔山牧场重点建设的牧民安置点，场部依据牧民实际，主要采取了三方面的安置措施：第一，每位在编职工分配 20 亩地，非在编的分配 40 亩地。因连队职工普遍较年轻，子女尚未成为劳动力，多数安置户选择后一种方式。第二，每户分配 60 平方米砖混结构平房，总价 6 万元，每户出资 1.5 万元，六师和北塔山牧场共同垫付 4.5 万元。第三，为 60 个低保户每月补助 372 元。几年里，安置点基本实现通水、通电、通路和宽带上网，建有技术服务站、卫生所、文化室，建成汉语授课、加授哈萨克语文的双语小学和幼儿园各一所，牧民后代从“马背小学”进入固定学校就读。

牧民转农耕存在一定困难，如缺乏农耕经验、短期内难以适应农业生产，圈养牲畜降低了职工收入，种植农作物成本高、收益少等。为确保移居户“下得来、定得住、能致富”，场部和连队实施土地外包、拓展就业途径等措施。2016 年，二连所有土地以每亩 450 元对外承包，连队组织剩余劳动力外出打工、搞养殖育肥、发展第三产业。195 人外出务工，直接创收 60 余万元；3 个养殖专业合作社绵羊存栏 3500 只，夏季在山区牧场放养，育肥期下山圈养，即山上养殖、山下育肥，周期短、见效快；土地外包，收租务工两不误。

（二）满意度

喜欢原居住地还是现居住地：现居住地 20 人（60.6%），原居住地 9 人（27.3%），没有明显差别 3 人（9.1%），各有好处 1 人（3.0%）。

喜欢现居住地的调查对象认为，搬迁后生活有保障，住房条件好，上学、看病、交通都比以前方便。土地承包后，可外出务工，比放牧轻松，赚钱更多。一位 50 岁男性调查对象过去在山区放牧，搬迁后分到 20 亩地，土地外包后，主要跟随基建队外出打工，家里养了 1 头牛 5 只羊，妻子有退休金。他表示：“我更喜欢山下的生活，日子比以前好过，挣得也多。”一位 28 岁男性调查对象认为：“山下生活更好。40 亩地承包出去后，农忙帮人收滴灌带，一亩地 10 块钱，一年收入大概 6000 元，农闲还可以外出打工。”

喜欢原居住地的调查对象主要因为山上放牧方便，空气和环境好，从小在山里长大，适应山里的环境。部分调查对象表示，搬迁后没有羊圈，生产和生活有一定困难。认为搬迁前后没有差别或各有好处的调查对象表示，过去放牧方便，住房条件差；现在住房条件好，放牧不方便。

（三）面临的困难

搬迁后的困难（分解多选项）：不适应新的生产方式（9 人次）>其他（6 人次）>收入减少=不适应自然环境（各 5 人次）>语言环境变化大=很难找到新工作（各 4 人次）>文化环境变化大（1 人次），没有困难 15 人。

45.5%的调查对象认为搬迁后没有太大困难，基本适应新的语言文化环境。一位 32 岁女性（中专学历）介绍，她不属于在编职工，与丈夫从山上搬迁到山下后分了 40 亩地，以每亩 450 元的价格由连队统一外包，丈夫外出当基建工人。丈夫父母家里有牧场，她在搬迁地圈养了 20 只羊，夏天可以让丈夫父母在山里代牧。她觉得现在比山上生活好，更有发展。她已怀孕 7 个月，计划生完孩子后在连队开个小商店，既方便带孩子，又能增加收入。

自报不适应的调查对象多认为搬迁后收入少、经济压力大。一位 35 岁男性（未上过学）解释："搬下来后语言沟通成问题，找不到新工作，收入不如山上放牧多，不够日常开支。"一位 38 岁男性（未上过学）介绍："搬下来后分了 40 亩地，不会种只能包给别人，收入少，不够养家，要出去打工。"一位 30 岁男性（未上过学）认为："山下天气太热，没有山上舒服。除了租地没有其他收入。"一位 45 岁女性（未上过学）解释："山上空气好、环境好，也有放牧的地方。下山后周围的人都说汉语，不太适应。搬下来后每人分 40 亩地，孩子爸爸有工作，少分 20 亩，每月看护林带有 1500 块钱收入。搬迁后买房花了 1.5 万，我找不到新工作，供孩子上学经济压力大。在山上时，家里有 100 多只羊和 10 多头牛，卖羊就可以凑够孩子上学的花费。"一位 43 岁女性（大专学历）介绍，丈夫身体不好，无法找新工作补贴家用。一位 37 岁男性（小学文化）解释："没有种地经验，没有固定经济来源，一直没有适应。"一位 26 岁男性（小学文化）强调，刚搬下来不会种地，没有固定经济来源，又找不到挣钱机会。现在孩子已上学，需要花钱的地方比较多。一位 19 岁男性（高中文化）更喜欢现住地，觉得生活更方便，发展机会比山上多，但家长放牧转农业很不适应。他父亲在山上照顾 100 多只羊，一直不肯下山。

选择"其他"的一位 60 岁男性（小学文化）列举了以下困难：租地钱不够花，分了 40 亩地，儿子成家后分了 20 亩，儿子儿媳不会种，把 20 亩地转到母亲名下，办了提前退休手续；借钱买房，至今还欠着债；夏天去山里放牧还是住在过去的四顶小毡房里；连队路灯不亮，卫生所只能医治小病，大点的病要到吉木萨尔县医院或奇台县三医院，路途遥远；连队只有幼儿园和小学，不少学生读完三年级后就转入其他学校，附近没有初中，孩子上学不方便。

（四）语言适应

搬迁后语言使用的变化（分解多选项）：说普通话机会多了（9人次）>说汉语方言机会多了（6人次）>与原居住地没有差别（4人次）>说本族语机会少了（3人次）>其他（2人次），无明显变化14人。选择“其他”的一位调查对象认为，山上居住分散，交往不便；搬迁后哈萨克族集中居住，接触哈萨克族、使用哈萨克语的机会更多。一位30岁女性（大专学历）表示：“刚搬下来与附近的人沟通困难，时间一长就适应了。”

搬迁后，牧民生产方式发生了很大变化，外出务工者增多。因学历普遍较低，汉语水平不高，在“走出去”过程中，他们更加体会到学习和掌握普通话的重要性。一位32岁女性（中专学历）表示：“如果在大城市工作，学习汉语和外语都很有用，但在我们这里，汉语和外语都没多大用处。不过，从发展趋势看，还是要掌握汉语，会汉语才能生活得更好。”一位32岁男性（小学文化）强调：“周围的人都说汉语，我们想学汉语但没有人教。还是想承包羊群在山里放牧，但没有草场。搬下来后分了土地，但没有种地经验。”一位49岁女性（未上过学）介绍：“山上有牧场，空气和气候都比山下好。搬下来后，外出办事、买东西比过去方便，但要想做点生意，听不懂别人的话。”

总体而言，60.6%的调查对象喜欢现居住地，认为搬迁后没有太大困难，基本适应新环境；27.3%的调查对象喜欢原居住地，认为生产方式转变困难，收入减少。语言文化适应方面，外出务工者、干部和学生汉语水平相对较高，基本能用汉语交流，其他人用汉语交流困难。

七、结　语

（一）语言习得、掌握及学习途径和动机

牧民安居点的全部调查对象最先习得哈萨克语；小学阶段，老年组上普通班、中年组上双语班、青年组上汉语班的比例较高，这与当地小学双语教学模式的变化相符。哈萨克语单语人占24.2%；30.3%的调查对象掌握普通话，66.7%的调查对象掌握或基本掌握哈汉（普通话或汉语方言）双语。调查对象主要通过家庭自然习得哈萨克语，主要通过社会交往学习维吾尔语和汉语方言，主要通过学校学习的途径学习普通话、汉文和哈萨克文。学习普通话的主要动机是与更多人交流，主要困难是受母语影响和缺乏语言环境；学习维吾尔

语是为了与当地维吾尔族交往。

（二）语言文字使用现状

家庭场域，调查对象与长辈主要使用哈萨克语，随交际对象辈分降低，使用普通话的比例增加。社会场域，调查对象主要使用哈萨克语，其次是哈汉（普通话或汉语方言）双语；跟本民族和其他民族聊天或谈论正式话题以及节日活动均主要使用哈萨克语。15.2%的调查对象去过哈萨克斯坦，且使用哈萨克语单语。调查对象主要接触哈萨克语文传统媒体，其次是普通话；主要接触汉语文网络媒体，其次是哈萨克文。45.5%和33.3%的调查对象分别阅读哈萨克文和汉文书刊；日常书写主要使用哈萨克文，电脑书写主要使用汉文，发短信或微信使用哈萨克文和汉文的分别占51.5%和48.5%。

（三）语言态度和政策建议

调查对象对普通话、汉文和哈萨克语文社会地位评价均很高，对哈萨克语实用功能的评价高于其他语言和方言，对普通话和汉文的发展前景期望度高于其他语文。行为倾向方面，调查对象均希望后代最先学会哈萨克语，其中69.7%的人希望后代同时学会普通话；希望后代不同学段主要学好普通话，其次是哈萨克语；随学段提升，选择普通话的比例逐渐增加。多数调查对象赞成开播哈萨克语广播、电视节目，赞成手机平台用哈萨克文发布信息；60.6%的调查对象希望后代从事与哈萨克语文相关的工作。多数调查对象赞成现行的双语教育政策和措施；希望政府在不同学段实施汉哈双语教学，并进一步发展各类哈萨克语文媒体。

（四）移民搬迁及语言文化适应

超过半数的定居者满意移民安居政策和措施，基本适应新的语言文化环境。部分人主要受观念保守、缺乏开拓精神等主观因素及语言不通、与外界交往困难、学历偏低、缺少非牧业类专业技能、就业空间狭窄等客观因素影响，生产生活方式转变、语言文化适应困难。牧民定居是大势所趋，既需要决策者借助乡村振兴东风，采取有效措施使定居者尽快转变生产生活方式、完成语言文化适应及再社会化过程，也需要定居者克服困难以适应社会发展。从语言文化适应角度看，当务之急是改变定居者的传统观念、提高其整体受教育水平和汉语文能力。

参考文献

[1] 王远新. 走进田野，关注民族地区语言生活的新走向[G]//王远新. 语言田野调查实录（六），北京：中央民族大学出版社，2011.

[2] 王远新. 应当加强少数民族生态移民语言文化适应的调查研究[G]//王远新. 语言田野调查实录（九），北京：中央民族大学出版社，2013.

[3] 张振华，袁瑞婕. 兵团哈萨克族牧民定居与效益分析——以兵团第六师北塔山牧场为例[J]. 兵团党校学报，2014（6）.

民族杂居社区的语言生活及其变化：察布查尔锡伯自治县良种繁育场的案例

王远新

【摘要】 相对于民族聚居社区，民族杂居社区的语言生活状况更加复杂。本文以新疆察布查尔锡伯自治县良种繁育场为调查点，调查民族杂居社区的语言生活状况及其变化特点。调查表明，良种繁育场的汉族虽占多数，但双语多语人的比例最低；维吾尔族、哈萨克族、锡伯族人口相当，均为“民—汉”或“民—民”双语多语人，即少数民族的语库存储比汉族丰富。调查对象掌握普通话的比例最高，但普通话并未成为唯一通用的族际交际语；不同民族调查对象掌握当地汉语方言、维吾尔语、哈萨克语和锡伯语的比例相当，彼此之间选择普通话或当地汉语方言作为族际交际语。调查对象对普通话和汉文的社会地位、实用功能评价及前景期望度均最高，其次是哈萨克语文和维吾尔语文，锡伯族调查对象对锡伯语文的评价较高，不同民族调查对象对当地汉语方言的评价高于疆外汉语方言。调查对象语言能力和语言使用存在代际差异，青年组的普通话能力及其使用明显高于中老年组。总体而言，社区的语言文化多样性得以维系。

【关键词】 民族杂居社区，语言使用，语言态度，语言生活变化

随着城镇化速度加快、普通话推广力度加大，民族杂居区的语言生活发生了明显变化。为了解新疆民族杂居区居民的语言使用状况和语言态度，2006年，我们赴新疆多地开展了一个多月的田野调查，伊犁地区察布查尔锡伯自治县（现伊宁市直属县，简称“察县”）是北疆地区的调查地之一。①

察县位于新疆西部伊犁河谷盆地南岸和中天山西端，是新疆通往中亚的交通要道，也是古代丝绸之路北道和北疆交通古道的必经之地，有伊犁门户之称。察县东以塔尔德沟为界与伊宁市巩留县为邻，西与哈萨克斯坦接壤，南以

---

① 本项调查是笔者主持的中央民族大学“985工程”项目“新疆城市化进程中的各民族语言使用、语言态度调查”子项目“语言使用和语言态度调查”的组成部分，调查时间为2006年7—8月。调查员由中央民族大学社会语言学方向2004级、2005级博士研究生及笔者担任。

乌孙山分水岭为界与伊宁市特克斯县、昭苏县毗连，北隔伊犁河与伊宁市、伊宁县、霍城县相望。察县人民政府驻地察布查尔镇北距伊宁市15公里，东经“乌伊公路”（乌鲁木齐市至伊宁市国道）至乌鲁木齐市695公里，西经都拉塔口岸至哈萨克斯坦阿拉木图市247公里（新疆察布查尔锡伯自治县政协文史资料委员会 2002：3）。

截至调查时（2006年8月），察县辖2镇10乡和2个国营农牧场（一套人马两块牌子）：察布查尔镇、爱新舍里镇、堆依齐牛录乡、孙扎齐牛录乡、绰霍尔乡、扎库齐牛录乡、米粮泉乡、坎乡、阔洪齐乡、海努克乡、扎格斯台乡、琼博拉乡、良种繁育场（纳达齐牛录乡）、种羊场（托布农村经济管理中心）。2006年，全县总人口172975人（县属148522人，兵团六十七团8025人，六十八团9055人，六十九团7373人），其中锡伯族20497人，汉族62015人，维吾尔族44789人，哈萨克族34877人，回族7967人，东乡族1550人，蒙古族428人，柯尔克孜族327人，俄罗斯族106人，满族102人，土家族69人，乌孜别克族67人，藏族49人，壮族36人，苗族30人，黎族15人，侗族11人，达斡尔族8人，塔塔尔族6人，白族5人，瑶族5人，布依族4人，畲族3人，彝族3人，朝鲜族3人，撒拉族1人，土族1人，傈僳族1人。①

一、调查概况

（一）调查点

察县良种繁育场（简称“良繁场”）建于1953年，是当时的县示范农场。1973年，农场改为地方国营安班巴格良种繁育场，由伊犁哈萨克自治州和察县双重管理，农场工作者属国家职工。1983年实行联产承包责任制，自治州不再有管理权。2003年，农场改为差额性事业单位，职工进入社保体系，工资90%由国家承担、10%由单位自筹。农场辖四个连队，其中三个农业连队，一个牧业连队。截至调查时，全场共571户2060人，人口分布及分民族人口见表1②。

---

① 人口数据由察布查尔锡伯自治县公安局提供，特此致谢。

② 牧业四连原有两户柯尔克孜族，使用哈萨克语，后迁往他处；表内数据不含流动人口，流动人口大多聚居在场部柏油马路对面，共151人，主要是种植蔬菜大棚的内地汉族。

表 1　良种繁育场人口数据

单位	户数	人口	汉	锡伯	哈萨克	维吾尔	回	满	乌孜别克
一连	203	670	358	156	59	83	9	5	0
二连	194	738	277	167	83	130	76	0	5
三连	128	433	356	33	26	18	0	0	0
牧四连	46	219	0	0	219	0	0	0	0
合计	**571**	**2060**	**991**	**356**	**387**	**231**	**85**	**5**	**5**

（二）调查方法及问卷结构

本研究综合采用实地观察、访谈和一对一访谈式问卷调查法。问卷由 5 部分 81 个单选和多选题组成，包括调查对象及其家庭情况、语言习得、语言能力和使用状况、媒体语言接触、语言文字学习途径和动机、语言文字态度。每题设若干选项或指标，题目、选项或指标之间相互印证，可通过逻辑分析检验调查对象自报的可信度。问题、选项或指标为既定，调查员以访谈方式询问，并依据调查对象的回答在给定范围内圈选或填写选项。为避免遗漏重要信息，题旁留空白、问卷末留日记栏，要求调查员准确记录。问卷完成后，先由调查员检查，再交叉核对，发现问题及时联系调查对象，确保问卷的有效性。访谈分两类：一是围绕问卷问题的专题访谈；二是针对相关问题选择合适的受访者做延伸性深度访谈。

（三）抽样及样本构成

良繁场场部位于一连所在地，二连与一连相邻，距场部 500 米；三连距场部 2 公里，牧业四连距场部较远，均为哈萨克族。本研究主要以民族杂居的 3 个农业连队为调查点，依据调查目的和民族成分的构成特点，抽取 40 个家庭作为户访对象，每户选择 1 人作为问卷调查对象，获取有效样本 40 个。样本构成见表 2 至表 4。①

---

① 良繁场实行退休制，退休干部、职工多在县城居住，连队在职职工多为中青年，因此，年龄段中的老年组样本较少。职业中的职工含在编（国家发工资）和不在编（农民身份，连队发工资）两类，不在业包括待业者和家庭妇女。

表 2 性别和民族成分（$n=40$；人/%）

性别		民族成分					
男	女	汉	锡伯族	哈萨克	维吾尔	回	乌孜别克
17/42.5	23/57.5	10/25.0	9/22.5	7/17.5	9/22.5	4/10.0	1/2.5

表 3 年龄段和受教育程度（$n=40$；人/%）

年龄段（岁）			受教育程度				
15—34	35—50	51—69	未上过学	小学	初中	高中	大专
22/55.0	15/37.5	3/7.5	3/7.5	10/25.0	16/40.0	9/22.5	2/5.0

表 4 出生地和职业（$n=40$；人/%）

出生地			职业				
察县	伊犁地区	疆外	职工	企事业	商服个体	学生	不在业
28/70.0	6/15.0	6/15.0	24/60.0	4/10.0	2/5.0	4/10.0	6/15.0

（四）族际通婚及通婚态度

1. 通婚状况

40 名调查对象中，已婚 29 人（72.5%），未婚 11 人（27.5%）。家族中无族际通婚者 29 人；有族际通婚者 11 人，其中锡伯族与汉族、满族通婚 5 人（2 人家族中分别有两名族际通婚者，其中 1 人家族成员均为锡伯族和汉族通婚，1 人家族成员为锡伯族和汉族、锡伯族和满族通婚），汉族与回族通婚 4 人，维吾尔族与回族通婚 1 人，维吾尔族与乌孜别克族通婚 1 人。

2. 通婚态度

应当提倡 5 人，应当尊重 13 人，可以接受 13 人，不合心意 9 人，合计 40 人。77.5%的调查对象族际通婚态度积极；22.5%的调查对象通婚态度不积极，其中哈萨克族和维吾尔族青年组各 4 人，汉族老年组 1 人，其主要理由是语言不通，生活习惯差异大。一位 28 岁维吾尔族男性（察县出生，初中文化，妻子是回族）选择“应当提倡”，并解释：“不同民族结婚生的娃娃聪明。女方家开始有些反对，我们两口子过得好，后来也就没事了。”一位 35 岁锡伯族女性（察县出生，高中文化）选择“应当提倡”，她介绍：“我亲妹妹嫁给了汉族，两人过得很好，不同民族结婚有利于民族团结。”一位 48 岁锡伯族女性（察县出生，初中文化）本人嫁满族，小妹妹嫁汉族，其通婚态度是“应当尊重”，她解释：“各民族都一样，没有太大差别。我们小时候那会儿，不同民族结婚比较困难。现在开放了，大家都无所谓了。”

二、语言习得和语言能力

（一）语言习得和习得环境①

1. 语言习得

最先学会的语言或方言（可多选）：哈萨克语6人，维吾尔语5人，当地汉语方言5人，锡伯语5人，锡伯语/当地汉语方言3人，普通话3人，维吾尔语/当地汉语方言2人，江苏话2人，维吾尔语/哈萨克语/当地汉语方言1人，维吾尔语/哈萨克语1人，普通话/当地汉语方言1人，哈萨克语/普通话1人，锡伯语/普通话1人，普通话/河南话1人，河南话1人，陕西话1人，安徽话1人，合计40人。分解多选项：当地汉语方言（12人次）>锡伯语=维吾尔语=哈萨克语（各9人次）>普通话（7人次）>疆外汉语方言（6人次）。

2. 习得环境

（1）小时候，父亲与调查对象使用的语言或方言（可多选）：维吾尔语10人，锡伯语10人，哈萨克语7人，疆外汉语方言7人，当地汉语方言4人，普通话2人，合计40人。

（2）小时候，母亲与调查对象使用的语言或方言（可多选）：维吾尔语10人，锡伯语9人，哈萨克语7人，疆外汉语方言7人，普通话3人，当地汉语方言4人，合计40人。

调查对象小时候的家庭语言输入环境主要取决于民族成分和出生地。具体而言，维吾尔族、哈萨克族、锡伯族调查对象的父母主要使用本族语；新疆出生汉族老住户和回族调查对象的父母主要使用当地汉语方言，个别新疆出生的年轻汉族父母使用普通话；内地出生汉族老住户的父母使用疆外汉语方言；乌孜别克族调查对象（女，51岁）的父母使用维吾尔语。一位出生在锡伯族聚居地的汉族女性（27岁，父母均为汉族）最先学会锡伯语，父亲与她讲锡伯语，母亲讲带安徽口音的普通话。她介绍：“上学后，小时候学会的锡伯语慢

---

①“普通话”一般指带汉语方言或少数民族语言特点的地方普通话；“当地汉语方言”指察县及其周边地区的汉语方言，属中原官话南疆片；“疆外汉语方言”指内地汉语方言，内地出生调查对象以出生地标注其方言属性，如河南出生调查对象使用的方言标注河南话。

慢就不会了，现在的程度是基本能听懂，基本不会说。”

（3）上小学时，老师的授课语言或方言（可多选）：普通话 15 人，维吾尔语 8 人，哈萨克语 4 人，当地汉语方言 4 人，疆外汉语方言 3 人，维吾尔语/普通话 2 人，锡伯语/普通话 1 人，无此情况 3 人，合计 40 人。分解多选项：普通话（18 人次）>维吾尔语（10 人次）>哈萨克语=当地汉语方言（各 4 人次）>疆外汉语方言（3 人次）>锡伯语（1 人次）。

关联民族成分和出生地，7 名维吾尔族和 1 名乌孜别克族小学接受维吾尔语教育，2 名维吾尔族小学接受普通话和维吾尔语双语教育。4 名哈萨克族接受哈萨克语教育，3 人上汉语授课学校；新疆出生汉族、回族和锡伯族主要接受普通话或当地汉语方言教育，其中青年组调查对象小学阶段主要接受普通话教育。一位锡伯族女性（37 岁，小学文化）出生于察县纳达格牛录乡，1974 年迁入良繁场，在纳达格牛录乡上小学时接受过锡伯语和普通话双语教育。她解释：“良繁场这边没有锡伯语上课的学校，其他牛录乡有。”

数据表明，第一，调查对象小时候的家庭语言习得环境既多元又单一，多元是因为调查对象的民族成分复杂、出生地不一；单一指调查对象小时候家庭语言输入环境单一，如维吾尔族、哈萨克族、锡伯族家庭主要使用本族语，新疆出生汉族和回族家庭主要使用当地汉语方言或普通话，疆外出生调查对象主要使用疆外汉语方言。第二，父母与调查对象小时候的语言使用同质性较高。第三，维吾尔族、哈萨克族调查对象小学阶段主要接受本族语单语或本族语和汉语双语教育，锡伯族、回族和汉族主要接受汉语（普通话或汉语方言）教育。

（二）语言文字能力

1. 语言掌握

现在能用哪些语言或方言与人交流（可多选）：维吾尔语/哈萨克语/普通话 8 人，维吾尔语/锡伯语/普通话 7 人，哈萨克语/普通话/当地汉语方言 3 人，哈萨克语/普通话 3 人，维吾尔语/锡伯语/普通话/当地汉语方言 3 人，普通话/疆外汉语方言 3 人，哈萨克语/当地汉语方言 2 人，疆外汉语方言 2 人，普通话 1 人，当地汉语方言/疆外汉语方言 1 人，维吾尔语/普通话 1 人，维吾尔语/哈萨克语/当地汉语方言 1 人，普通话/当地汉语方言 1 人，维吾尔语/锡伯语/当地汉语方言 1 人，维吾尔语/哈萨克语/普通话/疆外汉语方言 1 人，维吾尔语/哈萨克语/普通话/当地汉语方言/疆外汉语方言 1 人，维吾尔语/锡伯语/乌孜别克语/普通话/疆外汉语方言 1 人，合计 40 人。分解多选项：普通话（33 人次）>维吾尔语（24 人次）>哈萨克语（19 人次）>当地汉语方言（13

人次）>锡伯语（12 人次）>疆外汉语方言（9 人次）>乌孜别克语（1 人次）。

82.5%的调查对象自报掌握普通话，实际应为 90.0%（见下题程度测试）；“民—汉（普通话和汉语方言）”双语或多语人占 80.0%。一位 50 岁汉族女性（江苏丰县出生，1982 年来疆，未上过学）介绍：“刚来新疆时，当地人听不太懂我说话，后来我的江苏话不知不觉就变了，多少带点普通话味道，当地人都能听懂，老家人也能听懂。”一位 38 岁汉族女性（安徽霍邱县出生，1993 年来良繁场，未上过学）只掌握霍邱话，她解释：“良繁场有我们老乡，我邻居就是安徽人，我们都讲一样的话。平时讲老家话新疆人也能听懂，安徽话走到哪里都能用。”一位 27 岁汉族男性（察县出生，大专学历）只会普通话，他解释：“我小时候是邻居锡伯族老太太带大的，从小就会锡伯语。上学后锡伯语慢慢不用了。2003—2005 年在乌鲁木齐上了三年大专，现在的锡伯语程度是基本能听懂、基本不会说。”

2. 语言掌握程度

“听”的前两项、“说”的前三项指标合并，普通话程度：听（39 人/97.5%）>说（36 人/90.0%）；维吾尔语程度：听（22 人/55.0%）>说（21 人/52.5%）；锡伯语程度：听（24 人/60.0%）>说（20 人/50.0%）；哈萨克语程度：听（21 人/52.5%）>说（20 人/50.0%）；当地汉语方言程度：听（21 人/52.5%）>说（14 人/35.0%）；疆外汉语方言程度：听（12 人/30.0%）>说（8 人/20.0%）。具体数据见表 5。

表 5　语言掌握程度（$n=40$；人/%）

指标 \ 语言变体		普通话	维吾尔语	锡伯语	哈萨克语	当地汉语	疆外汉语
听	完全能听懂	33/82.5	18/45.0	17/42.5	19/47.5	13/32.5	10/25.0
	基本能听懂	6/15.0	4/10.0	7/17.5	2/5.0	8/20.0	2/5.0
	能听一些日常用语	1/2.5	7/17.5	3/7.5	5/12.5	0	0
	基本听不懂	0	0	0	0	3/7.5	0
	完全听不懂	0	11/27.5	13/32.5	14/35.0	16/40.0	28/70.0
合计		**40/100**	**40/100**	**40/100**	**40/100**	**40/100**	**40/100**

续表

语言变体 / 指标		普通话	维吾尔语	锡伯语	哈萨克语	当地汉语	疆外汉语
说	能熟练交谈，没有障碍	3/7.5	15/37.5	14/35.0	12/30.0	9/22.5	4/10.0
	能熟练交谈，个别时候有障碍	23/57.5	2/5.0	2/5.0	5/12.5	1/2.5	2/5.0
	基本能交谈	10/25.0	4/10.0	4/10.0	3/7.5	4/10.0	2/5.0
	会说一些日常用语	2/5.0	4/10.0	5/12.5	5/12.5	0	2/5.0
	基本不会说	2/5.0	1/2.5	1/2.5	1/2.5	7/17.5	3/7.5
	完全不会说	0	14/35.0	14/35.0	14/35.0	19/47.5	27/67.5
合计		**40/100**	**40/100**	**40/100**	**40/100**	**40/100**	**40/100**

立足于交际能力（说）的前三项，不同民族调查对象中，90.0%的人掌握普通话，维吾尔语和当地汉语方言掌握者各占52.5%，锡伯语和哈萨克语掌握者各占50.0%，20.0%的人掌握疆外汉语方言。关联上题，调查对象的维吾尔语程度自报偏高，疆外汉语方言程度自报略高，普通话、哈萨克语、锡伯语和当地汉语方言程度自报偏低。

3. 文字掌握程度

“读”和“写”的前三项合并，汉文程度：读（24人/60.0%）>写（23人/57.5%）；维吾尔文程度：读（15人/37.5%）>写（14人/35.0%）；哈萨克文程度：读=写（各11人/27.5%）。具体数据见表6。

表6　文字掌握程度（*n*=40；人/%）

文字 / 指标		汉文	维吾尔文	哈萨克文
读	能读书看报	21/52.5	13/32.5	10/25.0
	能看懂简单文章	2/5.0	1/2.5	1/2.5
	能看懂家信	1/2.5	1/2.5	0
	能看懂便条或留言条	5/12.5	1/2.5	1/2.5
	基本看不懂	11/27.5	0	0
	完全看不懂	0	24/60.0	28/70.0
合计		**40/100**	**40/100**	**40/100**

续表

指标 \ 文字		汉文	维吾尔文	哈萨克文
写	能写文章	16/40.0	10/25.0	7/17.5
	能写简单文章	1/2.5	3/7.5	2/5.0
	能写家信	6/15.0	1/2.5	2/5.0
	能写便条或留言条	5/12.5	2/5.0	0
	基本不会写	12/30.0	0	0
	完全不会写	0	24/60.0	29/72.5
合计		**40/100**	**40/100**	**40/100**

由上可知，第一，维吾尔族、哈萨克族、锡伯族均掌握本族语，且均为“民—汉”或“民—民”双语多语人。除维吾尔族，其他民族中有 11 人掌握或基本掌握维吾尔语；除锡伯族，其他民族中有 11 人掌握或基本掌握锡伯语；除哈萨克族，其他民族中有 13 人掌握或基本掌握哈萨克语；34 名疆内出生调查对象中，14 人掌握或基本掌握当地汉语方言；疆外出生调查对象和疆内出生调查对象中，2 人掌握或基本掌握疆外汉语方言。第二，调查对象语言文字的输入能力均高于输出能力。第三，维吾尔族和哈萨克族均能熟练掌握本族文字，锡伯族中只有极个别调查对象认识简单的锡伯文，基本不会写。

三、语言文字学习途径和动机

（一）语言文字学习途径①

1. 语言学习途径

（1）普通话（可多选）：学校学习/社会交往 15 人，社会交往 8 人，学校学习 7 人，家人影响/社会交往 4 人，家人影响/学校学习/社会交往 1 人，社会交往/自学 1 人，无此情况 4 人，合计 40 人。分解多选项：社会交往（29 人次）>学校学习（23 人次）>家人影响（5 人次）>自学（1 人次）。

① 包括学过但没学会或掌握程度不高的调查对象。

（2）锡伯语（可多选）：社会交往 11 人，家人影响 9 人，无此情况 20 人，合计 40 人。一位 40 岁汉族男性（察县出生，初中文化）通过社会交往学会锡伯语，现在的程度是“基本能听懂，只会说日常用语”。他解释：“小时候经常说锡伯话，那时汉族人很少。后来汉族人多了，说汉语的机会多了，不怎么说锡伯语，很多都忘记了。”

（3）维吾尔语（可多选）：社会交往 13 人，家人影响 8 人，家人影响/学校学习 4 人，学校学习 2 人，无此情况 13 人，合计 40 人。分解多选项：社会交往（13 人次）>家人影响（12 人次）>学校学习（6 人次）。

（4）哈萨克语（可多选）：社会交往 18 人，家人影响 12 人，家人影响/社会交往 1 人，家人影响/学校学习 1 人，无此情况 8 人，合计 40 人。分解多选项：社会交往（19 人次）>家人影响（14 人次）>学校学习（1 人次）。

（5）当地汉语方言（可多选）：社会交往 12 人，家人影响 3 人，家人影响/社会交往 2 人，学校学习 1 人，无此情况 22 人，合计 40 人。分解多选项：社会交往（14 人次）>家人影响（5 人次）>学校学习（1 人次）。

（6）疆外汉语方言（可多选）：社会交往 6 人，家人影响 3 人，家人影响/社会交往 2 人，学校学习 1 人，无此情况 28 人，合计 40 人。分解多选项：社会交往（8 人次）>家人影响（5 人次）>学校学习（1 人次）。

2. 文字学习途径

（1）汉文（可多选）：学校学习 26 人，家人影响/学校学习 2 人，学校学习/社会交往 1 人，无此情况 11 人，合计 40 人。分解多选项：学校学习（29 人次）>家人影响（2 人次）>社会交往（1 人次）。

（2）维吾尔文（可多选）：学校学习 10 人，自学 3 人，家人影响/学校学习 2 人，家人影响 1 人，无此情况 24 人，合计 40 人。分解多选项：学校学习（12 人次）>家人影响 = 自学（各 3 人次）。

（3）哈萨克文（可多选）：学校学习 4 人，社会交往 4 人，自学 4 人，家人影响/社会交往 1 人，家人影响 1 人，无此情况 26 人，合计 40 人。分解多选项：社会交往（5 人次）>学校学习 = 自学（各 4 人次）>家人影响（2 人次）。

由上可知，社会交往和学校学习是调查对象学习普通话的主要途径；社会交往和家人影响是调查对象学习其他语言变体的主要途径，其中少数民族主要在家庭环境中学会本族语。调查对象主要通过学校学习的途径学习不同文字，由于维吾尔文和哈萨克文差别不大，部分调查对象通过社会交往和自学途径学会彼此的文字。

（二）学习普通话的动机和困难

（1）学习普通话的目的（分解多选项）：能与更多人沟通（32 人次）>工作或学习需要（31 人次）>国家通用语（29 人次）>有前途（19 人次）。

（2）学习普通话的困难（分解多选项）：说本族语更自然（18 人次）>受本族语影响（13 人次）>说的机会少（12 人次）>受汉语方言影响（9 人次）>怕人笑话（7 人次）>说汉语方言更方便（5 人次）>说汉语方言更自然（3 人次）。

调查对象学习普通话主要出于实用目的，学习困难主要是受母语影响和缺乏语言环境。

总体而言，在民族聚居区，少数民族主要在家庭环境中学会本族语，而在多民族杂居社区良繁场，社会交往即社会场域对不同民族学习和使用少数民族语言有较大影响，特别是族际通婚家庭的后代。

四、语言使用状况

（一）家庭场域

1. 与长辈

（1）与父亲（可多选）：哈萨克语 7 人，锡伯语 6 人，维吾尔语 5 人，疆外汉语方言 4 人，普通话 3 人，当地汉语方言 3 人，维吾尔语/普通话 1 人，锡伯语/普通话 1 人，锡伯语/当地汉语方言 1 人，无此情况 9 人，合计 40 人。分解多选项：锡伯语（8 人次）>哈萨克语（7 人次）>维吾尔语（6 人次）>普通话（5 人次）>当地汉语方言=疆外汉语方言（各 4 人次）。

（2）与母亲（可多选）：维吾尔语 9 人，哈萨克语 7 人，锡伯语 7 人，疆外汉语方言 4 人，当地汉语方言 4 人，普通话 3 人，锡伯语/普通话 1 人，锡伯语/当地汉语方言 1 人，无此情况 4 人，合计 40 人。分解多选项：维吾尔语=锡伯语（各 9 人次）>哈萨克语（7 人次）>当地汉语方言（5 人次）>疆外汉语方言=普通话（各 4 人次）。

2. 与同辈

与配偶（可多选）：普通话 7 人，维吾尔语 6 人，锡伯语 5 人，哈萨克语 4 人，当地汉语方言 3 人，疆外汉语方言 3 人，锡伯语/普通话 1 人，无此情况 11 人，合计 40 人。分解多选项：普通话（8 人次）>锡伯语=维吾尔语（各 6

人次）>哈萨克语（4 人次）>当地汉语方言=疆外汉语方言（各 3 人次）。

3. 与晚辈

与子女（可多选）：普通话 7 人，维吾尔语 6 人，当地汉语方言 5 人，疆外汉语方言 3 人，锡伯语 2 人，哈萨克语 2 人，锡伯语/普通话 2 人，哈萨克语/普通话 1 人，锡伯语/当地汉语方言 1 人，无此情况 11 人，合计 40 人。分解多选项：普通话（10 人次）>维吾尔语=当地汉语方言（各 6 人次）>锡伯语（5 人次）>哈萨克语=疆外汉语方言（各 3 人次）。

数据表明，调查对象与家庭三代人交际主要使用单语，其中少数民族主要使用本族语，新疆出生的汉族和回族主要使用当地汉语方言或普通话，疆外出生的汉族主要使用疆外汉语方言；调查对象与同辈和晚辈使用普通话的比例明显高于长辈。

（二）社会场域

1. 交际场合

（1）在本地集贸市场买东西（可多选）：普通话 15 人，当地汉语方言 6 人，维吾尔语/哈萨克语/普通话 4 人，疆外汉语方言 3 人，维吾尔语/普通话 2 人，维吾尔语/哈萨克语/锡伯语/普通话 2 人，维吾尔语/哈萨克语/锡伯语/普通话/当地汉语方言 1 人，维吾尔语/哈萨克语/普通话/当地汉语方言 1 人，维吾尔语/哈萨克语/当地汉语方言 1 人，哈萨克语/当地汉语方言 1 人，锡伯语/当地汉语方言 1 人，锡伯语/普通话 1 人，维吾尔语/锡伯语/普通话 1 人，锡伯语/哈萨克语/当地汉语方言 1 人，合计 40 人。分解多选项：普通话（27 人次）>维吾尔语=当地汉语方言（各 12 人次）>哈萨克语（11 人次）>锡伯语（7 人次）>疆外汉语方言（3 人次）。

（2）去医院看病（可多选）：普通话 23 人，当地汉语方言 9 人，疆外汉语方言 3 人，维吾尔语/哈萨克语/普通话 2 人，维吾尔语/普通话 2 人，维吾尔语/哈萨克语/锡伯语/当地汉语方言 1 人，合计 40 人。分解多选项：普通话（27 人次）>当地汉语方言（10 人次）>维吾尔语（5 人次）>哈萨克语=疆外汉语方言（各 3 人次）>锡伯语（1 人次）。

（3）去政府部门（乡镇及以上部门）办事（可多选）：普通话 24 人，当地汉语方言 10 人，疆外汉语方言 3 人，维吾尔语/哈萨克语/普通话 2 人，维吾尔语/哈萨克语/锡伯语/普通话/当地汉语方言 1 人，合计 40 人。分解多选项：普通话（27 人次）>当地汉语方言（11 人次）>疆外汉语方言=维吾尔语=哈萨克语（各 3 人次）>锡伯语（1 人次）。

由上可知，不同语言变体各有使用群体和场合。具体而言，调查对象在不同社交场合主要使用普通话，其次是当地汉语方言；使用疆外汉语方言的主要是疆外出生的老年组调查对象；维吾尔语使用比例排序：集贸市场买东西>医院看病>政府部门办事；哈萨克语和锡伯语在集贸市场的使用比例较高、在医院看病和政府部门办事的使用比例较低。

2. 交际对象和交际话题

（1）跟本族邻居聊天（可多选）：维吾尔语 10 人，普通话 8 人，哈萨克语 7 人，锡伯语 7 人，当地汉语方言 4 人，疆外汉语方言 3 人，无此情况 1 人，合计 40 人。

（2）跟其他民族邻居聊天（可多选）：普通话 8 人，当地汉语方言 6 人，维吾尔语/普通话 4 人，疆外汉语方言 3 人，锡伯语/哈萨克语/普通话 3 人，哈萨克语/普通话 3 人，维吾尔语/哈萨克语/普通话 2 人，维吾尔语/锡伯语/哈萨克语 2 人，哈萨克语/当地汉语方言 2 人，维吾尔语/锡伯语/哈萨克语/普通话 2 人，哈萨克语/锡伯语/乌孜别克语/普通话/当地汉语方言/疆外汉语方言 1 人，锡伯语/普通话 1 人，锡伯语/当地汉语方言 1 人，维吾尔语/锡伯语/普通话 1 人，维吾尔语/哈萨克语/锡伯语/普通话/疆外汉语方言 1 人，合计 40 人。分解多选项：普通话（26 人次）>哈萨克语（16 人次）>维吾尔语＝锡伯语（各 12 人次）>当地汉语方言（10 人次）>疆外汉语方言（5 人次）>乌孜别克语（1 人次）。

（3）跟老乡聊天（可多选）：普通话 7 人，维吾尔语/锡伯语/哈萨克语/普通话 5 人，维吾尔语/哈萨克语/普通话 5 人，当地汉语方言 5 人，疆外汉语方言 4 人，锡伯语/普通话 2 人，维吾尔语 2 人，维吾尔语/哈萨克语/锡伯语/普通话/当地汉语方言 1 人，维吾尔语/哈萨克语/锡伯语/普通话/当地汉语方言/疆外汉语方言 1 人，维吾尔语/哈萨克语/当地汉语方言 1 人，哈萨克语/当地汉语方言 1 人，锡伯语/当地汉语方言 1 人，哈萨克语/普通话 1 人，维吾尔语/当地汉语方言 1 人，普通话/当地汉语方言/锡伯语 1 人，无此情况 2 人，合计 40 人。分解多选项：普通话（23 人次）>维吾尔语（16 人次）>哈萨克语（15 人次）>当地汉语方言（12 人次）>锡伯语（11 人次）>疆外汉语方言（5 人次）。

（4）跟当地熟人聊天（可多选）：维吾尔语/哈萨克语/锡伯语/普通话 7 人，当地汉语方言 5 人，普通话 5 人，维吾尔语/哈萨克语/普通话 4 人，疆外汉语方言 3 人，锡伯语/普通话 3 人，维吾尔语/当地汉语方言 2 人，维吾尔语/普通话 2 人，维吾尔语/哈萨克语/当地汉语方言 1 人，哈萨克语/当地汉语方言 1 人，哈萨克语/普通话 1 人，普通话/当地汉语方言 1 人，维吾尔语/哈萨克语/锡伯语/当地汉语方言 1 人，无此情况 4 人，合计 40 人。分解多选项：

普通话（23人次）>维吾尔语（17人次）>哈萨克语（15人次）>锡伯语=当地汉语方言（各11人次）>疆外汉语方言（3人次）。

（5）跟陌生人交谈（可多选）：普通话10人，维吾尔语/哈萨克语/锡伯语/普通话7人，维吾尔语/哈萨克语/普通话6人，疆外汉语方言3人，当地汉语方言3人，维吾尔语/哈萨克语/锡伯语/普通话/当地汉语方言2人，维吾尔语/当地汉语方言2人，锡伯语/普通话2人，维吾尔语/哈萨克语/锡伯语/当地汉语方言2人，维吾尔语/哈萨克语/当地汉语方言1人，哈萨克语/当地汉语方言1人，维吾尔语/普通话1人，合计40人。分解多选项：普通话（28人次）>维吾尔语（21人次）>哈萨克语（19人次）>锡伯语（13人次）>当地汉语方言（11人次）>疆外汉语方言（3人次）。

（6）跟亲友谈论国家大事（可多选）：普通话9人，当地汉语方言6人，维吾尔语5人，维吾尔语/哈萨克语/普通话4人，哈萨克语3人，疆外汉语方言3人，锡伯语3人，维吾尔语/哈萨克语/锡伯语/普通话/当地汉语方言2人，维吾尔语/当地汉语方言2人，疆外汉语方言/普通话1人，哈萨克语/当地汉语方言1人，锡伯语/普通话1人，合计40人。分解多选项：普通话（17人次）>维吾尔语（13人次）>当地汉语方言（11人次）>哈萨克语（10人次）>锡伯语（6人次）>疆外汉语方言（4人次）。

数据表明，调查对象跟本族邻居或熟人交际主要使用单语，其中少数民族多使用本族语，汉族、回族多使用汉语方言，使用普通话的多为青年组调查对象；与其他民族交际使用双语或多语的比例较高，说明调查对象的语库存储丰富，体现了双语社区的交际特点。不同民族调查对象与其他民族熟人聊天使用哈萨克语的比例高于维吾尔语和锡伯语，是因为维吾尔族和锡伯族中懂哈萨克语的比例高于哈萨克族中懂维吾尔语和锡伯语的比例。锡伯族部分调查对象与亲友谈论国家大事不使用锡伯语，是因为锡伯语“有很多政治术语和新词都是汉语借词，不如直接用汉语表达方便”。

（三）媒体语言接触

收看电视节目（可多选）：普通话14人，普通话/哈萨克语5人，普通话/维吾尔语5人，普通话/维吾尔语/哈萨克语4人，普通话/维吾尔语/锡伯语3人，普通话/维吾尔语/哈萨克语/锡伯语2人，哈萨克语2人，普通话/锡伯语2人，普通话/维吾尔语/汉语方言1人，无此情况2人，合计40人。分解多选项：普通话（36人次）>维吾尔语（15人次）>哈萨克语（13人次）>锡伯语（7人次）>汉语方言（1人次）。

调查对象主要收看普通话电视节目，维吾尔族和哈萨克族还收看本族语电视节目，锡伯族多数调查对象收看察县广播电视台的锡伯语节目。

五、语言态度

（一）社会地位评价

1. 语言文字有用度

不同语言和方言“很有用”排序：普通话>维吾尔语>当地汉语方言>哈萨克语>疆外汉语方言>锡伯语，合并前两项指标：普通话>维吾尔语>哈萨克语>锡伯语>当地汉语方言>疆外汉语方言。不同文字“很有用”排序：汉文>哈萨克文>维吾尔文>锡伯文，合并前两项指标：汉文>维吾尔文>哈萨克文>锡伯文。具体数据见表7。

表7　语言文字有用度（$n=40$；人/%）

指标 \ 语言文字		普通话汉文	维吾尔语文	哈萨克语文	锡伯语文	当地汉语	疆外汉语
语言评价	很有用	39/97.5	11/27.5	7/17.5	3/7.5	9/22.5	6/15.0
	对一部分人或在一定范围有用	1/2.5	21/52.5	21/52.5	22/55.0	11/27.5	11/27.5
	没有用	0	8/20.0	9/22.5	14/35.0	9/22.5	11/27.5
	无法回答	0	0	3/7.5	1/2.5	11/27.5	12/30.0
合计		**40/100**	**40/100**	**40/100**	**40/100**	**40/100**	**40/100**
文字评价	很有用	37/92.5	6/15.0	7/17.5	1/2.5		
	对一部分人或在一定范围有用	1/2.5	21/52.5	17/42.5	22/55.0		
	没有用	2/5.0	12/30.0	15/37.5	15/37.5		
	无法回答	0	1/2.5	1/2.5	2/5.0		
合计		**40/100**	**40/100**	**40/100**	**40/100**		

2. 媒体语言评价

是否赞成广播和电视节目使用汉语方言：赞成19人（47.5%），无所谓6人（15.0%），不赞成14人（35.0%），无法回答1人（2.5%），合计40人。选择“不赞成”的27岁汉族男性（察县出生，大专学历）解释：“我个人不赞成主要是因为听不懂。话说回来，不赞成广播电视说汉语方言也没有用，方言被遗弃太可惜。”

总体而言，不同民族调查对象对普通话和汉文的社会地位评价都很高，对少数民族语文和汉语方言的社会地位评价比较客观，即选择“对一部分人或在一定范围有用”的比例高于“很有用”的比例。一位56岁汉族女性（河南出生，1956年来疆，小学文化）的哈萨克语和锡伯语程度是基本能听懂、会说日常用语，维吾尔语程度是能听懂和会说日常用语。关于上述语言和方言的有用度，她均选择了“对一部分人或在一定范围有用”，并解释：“维吾尔族认话不认人，锡伯语在察县有用，过了伊犁河就没用了。”

（二）实用功能评价

对调查对象比较重要的语言或方言（可多选）：普通话15人，维吾尔语/普通话5人，疆外汉语方言3人，哈萨克语2人，锡伯语/普通话2人，当地汉语方言2人，普通话/英语2人，哈萨克语/当地汉语方言1人，维吾尔语/当地汉语方言1人，哈萨克语/普通话1人，维吾尔语1人，维吾尔语/锡伯语/普通话1人，普通话/疆外汉语方言1人，维吾尔语/哈萨克语/普通话1人，普通话/当地汉语方言1人，维吾尔语/哈萨克语/锡伯语/普通话/当地汉语方言/疆外汉语方言1人，合计40人。分解多选项：普通话（30人次）>维吾尔语（10人次）>哈萨克语=当地汉语方言（各6人次）>疆外汉语方言（5人次）>锡伯语（4人次）>英语（2人次）。

75.0%的调查对象认为普通话对自己比较重要，其中68.2%的青年组调查对象单选普通话，2名在读学生认为普通话和英语对自己比较重要。全部维吾尔族和1名乌孜别克族认为维吾尔语对自己比较重要，57.1%的哈萨克族认为哈萨克语对自己比较重要，22.2%的锡伯族认为锡伯语对自己比较重要。

（三）语言文字前景期望度

不同语言和方言“有很大发展”排序：普通话>哈萨克语>锡伯语>维吾尔语>当地汉语方言>疆外汉语方言，合并前两项指标：普通话>维吾尔语>哈萨克语>锡伯语>当地汉语方言>疆外汉语方言。不同文字“有很大发展”排序：汉文>哈萨克文>维吾尔文=锡伯文，合并前两项指标：汉文>维吾尔文>哈萨克文>锡伯文。具体数据见表8。

表 8 语言文字前景期望度（$n=40$；人/%）

指标 \ 语言文字		普通话汉文	维吾尔语文	哈萨克语文	锡伯语文	当地汉语	疆外汉语
语言态度	有很大发展	36/90.0	9/22.5	12/30.0	10/25.0	6/15.0	5/12.5
	在一定范围发展	3/7.5	20/50.0	14/35.0	14/35.0	13/32.5	12/30.0
	任其自然发展	1/2.5	5/12.5	10/25.0	4/10.0	5/12.5	8/20.0
	不久将来不再使用	0	3/7.5	2/5.0	9/22.5	7/17.5	9/22.5
	无法回答	0	3/7.5	2/5.0	3/7.5	9/22.5	6/15.0
合计		**40/100**	**40/100**	**40/100**	**40/100**	**40/100**	**40/100**
文字态度	有很大发展	27/67.5	10/25.0	11/27.5	10/25.0		
	在一定范围发展	11/27.5	21/52.5	14/35.0	13/32.5		
	任其自然发展	2/5.0	3/7.5	10/25.0	4/10.0		
	不久将来不再使用	0	2/5.0	3/7.5	10/25.0		
	无法回答	0	4/10.0	2/5.0	3/7.5		
合计		**40/100**	**40/100**	**40/100**	**40/100**		

数据表明，绝大多数调查对象对普通话和汉文发展前景的期望度最高，对其他语言文字和方言的前景期望度比较客观，即选择“在一定范围发展”的比例高于“有很大发展”的比例。选择维吾尔语、哈萨克语和锡伯语均“在一定范围发展”的一位 37 岁回族男性（伊宁市巴彦岱镇出生，1978 年随父母到良繁场，小学文化）介绍：“我 10 岁左右的时候，周围不同民族的人都讲锡伯语，大概 1978 年至 1993 年这个阶段，锡伯族和汉族通婚的比例增加，锡伯语开始退化，锡伯族会讲自己母语的人越来越少了。”选择锡伯语“在一定范围发展”、维吾尔语和哈萨克语“不久将来不再使用”的一位 45 岁汉族女性（陕西临潼出生，1987 年来疆，小学文化）解释：“这里毕竟是锡伯自治县，锡伯语应该在县内发展。维吾尔族和哈萨克族的娃娃们都进城上汉语学校了，察县的维吾尔语和哈萨克语将来也不会再使用了。”选择锡伯语“有很大发展”的一位 48 岁锡伯族女性（察县出生，初中文化）强调：“锡伯族人口不多，但分布很广，希望全国的锡伯族都能使用锡伯语。”

（四）行为倾向

假设附近有不同语言授课的小学，您希望后代上什么语言授课的学校（可多选）：普通话/英语 12 人，普通话 10 人，维吾尔语/普通话 3 人，哈萨克语/普通话 3 人，哈萨克语/普通话/英语 1 人，锡伯语/普通话/英语 1 人，维吾尔语/普通话/当地汉语方言/英语 1 人，无法回答 9 人，合计 40 人。分解多选项：普通话（31 人次）>英语（15 人次）>维吾尔语=哈萨克语（各 4 人次）>锡伯语=当地汉语方言（各 1 人次）。一位 27 岁维吾尔族男性（察县出生，初中文化）强调："哪种语言有用就让孩子学那种语言，小孩子学话快，多学几种语言有好处。"

由上可知，调查对象对普通话和汉文的社会地位、实用功能评价和前景期望度均最高，其次是哈萨克语文和维吾尔语文。锡伯族调查对象对锡伯语文的评价较高，不同民族调查对象对当地汉语方言的评价高于疆外汉语方言。除"无法回答"（9 人/22.5%），31 名调查对象均希望后代接受普通话教育，其中 21 人（67.7%）希望接受双语或多语教育，10 人（32.3%）希望接受普通话单语教育。

六、语言生活特点及其变化

（一）语言习得存在民族差异

总体而言，良繁场多民族杂居社区不同民族调查对象小时候的家庭语言习得环境比较单纯，且父母与调查对象使用的语言同质性较高，即维吾尔族、哈萨克族、锡伯族家庭主要使用本族语，调查对象最先学会本族语。新疆出生汉族和回族家庭主要使用当地汉语方言或普通话，疆外出生汉族调查对象家庭主要使用疆外汉语方言，调查对象最先习得的语言也是如此。维吾尔族和哈萨克族中，部分调查对象小学阶段接受本族语教育，部分调查对象上汉语授课小学。其他民族调查对象小学阶段主要接受汉语教育，其中中老年组主要接受汉语方言教育，青年组主要接受普通话教育。锡伯族、回族和汉族主要接受汉语（普通话或汉语方言）教育。

（二）汉语是社区优势语

调查地多民族杂居、语言使用情况复杂，90.0%的调查对象掌握和基本掌握普通话，"民—汉"双语多语人占 80.0%，其中 52.5%的调查对象掌握或基本掌握维吾尔语，50.0%的调查对象掌握或基本掌握哈萨克语，50.0%的调查对象掌握或基本掌握锡伯语，52.5%的调查对象掌握或基本掌握当地汉语方言，20.0%的调查对象掌握疆外汉语方言。维吾尔族、哈萨克族、锡伯族、乌孜别克族调查对象掌握的语言变体多于汉族和回族，且均为"民—汉"或"民—民"双语多语人。新疆出生汉族和回族掌握的语言变体多于内地出生汉族。总体而言，不同民族之间主要选择普通话或当地汉语方言作为族际交际语，其中中老年人多使用汉语方言，年轻人多使用普通话。

（三）语言态度与语言使用的一致性较高

调查对象对普通话和汉文社会地位、实用功能评价和前景期望度均最高，其次是哈萨克语文和维吾尔语文，锡伯族调查对象对锡伯语文评价较高，不同民族调查对象对当地汉语方言的评价高于疆外汉语方言。除“无法回答”，全部调查对象均希望后代小学阶段接受普通话教育，其中32.3%的人希望后代接受普通话单语教育，67.7%的人希望后代接受双语（普通话和民族语）或三语（普通话、民族语和英语）教育。

（四）社区语言生活的变化

过去，良繁场及其周边多为少数民族特别是锡伯族，居民主要使用少数民族语言。随着汉族尤其是疆外入疆人口的增加、教育的普及，以及普通话推广力度的加大，当地民族人口结构和语言生活发生了明显变化。具体而言，汉语使用人数和场合明显增加，社区语言生活更加复杂。现在，虽有90.0%的调查对象掌握或基本掌握普通话，但中老年调查对象掌握和使用普通话的人并不多。随着调查对象年龄降低，普通话使用人数和场合逐渐增加。家庭场域，调查对象与同辈和晚辈使用普通话的比例明显高于与长辈使用普通话的比例。社会场域，使用普通话的比例虽然最高，但随交际场合正式程度的降低，普通话使用比例减少；疆内出生汉族和回族尤其是中老年人主要使用当地汉语方言，疆外出生汉族中老年调查对象主要使用疆外汉语方言；维吾尔语和哈萨克语主要为维吾尔族、乌孜别克族和哈萨克族使用，其他民族的少数调查对象有时兼用维吾尔语或哈萨克语。锡伯语主要用于锡伯族家庭以及族内交际，新疆出生的少数中老年汉族、回族调查对象有时兼用维吾尔语、哈萨克语、锡伯语。总之，调查对象的语言能力和语言使用存在代际差异，社区内语言文化多样性得以维系。

参考文献

[1] 新疆察布查尔锡伯自治县政协文史资料委员会．察布查尔锡伯自治县文史资料（第一辑）[R]．新疆维吾尔自治区内部资料，2002.

[2] 王远新．锡伯族地区“城中村”的语言生活——察布查尔镇宁古齐村语言使用、语言态度调查[J]．满语研究，2011（1）.

[3] 王远新．新疆锡伯族聚居区的语言生活——察布查尔锡伯自治县乌珠牛录居民语言使用、语言态度调查[J]．语言与翻译，2011（2）.

乌鲁木齐市高档居民区的语言生活：南门国际城小区居民的语言使用和语言态度调查

王远新

【摘要】 多民族杂居城市中，不同档次居民社区的语言生活存在一定差异。本文以乌鲁木齐市高档居民小区为个案，调查天山区和平路街道国际城社区南门国际城小区居民的语言生活。调查表明，97.5%的调查对象掌握或基本掌握普通话，双语双言或多语多言人占75.0%，单语人占25.0%。内地出生汉族多是普通话和出生地汉语方言双言人；新疆出生汉族多为普通话单语人，部分人兼通兰银官话北疆片汉语方言。普通话是多数疆内出生汉族的家庭用语，维吾尔族家庭主要使用维吾尔语，个别家庭兼用普通话；部分回族家庭使用兰银官话北疆片汉语方言。家庭语言使用存在代际差异，即随交际对象年龄降低，普通话使用率明显增长。在不同场合、针对不同交际对象和话题，普通话使用率最高，少数内地出生的老年组调查对象使用出生地汉语方言，兰银官话北疆片汉语方言是新疆出生部分调查对象选择的语言变体之一。多数调查对象主要接触普通话媒体，维吾尔族同时接触维吾尔语媒体。语言文字社会地位评价和前景期望度依次是：普通话/汉文>英语文>维吾尔语文>汉语方言；不同民族调查对象均认为普通话对自己比较重要，维吾尔族认为维吾尔语对自己也比较重要。多数人希望后代接受双语或多语教育，其中汉族和其他少数民族多选择汉英双语教育，维吾尔族的选择较为多样。

【关键词】 乌鲁木齐市，高档社区，语言使用，语言态度

社区是语言生活调查的基本单位，社区类型差异是观察社区语言生活特点的重要维度。不同档次居民区的划分主要依据区位特点、硬件设施（建筑成本和建成时间）以及居民生活水平。为调查和对比乌鲁木齐市不同类型社区的语言生活特点，2007—2008 年，我们在乌鲁木齐市选取了“城中村”（王远新 2010）以及高中低档（王远新 2020）居民区进行了田野调查。本文以乌鲁

木齐市天山区和平路街道办事处国际城社区南门国际城小区为高档居民区代表点，[①] 依据户访材料和问卷调查数据撰写。

一、调查概况

（一）调查点和调查对象

1. 调查点

天山区位于乌鲁木齐市东南部，东起东山公墓山脊与水磨沟区、达坂城区相连，西界河滩路和平渠与沙依巴克区相望，南临托里乡与乌鲁木齐县毗邻，北起红山路、河滩北路交汇处与水磨沟区相接。2000 年，天山区辖 12 个街道、3 个虚拟街道和 1 个虚拟乡。据第五次人口普查（2000 年），全区总人口 471432 人，其中乌拉泊街道 11265 人、燕尔窝街道 23427 人、胜利路街道 60091 人、团结路街道 42698 人、解放南路街道 23077 人、新华南路街道 29852 人、和平路街道 47645 人、解放北路街道 31774 人、幸福路街道 45904 人、东门街道 32377 人、新华北路街道 29722 人、青年路街道 34117 人、碱泉街虚拟街道 43389 人、延安路虚拟街道 10352 人、盐湖化工厂虚拟街道 4236 人、柴窝堡林场虚拟乡 1506 人。截至调查时（2007 年），辖区总面积近 200 平方公里，其中建城区面积 32.79 平方公里，另有草场 34.82 万亩（约 232 平方公里）；全区辖燕儿窝、胜利路、团结路、解放南路、新华南路、和平路、解放北路、幸福路、东门、新华北路、青年路、碱泉街、延安路、红雁等 14 个街道和 1 个牧场，共有 130 个社区和 1 个行政村，另有驻地单位 1060 个。区内居民包括汉、维吾尔、回、哈萨克、蒙古、柯尔克孜、锡伯、塔吉克、乌孜别克族等 44 个民族，共 52.2 万人，其中少数民族 15.6 万人，约占全区总人口的 29.9%。辖区驻有自治区党、政、军和新疆生产建设兵团首脑机关，是乌鲁木齐市政治、经济、文化、教育、金融中心。辖区有各级各类学校 133 所，其中区属中学 6 所，小学 24 所，在校中小学生 3.92 万人，教职员工 3681 人。

户访和问卷调查点南门国际城小区属和平路街道办事处国际城社区。和平

---

① 本项调查是笔者主持的中央民族大学“985 工程”项目“新疆城市化进程中的各民族语言使用、语言关系调查”子项目“语言使用和语言态度调查”的组成部分，调查时间为 2007 年 7 月。调查员由中央民族大学社会语言学方向 2005 级、2006 级博士和硕士研究生及笔者担任；街道和社区数据由街道办事处办公室提供，特此致谢。

路街道辖黑甲山前街、康泰、二道湾、体育馆路、黑甲山后街、三山、跃进街、药王庙、固原、东莱园、国际城等11个社区。国际城社区与二道湾、康泰、三山、体育馆路、东莱园、新湾、人民路南社区相邻，社区居民多为政府公务人员和企事业单位工作人员及其家属，受教育程度、收入等较高，居民主要是汉族，其次是维吾尔族，另有数量有限的其他少数民族。

2. 调查对象

依据调查目的和南门国际城小区民族成分的构成特点，本项调查抽取40个家庭作为户访对象，每户选择1名问卷调查对象，获取有效样本40个。问卷调查对象的年龄原则上限定在15—69周岁，样本构成见表1至表3①。

表1　性别、年龄段及出生地（$n=40$；人/%）

性别		年龄段（岁）			出生地		
男	女	15—34	35—50	51—69	乌鲁木齐市	疆内	疆外
22/55.0	18/45.0	14/35.0	15/37.5	11/27.5	14/35.0	13/32.5	13/32.5

表2　受教育程度和民族成分（$n=40$；人/%）

受教育程度				民族成分		
小学	初中	高中	大专及以上	汉族	维吾尔族	其他民族
1/2.5	5/12.5	10/25.0	24/60.0	29/72.5	9/22.5	2/5.0

表3　职业（$n=40$；人/%）

公务人员	企事业	商服业	教师及专技	工人	学生	其他
9/22.5	8/20.0	6/15.0	8/20.0	3/7.5	2/5.0	4/10.0

（二）调查方法

本研究除实地观察和访谈法，主要采用一对一访谈式问卷调查法。问卷由5部分81个单选和多选题组成，每题设若干选项或指标，题目、选项或指标相互印证，可通过逻辑分析检验调查对象自报的信度。问题、选项或指标为既

① 出生地中，疆内指乌鲁木齐市之外新疆出生的调查对象，乌鲁木齐市出生调查对象中含哈萨克斯坦出生后随父母迁入乌鲁木齐市的1人，疆外出生的13人中，安徽3人，河南、山西各2人，湖南、陕西、江苏、辽宁、吉林、四川各1人；受教育程度含肄业和在读生，高中含中专和技校；民族成分中，其他民族包括回族和东乡族各1人；职业中的工人含农民工，“其他”含待业者和家庭妇女。

定，调查员以访谈方式询问，依据调查对象的回答在给定范围内圈选或填写选项。为避免遗漏重要信息，题旁留空白、问卷末留日记栏，要求调查员准确记录。问卷完成后，先由调查员检查，再交叉核对，发现问题及时联系调查对象，确保问卷的有效性。访谈分两类：一是围绕问卷问题的专题访谈；二是针对相关问题选择合适的受访者做延伸性深度访谈。

（三）族际通婚及通婚态度

1. 通婚状况

40名调查对象中，3人（7.5%）家族中有族际通婚者，其中汉族和回族、回族和东乡族通婚各1人，1人家族中既有维吾尔族和塔吉克族、又有维吾尔族和乌孜别克族通婚者。

2. 通婚态度

（1）涉己态度。假设调查对象与其他民族结婚，调查对象的态度：愿意4人（10.0%），无所谓15人（37.5%），不愿意16人（40.0%），无法回答5人（12.5%），合计40人。

（2）涉他态度。不论家族中有无族际通婚者，调查对象的态度：应当提倡4人（10.0%），应当尊重16人（40.0%），可以接受11人（27.5%），不合心意7人（17.5%），无法回答2人（5.0%），合计40人。

数据表明，族际通婚率总体偏低，通婚者主要局限于宗教信仰相同的群体。族际通婚的涉己和涉他态度差异显著，即只有10.0%的调查对象涉己态度积极，涉他态度积极和比较积极的合计77.5%；与之相应，涉己消极态度为40.0%，涉他消极态度只占17.5%。部分调查对象在认知层面尊重或认同族际通婚，但本人不会选择与其他民族通婚，主要理由是宗教信仰、生活习惯和语言差异。

二、语言习得及语言能力[①]

（一）语言习得和习得环境

1. 语言习得

小时候最先学会的语言或方言（可多选）：维吾尔语8人，地方普通话8

①“地方普通话”指带少数民族语言或汉语方言特点的普通话；“新疆汉语方言”主要指兰银官话北疆片方言。内地出生调查对象以出生地标注其方言属性，比如山东出生标注山东话。

人，标准普通话7人，安徽话3人，山西话2人，维吾尔语/地方普通话1人，东乡语/地方普通话1人，地方普通话/河南话1人，地方普通话/山东话1人，地方普通话/东北话1人，新疆汉语方言1人，东北话1人，河南话1人，湖南话1人，江苏话1人，陕西话1人，四川话1人，合计40人。分解多选项：普通话（20人次，地方普通话13人次，标准普通话7人次）>其他汉语方言（14人次）>维吾尔语（9人次）>东乡语=新疆汉语方言（各1人次）。

关联民族成分和出生地，9名维吾尔族均最先学会维吾尔语（一位乌鲁木齐市出生的23岁女性同时学会维吾尔语和普通话），说明在乌鲁木齐市老城中心区域的高档居民小区中，不同性别、年龄段的维吾尔族从小均最先学会本族语。一位43岁东乡族男性（塔城出生，2003年迁入，本科学历，企事业单位工作人员）家庭三代均为东乡族，家族中有与回族通婚者，他最先学会东乡语和地方普通话，现在的东乡语程度是基本能听懂、基本能交谈。一位38岁回族男性（昌吉市二六宫镇出生，1986年迁入，大专以上学历，商业服务业人员）家族中无族际通婚者，他最先学会兰银官话北疆片汉语方言。13名内地出生汉族中，11人最先学会出生地汉语方言，2人分别学会出生地汉语方言和地方普通话；16名疆内出生汉族中，绝大多数人最先学会普通话，其中最先学会标准普通话的大都比较年轻；一位调查对象因父母均为山东人，最先学会地方普通话和山东话。

2. 习得环境

（1）父亲与调查对象小时候使用的语言或方言（可多选）：地方普通话11人，维吾尔语8人，标准普通话6人，安徽话3人，山西话2人，新疆汉语方言1人，维吾尔语/地方普通话1人，东乡语1人，陕西话1人，四川话1人，东北话1人，河南话1人，湖南话1人，江苏话1人，山东话1人，合计40人。分解多选项：普通话（18人次，地方普通话12人次，标准普通话6人次）>其他汉语方言（12人次）>维吾尔语（9人次）>东乡语=新疆汉语方言（各1人次）。

（2）母亲与调查对象小时候使用的语言或方言（可多选）：地方普通话11人，维吾尔语8人，标准普通话5人，安徽话3人，新疆汉语方言2人，山西话2人，维吾尔语/地方普通话1人，东乡语1人，陕西话1人，四川话1人，东北话1人，河南话1人，湖南话1人，江苏话1人，山东话1人，合计40人。分解多选项：普通话（17人次，地方普通话12人次，标准普通话5人次）>其他汉语方言（12人次）>维吾尔语（9人次）>新疆汉语方言（2人次）>东乡语（1人次）。

（3）上小学时，老师用什么语言或方言讲课（可多选）：地方普通话15

人，标准普通话 8 人，维吾尔语 6 人，地方普通话/安徽话 2 人，标准普通话/地方普通话 1 人，维吾尔语/新疆汉语方言/江苏话 1 人，维吾尔语/新疆汉语方言 1 人，维吾尔语/地方普通话 1 人，地方普通话/河南话 1 人，陕西话 1 人，山西话 1 人，四川话 1 人，东北话 1 人，合计 40 人。分解多选项：普通话（29 人次，地方普通话 20 人次，标准普通话 9 人次）>维吾尔语（9 人次）>其他汉语方言（7 人次）。

数据表明：第一，家庭语言习得环境同质性较高，即父母与调查对象小时候使用的语言几乎相同，且与调查对象最先学会的语言高度一致，说明家庭是语言习得的第一场所。第二，家庭语言习得环境与调查对象民族成分、出生地的一致性较高，即维吾尔族家庭主要使用维吾尔语，个别家庭兼用普通话；内地出生汉族主要使用出生地汉语方言，普通话特别是地方普通话是绝大多数疆内出生汉族的家庭用语，新疆汉语方言（兰银官话北疆片）主要用于部分回族家庭。第三，乌鲁木齐市的普通话普及率虽然较高，但汉族来源地多元，小学教师的授课语言亦比较多样。

（二）语言文字能力

1. 语言掌握

现在能用哪些语言或方言与人交谈（可多选）：地方普通话 5 人，标准普通话 4 人，维吾尔语/地方普通话 3 人，标准普通话/新疆汉语方言 3 人，地方普通话/山西话 2 人，地方普通话/安徽话 2 人，地方普通话/河南话 2 人，维吾尔语/地方普通话/俄语 2 人，维吾尔语/地方普通话/英语 1 人，东乡语/地方普通话/新疆汉语方言/英语 1 人，标准普通话/湖南话 1 人，地方普通话/标准普通话/江苏话 1 人，地方普通话/标准普通话/新疆汉语方言 1 人，维吾尔语/哈萨克语/地方普通话/新疆汉语方言 1 人，维吾尔语/哈萨克语/柯尔克孜语/乌孜别克语/俄语/地方普通话/新疆汉语方言 1 人，维吾尔语/标准普通话 1 人，维吾尔语/标准普通话/新疆汉语方言 1 人，维吾尔语 1 人，维吾尔语/地方普通话/新疆汉语方言 1 人，维吾尔语/地方普通话/新疆汉语方言/东北话 1 人，维吾尔语/地方普通话/安徽话 1 人，地方普通话/新疆汉语方言/四川话 1 人，地方普通话/山东话/俄语 1 人，地方普通话/英语 1 人，地方普通话/陕西话 1 人，合计 40 人。

分解多选项：普通话（41 人次，地方普通话 29 人次，标准普通话 12 人次）>维吾尔语（14 人次）>其他汉语方言（13 人次）>新疆汉语方言（11 人次）>俄语（4 人次）>英语（3 人次）>哈萨克语（2 人次）>东乡语=柯尔克孜语=乌孜别克语（各 1 人次）。

40名调查对象中，单语人10人（25.0%），其中普通话（地方普通话5人，标准普通话4人）单语人9人，维吾尔语单语人1人。双语双言或多语多言人30人（75.0%），其中普通话和汉语方言双言人14人（46.7%），双语或多语人16人（53.3%）。

关联民族成分和出生地，8名维吾尔族和1名东乡族调查对象均为多语人，只有1名55岁维吾尔族女性（阿图什出生，初中文化，民考民小学教师）是维吾尔语单语人。内地出生调查对象均为普通话和出生地汉语方言双言人；新疆出生调查对象多为普通话单语人，少数人为普通话和兰银官话北疆片汉语方言双言人。总体而言，少数民族调查对象双语多语人多于汉族调查对象，内地出生汉族比疆内出生汉族尤其是青年组调查对象掌握的语言变体多。虽有11人次自报掌握兰银官话北疆片汉语方言（多数人的程度是完全或基本能听懂），但用于交际的人数有限。一位51岁汉族女性（大专学历，企事业单位工作人员）强调："真要说的时候，也勉强可以用，但平时一般不说。"

2. 语言掌握程度

"听"的前两项、"说"的前三项指标合并，普通话程度：听=说（各39人/97.5%）；维吾尔语程度：听=说（各13人/32.5%）；新疆汉语方言程度：听（35人/87.5%）>说（11人/27.5%）；其他汉语方言程度：听（18人/45.0%）>说（14人/35.0%）。普通话和维吾尔语输入和输出能力基本相同，新疆汉语方言和其他汉语方言输入能力高于输出能力。具体数据见表4。

表4　语言掌握程度（$n=40$；人/%）

指标 \ 语言变体		维吾尔语	普通话	新疆汉语方言	其他汉语方言
听	完全能听懂	9/22.5	36/90.0	21/52.5	13/32.5
	基本能听懂	4/10.0	3/7.5	14/35.0	5/12.5
	能听懂日常用语	4/10.0	1/2.5	3/7.5	3/7.5
	基本听不懂	4/10.0	0	0	0
	完全听不懂	19/47.5	0	2/5.0	19/47.5
合计		**40/100**	**40/100**	**40/100**	**40/100**
说	能熟练交谈，没有任何障碍	9/22.5	27/67.5	5/12.5	9/22.5
	能熟练交谈，个别时候有障碍	0	10/25.0	1/2.5	2/5.0
	基本能交谈	4/10.0	2/5.0	5/12.5	3/7.5

续表

指标＼语言变体		维吾尔语	普通话	新疆汉语方言	其他汉语方言
说	会说日常用语	4/10.0	0	5/12.5	4/10.0
	基本不会说	4/10.0	1/2.5	13/32.5	2/5.0
	完全不会说	19/47.5	0	11/27.5	20/50.0
合计		**40/100**	**40/100**	**40/100**	**40/100**

97.5%的调查对象掌握或基本掌握普通话，与上题自报一致。除维吾尔族掌握维吾尔语，其他民族中有4人基本掌握维吾尔语，上题5名汉族自报掌握或基本掌握维吾尔语，其中1人自报偏高，其实际程度是“会说日常用语”；87.5%的调查对象能听懂或基本能听懂新疆汉语方言，但能说或基本能说的仅占27.5%，与上题自报基本一致；内地出生调查对象掌握出生地汉语方言，新疆出生的少数汉族调查对象掌握父母出生地的汉语方言；1名回族掌握阿拉伯语日常用语，1名东乡族基本掌握东乡语。

3. 文字掌握程度

9名维吾尔族均掌握维吾尔文，程度均为“能读书看报”“能写文章”，其他民族调查对象均不懂维吾尔文。关于汉文程度，除不会汉语和汉文的1名老年组维吾尔族女性，其他39人的汉文阅读水平均为“能读书看报”，书写水平分别为“能写文章”33人，“能写简单文章”5人，“能写家信”1人，即调查对象的阅读能力高于书写能力。

三、语言文字学习途径和动机①

（一）语言学习途径

（1）维吾尔语（可多选）：家人影响6人，社会交往5人，家人影响/学校学习3人，无此情况26人，合计40人。分解多选项：家人影响（9人次）>社会交往（5人次）>学校学习（3人次）。自报“家人影响”和“学校学习”的调查对象均为维吾尔族，单选“社会交往”的调查对象5人分别为汉族、

① 包括学过但没有学会或掌握程度不高的调查对象。

回族和东乡族。

（2）普通话（可多选）：学校学习 14 人，家人影响 10 人，家人影响/学校学习 6 人，学校学习/社会交往 5 人，社会交往/在外地 3 人，家人影响/学校学习/社会交往 1 人，无此情况 1 人，合计 40 人。分解多选项：学校学习（26 人次）>家人影响（17 人次）>社会交往（9 人次）>在外地（3 人次）。

（3）新疆汉语方言（可多选）：社会交往 29 人，家人影响 3 人，家人影响/社会交往 2 人，社会交往/在外地 2 人，在外地 2 人，无此情况 2 人，合计 40 人。分解多选项：社会交往（33 人次）>家人影响（5 人次）>在外地（4 人次）。自报“社会交往”的一位 40 岁汉族女性（安徽出生，1972 年来疆，大专学历，公务人员）解释：“我是和老新疆人接触学会新疆汉语方言的，完全能听懂，也会说一些，但平时不说，主要是不愿意说。”

（4）其他汉语方言（可多选）：家人影响 11 人，社会交往 7 人，社会交往/在外地 1 人，无此情况 21 人，合计 40 人。

（二）文字学习途径

（1）维吾尔文（可多选）：学校学习 9 人，均为维吾尔族，其他民族均不会维吾尔文。

（2）汉文（可多选）：学校学习 29 人，学校学习/家人影响 8 人，家人影响 1 人，学校学习/家人影响/社会交往 1 人，无此情况 1 人，合计 40 人。分解多选项：学校学习（38 人次）>家人影响（10 人次）>社会交往（1 人次）。

（三）普通话学习动机和困难

（1）学习普通话的目的（分解多选项）：全国通用语（30 人次）>与更多人沟通=工作或外出需要（各 19 人次）>有前途（9 人次）>其他目的（3 人次）。自报“其他目的”的 3 人中，2 名青年组调查对象最先习得普通话，1 名中年组调查对象（女，汉族，40 岁，大专学历）表示：“普通话自然、好听，所以愿意学。”

（2）学习普通话的主要困难（分解多选项）：受汉语方言影响不好改口音（12 人次）>受少数民族语言影响不好改口音（5 人次）>说少数民族语言更自然（4 人次）>说的机会少（3 人次）>说汉语方言更容易与当地人沟通=说少数民族语言更容易与当地人沟通=说汉语方言更自然（各 2 人次）>怕人笑话（1 人次），没有问题 18 人。

数据表明，家庭环境是维吾尔族学习维吾尔语的主要场合，社会交往是汉族和其他少数民族学习维吾尔语的主要途径；学校是不同民族调查对象学习普通话的主要场合，其次是家庭环境，说明普通话已成为部分家庭的交际语；社会交往、家人影响分别是学习新疆汉语方言和其他汉语方言的主要途径；学校是学习汉文和维吾尔文的主要场合。调查对象学习普通话的主要动机是普通话使用广泛，便于与更多人交流；主要困难是受汉语方言和少数民族语言影响不好改口音。

四、语言使用现状

（一）家庭场域

1. 与长辈

（1）跟父亲（可多选）：地方普通话 9 人，维吾尔语 7 人，标准普通话 6 人，新疆汉语方言 2 人，东乡语/地方普通话 1 人，地方普通话/安徽话 1 人，安徽话 1 人，山西话 1 人，陕西话 1 人，江苏话 1 人，无此情况 10 人，合计 40 人。分解多选项：普通话（17 人次，地方普通话 11 人次，标准普通话 6 人次）>维吾尔语（7 人次）>其他汉语方言（5 人次）>新疆汉语方言（2 人次）>东乡语（1 人次）。

（2）跟母亲（可多选）：地方普通话 9 人，维吾尔语 7 人，标准普通话 6 人，新疆汉语方言 2 人，东乡语/地方普通话 1 人，地方普通话/安徽话 1 人，安徽话 1 人，山西话 1 人，江苏话 1 人，无此情况 11 人，合计 40 人。分解多选项：普通话（17 人次，地方普通话 11 人次，标准普通话 6 人次）>维吾尔语（7 人次）>其他汉语方言（4 人次）>新疆汉语方言（2 人次）>东乡语（1 人次）。

2. 与同辈

跟配偶（可多选）：地方普通话 18 人，维吾尔语 6 人，标准普通话 6 人，地方普通话/安徽话 1 人，安徽话 1 人，东北话 1 人，江苏话 1 人，无此情况 6 人，合计 40 人。分解多选项：普通话（25 人次，地方普通话 19 人次，标准普通话 6 人次）>维吾尔语（6 人次）>其他汉语方言（4 人次）。

3. 与晚辈

跟子女（可多选）：地方普通话 17 人，标准普通话 6 人，维吾尔语 4 人，维吾尔语/地方普通话 2 人，维吾尔语/标准普通话 1 人，安徽话 1 人，东北话 1 人，无此情况 8 人，合计 40 人。分解多选项：普通话（26 人次，地方普通话 19 人次，标准普通话 7 人次）>维吾尔语（7 人次）>其他汉语方言（2 人次）。

数据表明：第一，家庭语言使用存在代际差异，即随交际对象年龄降低，普通话使用率明显增加；调查对象与长辈使用的语言同质性较高，青年组调查对象与后代已基本不使用新疆汉语方言。第二，家庭语言使用受民族成分和出生地影响，调查对象中，汉族使用普通话的比例最高，内地出生中老年组汉族主要使用出生地汉语方言；乌鲁木齐市和疆内出生汉族主要使用普通话；回族和回族聚居区出生的个别汉族使用新疆汉语方言；维吾尔族主要使用维吾尔语。

（二）社会场域

1. 交际场合

（1）去集贸市场买东西（可多选）：地方普通话 16 人，标准普通话 9 人，维吾尔语/地方普通话 7 人，新疆汉语方言 3 人，维吾尔语 2 人，维吾尔语/标准普通话 1 人，维吾尔语/东北话 1 人，地方普通话/新疆汉语方言 1 人，合计 40 人。分解多选项：普通话（34 人次，地方普通话 24 人次，标准普通话 10 人次）>维吾尔语（11 人次）>新疆汉语方言（4 人次）>东北话（1 人次）。

（2）去政府部门办事（可多选）：地方普通话 20 人，标准普通话 9 人，新疆汉语方言 3 人，维吾尔语/地方普通话 3 人，维吾尔语 3 人，地方普通话/新疆汉语方言 1 人，东北话 1 人，合计 40 人。分解多选项：普通话（33 人次，地方普通话 24 人次，标准普通话 9 人次）>维吾尔语（6 人次）>新疆汉语方言（4 人次）>东北话（1 人次）。

（3）去医院看病（可多选）：地方普通话 19 人，标准普通话 9 人，维吾尔语/地方普通话 4 人，新疆汉语方言 3 人，维吾尔语 2 人，维吾尔语/标准普通话 1 人，地方普通话/新疆汉语方言 1 人，东北话 1 人，合计 40 人。分解多选项：普通话（34 人次，地方普通话 24 人次，标准普通话 10 人次）>维吾尔语（7 人次）>新疆汉语方言（4 人次）>东北话（1 人次）。

由上可知，不同交际场合的语言使用同质性较高，即主要使用普通话；去集贸市场买东西使用维吾尔语的比例高于其他场合，是因为除维吾尔族，一些略懂维吾尔语的汉族、回族等与维吾尔族摊主说简单的维吾尔语。维吾尔族青年组调查对象无论去集贸市场买东西还是去医院看病、去政府部门办事使用维吾尔语的比例均低于中老年组调查对象，少数老年组调查对象只使用维吾尔语。有调查对象强调：“去医院看病，如果是维吾尔族大夫，一般说维吾尔语；如果是汉族大夫，一般说普通话。”新疆汉语方言总体使用比例不高。

2. 交际对象和交际话题

（1）跟本族邻居或熟人聊天（可多选）：地方普通话 19 人，标准普通话 9 人，维吾尔语 8 人，新疆汉语方言 1 人，东北话 1 人，维吾尔语/地方普通话 1 人，地方普通话/安徽话 1 人，合计 40 人。分解多选项：普通话（30 人次，地方普通话 21 人次，标准普通话 9 人次）>维吾尔语（9 人次）>其他汉语方言（2 人次）>新疆汉语方言（1 人次）。

（2）跟其他民族邻居或熟人聊天（可多选）：地方普通话 17 人，标准普通话 10 人，新疆汉语方言 4 人，维吾尔语/地方普通话 3 人，维吾尔语 2 人，维吾尔语/地方普通话/安徽话 1 人，维吾尔语/东北话 1 人，标准普通话 1 人，地方普通话/新疆汉语方言 1 人，合计 40 人。分解多选项：普通话（33 人次，地方普通话 22 人次，标准普通话 11 人次）>维吾尔语（7 人次）>新疆汉语方言（5 人次）>其他汉语方言（2 人次）。一位维吾尔族调查对象解释："只要和会维吾尔语的其他民族交往，我就会使用维吾尔语，他们也都会随我说维吾尔语。"

（3）跟陌生人交谈（可多选）：地方普通话 18 人，标准普通话 9 人，维吾尔语/地方普通话 4 人，新疆汉语方言 3 人，维吾尔语/标准普通话 1 人，维吾尔语/标准普通话 1 人，维吾尔语/地方普通话/安徽话 1 人，维吾尔语/地方普通话/新疆汉语方言 1 人，维吾尔语 1 人，东北话 1 人，合计 40 人。分解多选项：普通话（35 人次，地方普通话 24 人次，标准普通话 11 人次）>维吾尔语（9 人次）>新疆汉语方言（4 人次）>其他汉语方言（2 人次）。

（4）跟亲友谈论国家大事（可多选）：地方普通话 19 人，标准普通话 9 人，维吾尔语 6 人，维吾尔语/地方普通话 2 人，维吾尔语/标准普通话 1 人，新疆汉语方言 1 人，安徽话 1 人，东北话 1 人，合计 40 人。分解多选项：普通话（31 人次，地方普通话 21 人次，标准普通话 10 人次）>维吾尔语（9 人次）>其他汉语方言（2 人次）>新疆汉语方言（1 人次）。

（5）在单位谈工作（可多选）：地方普通话 18 人，标准普通话 8 人，维吾尔语/地方普通话 5 人，标准普通话 2 人，维吾尔语 1 人，地方普通话/安徽话 1 人，东北话 1 人，无此情况 4 人，合计 40 人。分解多选项：普通话（34 人次，地方普通话 24 人次，标准普通话 10 人次）>维吾尔语（6 人次）>其他汉语方言（2 人次）。自报在单位谈工作使用"维吾尔语/地方普通话"的一位 51 岁汉族女性（大专学历，企事业单位工作人员）表示："我一般只是和维吾尔族同事聊天或开玩笑时才说简单的维吾尔语，谈论工作一般都用普通话。"

（三）媒体语言接触

收看电视节目（可多选）：普通话26人，普通话/维吾尔语5人，普通话/维吾尔语/英语4人，普通话/英语2人，普通话/维吾尔语/俄语2人，普通话/汉语方言1人，合计40人。分解多选项：普通话（40人次）>维吾尔语（11人次）>英语（6人次）>俄语（2人次）>汉语方言（1人次）。

9名维吾尔族调查对象中，4人收看“维吾尔语/普通话/英语”电视节目，3人收看“维吾尔语/普通话”电视节目，2人收看“维吾尔语/普通话/俄语”电视节目，另有2名汉族调查对象收看“普通话/维吾尔语”电视节目；东乡族和回族调查对象只收看普通话电视节目。

数据表明，不同场合、针对不同交际对象和话题，普通话使用率最高，个别内地出生老年组调查对象使用出生地汉语方言，部分调查对象与其他民族邻居或陌生人交谈及非正式场合使用新疆汉语方言。维吾尔族多使用维吾尔语和普通话，只有少数老年组调查对象使用维吾尔语单语。多数调查对象主要接触普通话媒体，维吾尔族同时接触维吾尔语媒体。

五、语言态度

（一）社会地位评价

1. 语言文字有用度

不同语言和方言“很有用”排序：普通话>英语>维吾尔语>其他少数民族语言>其他汉语方言>新疆汉语方言，合并前两项指标：普通话>英语>维吾尔语>其他少数民族语言>新疆汉语方言>其他汉语方言；不同文字“很有用”排序：汉文>英文>维吾尔文>其他少数民族文字，合并前两项指标排序相同。具体数据见表5。

表5 语言文字有用度（n=40；人/%）

指标 \ 语言变体		普通话汉文	维吾尔语文	其他少数民族语文	新疆汉语方言	其他汉语方言	英语文
语言评价	很有用	39/97.5	15/37.5	10/25.0	7/17.5	8/20.0	30/75.0
	对一部分人或在一定范围有用	0	18/45.0	19/47.5	17/42.5	15/37.5	7/17.5
	没有用	0	6/15.0	9/22.5	13/32.5	14/35.0	2/5.0
	无法回答	1/2.5	1/2.5	2/5.0	2/5.0	3/7.5	1/2.5
合计		**40/100**	**40/100**	**40/100**	**40/100**	**40/100**	**40/100**
文字评价	很有用	40/100	16/40.0	8/20.0			30/75.0
	对一部分人或在一定范围有用	0	15/37.5	17/42.5			7/17.5
	没有用	0	8/20.0	13/32.5			2/5.0
	无法回答	0	1/2.5	2/5.0			1/2.5
合计		**40/100**	**40/100**	**40/100**			**40/100**

（1）普通话和汉文评价。97.5%的调查对象认为普通话“很有用”，一位55岁维吾尔语单语人（女，初中文化，民考民小学教师）选择“无法回答”。全部调查对象认为汉文“很有用”。一位40岁汉族女性（安徽出生，本科学历，1987年来疆，公务人员）曾在伊犁哈萨克自治州工作五年，认为“普通话自然、动听，应该学习和推广”。

（2）维吾尔语文评价。9名维吾尔族调查对象中，6人认为维吾尔语“很有用”，一位23岁女性（大专学历，企事业单位工作人员）认为：“不重视、不会说自己的母语，维吾尔族就没有前途。”一位40岁男性（本科学历，公务员）解释：“维吾尔语作为一个民族的语言不能说没有用，但主要在家庭、本民族朋友圈子里有用。”东乡族和回族调查对象均认为维吾尔语“对一部分人或在一定范围有用”。汉族调查对象中，9人选择“很有用”，13人选择“对一部分人或在一定范围有用”，6人认为“没有用”，1人无法回答。一位69岁汉族女性（高小文化，工人）认为：“维吾尔语在新疆肯定有用，做买卖、赶巴扎尔都会用到。”一位51岁汉族女性（大专学历，企事业单位工作人员）介绍：“过去曾组织机关工作人员学过维吾尔语，现在大家都用汉语文了，民族语文没再推广过。”选择“没有用”的一位43岁汉族女性（初中文化，商业服务业人员）表示：“学习维吾尔语越来越没什么用了，因为维吾尔族小孩子都学汉语了。”9名维吾尔族中，7人认为维吾尔文“很有用”，2人选择“对一部分人或在一定范围有用”。一位40岁男性（本科学历，公务员）解释：“我初中以前学新文字，初中以后学老文字。作为一个民族的重要象征，维吾尔文很有用。推广老文字是一种倒退，是落后的表现。新文字不仅能跟上潮流，而且使用计算机也比较方便。”

（3）其他少数民族语文评价。对其他少数民族语言和文字社会地位评价积极或比较积极的分别占调查对象的72.5%和62.5%，一位59岁汉族男性（高中文化，公务人员）认为，“在新疆，其他少数民族语言文字都没有维吾尔语文重要”。一位40岁维吾尔族男性（本科学历，公务员）解释：“我们与其他民族交流最好还是使用普通话，所以，除了本民族语言，只要会普通话就够了。”

（4）新疆汉语方言评价。对新疆汉语方言社会地位评价积极或比较积极的占调查对象的60.0%。在自报“很有用”的7人中，6人为大专以上学历，1人是高中文化，维吾尔族和汉族各3人；除1名商业服务业工作者，其他6人均为国家公职人员。一位40岁汉族男性（大专学历，企事业单位工作人员）强调：“新疆汉语方言在新疆境内有用，再说它也是一种文化。”一位40岁维吾尔族男性（本科学历，公务员）表示：“新疆汉语方言太难听了，现在使用的人也越来越少，所以觉得没有用。”

（5）其他汉语方言评价。对其他汉语方言社会地位评价积极或比较积极的占调查对象的57.5%。6名汉族和2名维吾尔族选择“很有用”，其中6人为大专以上学历、国家公职人员，工人和不在业各1人。一位55岁维吾尔族女性（阿图什出生，初中文化，民考民小学教师）认为：“因为不会说，所以觉得其他汉语方言没有用。”

（6）英语文评价。92.5%的调查对象对英语和英文社会地位评价积极或比较积极，选择“很有用”的一位69岁汉族男性（高中文化，退休）认为：“现在一切都跟国际挂钩，所以学习英语还是很有用的。”一位35岁汉族女性（本科学历，教师）强调：“必须会一门外语，这是工作的需要。”一位59岁汉族男性（高中文化，公务人员）认为，外语和外文都“没有用”，“现在把英语、英文强调得太过分了，实际上英语和英文并没有那么重要”。一位38岁回族男性（高中文化，商业服务业人员）函授学过两年阿拉伯语，能说简单日常用语，可以借助工具书翻译简单的文章，他强调：“阿拉伯语对穆斯林很有用。”

由上可知，第一，调查对象对普通话和汉文社会地位评价最高，对英语文和维吾尔语文社会地位的评价比较高。多数人认为，普通话是全国通用语，应在全国推广，不同民族都应该掌握；维吾尔语是区域优势语，在维吾尔族聚居区具有比较重要的社会交际功能；随着经济全球化的发展，英语文的作用日益重要，多数人对汉语方言的社会地位评价不高。第二，调查对象对不同语言及相应文字社会地位的评价大体一致。

2. 媒体语言评价

是否赞成广播影视剧或节目使用汉语方言：赞成 16 人（40.0%），不赞成 11 人（27.5%），无所谓 13 人（32.5%）。一位 59 岁汉族男性（辽宁出生，高中文化，公务人员）认为："小品可以，但主持人不能用方言。"一位 27 岁汉族男性（高中文化，企事业单位工作人员）表示："普通话多好听啊，所有媒体都应该使用普通话。"一位 30 岁汉族男性（高中文化，商业服务业人员）强调："大众媒体使用方言像什么话！所有媒体都不应该使用方言，应该使用普通话。"

（二）实用功能评价

对调查对象比较重要的语言或方言（可多选）：标准普通话 21 人，维吾尔语 5 人，标准普通话/英语 3 人，标准普通话/维吾尔语 2 人，地方普通话/维吾尔语 2 人，地方普通话 2 人，英语 2 人，标准普通话/维吾尔语/英语 1 人，标准普通话/地方普通话 1 人，标准普通话/安徽话 1 人，合计 40 人。分解多选项：普通话（34 人次，标准普通话 29 人次，地方普通话 5 人次）>维吾尔语（10 人次）>英语（6 人次）>其他汉语方言（1 人次）。

关联民族成分，不同民族调查对象均认为普通话对自己比较重要，维吾尔族调查对象认为维吾尔语对自己也比较重要。

（三）语言文字前景期望度

不同语言和方言"有很大发展"排序：普通话>英语>维吾尔语>其他少数民族语言>其他汉语方言>新疆汉语方言，合并前两项指标排序相同；不同文字"有很大发展"排序：汉文>英文>维吾尔文>其他少数民族文字，合并前两项指标排序相同。调查对象对普通话和汉文的前景期望度最高，其次是英语文，对汉语方言的前景期望度最低。具体数据见表 6。

表6 语言文字前景期望度（$n=40$；人/%）

指标 \ 语言文字		普通话汉文	维吾尔语文	其他少数民族语文	新疆汉语方言	其他汉语方言	英语英文
语言态度	有很大发展	34/85.0	9/22.5	8/20.0	3/7.5	4/10.0	24/60.0
	在一定范围发展	2/5.0	17/42.5	16/40.0	14/35.0	14/35.0	8/20.0
	任其自然发展	4/10.0	11/27.5	9/22.5	11/27.5	11/27.5	4/10.0
	不久将来不再使用	0	1/2.5	2/5.0	10/25.0	9/22.5	2/5.0
	无法回答	0	2/5.0	5/12.5	2/5.0	2/5.0	2/5.0
合计		**40/100**	**40/100**	**40/100**	**40/100**	**40/100**	**40/100**
文字态度	有很大发展	36/90.0	9/22.5	7/17.5			24/60.0
	在一定范围发展	1/2.5	19/47.5	17/42.5			8/20.0
	任其自然发展	3/7.5	9/22.5	9/22.5			5/12.5
	不久将来不再使用	0	1/2.5	2/5.0			1/2.5
	无法回答	0	2/5.0	5/12.5			2/5.0
合计		**40/100**	**40/100**	**40/100**			**40/100**

关于普通话、维吾尔语和英语的发展前景，一位40岁维吾尔族男性（本科学历，公务员）强调："应该加快发展普通话，取代国内的各种方言。维吾尔语一定要保留，不会说本族语是不应该的，但应该倡导和推广维吾尔文新文字。其他少数民族语言文字也需要在一定范围发展，作为一种民族文化，应该保留。外语应该发展，但首先应该推行和使用国家通用语。"一位51岁汉族女性（大专学历，企事业单位工作人员）强调："经济发展速度越来越快，全球逐渐一体化了，我们都应该走出去，所以英语在中国也应该有很大发展。"

关于汉语方言的发展前景，一位38岁回族男性（高中文化，商业服务业人员）表示："希望全国人民都使用普通话，并且尽可能说得标准些。新疆汉语方言的使用还比较广泛，特别是在回族中，希望能在地方上有很大发展。"一位69岁汉族男性（山西出生，1949年进疆，曾在南疆不同地区工作15年，已退休）表示："希望说新疆汉语方言的人都变成说普通话的人，一个国家的人应该都讲一种话，其他汉语方言最好慢慢消失。"一位30岁汉族男性（高中文化，商业服务业人员）表示："希望加快普通话普及速度，新疆汉语方言有很大局限性，走不远。"一位44岁汉族男性（高中文化，商业服务业人员）强调："新疆汉话特别土，又难听，时不时还会夹杂一些脏话，应该在不久的将来不再使用。”一位30岁汉族男性（山西出生，1993年进疆，商业服务业人员）强调：“各地的汉语方言最好就在本地发展，不要再蔓延了。”

关于其他少数民族语言文字发展前景，一位65岁汉族女性（高中文化）认为：“少数民族语言文字用处不大，本民族的孩子都不学了，所以不需要发展。”自报“无法回答”的一位38岁维吾尔族男性（本科学历，公务人员）解释：“这个问题应该由国家来决定，我个人没有权利谈论。”

（四）行为倾向

假如附近有不同语言授课的小学，希望后代上什么语言授课的学校（可多选）：普通话/英语20人，普通话8人，维吾尔语/普通话/英语3人，英语2人，维吾尔语2人，当地汉语方言1人，维吾尔语/普通话1人，普通话/英语/俄语1人，普通话/英语/德语1人，德语1人，合计40人。分解多选项：普通话（34人次）>英语（27人次）>维吾尔语（6人次）>德语（2人次）>当地汉语方言=俄语（各1人次）。

多数调查对象希望后代接受双语或多语教育，其中汉族多选择汉语和英语双语教育，维吾尔族的选择比较多样。单选德语的是23岁维吾尔族女性（大专学历，企事业单位工作人员），她表示：“本族语和普通话上学前就能学会，如果有德语授课学校，我会送孩子去那里上学，将来去德国留学。”单选英语的2名调查对象也有类似的想法。单选维吾尔语的2名调查对象均为维吾尔族，其中一位38岁男性（本科学历，公务员）强调：“少数民族首先应该学会自己的母语，不然母语和汉语都学不好，两不像。”

六、结　语

（一）语言习得和语言能力

1. 语言习得和习得环境

南门国际城小区居民语言习得及习得环境具有三个特点：（1）家庭语言习得环境同质性较高，即父母与调查对象小时候使用的语言几乎相同，且与调查对象最先学会的语言高度一致。（2）家庭语言习得环境与调查对象民族成分、出生地的一致性较高，即维吾尔族家庭主要使用维吾尔语，个别家庭同时使用普通话；内地出生汉族主要使用出生地汉语方言，普通话特别是地方普通话是绝大多数疆内出生汉族的家庭用语，新疆汉语方言主要在回族家庭使用。

（3）乌鲁木齐市的普通话普及率虽然较高，但新疆汉族来源地多元，小学教师的授课语言亦比较多样。随着调查对象的年龄段降低，小学阶段教师使用普通话授课的比例增加。

2. 语言习得途径

学校是不同民族学习普通话的主要场合，其次是家庭环境，这进一步证明普通话已成为部分家庭的交际语。维吾尔族主要在家庭环境中学习维吾尔语，部分汉族和其他少数民族通过社会交往学习维吾尔语；社会交往、家人影响分别是学习新疆汉语方言和其他汉语方言的主要途径；学校是学习汉文和维吾尔文的主要场合。调查对象学习普通话的主要动机是普通话使用广泛，便于与更多人交流；主要困难是受汉语方言和少数民族语言影响不好改口音。

3. 语言文字能力

97.5%的调查对象掌握或基本掌握普通话，双语双言或多语多言人占75.0%；单语人占25.0%，其中普通话单语人占22.5%，维吾尔语单语人占2.5%。内地出生调查对象均为普通话和出生地汉语方言双言人；新疆出生调查对象多为普通话单语人，少数调查对象为普通话和新疆汉语方言双言人。不同群体多语或多言人排序：维吾尔族>内地出生汉族>新疆出生汉族。普通话和维吾尔语输入和输出能力基本相同，汉语方言输入能力高于输出能力。不同民族调查对象的汉文输入能力高于输出能力，维吾尔族均掌握维吾尔文。

（二）语言使用现状

1. 家庭场域

（1）家庭语言使用呈明显代际差异，即随交际对象的年龄降低，调查对象使用普通话的比例明显增长；新疆汉语方言已不是青年组调查对象与后代交流的语言。（2）家庭语言使用受民族成分和出生地影响，调查对象中，汉族使用普通话的比例最高，内地出生中老年组汉族主要使用出生地汉语方言，疆内出生汉族主要使用普通话；回族和出生在回族聚居区的个别汉族使用新疆汉语方言；维吾尔族主要使用维吾尔语。

2. 社会场域

在不同场合、针对不同交际对象和话题，调查对象使用普通话的比例最高，内地出生老年组个别调查对象使用出生地汉语方言，部分调查对象与其他民族邻居或陌生人交谈及非正式场合使用新疆汉语方言。维吾尔族多兼用维吾尔语和普通话，老年组极个别调查对象使用维吾尔语单语。多数调查对象主要接触普通话媒体，维吾尔族同时接触维吾尔语媒体。

（三）语言态度

调查对象对普通话和汉文、英语文、维吾尔语文的社会地位评价和前景期望度较高，对汉语方言的社会地位评价和前景期望度不高。不同民族调查对象均认为普通话对自己比较重要，维吾尔族认为维吾尔语对自己也比较重要。多数调查对象希望后代接受双语或多语教育，其中汉族和其他少数民族多选择汉英双语教育，维吾尔族的选择较为多样。

参考文献

[1] 王远新．都市“城中村”的语言生活——乌鲁木齐市水磨沟区红山村居民语言使用、语言态度调查[J]. 民族翻译，2010（3）.

[2] 王远新．城市多民族杂居社区的语言生活——乌鲁木齐市药王庙社区居民的语言使用和语言态度调查[G] //王远新．语言田野调查实录（15），北京：中央民族大学出版社，2020.

巴音郭楞蒙古自治州蒙古族的语言生活

黄　晔

【摘要】 巴音郭楞蒙古自治州是多民族杂居区，也是卫拉特蒙古族的主要聚居地。本文通过问卷调查、访谈和实地观察获取第一手材料和数据，分析巴州蒙古族的语言生活特点，重点关注普通话掌握程度、学习途径、使用情况及其相关的语言态度。调查表明，绝大多数巴州蒙古族为蒙古语和普通话双语人，近一半为蒙古语、普通话、维吾尔语多语人；各语言功能互补，蒙古语主要用于家庭和族内交流，普通话和维吾尔语主要用于族际交流。调查对象的普通话和汉文水平输入能力均大于输出能力，对普通话的总体评价和认同度高于蒙古语，行为表现更倾向于蒙古语。总体而言，巴州地区蒙古族语言兼用现象普遍，语码转换成为常态；蒙古语得到较好的传承，掌握程度存在差异；普通话在当地蒙古族中普及度较高，且发挥着重要作用。

【关键词】 蒙古族，语言习得，语言使用，语言态度

巴音郭楞蒙古自治州（简称巴州），地处新疆维吾尔自治区东南部，面积为47.87万平方公里，辖库尔勒市、和静县、和硕县、博湖县和尉犁县等八县一市。截至2014年，巴州总人口140.42万人，其中汉族79.69万人（占56.8%），维吾尔族47.07万人（占33.5%），回族7.19万人（占5.1%），蒙古族5.21万人（占3.7%），另有哈萨克族、满族、柯尔克孜族、锡伯族等其他少数民族（占0.9%）（新疆维吾尔自治区统计局　2014）。

巴州不仅是多民族聚居地，也是卫拉特蒙古族的聚居地之一①，他们主要分布在和静县、和硕县、博湖县、库尔勒市等地。为了解卫拉特蒙古族的语言生活，笔者于2014年7月、2015年2月和8月赴巴州库尔勒市、和静县、和硕县进行田野调查，本文依据问卷数据和访谈材料撰写。

---

① 据新疆维吾尔自治区统计局，截至2014年，新疆境内有蒙古族16.96万人，主要居住在巴音郭楞蒙古自治州、博尔塔拉蒙古自治州和布克赛尔蒙古自治县。

一、调查概况

（一）调查地

库尔勒市是巴音郭楞蒙古自治州首府，位于新疆中部、天山南麓、塔里木盆地东北边缘，北倚天山支脉，南临塔克拉玛干沙漠，行政区面积 7268 平方公里。库尔勒市是古丝绸之路中道的咽喉之地和西域文化的发源地之一，是南北疆重要的交通枢纽和物资集散地，也是巴州地区重要的政治、经济、文化中心。截至调查时，库尔勒市的蒙古族共 5689 人，占巴州蒙古族总人口的 10.9%（新疆维吾尔自治区统计局　2014）。

和静县位于巴州西北部，是巴州人口大县，总面积 34978 平方公里，辖和静镇、巴伦台镇、巴润哈尔莫墩镇、哈尔莫墩镇、巴音布鲁克镇、巩乃斯镇、乃门莫敦镇、协比乃尔布呼镇、克尔古提乡、阿拉沟乡、额勒再特乌鲁乡、巴音郭愣乡 8 镇 4 乡。截至调查时，和静县的蒙古族共 31411 人，占巴州蒙古族总人口的 60.2%（新疆维吾尔自治区统计局　2014）。

和硕县位于焉耆盆地东北部，东与托克逊县交界，北隔天山山脉与乌鲁木齐市相望，西北与和静县相邻，西南与焉耆县、博湖县相连，南与尉犁县毗邻。全县总面积 12753 平方公里，辖特吾里克镇、塔哈其镇、曲惠镇、乌什塔拉回族乡、苏哈特乡、乃仁克尔乡、新塔热乡 3 镇 4 乡，另有清水河农场、和硕县马兰公安管区。截至调查时，和硕县的蒙古族共 6620 人，占巴州蒙古族总人口的 12.7%（新疆维吾尔自治区统计局　2014）。

（二）调查方法

本研究采用一对一访谈式问卷调查法和访谈法，随机抽样并入户访谈（不包括教师和学生专项调查），每户选择一名问卷调查对象。问卷涉及调查对象基本信息、语言习得、语言文字能力、普通话学习途径、语言使用和语言态度。每题设若干选项或指标，通过访谈式询问，依据调查对象的回答在给定范围内圈选。问卷完成后当天核对，发现问题及时联系调查对象，确保问卷的有效性。访谈分两类：一是围绕问卷的专题访谈；二是针对相关问题的延伸性访谈。

（三）抽样及样本构成

本研究采用分层抽样法，按杂居区和聚居区两类分别抽样：选择库尔勒市、和静县的和静镇、巴伦台镇以及和硕县的特吾里克镇为杂居区调查点；选择和静县的巴音布鲁克镇、巩乃斯镇、阿拉沟乡、乃门莫敦乡、克尔古提乡以及和硕县的乃仁克尔乡为聚居区调查点。调查对象为17周岁及以上的蒙古族，共发放问卷330份，获取有效样本324个，样本构成见表1至表3①。

表1　性别、年龄和流动情况（$n=324$；人/%）

性别		年龄段（岁）			流动情况	
男	女	17—29	30—44	45—	一直在本地	离开过本地
144/44.4	180/55.6	99/30.6	129/39.8	96/29.6	218/67.3	106/32.7

表2　职业（$n=324$；人/%）

教师	公务人员	企事业	专技和工人	农牧业	商业服务业	学生	其他
13/4.0	55/17.0	83/25.6	30/9.3	90/27.8	17/5.2	12/3.7	24/7.4

表3　受教育程度（$n=324$；人/%）

没上过学	小学	初中	高中	大专及以上
13/4.0	26/8.0	47/14.5	61/18.8	177/54.6

二、语言习得和语言能力②

（一）语言习得

小时候最先会说哪种语言（可多选）：蒙古语312人，普通话/蒙古语7人，普通话4人，蒙古语/维吾尔语1人，合计324人。分解多选项：蒙古语（320人次）>普通话（11人次）>维吾尔语（1人次）。

① 表1中的“离开过本地”指在外地生活过两年及以上；表2中的“其他”包括家庭妇女和自由职业；表3中的“没上过学”包括没上过学或上过扫盲班。

② 本文“普通话”指带汉语方言或少数民族语言特点的地方普通话。

数据表明，96.3%的调查对象最先学会蒙古语，2.2%的调查对象同时学会普通话和蒙古语。四位调查对象小时候最先学会普通话，其中三位是库尔勒市居民、一位是和静镇居民，均生活在蒙古族和汉族通婚家庭，即父母当中一方为汉族、一方为蒙古族。一位21岁女性调查对象（和静镇）小时候最先学会普通话，其父亲为汉族，母亲为蒙古族，父亲不会说蒙古语，父母之间用普通话交流。一位34岁女性调查对象（库尔勒市）说："我父亲是汉族，母亲是蒙古族，虽然他俩后来离婚了，但我从小跟汉族一起，上的是普通话授课的学校，小时候不怎么会说蒙古语。长大后我主动跟母亲学习了蒙古语，现在也会说一些蒙古语了。"

（二）语言文字能力

1. 语言掌握

现在能用哪些语言与人交谈（可多选）：蒙古语/普通话/维吾尔语131人，蒙古语/普通话115人，蒙古语27人，蒙古语/普通话/哈萨克语/维吾尔语18人，蒙古语/普通话/其他语言①14人，蒙古语/维吾尔语10人，蒙古语/哈萨克语/维吾尔语4人，蒙古语/哈萨克语3人，蒙古语/普通话/哈萨克语2人，合计324人。分解多选项：蒙古语（324人次）>普通话（280人次）>维吾尔语（163人次）>哈萨克语（27人次）>其他语言（14人次）。

从调查对象自报来看，调查对象均掌握蒙古语，91.7%的调查对象为双语多语人，同时掌握蒙古语、普通话和维吾尔语的多语人数量最多，占调查总人数的40.4%；其次是蒙古语和普通话双语人，占35.5%。44名调查对象不会说普通话，其中蒙古语单语人占61.4%，他们主要在巴音布鲁克镇、巩乃斯镇、阿拉沟乡等蒙古族聚居区。② 一位29岁女性调查对象（巴音布鲁克镇，大专学历）介绍，自己上学时学过普通话，那时会简单的日常用语，毕业后回到家乡，周围都是蒙古族，彼此间使用蒙古语交流，慢慢地就把普通话忘了，现在只能听懂一些但不会说。值得注意的是，和静县克尔古提乡也属蒙古族聚居区（调查时全部居民为蒙古族），但蒙古语单语人数量不多，原因之一是旅游业的发展使当地蒙古族尤其是经营牧家乐的居民与汉族接触增多，其普通话水平有所提高。另外，克尔古提乡居民多在和静镇购置房屋，冬天搬到和静镇居住、春夏回到乡里居住，因交际需要，多数人或多或少会使用普

① 包括俄语、英语等。

② 截至调查时，巴音布鲁克镇、巩乃斯镇、阿拉沟乡的蒙古族人口比例分别为95.9%、94.1%、96.5%。

通话。

部分中青年调查对象的蒙古语水平自报偏高。一位19岁女性调查对象（库尔勒市）的父亲抱怨："她的蒙古语水平比我们这一辈差远了，小时候我和她妈还专门教她、引导她说说（蒙古语），上了学以后她自己就不怎么说（蒙古语），我们也懒得教懒得管了，随她吧。"在和静镇新华书店工作的35岁女性调查对象介绍，自己从小跟汉族一起上学，后来转学到蒙古族寄宿制中学，因蒙古语说得没有同学们流利而受到嘲笑，只好又转回汉语授课学校，现在只会说一些简单的蒙古语日常用语。

2. 普通话和汉文掌握情况及学习途径

（1）普通话听说能力

您的普通话水平怎么样：能流利准确使用118人，能熟练使用但有些音不准89人，能熟练使用但口音较重38人，基本能交谈但不太熟练27人，能听懂但不太会说25人，能听懂一些但不会说15人，听不懂也不会说12人，合计324人。合并前三项指标，即75.6%的调查对象普通话听说能力达到熟练程度。

（2）汉文读写能力

阅读水平：完全没问题108人，基本没问题104人，有一定困难49人，完全不会44人，很困难19人，合计324人。

书写水平：完全没问题89人，基本没问题84人，完全不会65人，有一定困难62人，很困难24人，合计324人。

调查对象中，汉文阅读和书写完全没问题或基本没问题的比例为65.4%和53.4%，即阅读水平高于书写水平。综合普通话和汉文的掌握情况，二者输入能力均大于输出能力。

（3）普通话学习途径

普通话学习途径（分解多选项）：学校学习（229人次）>与汉族同伴交往（175人次）>看电视听广播（83人次）>受家里人影响（13人次）>普通话培训班学习（4人次），无此情况44人。数据表明，巴州地区蒙古族主要通过学校学习和与汉族交往学会普通话，电视广播媒体也为学习普通话提供了有利条件。

三、语言使用

（一）家庭场域

在家最常说的语言（可多选）：蒙古语 269 人，蒙古语/普通话 38 人，普通话 17 人，合计 324 人。分解多选项：蒙古语（307 人次）>普通话（55 人次）。

数据表明，94.8%的调查对象在家主要使用蒙古语，其中 11.7%的人兼用普通话。选择普通话或“普通话/蒙古语”的调查对象中，21—29 岁的 26 人，30—45 岁的 25 人，45 岁以上的 4 人，即主要为中青年调查对象。一些有儿女的蒙古族表示，自己在家跟父母和配偶交流说蒙古语，跟子女交流既说蒙古语也说普通话。

（二）社会场域

普通话在公共场合的使用率最高，其次是蒙古语。部分调查对象能够依据对方使用的语言转换语码，即选择对方使用的语言。① 具体数据见表 4。

表 4 社会场域语言使用（$n=324$；人/%）

语言 / 场合	本地买东西	本地医院看病	本地政府办事	工作劳动场合
只说普通话	180/55.6	178/54.9	140/43.2	124/38.3
只说蒙古语	55/17.0	69/21.3	85/26.2	112/34.6
只说维吾尔语	3/0.9	1/0.3	0	0
选择对方使用的语言	86/26.5	76/23.5	99/30.6	83/25.6
无此情况	0	0	0	5/1.5
合计	**324/100**	**324/100**	**324/100**	**324/100**

数据表明，普通话作为巴州地区的强势语言之一，广泛用于社会场域。多数蒙古族兼通两三种语言，视不同场合和交际对象使用普通话、蒙古语或维吾

① 主要指蒙古语、普通话和维吾尔语。

尔语。调查对象在本地买东西说普通话的比例高于在本地政府办事，因为各乡镇政府都有一定数量的蒙古族办事人员，蒙古族居民跟他们多使用本族语交流；本地店铺老板或个体户多为汉族或其他少数民族（如回族、哈萨克族等），居民与他们交流主要使用普通话。

（三）媒体语言状况①

1. 广播电视媒体

（1）巴州文化体育广播影视局。截至2014年，巴州拥有州级广播电台和电视台各1个，县级广播电视台8个，乡镇广播电视站79个，全域广播中波转播台3座，调频转播发射台42座，电视转播发射台37座，行业台、州县乡广播电视台（站）已遍布8县1市各个村镇和牧区。巴州文化体育广播影视局设有巴州电视台、巴州人民广播电台、巴州蒙古语影视译制中心播出机构。

巴州人民广播电台自办频率四个：汉语综合广播、蒙古语/维吾尔语综合广播、交通文艺广播，并转播中央一套、新疆维吾尔语频道广播。汉语两个频率每天播出时间各19小时，自办栏目40个，包括《全州新闻联播》《行风·民生热线》《民生热线》等。维吾尔语频道自办栏目8个，每天播出12小时；蒙古语频道主要包括《巴州新闻联播》《民生热线》《行风热线》等21个栏目。信号覆盖库尔勒市及周边地区，汉语新闻综合广播覆盖除且末县以外的所有县域。

巴州电视台自办频道5个，其中汉语频道3个（新闻综合、城市、教育频道），蒙古语频道1个、维吾尔语频道1个。自办栏目9档，其中包括《巴音郭楞新闻》（普通话/维吾尔语/蒙古语，每周六期）、《库尔勒新闻》（普通话/维吾尔语，每周六期）、《展望家乡》（维吾尔语，每周三期）等。普通话及民族语新闻综合频道节目信号覆盖全州八县一市。其中蒙古语频道有7个栏目，分别是《巴音郭楞新闻》《茶余饭后》《巴音视角》《文化教育》《音乐旋律》《相约TV》与《大千世界》。《巴音郭楞新闻》于1998年3月使用卫拉特蒙古语开播，时长20分钟，每天播出5次。《茶余饭后》是译制中心最早的自办栏目，是聚焦社会热点、汇集文化精英和专家学者的深度访谈类节目，每期45分钟。《文化教育》是巴音郭楞蒙古语频道最有影响力的自办栏目，自2005年7月1日开办以来，内设11个特色板块，以探索和挖掘卫拉特蒙古族悠久

① 相关数据由本人实地访谈以及和静县档案馆提供，特此致谢。

的历史文化、文艺及教育等为题材，因贴近本地生活、内容丰富、观看性强而深受民众好评。

巴州蒙古语影视译制中心是全国唯一的卫拉特蒙古语影视译制机构，除译制蒙古语影视剧和巴州新闻、开办了《茶语饭后》《大千世界》等栏目，还承担蒙古语电视频道节目播出及和静县转播站转播蒙古语电视频道节目的工作。

（2）和静县文化体育广播影视局。1989 年，和静县开设蒙古语广播；1994 年，建设和静县有线电台，传送 8 套电视节目。目前，和静县文广局有有线电视系统和无线电视转播设备各 1 套、数字微波电视转播站 1 个、调频广播转播设备 5 套，这 5 套设备分别转播中央一套汉语和新疆一套维吾尔语节目，以及新疆广播双语、新疆广播汉语、新疆蒙古语广播节目。2005 年在巴音布鲁克镇巴音郭楞乡建成广播电视转播站，转播中央一套电视节目、内蒙古电视节目和新疆蒙古语广播节目。2009 年开播蒙古语电视频道，每周两次，主要播《和静新闻》。2010 年实现普通话、蒙古语、维吾尔语《和静新闻》同步日播，每天播放 10 至 40 分钟的新闻、转播 14 个小时的内蒙古电视台及巴州电视台的电视节目。自办蒙古语节目有《健康栏目》《法治服务》《行风热线》《每周一歌》等。

总体而言，巴州广播电视媒体的覆盖率较高，有一定数量的少数民族语言广播电视节目，能为巴州地区的蒙古族居民传递政策信息、文明信息等，但仍存在蒙古语广播电视种类不够丰富、播放次数少、蒙古族广播电视工作人员少等问题。近年来，巴州地区的普通话普及率不断提高，但受居住环境影响，巴音布鲁克、阿拉沟等蒙古族聚居区尤其是边远山区的蒙古族，普通话水平相对较低，蒙古语是他们日常生活的主要交际语，在一定时期内无法被普通话代替。因此，广播电视媒体的建设需考虑这部分蒙古族的需求。

2. 图书与杂志

截至调查时，新疆共有六家蒙古文杂志社，即《语言与翻译》（学术）、《卫拉特研究》（学术）、《启明星》（文学）、《今日新疆》（党务）、《新疆畜牧业》（专业）、《巴音郭楞》（综合文艺）。除学术性期刊，其他四类期刊杂志在各乡镇政府或文化阅览室、图书馆均有一定订阅量。然而，不同群体对蒙古文和汉文阅读资源的需求有所不同。

以和静县东归图书馆为例，现有藏书 20.4 万册（纸质图书 5.4 万册、电子图书 15 万册），包括汉、维、蒙三个语种及少量英文类期刊杂志。纸质图书中，维吾尔文图书 3638 册，蒙古文图书 2325 册。期刊杂志共 265 种，除汉文报纸和杂志，另有维吾尔文、蒙古文报纸，包括《巴音郭楞日报》《新疆日报》《人民日报》《法治日报》，蒙古文报纸还有《内蒙古日报》（应读者要求），以及蒙古文、维吾尔文杂志各25种左右。据馆长介绍，维吾尔文、蒙古文读者较少，平均1000张借阅卡里蒙古文和维吾尔文读者总共不到100个，且大多是中年人，少数蒙古族老年人会来阅读报纸。近年来，少数民族青少年读者数量有所增加，但基本都是阅读汉文图书。在巴音布鲁克镇的“2015年党委政府干部指令性征订党报党刊计划一览表”中，订刊量最多的是蒙古文版《新疆日报》《巴州日报》和《今日新疆》，汉文版报纸杂志订刊量几乎为零。这些现象一定程度上表明，聚居区蒙古族的蒙古文水平较高，汉文水平较低，中老年群体的蒙古文水平高于青少年群体。

（四）商业牌匾用字

1. 和静县

笔者走访了5个调查点的主要街道，了解其商业牌匾的用字情况，共统计商铺667家，其中和静镇278家，巴音布鲁克镇167家，巩乃斯镇81家，巴伦台镇74家，乃门莫敦镇67家。[①] 文字使用情况：汉文/蒙古文/维吾尔文320家，汉文138家，汉文/维吾尔文121家，汉文/蒙古文76家，维吾尔文7家，汉文/蒙古文/维吾尔文/英文5家。文字使用排序：汉字（99.0%）>维吾尔文（67.9%）>蒙古文（60.1%）>英文（0.7%）。

2. 和硕县

调查选取和硕县和硕镇的两条主要街道[②]，统计其商业牌匾用字情况：汉文/蒙古文/维吾尔文84家，汉文/维吾尔文62家，汉文41家，汉文/蒙古文6家，维吾尔文3家，汉文/蒙古文/维吾尔文/英文1家，合计197家。文字使用排序：汉文（98.5%）>维吾尔文（76.1%）>蒙古文（46.2%）>英文（0.5%）。

总体而言，巴州地区的商业牌匾大多采用两种或三种文字，其中同时使用汉文、蒙古文和维吾尔文的牌匾数量最多，共计404个，占样本总数的46.8%；其次是汉文和维吾尔文牌匾，共计183个，占21.2%；仅使用汉文的牌匾共计179个，占20.7%。

① 和静县阿拉沟乡和克尔古提乡商铺极少，仅有5家，在此不做统计。

② 和硕县调查点之一乃仁克尔乡只有一个小型超市，不做统计。

四、语言态度

（一）语言评价

1. 总体评价

今后在国内交往中，您认为哪种语言最重要：普通话 235 人，蒙古语 83 人，英语 2 人，无法回答 4 人，合计 324 人。

72.5%的调查对象认为今后交往中普通话最重要，远高于选择蒙古语的比例（25.6%）。这表明，当地大多数蒙古族能够认识到普通话作为国家通用语的重要作用，对普通话的实用功能评价较高。

2. 对普通话的评价

（1）您的交往中，普通话的作用怎样：非常大 207 人，一般 97 人，没有用 11 人，无法回答 9 人，合计 324 人。

（2）您认为普通话在全国的影响力怎么样：非常大 243 人，一般 66 人，没有用 5 人，无法回答 10 人，合计 324 人。

数据表明，大多数调查对象对普通话的社会地位评价较高。选择“一般”或“没有用”的主要为中老年群体或蒙古族聚居程度高的乡镇居民。

（二）行为倾向

（1）希望本地小学使用哪种语言教学（可多选）：蒙古语 159 人，蒙古语/普通话 131 人，普通话 33 人，无法回答 1 人，合计 324 人。分解多选项：蒙古语（290 人次）>普通话（164 人次）。

（2）希望本地中学使用哪种语言教学（可多选）：蒙古语/普通话 162 人，蒙古语 125 人，普通话 36 人，无法回答 1 人，合计 324 人。分解多选项：蒙古语（287 人次）>普通话（198 人次）。

数据表明，调查对象的语言态度和行为倾向不一致，多数调查对象对普通话的社会地位和实用功能评价更高，但选择后代的受教育语言时更倾向于蒙古语。多位调查对象表示，小学是语言学习的关键时期，应该让后代在学好母语的前提下学习其他语言。一些年轻家长反映，孩子在外面很少说蒙古语，甚至有时在家跟父母交流也使用普通话，为保持孩子的蒙古语能力，他们会刻意地跟孩子说蒙古语。同时，调查对象也能认识到普通话的重要性，主动让后代在中学接受普通话教育，他们认为学好普通话有助于掌握先进的科学文化知识，并且对找工作十分有益。部分调查对象表示："小学阶段要接受蒙古语教学，但中学阶段要学习普通话。"一位42岁男性调查对象（阿拉沟乡）用不太流利的普通话说："学汉语好，我就是因为汉语说不好，在这方面吃了亏，只能放羊，年轻人应该学好汉语，以后找个好工作。"一位34岁女性调查对象表示，虽然自己家在克尔古提乡，但考虑到孩子的教育问题，她安排丈夫留在乡里放牧，自己带着孩子在和静镇租房子住，以便让孩子处在良好的语言环境下，接受较好的双语教育，这样有益于孩子的未来发展。

综上所述，调查对象对普通话的社会地位和实用功能评价最高，但行为上更倾向于蒙古语。

五、语言生活特点

（一）语言兼用现象普遍、语码转换成为常态

从语言掌握看，91.7%的调查对象为双语多语人，近一半的调查对象同时掌握蒙古语、普通话和维吾尔语，蒙古语和普通话双语人占35.5%。从语言使用来看，94.8%的调查对象在家主要使用蒙古语，11.7%的人尤其是中青年调查对象在家兼用普通话；蒙古语、普通话和维吾尔语功能互补，蒙古语主要用于家庭和族内交流，普通话和维吾尔语特别是普通话主要用于族际交流，这三种语言能够在不同公共场合按交际需要被灵活自如地使用。由此可见，巴州地区的蒙古族语言兼用现象普遍，语码转换已成为常态，这与巴州的民族构成、语言政策、语言环境有直接关系。

第一，巴州各民族分布呈"大杂居、小聚居"的格局，汉族、维吾尔族、蒙古族是巴州地区的主体民族，长期共处促使他们相互学习彼此的语言。

第二，普通话、维吾尔语和蒙古语都是巴州地区的通用语，《巴音郭楞蒙古自治州语言文字管理条例》中明确规定，自治州内通用蒙古、维吾尔、普通话（汉文）三种语言文字，这三种语言在当地居民的日常生活中均发挥着重要作用，因此，会说普通话或维吾尔语成为当地蒙古族的生存技能之一。

第三，除汉、维、蒙三个主体民族，巴州地区还居住着哈萨克、柯尔克孜等其他少数民族，并且与伊犁、塔城、吐鲁番等地州市相连，相似的生产生活方式使得当地蒙古族与其他少数民族交往交流频繁，从而能够或多或少地使用彼此的语言沟通。

（二）蒙古语传承较好、掌握程度存在差异

从调查对象自报看，多数蒙古族小时候最先学会并掌握蒙古语，且在家庭场域主要使用蒙古语。可见，蒙古语在巴州地区的蒙古族中得到了较好的传承，并保持着较强的生命力，这主要有两方面原因。

第一，民族情感是蒙古语得以保留的重要因素。卫拉特蒙古语不仅是巴州卫拉特蒙古族的重要交际工具，还是维系民族情感、支系认同的纽带。西迁伏尔加河流域的蒙古人非常重视文化教育，一直保持着本民族的语言文字、风俗习惯等。《蒙古——卫拉特法典》曾规定："贵族和牧民的子弟必须学习蒙古文字，否则向其家长罚款。"可见，卫拉特蒙古族自古以来极为重视本民族语言文字的传承。笔者入户访谈时，问及希望自己的孩子小学时接受哪种语言的教育，很多调查对象都强调"孩子必须学会自己民族的语言"；出生在蒙古族和汉族通婚家庭、小时候最先学会普通话的34岁女性调查对象表示，自己长大后意识到母语的重要性，主动跟长辈学习蒙古语，如今会使用蒙古语日常用语。因此，巴州地区的蒙古族能够较好地保留和传承母语，与他们强烈的民族情感息息相关。

第二，相对聚居为当地蒙古族提供了使用母语的良好环境。巴州地区是卫拉特蒙古族的聚居地，其中和静县巩乃斯镇、克尔古提乡、阿拉沟乡以及和硕县乃仁克尔乡居民几乎均为蒙古族。即使在民族杂居的库尔勒市，蒙古族也是呈现小聚居的特征，如巴音小区的蒙古族居民占小区总人数的60%①。相对聚居的生活状态为蒙古语的使用提供了良好环境，也成为蒙古语保留和传承的有力保障。

然而，调查对象对蒙古语文的掌握程度存在差异。具体而言，相较于杂居区，聚居区蒙古族的蒙古语文水平更高，对蒙古语文资源需求较大；部分调查对象的自报与实际不一致，虽全部调查对象自报掌握蒙古语，实际上，部分青年群体的蒙古语水平不及中老年群体，个别调查对象只会说简单的蒙古语日常用语。

（三）普通话普及度较高

普通话是我国的通用语，巴州地区的蒙古族看重普通话的实用功能，并能认识到掌握普通话的重要性。总体来看，普通话在巴州地区蒙古族中的普及程

---

① 数据于2015年由巴音社区工作人员提供，特此致谢。

度较高，大多数蒙古族能够使用普通话，并且可以在社会场域中灵活自如地进行蒙古语和普通话的语码转换，这主要有三方面原因。

第一，学校教育。自新疆和平解放后，各级党政部门非常重视少数民族的汉语教学工作。1956 年，自治区第二届中等教育会议不仅明确要求民族学校初中与高中每周汉语课的课时量与学生的识字量，还规定了各学习阶段少数民族学生的汉语能力标准。20 世纪 80 年代后，双语问题被正式写入我国的政策法规。1982 年 3 月“民汉兼通”概念的提出，使得双语教育有了进一步发展，并成为新疆汉语教学的基本方针，双语教育有了更明确的目标。30 年来，在双语教育的推进下，巴州地区越来越多的蒙古族，尤其是在受教育程度较高的中青年群体中，普通话和蒙古语双语人较为普遍。

第二，民族交往。长期以来，巴州地区的汉族和少数民族紧密接触，为当地蒙古族及其他少数民族学习普通话提供了良好的语言环境。近年来，在城市化发展进程中，牧民纷纷到和静、和硕等县城安家落户。访谈得知，许多牧民在县城置房，每年春夏上山放牧，秋冬回到县城，只留一两个青壮年在牧区看守牲畜；一些富裕的牧户找他人代牧，自己和家人在镇里生活。牧民在牧区基本都说本族语，在城镇居住时与汉族接触较多，因此会说一些普通话。

旅游业的发展促进了民族交往。随着社会经济的发展、交通的发达，巴州渊远流长的历史文化和得天独厚的自然风光吸引了全国各地的游客，从而使原本封闭的牧区逐渐开放。如今，旅游业已成为巴音布鲁克镇和巩乃斯镇这类旅游资源丰富地区的支柱产业。一些蒙古族牧民开始经营“牧家乐”“骑马”“蒙古包住宿”等生意，增加了他们与其他民族交往交流的机会，普通话成为其主要交际语。

第三，媒体建设的发展。巴州和静县于 1994 年建设和静县有线电台，传送八套电视节目。至 2010 年，可实现普通话、蒙古语、维吾尔语《和静新闻》同步日播，每天播放 10 至 40 分钟的新闻、转播 14 个小时的内蒙古及巴州电视台的节目。1999 年起，实施“村村通”工程，农区广播覆盖率达 100%，牧区广播电视覆盖率达 90%。为进一步推广“村村通”工程，新疆包括巴州地区于 2000 年 9 月正式启动“西新工程”，大大提高了广播电视媒体在边远地区的覆盖率。2009 年，和静县广电局为克尔古提乡、阿拉沟乡、巴音郭楞乡等十几个牧民定居点安装“村村通”设备 2500 套，使得偏远牧区和山区的群众能够收听 43 套广播节目，收看 45 套电视节目（和静县档案史志局 2013）。笔者入户调查时，很多家庭都在收看当下流行的汉语电视剧或综艺节目。强大的媒体传播不仅使当地蒙古族能够及时了解国内时讯，还潜移默化地提高了他们的普通话水平。除“村村通”工程和“西新工程”，和静县广播电视局还开展送电影下乡工作，为偏远农牧区放映电影，丰富了偏远农牧区居民的精神文化生活。这些措施为巴州地区的蒙古族学习普通话提供了有利条件。

参考文献

[1] 韩建岗. 新疆巴州多语地区少数民族语言使用和语言态度研究[J]. 西部学刊，2015（1）.

[2] 和静县志编委会. 和静县志[M]. 乌鲁木齐：新疆人民出版社，1995.

[3] 和静县档案史志局. 中国共产党和静县历史大事记[M]. 乌鲁木齐：新疆人民出版社，2013.

[4] 舍那木吉拉. 中国民族语文工作的创举——蒙古语文“八协”工作二十年回顾[M]. 辽宁：辽宁民族出版社，2000.

[5] 孙丽莉. 多元文化背景下新疆少数民族语言使用情况调查研究[J]. 华中农业大学学报（社会科学版），2009（4）.

[6] 王远新. 河北省境内的蒙古语言文化孤岛——尚义县五台蒙古营语言使用、语言态度调查 [J]，内蒙古师范大学学报（哲学社会科学版），2010（4）.

[7] 王远新. 都市蒙古族社区的语言生活——新疆蒙古师范学校家属社区居民语言使用和语言态度调查[J]. 内蒙古师范大学学报（哲学社会科学版），2013（2）.

[8] 邬美丽，张瑞芳. 内蒙古达拉特旗散居蒙古族语言使用情况调查[J]. 中央民族大学学报，2006（5）.

[9] 新疆维吾尔自治区统计局. 新疆统计年鉴 2014[M]. 北京：中国统计出版社，2015.

[10] 邹越华. 黑龙江省蒙古族语言使用情况探析[J]. 黑龙江民族丛刊，2002（3）.

京族聚居区澫尾村的语言生活及其变迁

王远新

【摘要】 广西东兴市“京族三岛”是我国京族聚居地。过去，京族以出海捕鱼为生，与外界接触不多，主要使用京语。“围海造田”后，京族与陆地不同民族特别是汉族联系密切，“京族三岛”逐渐由京语单语社区变为京语和粤方言双语社区。改革开放后，随着中越边境贸易和文化交流的发展，加之基础教育普及和普通话的推广，“京族三岛”多数居民已掌握或基本掌握普通话。本文以“京族三岛”中京族人口最多的澫尾村为调查点，依据实地调查材料，描述澫尾村的语言生活特点，分析影响其语言生活变迁的因素。调查表明，京族在家庭场域主要使用京语、兼用粤方言，其他民族主要使用粤方言；由于族际通婚现象较普遍，调查对象与同辈特别是配偶使用双语或多语的比例较高，普通话已进入少数青年组调查对象的家庭。在社会场域，调查对象主要使用粤方言，京语多在京族内部使用，普通话有特定使用群体和交际场合。语言态度方面，调查对象对京语和粤方言的实用功能评价较高，对普通话和汉文的社会地位评价和前景期望度最高，其次是京语和字喃。澫尾村语言生活的变迁，主要受地理环境及其变化、族际交往、学校教育、语言态度和语言认同等因素影响。

【关键词】 澫尾村京族，语言使用，语言态度，语言生活变迁

京族是我国人口较少民族，也是唯一的海洋民族，与越南主体民族越族来源相同，使用同一种语言。16 世纪初，我国京族的先辈陆续从越南涂山（今海防市一带）、春花、宜安、瑞溪等地迁入我国今广西壮族自治区中越边境东兴市四面环海的巫头、山心、澫尾三座小岛上。1958 年，根据本民族意愿并经国务院批准，这部分自称“京人”的族群被正式定名为京族（防城县志编纂委员会 1993：44）。由于长期跨国居住，京语与越南语产生了一定差异。20 世纪 70 年代“围海造田”后，三岛与陆地相连成为半岛，至今仍沿用“京族三岛”旧称。与之相应，“京族三岛”由原来的京语单语社区逐渐发展成为京语和粤方言（钦廉片，当地称白话）双语社区。为了解京族的语言生活及其变迁，2010 年 8 月，我们赴中越边境东兴市江平镇京族聚居地巫头村、山心村、澫尾

村进行田野调查，本文依据澫尾村的实地调查材料和问卷数据撰写。①

一、调查概况

（一）调查地

1. “京族三岛”

据2000年人口普查数据，全国京族总人口22527人，其中广西境内京族20123人，占全国京族的89.37%（国务院人口普查办公室 2002）②。京族主要分布在广西东兴市江平镇的巫头、山心、澫尾三个行政村，少数散居在周边的竹山、谭吉、红坎、恒望、寨头、瓦村、米漏和三德等地。

江平镇位于东兴市东部，南濒北部湾，北临防城港市防城区，西与越南万柱岛隔海相望，镇政府距东兴市16公里。全镇总面积257.09平方公里，其中耕地34000.5亩，山地13.67亩，可开发海滩涂4.5万亩，海岸线长38公里。江平镇辖15个行政村和2个社区，总人口54515人，其中汉族25206人，京族17498人，壮族10018人，瑶族1602人，侗族125人，苗族36人，布依族6人，彝族5人，仫佬族5人，毛南族4人，回族4人，土家族3人，满族2人，东乡族1人。③

2. 澫尾村

澫尾村位于江平镇最南端，辖区面积16平方公里，距镇政府驻地约9公里，南邻著名旅游景区金滩（以其沙质如金闻名），有林地1020亩，虾塘5100亩，旱地844.66亩，鱼塘300亩，海滩涂4500亩，海蜇加工厂40余家。村内建有占地面积117亩的京族文化广场，有老年人活动中心、标准化卫生室、京族学校（设小学和初中部）各1个，幼儿园4所。

澫尾行政村辖23个村民小组，由澫东、澫西和海村三个自然村组成。截

---

① 本项调查得到中央民族大学“211工程”第三期建设项目“我国跨境民族语言文化和边境文化安全调查”和“创新人才培养”项目（项目编号：0212110309）资助；调查得到防城港市人民政府办公室、东兴市委办公室大力协助，村情和人口数据由江平镇党委和政府办公室提供，特此致谢。调查员由中央民族大学语言学及应用语言学专业社会语言学方向2009级博士研究生周荣、康军帅和2008级、2009级硕士研究生方阳、张阳、何维、强泰、魏琳及笔者担任。

② 按总人口的实际占比，应为89.33%。

③ 2019年全镇总人口12884户57702人，2020年13656户59403人。调查数据由镇党委和政府办公室提供，特此致谢。

至调查时，全村总人口1232户5806人，其中京族人口占90%以上。[①] 海村位于澫尾岛中部，居民主要是京族；澫东和澫西村是京族和汉族杂居村。“围海造田”之前，澫尾岛村民主要以出海捕捞为生，经济形式单一；现在主要从事浅海捕捞、乡村旅游、边贸互市、海产品养殖与加工等多种生产和经营方式。澫尾岛海岸线长15公里，与越南著名风景名胜区万柱岛隔海相望。随着中越边贸和“金滩”开发后旅游业的发展，村民收入大幅提升，村貌发生了很大变化。澫尾村曾获首批全国农村幸福社区建设示范单位、广西壮族自治区第三批民族团结进步创建示范单位、兴边富民示范村、和谐村屯、文艺村以及防城港市十佳增收工程万元村屯等荣誉称号。

（二）调查对象

依据调查目的和澫尾村的民族成分构成特点，本研究共抽取42个家庭作为户访对象，每户选择1名问卷调查对象，获取有效样本42个。样本构成见表1至表3[②]。

表1 性别、年龄段及出生地（n=42；人/%）

性别		年龄段（岁）			出生地	
男	女	15—34	35—54	55—69	本村	外地
23/54.8	19/45.2	23/54.8	14/33.3	5/11.9	39/92.9	3/7.1

表2 职业（n=42；人/%）

渔民	农民	个体	商服业	学生	村干	其他
7/16.7	4/9.5	13/30.9	10/23.8	4/9.5	2/4.7	2/4.7

表3 受教育程度和民族成分（n=42；人/%）

受教育程度				民族成分			
未上过学	小学	初中	高中	京族	汉族	壮族	瑶族
1/2.4	12/28.6	21/50.0	8/19.0	33/78.6	6/14.3	2/4.7	1/2.4

① 截至2020年，澫尾村总人口增至6423人，其中京族4865人（占75.7%）、汉族1114人（占17.3%）、壮族420人（占6.5%），另有瑶族22人、侗族1人、满族1人，即村内汉族人口明显增加。上述人口数据均未包括经商务工者的外来常态居住人口。

② 调查对象年龄原则上限定为15—69岁，个别超过69岁的调查对象归入老年组。外地出生3人中，出生地分别为东兴市（汉族，嫁入澫尾村2年）、广东云浮市（汉族，嫁入澫尾村9年）、越南平遥（男，瑶族，35岁，15岁落户澫尾村）；职业中的“其他”指不在业者和家庭妇女。

（三）调查方法

本研究除采用实地观察和访谈法，主要采用一对一访谈式问卷调查法。问卷由5部分75个单选和多选题组成，内容包括调查对象个人及其家庭信息，语言习得、语言能力和使用、媒体语言接触、语言文字学习途径和动机、语言态度。每题设若干选项或指标，题目、选项或指标相互印证，可通过逻辑分析检验调查对象自报的信度。问题、选项或指标为既定，调查员以访谈方式询问，并依据调查对象在给定范围的回答圈选或填写相关选项。为避免遗漏重要信息，题旁留空白、问卷末留日记栏，要求调查员准确记录。问卷完成后，先由调查员检查，再交叉核对，发现问题及时联系调查对象，确保问卷的有效性。访谈分两类：一是围绕问卷问题的专题访谈；二是针对相关问题选择合适的受访者做延伸性深度访谈。

（四）族际通婚及通婚态度

1. 通婚状况

42名调查对象中，26人（61.9%）家族中有族际通婚成员，其中京族和汉族通婚15人（占调查对象的35.7%，占族际通婚者的51.7%），京族和壮族通婚2人，京族和瑶族通婚1人。族际通婚率比本研究另一调查点巫头村高24.7%。

2. 通婚态度

（1）涉己态度。假如本人与其他民族成员结婚，您的态度：愿意22人（52.4%），无所谓19人（45.2%），不愿意1人（2.4%），合计42人。

（2）涉他态度。不论家族中有无与其他民族通婚的成员，您的态度：应当提倡4人（9.5%），应当尊重19人（45.2%），可以接受17人（40.5%），不合心意1人（2.4%），无法回答1人（2.4%），合计42人。

数据表明，澫尾村族际通婚尤其是京族和汉族通婚率较高，且通婚态度积极。涉他态度较之涉己态度更为积极：52.4%的调查对象涉己态度积极，45.2%的人持“无所谓”态度；95.2%（合并前三个选项）的调查对象涉他态度积极。涉己态度选择“不愿意”的是16岁京族女性（初中文化，家族中无族际通婚者），其涉他态度是“无法回答”。涉己态度选择“无所谓”、涉他态度选择“不合心意”的是35岁瑶族男性（初小文化），20年前15岁时从越南平遥迁入澫尾村，祖父母和父母均为瑶族，妻子是京族，子女民族成分随父。他强调：“不同民族结婚一个人讲一种话，不好相处。”55岁京族男性（高中文化，哈亭亭长①）的哥哥娶汉族为妻，他认为："民族区分不重要，汉族可以，壮族也可以，我们京族人都很大方。过去不同，京族很穷，靠打鱼为生，汉族不愿意和京族结婚，现在不一样了。"

二、语言习得及语言能力②

（一）语言习得及习得环境

1. 语言习得

小时候最先学会的语言或方言（可多选）：京语 20 人，粤方言 11 人，京语/粤方言 7 人，客家话 2 人，普通话/粤方言 1 人，京语/粤方言/越南语 1 人，合计 42 人。分解多选项：京语（28 人次）>粤方言（20 人次）>客家话（2 人次）>普通话=越南语（各 1 人次）。

66.7%的调查对象最先或同时学会京语，47.6%的调查对象最先或同时学会粤方言。自报最先学会京语、粤方言和越南语的是从越南平遥迁入澫尾村的 35 岁瑶族男性。

2. 习得环境

（1）小时候，父亲跟调查对象使用的语言或方言（可多选）：京语 23 人，粤方言 14 人，京语/粤方言 3 人，客家话 2 人，合计 42 人。分解多选项：京语（26 人次）>粤方言（17 人次）>客家话（2 人次）。

（2）小时候，母亲跟调查对象使用的语言或方言（可多选）：京语 21 人，粤方言 11 人，京语/粤方言 7 人，客家话 2 人，无此情况 1 人，合计 42 人。分解多选项：京语（28 人次）>粤方言（18 人次）>客家话（2 人次）。

（3）上小学时，老师用什么语言或方言讲课（可多选）：普通话 16 人，粤方言 10 人，普通话/粤方言 8 人，京语/普通话 3 人，京语/粤方言 3 人，京语/粤方言/普通话 1 人，无此情况 1 人，合计 42 人。分解多选项：普通话（28 人次）>粤方言（22 人次）>京语（7 人次）。

数据表明，调查对象小时候的语言输入依次是京语、粤方言、客家话，其中京族主要习得京语，部分人同时习得京语和粤方言；汉族和其他少数民族主要习得粤方言，外地迁入的个别调查对象习得客家话；普通话尚未成为调查对

① "哈亭" 指 "唱哈" 的场所，位于京族文化广场和老年活动中心附近。

② "普通话" 指带汉语方言或少数民族语言特点的地方普通话。

象小时候的家庭用语，只有青年组一位汉族调查对象自报小时候习得粤方言和普通话，“普通话是我上学前跟邻居上学的哥哥姐姐们学会的”。过去，当地小学的主要教学语言是粤方言，京语为辅助教学语言。截至调查时，当地小学已主要使用普通话教学，粤方言用于辅助讲解。为了传承京族的非物质文化遗产，增加学生将来的就业机会，京族学校初中部每周开设一节京语（越南语）课。

（二）语言文字能力

1. 语言能力

现在能用哪些语言或方言与人交谈（可多选）：京语/普通话/粤方言/15人，京语/普通话/粤方言/越南语 10 人，普通话/粤方言 8 人，普通话/粤方言/客家话 3 人，京语/普通话/粤方言/客家话/越南语 3 人，京语/普通话/粤方言/客家话 2 人，京语/粤方言 1 人，合计 42 人。分解多选项：粤方言（42 人次）>普通话（41 人次）>京语（31 人次）>越南语（13 人次）>客家话（8 人次）。

依据调查对象的自报，全部调查对象均为双语多语或双言多言人，其中京语和普通话双语掌握者 30 人（71.4%），京语、普通话和粤方言掌握者 30 人（71.4%），13 人（31.0%）掌握京语、普通话、粤方言和越南语，8 人（19.0%）掌握客家话和其他语言或方言。42 名调查对象中，31 人（73.8%）自报掌握京语；33 名京族中，29 人自报能用京语交流（占京族调查对象的 87.9%），其他民族老住户 1 人（壮族，女，52 岁）、越南迁入 1 人（瑶族，男，35 岁）也掌握京语。13 人自报能用越南语交流，他们多为渔民和做边贸生意的京族，占调查对象总数的 31.0%，占京族调查对象的 36.4%；8 人能用客家话交际，包括从外地嫁入的汉族女性和从越南迁入的瑶族男性。

总体而言，调查对象自报均掌握粤方言，41 人（97.6%）掌握普通话，京族均掌握京语，部分京族还会越南语。55 岁京族男性（京族非物质文化遗产独弦琴传承人）刚参加完上海“世博会”。在“世博会”上，他和女儿共同演奏了独弦琴。他介绍，自己最先学会京语和粤方言，上学后学会普通话，通过社会交往掌握壮语的日常用语。一位 21 岁京族女性（父亲是京族，母亲是汉族，曾在东兴市生活两年）介绍：“我们平常主要讲白话（粤方言），也讲京语。我在东兴待过两年，有些京语词只有别人说起我才能记起来，熟练掌握的应该在 80%左右吧。”

2. 语言掌握程度

“听”的第一项程度：粤方言>普通话>京语>越南语>客家话；合并前三项指标：粤方言=普通话>京语>越南语>客家话。“说”的第一项程度：粤方言>京语>普通话>越南语>客家话；合并前三项指标：粤方言=普通话>京语>越南语>客家话。具体数据见表4。

表4 语言掌握程度（*n*=42；人/%）

指标	语言变体	普通话	京语	粤方言	客家话	越南语
听	完全能听懂	32/76.2	28/66.7	42/100	3/7.1	5/11.9
	大部分能听懂	8/19.0	2/4.8	0	2/4.8	12/28.6
	基本能听懂	2/4.8	3/7.1	0	3/7.1	7/16.7
	能听懂日常用语	0	5/11.9	0	4/9.5	5/11.9
	基本听不懂	0	1/2.4	0	7/16.7	2/4.8
	完全听不懂	0	3/7.1	0	23/54.8	11/26.2
合计		**42/100**	**42/100**	**42/100**	**42/100**	**42/100**
说	能熟练交谈，没有任何障碍	17/40.5	27/64.3	41/97.6	2/4.8	4/9.5
	能熟练交谈，个别时候有障碍	15/35.7	4/9.5	1/2.4	0	9/21.4
	基本能交谈	10/23.8	1/2.4	0	3/7.1	7/16.7
	会说日常用语	0	2/4.8	0	3/7.1	6/14.3
	基本不会说	0	5/11.9	0	11/26.2	4/9.5
	完全不会说	0	3/7.1	0	23/54.8	12/28.6
合计		**42/100**	**42/100**	**42/100**	**42/100**	**42/100**

总体而言，以语言能力测试等级作为判断标准，即以基本能交谈及以上程度（前三项指标加和）作为掌握一种语言变体的依据，全部调查对象均掌握粤方言，97.6%的调查对象掌握普通话，73.8%的调查对象掌握京语（其中87.9%的京族掌握京语），31.0%的调查对象掌握越南语。对比上题语言能力自报，京语和普通话程度各有1人自报偏高，客家话分级测试程度明显低于其自报（8人/19.0%>5人/11.9%），越南语分级测试程度也明显低于上题自报（20人/47.6%>13人/31.0%）。

3. 文字掌握程度

（1）汉文。阅读：能读书看报31人（73.8%），能看懂家信或简单文章8人（19.0%），能看懂便条或留言条2人（4.8%），看不懂1人（2.4%），合计42人。书写：能写文章17人（40.5%），能写家信或简单文章13人（31.0%），能写便条或留言条9人（21.4%），不会写3人（7.1%），合计42人。

（2）字喃。阅读：简单识读3人，无此情况39人，合计42人。满尾虽是京族聚居村，有民间土俗字"字喃"（又称"喃字"），但只有村内非物质文化遗产传承人、哈亭亭长略懂，少数"哈妹"在培训班接触过字喃。

调查对象的汉文输入能力（能阅读或基本能阅读占92.9%）高于输出能力（能书写或基本能书写占71.4%），无人系统掌握京族土俗字字喃。

三、语言文字学习途径和动机

（一）语言文字学习途径①

（1）京语（可多选）：家人影响24人，家人影响/社会交往7人，家人影响/培训班学习1人，无此情况10人，合计42人。分解多选项：家人影响（32人次）>社会交往（7人次）>培训班学习（1人次）。"无此情况"10人包括汉族6人、京族2人、壮族和瑶族各1人，与前述几题京语能力自报和掌握分级测试结果一致。

（2）普通话（可多选）：学校学习27人，学校学习/社会交往8人，社会交往4人，媒体影响1人，学校学习/媒体影响1人，在外地1人，合计42人。分解多选项：学校学习（36人次）>社会交往（12人次）>媒体影响（2人次）>在外地（1人次）。

（3）粤方言（可多选）：家人影响25人，家人影响/社会交往9人，社会交往7人，学校学习1人，合计42人。分解多选项：家人影响（34人次）>社会交往（16人次）>学校学习（1人次）。

（4）客家话（可多选）：社会交往4人，家人影响1人，家人影响/社会

① 包括学过但未学会或掌握程度不高的调查对象。语言、文字学习途径中的"家人影响"分别指在家庭环境中自然学会、由家人教会；"媒体接触"指看电视、电影，听广播或接触其他媒体；"在外地"包括在外地上学、当兵、经商务工等。

交往1人，无此情况36人，合计42人。分解多选项：社会交往（5人次）>家人影响（2人次）。

（5）越南语（可多选）：社会交往13人，家人影响7人，其他方式（做生意）4人，家人影响/社会交往3人，学校学习3人，家人影响/培训班学习1人，无此情况11人，合计42人。分解多选项：社会交往（16人次）>家人影响（11人次）>做生意（4人次）>学校学习（3人次）>培训班学习（1人次）。

（6）汉文（可多选）：学校学习34人，学校学习/社会交往7人，在外地1人，合计42人。分解多选项：学校学习（41人次）>社会交往（7人次）>在外地（1人次）。

（7）字喃（可多选）：所有调查对象均不会字喃，只有哈亭亭长略懂字喃，两位"哈妹"在培训班学过一些喃字。

数据表明，调查对象主要通过家庭环境学习京语和粤方言，在学校学习普通话和汉文，通过社会交往学习客家话和越南语，无人系统掌握京族的字喃。一位60岁京族男性（高小文化）介绍："这里80岁以上的京族不会白话，只会京语。50年代后能上学了，老师都是从广东请来的，用白话讲课，所以那个年代的人除了会京语也懂白话。"一位56岁京族女性（高小文化）解释："我们上学那会儿很少有人讲普通话，好多人都是从广播里学的，后来主要通过与外地人做生意学说普通话。"一位36岁京族女性（初中文化，祖父母、父亲和子女均为京族，母亲和丈夫是汉族）是"京族三岛"著名的"哈妹"，会京语、粤方言、普通话和客家话。她热爱京族文化，在培训班学过字喃。调查过程中，她还特意演唱了一段"京哈"，示范了几个喃字。

（二）普通话学习动机和困难

（1）学习普通话的目的（分解多选项）：能与更多的人沟通（35人次）>普通话是国家通用语（27人次）>工作、学习或外出需要（18人次）>学习普通话有前途（5人次），无法回答1人。

（2）学习普通话的困难（分解多选项）：受少数民族语言影响不好改口音（18人次）>受汉语方言影响不好改口音（17人次）>说粤方言更容易与当地人沟通（13人次）>说民族语更容易与当地人沟通（9人次）>周围的人不说（7人次）>说粤方言更自然（6人次）>说民族语更自然（3人次），没有任何问题12人。

调查对象学习普通话的主要目的是交际需要，主要困难是受母语影响；自报"没有任何问题"的均为青年组调查对象。

四、语言使用状况

（一）家庭场域

1. 跟长辈

（1）跟父亲（可多选）：京语20人，粤方言13人，客家话2人，京语/粤方言2人，普通话/粤方言1人，无此情况4人，合计42人。分解多选项：京语（22人次）>粤方言（16人次）>客家话（2人次）>普通话（1人次）。

（2）跟母亲（可多选）：京语20人，粤方言11人，京语/粤方言4人，客家话2人，普通话/粤方言1人，无此情况4人，合计42人。分解多选项：京语（24人次）>粤方言（16人次）>客家话（2人次）>普通话（1人次）。

2. 跟同辈

跟配偶（可多选）：粤方言12人，京语11人，京语/粤方言5人，客家话/粤方言1人，京语/粤方言/客家话1人，京语/普通话1人，京语/普通话/粤方言1人，无此情况10人，合计42人。分解多选项：粤方言（20人次）>京语（19人次）>客家话=普通话（各2人次）。

3. 跟晚辈

跟子女（可多选）：京语13人，普通话/粤方言6人，粤方言5人，京语/普通话/粤方言2人，粤方言/客家话1人，无此情况[1] 15人，合计42人。分解多选项：京语（15人次）>粤方言（14人次）>客家话（1人次）。

对比家庭三代人的语言使用可知：第一，调查对象与长辈的语言使用同质性很高，主要使用京语和粤方言，即京族主要使用京语，汉族和其他少数民族主要使用粤方言（少数人使用客家话）。第二，三代人家庭语言使用存在一定差异，其中配偶间使用双语或多语的比例较高，主要是因为族际通婚家族占一定比例。第三，普通话已进入个别中青年家庭，主要交际对象是其上学的子女。

① 包括子女不到说话年龄。

（二）社会场域

1. 交际场合

（1）在本地集贸市场买东西（可多选）：粤方言 25 人，普通话/粤方言 12 人，京语/粤方言 3 人，京语/普通话/粤方言 1 人，普通话 1 人，合计 42 人。分解多选项：粤方言（41 人次）>普通话（14 人次）>京语（4 人次）。

（2）去政府部门（乡镇及以上部门）办事（可多选）：粤方言 17 人，普通话/粤方言 13 人，京语/普通话/粤方言 2 人，京语/粤方言 2 人，客家话 1 人，无此情况 7 人，合计 42 人。分解多选项：粤方言（34 人次）>普通话（15 人次）>京语（4 人次）>客家话（1 人次）。

2. 交际对象和话题

（1）跟本民族邻居或熟人聊天（可多选）：粤方言 22 人，京语 15 人，京语/粤方言 4 人，普通话/粤方言 1 人，合计 42 人。分解多选项：粤方言（27 人次）>京语（19 人次）>普通话（1 人次）。

（2）跟其他民族邻居或熟人聊天（可多选）：粤方言 28 人，普通话/粤方言 10 人，京语/粤方言 3 人，普通话 1 人，合计 42 人。分解多选项：粤方言（41 人次）>普通话（11 人次）>京语（3 人次）。

（3）跟陌生人交谈（可多选）：普通话/粤方言 24 人，普通话 10 人，粤方言 5 人，京语/普通话/粤方言 3 人，合计 42 人。分解多选项：普通话（37 人次）>粤方言（32 人次）>京语（3 人次）。

（4）跟亲友谈论国家大事（可多选）：粤方言 29 人，京语 11 人，京语/粤方言/普通话 1 人，普通话/粤方言 1 人，合计 42 人。分解多选项：粤方言（31 人次）>京语（12 人次）>普通话（2 人次）。

数据表明，调查对象在不同社会交际场合主要使用粤方言，普通话和京语各有特定交际群体和场合；京族跟本族熟人主要使用京语，跟其他民族熟人主要使用粤方言，跟陌生人主要使用普通话和粤方言；跟亲友谈论正式话题主要使用粤方言，部分京族使用京语。一位 52 岁京族女性（高小文化）介绍："我们这里的京族在家都讲京语，跟邻居聊天多讲白话，上街买菜也讲白话。像我这个年龄的，普通话说得好的不多，因为小时候老师都是讲白话，和现在不一样。我在东兴市打工时学的普通话，后来家里做生意请人干活，很多都是北方人，说普通话的机会多，所以能讲。"

（三）媒体语言接触

（1）看电视（可多选）：普通话 24 人，普通话/粤方言 14 人，普通话/越南语 2 人，粤方言 1 人，普通话/英语 1 人，合计 42 人。分解多选项：普通话（41 人次）>粤方言（15 人次）>越南语（2 人次）>英语（1 人次）。

（2）上网情况：经常上 3 人，有时上 8 人，偶尔上 7 人，无此情况 24 人，合计 42 人。经常上网的 3 人中，村干部 1 人，青年组男女调查对象各 1 人。

（3）浏览网站或网页：18 名上网者中，17 人只浏览汉文网站或网页，1 名在读高中生主要浏览汉文网站或网页，偶尔浏览英文网站或网页（主要看娱乐类节目）。

调查对象主要收看普通话电视节目，其次是粤方言电视节目，个别人收看越南语电视节目。42.9%的调查对象上网，其中只有 7.1%的人经常上网，主要浏览汉文网站或网页。

五、语言态度

（一）社会地位评价

1. 语言文字有用度

不同语言和方言“很有用”排序：普通话>粤方言>京语>越南语>客家话>其他少数民族语言；合并前两项指标：普通话>粤方言=京语>越南语>客家话>其他少数民族语言。不同文字“很有用”排序：汉文>越南文>字喃>其他少数民族文字，合并前两项指标排序：汉文>越南文>其他少数民族文字>字喃。具体数据见表 5。

表 5　语言文字有用度（*n*=42；人/%）

指标 \ 语言文字		京语字喃	普通话汉文	其他民族语文	粤方言	客家话	越南语文
语言评价	很有用	27/64.3	42/100	1/2.4	30/71.4	7/16.7	25/59.5
	对一部分人或在一定范围有用	14/33.3	0	27/64.3	11/26.2	29/69.0	13/31.0
	没有用	1/2.4	0	10/23.8	1/2.4	5/11.9	4/9.5
	无此情况	0	0	4/9.5	0	1/2.4	0
合计		**42/100**	**42/100**	**42/100**	**42/100**	**42/100**	**42/100**

续表

指标 \ 语言文字		京语字喃	普通话汉文	其他民族语文	粤方言	客家话	越南语文
文字评价	很有用	12/28.6	42/100	0			22/52.4
	对一部分人或在一定范围有用	11/26.2	0	27/64.3			15/35.7
	没有用	3/7.1	0	11/26.2			4/9.5
	无法回答	16/38.1	0	4/9.5			1/2.4
合计		**42/100**	**42/100**	**42/100**			**42/100**

2. 媒体语言评价

是否赞成广播和电视节目使用汉语方言：赞成 18 人（42.9%），无所谓 11 人（26.2%），不赞成 12 人（28.6%），无法回答 1 人（2.4%）。

总体而言，调查对象对普通话社会地位评价最高，其次是粤方言；对汉文社会地位评价最高，其次是越南文。有调查对象强调，随着中越边贸的不断发展，京语的社会地位会越来越高、实用功能越来越强。调查对象对媒体使用汉语方言的积极评价高于消极评价。

（二）实用功能评价

对调查对象比较重要的语言或方言（可多选）：普通话 15 人，普通话/粤方言 8 人，京语/普通话/粤方言 7 人，京语/普通话 4 人，粤方言 4 人，京语 3 人，普通话/粤方言/客家话/越南语 1 人，合计 42 人。分解多选项：普通话（35 人次）>粤方言（20 人次）>京语（14 人次）>越南语（1 人次）。

不同民族调查对象以及京族中的青年组调查对象认为普通话对自己最重要；京族中年组调查对象认为“普通话/粤方言”或“京语/普通话/粤方言”对自己比较重要；认为京语对自己比较重要的三人均为老年组调查对象。自报“普通话/粤方言/客家话/越南语”对自己比较重要的是 35 岁瑶族男性（越南平遥出生，渔民，小学文化），15 岁落户澫尾岛，后娶京族为妻。

（三）语言文字前景期望度

不同语言和方言“有很大发展”排序：普通话>京语>越南语>其他少数民族语言>粤方言=客家话；合并前两项指标：越南语>普通话=京语>其他少数民族语言>粤方言=客家话。不同文字“有很大发展”排序：汉文>越南文=字喃>其他少数民族文字；合并前两项指标：汉文>字喃>越南文>其他少数民族文字。具体数据见表6。

表6　语言文字前景期望度（$n=42$；人/%）

指标		京语字喃	普通话汉文	粤方言	客家话	其他民族语文	越南语文
语言态度	有很大发展	24/57.1	34/81.0	5/11.9	5/11.9	7/16.7	18/42.9
	在一定范围发展	10/23.8	0	16/38.1	16/38.1	16/38.1	17/40.5
	任其自然发展	7/16.7	7/16.7	19/45.2	19/45.2	15/35.7	15/35.7
	不久将来不再使用	0	0	1/2.4	1/2.4	0	0
	无法回答	1/2.4	1/2.4	1/2.4	1/2.4	4/9.5	2/4.8
合计		**42/100**	**42/100**	**42/100**	**42/100**	**42/100**	**42/100**
文字态度	有很大发展	16/38.1	34/81.0			7/16.7	16/38.1
	在一定范围发展	11/26.2	1/2.4			15/35.7	8/19.0
	任其自然发展	6/14.3	6/14.3			15/35.7	16/38.1
	不久将来不再使用	0	0			0	0
	无法回答	9/21.4	1/2.4			5/11.9	2/4.8
合计		**42/100**	**42/100**			**42/100**	**42/100**

语言期望度方面，81.0%的不同民族调查对象、57.1%的京族调查对象希望普通话有很大发展，使用粤方言的比例虽然最高，但只有11.9%的调查对象希望其有很大发展。55岁京族男性（哈亭亭长，高中文化）介绍："各民族有各民族的语言，少数民族语言文化都要发展。我们广西有十几个（应为二十几个）少数民族。壮族是广西人口最多的少数民族，但壮文的发展比较慢，我们京族的喃字这三五年发展得很快。粤方言是我们的地方方言，应该在一定范围内发展，其他方言也应该在一定范围发展。有时间、有机会多学一点，我走过很多地方，希望各种语言和方言都得到平等的对待。外语应该有很大发展，学生从小就开始学英语了，是主要课程，这很好。现在我们这里的学校已经开始把京语（越南语）作为教学语言，计划以后把字喃也要列入教学课程。"

京语与越南语互通度很高，部分调查对象希望越南语有很大发展，认为越南语发展有利于边境贸易和文化交流。一位62岁京族男性表示："现在多数人都讲白话，30多岁的人京语都讲不好了，好多少年儿童已经不会讲京语，我希望京语有很大的发展。"一位48岁京族男性介绍："京语代表一个民族，与越南语很接近，希望京语有很大发展。”一位48岁京族女性强调：“京语是本民族语言，会京语便于学习越南语。会说京语在边境地区很有用，希望京语在一定范围发展。”

文字期望度方面，部分京族调查对象强调，希望政府能够推广字喃，并表示愿意学习，希望京族的文化能够发扬光大。55岁京族男性（哈亭亭长，高中文化）介绍：“京族的语言和文字都有用。我们民族很小，但有本民族的语言文字，国家关心我们少数民族语言，所以我们要发扬光大。我们京族有两项非物质文化遗产：京族哈节和京族独弦琴。京族一定要会讲京语，会写京族文字，要全面发展。”一位60岁京族男性（高小文化）介绍：“海洋民族喜爱海歌，‘哈’就是唱歌的意思，‘哈节’就是唱歌的节日。中国的京族和越南的越族，唱哈、过哈节的风俗基本相同。节日当天，我们集中在哈亭前迎神、祭祀，祈求渔业丰收、人畜两旺。”他拿出哈节唱词给调查员看，唱词是用字喃和汉字混合写成的。字喃在京族文化中称为“儒字”，与汉字意义相近，但发音迥异。他说：“‘京族三岛’上懂字喃的老人不到十个人，唱词写本是澫尾村哈亭亭长编的，哈节唱词要和他学。京语和越南语差不多，在我们这个地方应该大力发展。我们是边境地区，京语很重要，和越南人做生意、交流都用得上。学校里四至九年级学生有京语课，每周一节。”

（四）行为倾向

假如附近有不同语言教学的小学，希望后代上什么语言授课的学校（可多选）：普通话19人，普通话/英语13人，京语/粤方言/普通话/英语4人，京语/普通话3人，越南语2人，无法回答1人，合计42人。分解多选项：普通话（39人次）>英语（17人次）>京语（7人次）>粤方言（4人次）>越南语（2人次）。

92.9%的调查对象希望后代接受普通话教育，40.5%的人同时选择英语。选择“京语/普通话”的一位29岁京族男性（初中文化）指出：“会京语在越南做生意很方便，小孩子上小学时，学点京族的语言文字以后用得上。”选择“京语/粤方言/普通话/英语”的一位33岁汉族女性（初中文化）强调：“自己小时候没机会学，小孩子多学几门语言，以后的发展前途会更好。”一些调查对象认为，在“京族三岛”，小孩子在家庭和岛内就能学会粤方言和京语，它们在日常交流中很重要，上学后应该学好普通话和英语。

由上可知，尽管调查对象对京语和字喃、越南语和越南文的前景期望度较高，即希望上述语言文字“有很大发展”“在一定范围发展”的比例：京语（34人/81.0%）、字喃（27人/64.3%）、越南语（35人/83.3%）、越南文

（24 人/57.1%），但对子女小学教育择校的行为倾向并不积极。

六、结　语

（一）调查结论

广西东兴市“京族三岛”是京族聚居地，“京族三岛”逐渐由过去的京语单语社区发展为后来的京语和粤方言双语社区。改革开放后，特别是随着中越边贸和文化交流的发展、基础教育的普及和普通话的推广，澫尾村居民已掌握或基本掌握普通话。不同民族调查对象小时候的语言输入依次是京语、粤方言、客家话，普通话尚未成为调查对象小时候的家庭输入语言。全部调查对象为双语多语或双言多言人，均掌握粤方言和普通话，其中粤方言程度最高，普通话次之；绝大多数京族调查对象掌握或基本掌握京语，不足半数的调查对象掌握或基本掌握越南语，少数调查对象掌握或基本掌握客家话。调查对象的汉文输入能力高于输出能力，无人系统掌握京族的土俗文字。

家庭场域，调查对象与长辈的语言使用同质性很高，即京族主要使用京语，其他民族主要使用粤方言；与同辈使用双语或多语的比例较高，普通话已进入个别青年组调查对象的家庭。社会场域，粤方言是主要族际交际语，普通话和京语各有特定使用群体和场合。

语言态度方面，调查对象对粤方言和京语的实用功能评价较高，认为普通话对自己尤其对后代很重要；部分调查对象认为，在当地环境中，后代能够自然学会京语和粤方言，因此，学好普通话更加重要。京族调查对象中，年轻人多认为普通话对自己比较重要，中年人多认为普通话、粤方言或京语、普通话、粤方言对自己比较重要，单选京语对自己比较重要的多为老年组调查对象。调查对象对普通话和汉文的前景期望度最高，其次是京语。

（二）语言生活变迁及其影响因素

1. 单语社区变为双语社区的影响因素

与陆路连通成为半岛之前，京族主要以出海捕鱼为生，很少与其他民族接触，主要使用京语；受文化程度普遍较低等因素影响，掌握汉文的人不多。“围海造田”后，京族的生产经营方式增加，与周边民族尤其是汉族的联系增多，“京族三岛”逐渐由京语单语社区变为京语为主、粤方言为辅的双语社区。20 世纪后，随着基础教育的普及和国家通用语言文字推广力度的加大，岛内居民中华民族共同体意识不断加强；随着旅游经济的发展，澫尾村逐渐发展成为粤方言为主、京语为辅的双语社区，掌握普通话和汉文的比例随之增加，且普通话有了一定的使用群体和场合。

2. 京语式微到局部复兴的影响因素

随着澫尾村变为双语社区，以及掌握普通话的人数增多，京语的使用出现了代际差异，部分年轻人的京语水平不高，部分少年儿童已不会京语，京语使用呈式微迹象。随着中越关系的改善，两国边贸往来、文化交流愈加频繁，京语的独特作用得以发挥。2006 年 5 月 20 日，经国务院批准，京族的传统“哈节”（又称“唱哈节”）① 被列入第一批国家级非物质文化遗产名录。京族保护非物质文化遗产的意识增强，一些京语水平不高的中青年开始学习京语，京族学校开设了京语（越南语）课，哈亭定期举办字喃培训班。一年一度的“哈节”活动特别是规模宏大的“哈妹”独弦琴表演、京语歌曲表演、越南歌舞表演等，吸引了大批游客，成为京族文化的“名片”，提高了京族语言文化的声望，京族社区的哈亭成为京族独弦琴传习、京语“唱哈”、字喃培训的重要场所。上述种种，使得京语的社会地位、实用功能以及京族保护本民族非物质文化遗产的积极性有所提高。

3. 语言生活的发展趋势

“金滩”旅游景区开发后，依托地缘优势，澫尾村的经济、文化发展迅速，成为“京族三岛”的经济、文化和旅游中心。目前，粤方言仍是“京族三岛”的主要族际语，京语是多数京族的家庭和族内交际语；普通话是学校主要教学语言，且已进入部分青年人的家庭语言生活，在社会交际场域的使用率越来越高，使用范围越来越广。随着旅游经济的发展，外来常态居住人口的增加，以及岛内越来越多的年轻人外出求学、经商务工，岛内人口结构发生了很大变化，澫尾村有可能由粤方言和京语双语社区逐渐发展为粤方言和普通话双言社区。京族对本族语的情感认同、京语在边贸中的特殊作用，使得京语成为族内部分成员以及对越交流的工具。影响京语发展的因素，除了京族人口少、京语社会文化功能不高，京族的语言态度和行为倾向的结构性矛盾，即受各种现实因素影响，京族对京语的情感认同、主观评价较高，但行为表现特别是后代语言习得、择校等方面的动力不足、积极性不高，也是不容忽略的因素。

---

①“京族三岛”的哈节举办日不同，澫尾岛农历六月初九至十五、巫头岛农历八月初一至初七、山心岛农历八月初十至十五举行。

参考文献

[1] 防城县志编纂委员会．防城县志[Z]．南宁：广西民族出版社，1993.

[2] 国务院人口普查办公室，国家统计局人口和社会科技统计司．中国2000年人口普查资料[M]．北京：中国统计出版社，2002.

[3] 李庐静，方阳，李荷，何维，岳朋雪，刘宾，刘羽佳．语言田野调查日志[G]//王远新．语言田野调查实录（六），北京：中央民族大学出版社，2011.

[4] 王远新，黄如猛．大规模入户问卷调查的设计与实施：广西世居少数民族语言文字使用状况调查[G]//王远新．语言田野调查实录（八），北京：中央民族大学出版社，2013.

“京族三岛”巫头村的语言生活及其变迁

王远新

【摘要】广西东兴市沿北部湾的巫头、山心、澫尾三村是京族聚居地，其语言生活经历了由京语单语社区到粤方言和京语双语社区的过程。本文以“京族三岛”中的巫头村为调查点，依据实地调查材料，描述巫头村的语言生活状况，分析语言生活变迁的影响因素。调查表明，巫头村京族占全村总人口的近九成，多数京族最先习得京语，部分人同时习得京语和粤方言；汉族和其他民族最先习得粤方言。全部调查对象掌握粤方言，90.7%的人掌握或基本掌握普通话，老年人的普通话程度较低，少数老年妇女不会普通话。家庭场域，京族调查对象与长辈主要使用京语、兼用粤方言，其他民族主要使用粤方言；同辈之间使用双语或多语的比例较高，普通话已进入少数家庭。社会场域，粤方言是族际语，京语局限于族内使用，普通话有特定的使用群体和场合。语言态度方面，调查对象对普通话和粤方言的社会地位、实用功能评价较高，随着中越边境贸易和文化交流的发展，京语的声望有上升趋势。巫头村语言生活的变迁受地理环境、民族接触、生产经营方式、旅游业、边境贸易和文化交流以及基础教育普及和普通话推广等因素影响。

【关键词】巫头村京族，语言使用，语言态度，语言生活变迁

我国京族主要分布在广西壮族自治区东兴市沿北部湾的“京族三岛”，与越南主体民族越族同宗同源，使用同一种语言。京族迁入我国已有500多年，京语与越南语产生了一定差异。20世纪70年代“围海造田”，是“京族三岛”语言生活变迁的标志性事件。为了解京族的语言生活及其变迁，2010年8月，我们赴中越边境东兴市江平镇京族聚居地巫头村、山心村、澫尾村进行了田野调查，本文依据巫头村的实地调查材料和问卷数据撰写。①

---

① 本项调查得到中央民族大学“211工程”第三期建设项目“我国跨境民族语言文化和边境文化安全调查”和“创新人才培养”项目（项目编号：0212110309）资助；调查得到防城港市人民政府办公室、东兴市委办公室大力协助，村情和人口数据由江平镇政府办公室提供，特此致谢。调查员由中央民族大学语言学及应用语言学专业社会语言学方向2009级博士研究生周荣、康军帅和2008级、2009级硕士研究生方阳、张阳、何维、强泰、魏琳及笔者担任。

一、调查概况

（一）调查地和调查对象

1. 调查地

巫头村位于东兴市江平镇西南部，距镇政府所在地9公里，辖7个村民小组，由2个自然村组成，全村共416户2225人，其中京族占多数，其次是汉族，另有为数不多的壮族、瑶族和苗族。① 村民以捕捞、养殖、海产品加工为主要经济来源，滨海旅游“金滩”（沙色呈金黄色得名）及其延伸旅游项目是当地的一张“名片”，村民人均可支配收入超万元。巫头村曾获国家级少数民族特色村寨、全国首批绿色村庄、广西民族特色村寨等荣誉称号。

2. 调查对象

依据调查目的和村内民族成分的构成特点，本研究抽取43个家庭作为户访对象，每户选择1名问卷调查对象，获取有效样本43个。样本构成见表1和表2②。

表1 性别、年龄段及受教育程度（$n=43$；人/%）

性别		年龄段（岁）			受教育程度				
男	女	15—34	35—54	55—69	未上过学	小学	初中	高中	大专
20/46.5	23/53.5	16/37.2	21/48.8	6/14.0	3/7.0	14/32.6	16/37.2	5/11.6	5/11.6

表2 职业和民族成分（$n=43$；人/%）

职业						民族成分		
农民	渔民	教师及专技	学生	商服业	其他	京族	汉族	其他民族
9/20.9	6/14.0	3/7.0	6/14.0	11/25.6	8/18.6	33/76.7	8/18.6	2/4.7

① 2020年，全村人口增至2330人，其中京族2057人（占88.3%）、汉族213人（占9.1%）、壮族48人（占2.1%），另有瑶族10人、苗族2人。数据由江平镇党委和政府办公室提供，特此致谢。

② 调查对象年龄原则上限定为15—69岁，个别超过69岁的调查对象归入老年组；受教育程度中的高中含中专和技校，大专含大专以上学历，职业中的“其他”指不在业者和家庭妇女，民族成分中的“其他民族”包括壮族和瑶族各1人。

（二）调查方法

本研究在实地观察、与村委会干部及村民座谈的基础上，主要采用一对一访谈式问卷调查法。问卷由5部分75个单选和多选题组成，每题设若干选项或指标，题目、选项或指标相互印证，可通过逻辑分析检验调查对象自报的信度。问题、选项或指标为既定，调查员以访谈方式询问，并依据调查对象在给定范围的回答圈选或填写相关选项。为避免遗漏重要信息，题旁留空白、问卷末留日记栏，要求调查员准确记录。问卷完成后，先由调查员检查，再交叉核对，发现问题及时联系调查对象，确保问卷的有效性。访谈分两类：一是围绕问卷问题的专题访谈；二是针对相关问题选择合适的受访者做延伸性深度访谈。

（三）族际通婚及通婚态度

1. 通婚状况

43名调查对象中，家族中有族际通婚者16人（37.2%），其中京族和汉族通婚11人（占调查对象的25.6%，占族际通婚者的68.8%），2人家族中有与越南籍通婚者，京族和壮族、京族和瑶族通婚者各1人。族际通婚率比本研究另一个调查点满尾村低24.7%。

2. 通婚态度

（1）涉己态度。假如本人与其他民族成员结婚，您的态度：愿意20人（46.5%），无所谓19人（44.2%），不愿意2人（4.7%），无法回答2人（4.7%），合计43人。

（2）涉他态度。不论家族成员中有无与其他民族通婚者，您的态度：应当提倡1人（2.3%），应当尊重19人（44.2%），可以接受22人（51.2%），不合心意1人（2.3%），无法回答0人，合计43人。

数据表明，37.2%的调查对象家族中有族际通婚成员。调查对象的族际通婚态度总体比较积极：46.5%的调查对象涉己态度积极，44.2%的调查对象持“无所谓”态度；97.7%（前三项合并）的调查对象涉他态度积极，即涉他态度较涉己态度更为积极。一位20岁京族女性（大专学历）的涉己和涉他态度均比较积极，她表示：“双方谈得来就行，民族无所谓。”一位57岁京族男性（大专学历）认为：“民族通婚有利于民族团结。”涉己态度消极或不明朗（无法回答）者，涉他态度一般都比较积极。涉己态度选择“不愿意”的一位20岁京族男性（大专学历）表示，“我还是喜欢本地本族的”，其涉他态度是“可以接受”。涉己态度选择“无法回答”的两位调查对象，其涉他态度为

“可以接受”。极个别调查对象的涉己和涉他态度均比较消极，一位50岁京族女性（初小文化）强调：“还是京族和京族结婚好些，合得来。”

二、语言习得及语言能力[①]

（一）语言习得及习得环境

1. 语言习得

小时候最先学会的语言或方言（可多选）：京语26人，粤方言12人，京语/粤方言5人，合计43人。分解多选项：京语（31人次）>粤方言（17人次）。

关联民族成分，33名京族调查对象中，26人（占京族的78.8%）最先习得京语，5人（占京族的15.2%）同时习得京语和粤方言，2人（青年组，占京族的6.1%）习得粤方言，即93.9%的京族从小习得京语，且涉及不同性别、年龄段的调查对象，说明巫头村不同性别和年龄段的京族中，九成以上的人最先习得本族语。汉族及其他民族最先习得粤方言，无人最先或同时习得普通话。

2. 习得环境

（1）小时候，父亲跟调查对象使用的语言或方言（可多选）：京语27人，粤方言15人，粤方言/壮语1人，合计43人。分解多选项：京语（27人次）>粤方言（16人次）>壮语（1人次）。

（2）小时候，母亲跟调查对象使用的语言或方言（可多选）：京语28人，粤方言12人，京语/粤方言2人，粤方言/壮语1人，合计43人。分解多选项：京语（30人次）>粤方言（15人次）>壮语（1人次）。

（3）上小学时，老师用什么语言或方言讲课：粤方言16人，粤方言/京语15人，普通话9人，无此情况[②]3人，合计43人。分解多选项：粤方言（31人次）>京语（15人次）>普通话（9人次）。

数据表明：第一，调查对象小时候，父母的语言使用同质性很高。京族家庭主要使用京语，汉族和族际通婚家庭主要使用粤方言、少数家庭兼用京语。

---

①“普通话”指带少数民族语言或汉语方言特点的地方普通话；“白话”是当地人对粤方言的俗称。

②“无此情况”指不存在这种情况，下同。

父母使用粤方言和壮语的是55岁汉族男性（高小文化），出生于广西防城港市防城区那梭镇壮族聚居区，父母均为汉族，家庭交际语为粤方言和壮语，他最先习得粤方言，上学后学会壮语。第二，过去，当地小学教学语言主要使用粤方言，京语辅助讲解；现在主要使用普通话教学。自报粤方言和京语或粤方言的多是中老年调查对象，自报普通话的多为青年组调查对象。

（二）语言文字能力

1. 语言能力

现在能用哪些语言或方言与人交谈（可多选）：京语/粤方言/普通话/越南语25人，京语/粤方言/普通话10人，粤方言/普通话6人，粤方言/壮语1人，京语/粤方言/普通话/越南语/瑶语/客家话1人，合计43人。分解多选项：粤方言（43人次）>普通话（42人次）>京语（36人次）>越南语（26人次）>壮语=瑶语=客家话（各1人次）。

数据表明，全部调查对象均为双语多语或双言多言人，其中36人（83.7%）掌握"京—汉（普通话和汉语方言）"双语或多语，6人（14.0%）掌握粤方言和普通话，33名京族均掌握京语。全部调查对象均掌握粤方言，97.7%的调查对象自报掌握普通话（下题语言程度测试表明，其中3人的普通话程度为"能听懂和会说日常用语"，达不到基本能交流的程度，即90.7%的调查对象普通话达到能交流和基本能交流的程度）。

2. 语言掌握程度

以语言程度测试等级作为判断标准（"说"的前三项指标相加视为掌握一种语言变体），调查对象的语言掌握程度依次是粤方言、普通话、京语和越南语。合并前三项指标，听的程度：粤方言（43人/100%）>普通话（39人/90.7%）>京语（38人/88.4%）>越南语（32人/74.4%）。比较上题自报，粤方言能力与上题一致，上题2名调查对象的京语自报程度偏低（36人/83.7%<38人/88.4%），6人越南语程度自报偏低（26人/60.5%<32人/74.4%），3人普通话自报程度偏高（42人/97.7%>39人/90.7%）。具体数据见表3。

表3 语言掌握程度（$n=43$；人/%）

指标	语言变体	京语	普通话	粤方言	越南语
听	完全能听懂	30/69.8	29/67.4	42/97.7	8/18.6
	大部分能听懂	3/7.0	8/18.6	1/2.3	9/20.9
	基本能听懂	5/11.6	2/4.7	0	15/34.9
	能听懂日常用语	2/4.7	3/7.0	0	9/20.9
	基本听不懂	0	1/2.3	0	0
	完全听不懂	3/7.0	0	0	2/4.7
合计		**43/100**	**43/100**	**43/100**	**43/100**
说	能熟练交谈，没有障碍	29/67.4	14/32.6	42/97.7	4/9.3
	能熟练交谈，个别时候有障碍	2/4.7	15/34.9	1/2.3	10/23.3
	基本能交谈	3/7.0	10/23.3	0	9/20.9
	会说日常用语	2/4.7	2/4.7	0	14/32.6
	基本不会说	3/7.0	2/4.7	0	4/9.3
	完全不会说	4/9.3	0	0	2/4.7
合计		**43/100**	**43/100**	**43/100**	**43/100**

3. 文字掌握程度

汉文阅读能力：能读书看报27人（62.8%），能看懂简单文章和家信14人（32.6%），合计41人（95.3%）；书写能力：能写文章10人（23.3%），能写家信19人（44.2%），合计29人（67.4%）。自报“基本看不懂”的是未上过学的老年女性，自报“基本不会写”的13人包括3名未上过学的老年组和10名小学（多数为初小）文化程度的中老年组调查对象，且以女性为主。总体而言，调查对象的汉文输入能力明显高于输出能力，全部调查对象均不会越南文，三名调查对象初识京族土俗字字喃（又称喃字）。

三、语言文字学习途径和动机①

(一) 语言文字学习途径

(1) 京语 (可多选): 家人影响 27 人, 家人影响/社会交往 6 人, 社会交往 5 人, 学校学习 1 人, 无此情况 4 人, 合计 43 人。分解多选项: 家人影响 (33 人次) >社会交往 (11 人次) >学校学习 (1 人次)。

(2) 普通话 (可多选): 学校学习 31 人, 学校学习/社会交往 5 人, 社会交往 3 人, 自学 2 人, 培训班学习 1 人, 学校学习/自学 1 人, 合计 43 人。分解多选项: 学校学习 (37 人次) >社会交往 (8 人次) >自学 (3 人次) >培训班学习 (1 人次)。

(3) 粤方言 (可多选): 家人影响 21 人, 家人影响/社会交往 12 人, 社会交往 6 人, 学校学习 3 人, 家人影响/学校学习 1 人, 合计 43 人。分解多选项: 家人影响 (34 人次) >社会交往 (18 人次) >学校学习 (4 人次)。

(4) 汉文 (可多选): 学校学习 33 人, 学校学习/社会交往 6 人, 社会交往 3 人, 无此情况 1 人, 合计 43 人。分解多选项: 学校学习 (39 人次) >社会交往 (9 人次)。

(二) 普通话学习动机和困难

(1) 学习普通话的目的 (分解多选项): 能与更多的人沟通 (34 人次) >普通话是全国通用语 (24 人次) >工作、学习或外出需要 (10 人次) >学好普通话有前途 (3 人次), 无法回答 2 人。

(2) 学习普通话的困难 (分解多选项): 说的机会少=受少数民族语言影响不好改口音 (各 19 人次) >受汉语方言影响不好改口音 (14 人次) >说汉语方言更自然 (10 人次) >说汉语方言更容易与当地人沟通=说少数民族语言更容易与当地人沟通=说少数民族语更自然 (各 5 人次) >怕本地人笑话 (1 人次)。

总体而言, 调查对象主要通过学校学习的途径学习普通话和汉文, 全部京族调查对象均通过家庭环境学习京语, 其中部分人同时通过社会交往学习京

① 包括学过但没有学会或掌握程度不高的调查对象。

语；不同民族调查对象主要通过家庭环境和社会交往学习粤方言；学习普通话主要是交际的需要，主要困难是缺乏语言使用环境和受母语影响不好改口音。

四、语言使用现状

（一）家庭场域

（1）跟父亲（可多选）：京语 22 人，粤方言 12 人，京语/粤方言 1 人，无此情况 8 人，合计 43 人。分解多选项：京语（23 人次）>粤方言（13 人次）。

（2）跟母亲（可多选）：京语 24 人，粤方言 12 人，无此情况 7 人，合计 43 人。

（3）跟配偶（可多选）：京语 15 人，粤方言 13 人，京语/粤方言 5 人，无此情况 10 人，合计 43 人。分解多选项：京语（20 人次）>粤方言（18 人次）。

（4）跟子女（可多选）：京语 14 人，粤方言 11 人，京语/粤方言 6 人，粤方言/普通话 1 人，京语/普通话/粤方言 1 人，无此情况 10 人，合计 43 人。分解多选项：京语（21 人次）>粤方言（19 人次）>普通话（2 人次）。

对比家庭三代人的语言使用可知：第一，调查对象与长辈主要使用单语，其中多数京族使用京语，少数人兼用粤方言；其他民族调查对象主要使用粤方言。第二，家庭语言使用存在代际差异，即调查对象与配偶和子女使用粤方言和京语双语的比例增加，普通话已进入个别青年组调查对象家庭，但仅限于调查对象与子女交流的兼用语，这与近些年学校基础教育普及普通话教学有关。

（二）社会场域

1. 交际场合

（1）在本地集贸市场买东西（可多选）：粤方言 33 人，粤方言/普通话 5 人，京语/粤方言 3 人，京语 2 人，合计 43 人。分解多选项：粤方言（41 人次）>京语=普通话（各 5 人次）。

（2）去政府部门（乡镇及以上部门）办事（可多选）：粤方言 30 人，粤方言/普通话 5 人，京语/粤方言 1 人，京语 1 人，无此情况 6 人，合计 43 人。分解多选项：粤方言（36 人次）>普通话（5 人次）>京语（2 人次）。

2. 交际对象和话题

（1）跟本民族邻居或熟人聊天（可多选）：京语 23 人，粤方言 11 人，京语/粤方言 8 人，京语/粤方言/普通话 1 人，合计 43 人。分解多选项：京语（32 人次）>粤方言（20 人次）>普通话（1 人次）。

（2）跟其他民族邻居或熟人聊天（可多选）：粤方言 22 人，普通话/粤方言 16 人，京语/粤方言 4 人，京语/普通话/粤方言 1 人，合计 43 人。分解多选项：粤方言（43 人次）>普通话（17 人次）>京语（5 人次）。

（3）跟陌生人交谈（可多选）：粤方言/普通话 23 人，粤方言 11 人，普通话 8 人，京语/粤方言 1 人，合计 43 人。分解多选项：粤方言（35 人次）>普通话（31 人次）>京语（1 人次）。

（4）跟亲友谈论国家大事（可多选）：粤方言 16 人，京语 13 人，京语/粤方言 13 人，京语/粤方言/普通话 1 人，合计 43 人。分解多选项：粤方言（30 人次）>京语（27 人次）>普通话（1 人次）。

在社会场域，无论正式还是非正式场合，不同民族调查对象主要使用粤方言。交际对象和话题方面，京族内部主要使用京语单语，其次是京语和粤方言双语；其他民族之间主要使用粤方言；跟亲友谈论国家大事主要使用粤方言，京族主要使用京语，兼用京语和粤方言；自报与本族邻居和熟人聊天、谈论国家大事使用“京语/粤方言/普通话”的是一位京族在读中学生。不同民族调查对象与其他民族邻居或熟人聊天均使用粤方言，部分京族调查对象兼用京语，兼用普通话的主要是中青年组调查对象。调查对象与陌生人交谈主要使用粤方言，其次是普通话。

（三）媒体语言接触

收看电视节目（可多选）：普通话 21 人（48.8%），普通话/粤方言 19 人（44.2%），粤方言 3 人（7.0%），合计 43 人。分解多选项：普通话（40 人次）>粤方言（22 人次）。调查对象主要接触普通话媒体，其次是粤方言，无人接触越南语媒体。

五、语言态度

（一）社会地位评价

1. 语言文字有用度

总体而言，不同语言和方言“很有用”排序：普通话>粤方言>京语>越南语>其他少数民族语言>其他汉语方言，合并前两项指标：粤方言=京语=越南语>普通话>其他汉语方言>其他少数民族语言。不同文字“很有用”排序：汉文>越南文>字喃>其他少数民族文字，合并前两项指标：汉文>越南文>其他少数民族文字>字喃。具体数据见表4。

表4　语言文字有用度（$n=43$；人/%）

指标 \ 语言文字		京语字喃	其他民族语文	普通话汉文	粤方言	其他汉语方言	越南语文
语言评价	很有用	32/74.4	3/7.0	42/97.7	35/81.4	1/2.3	26/60.5
	对一部分人或在一定范围有用	11/25.6	29/67.4	0	8/18.6	33/76.7	17/39.5
	没有用	0	8/18.6	0	0	8/18.6	0
	无法回答	0	3/7.0	1/2.3	0	1/2.3	0
合计		**43/100**	**43/100**	**43/100**	**43/100**	**43/100**	**43/100**
文字评价	很有用	12/27.9	3/7.0	43/100			27/62.8
	对一部分人或在一定范围有用	7/16.3	29/67.4	0			12/27.9
	没有用	2/4.7	8/18.6	0			4/9.3
	无法回答	22/51.2	3/7.0	0			0
合计		**43/100**	**43/100**	**43/100**			**43/100**

数据表明，从社会地位（“很有用”指标）看，调查对象虽然对普通话、粤方言的评价高于京语，但合并前两项指标，对粤方言、京语和越南语的评价高于普通话，即多数人认为粤方言、京语和越南语的“有用度”高于普通话。自报普通话“很有用”的一位16岁京族男性（初中文化）认为“说普通话到外面与人交流方便”；一位70岁京族男性（高小文化）认为京语“很有用”，并强调：“京语是祖先传下来的，在家能用就用，拜祖宗的时候也要说京语。”普通话有用度选项自报“无法回答”的是55岁汉族男性（高小文化），防城区那梭镇壮族聚居区出生，会壮语和粤方言，其普通话程度是“基本听不懂、基本不会说”。

2. 媒体语言评价

是否赞成广播和电视节目使用汉语方言：赞成19人（44.2%），无所谓10人（23.3%），不赞成13人（30.2%），无法回答1人（2.3%），合计43人。调查对象对媒体使用汉语方言积极评价的比例高于消极评价。

（二）实用功能评价

对调查对象比较重要的语言或方言（可多选）：普通话 9 人，粤方言/普通话/京语 8 人，普通话/粤方言 7 人，粤方言 5 人，京语/普通话 4 人，京语/粤方言 3 人，京语 3 人，京语/普通话/粤方言/其他语言 3 人，无法回答 1 人，合计 43 人。分解多选项：普通话（31 人次/72.1%）>粤方言（26 人次/60.5%）>京语（21 人次/48.8%）>其他语言（3 人次/7.0%）。

多数调查对象认为普通话对自己比较重要，其中 9 名青年组调查对象单选普通话；其次是粤方言，其中 5 名老年组调查对象单选粤方言；33 名京族调查对象中，63.3%的人认为京语对自己比较重要，其中单选京语的 3 人均为老年组调查对象。

（三）语言文字前景期望度

不同语言和方言“有很大发展”排序：普通话>京语>越南语=粤方言>其他汉语方言>其他少数民族语言；合并前两项指标：普通话>京语=粤方言>越南语>其他汉语方言>其他少数民族语言。不同文字“有很大发展”排序：汉文>越南文>字喃>其他少数民族文字；合并前两项指标：汉文>越南文>其他少数民族文字>字喃。具体数据见表 5。

表 5 语言文字前景期望度（$n=43$；人/%）

指标 \ 语言文字		京语 字喃	普通话 汉文	其他民 族语文	粤方言	其他汉 语方言	越南 语文
语言态度	有很大发展	21/48.8	41/95.3	4/9.3	15/34.9	5/11.6	15/34.9
	一定范围发展	15/34.9	0	19/44.2	21/48.8	22/51.2	17/39.5
	任其自然发展	6/14.0	2/4.7	14/32.6	6/14.0	13/30.2	6/14.0
	不久将来不再使用	0	0	0	1/2.3	1/2.3	1/2.3
	无法回答	1/2.3	0	6/14.0	0	2/4.7	4/9.3
合计		**43/100**	**43/100**	**43/100**	**43/100**	**43/100**	**43/100**

续表

指标 \ 语言文字		京语字喃	普通话汉文	其他民族语文	粤方言	其他汉语方言	越南语文
文字态度	有很大发展	11/25.6	41/95.3	3/7.0			14/32.6
	在一定范围发展	12/27.9	0	21/48.8			17/39.5
	任其自然发展	8/18.6	2/4.7	13/30.2			7/16.3
	不久将来不再使用	2/4.7	0	0			1/2.3
	无法回答	10/23.3	0	6/14.0			4/9.3
合计		**43/100**	**43/100**	**43/100**			**43/100**

数据表明，调查对象对不同语言变体的前景期望度依次是普通话、京语、粤方言和越南语，对其他汉语方言和其他少数民族语言的前景期望度低于前四种语言变体；对汉文和越南文的前景期望度高于字喃和其他少数民族文字。值得注意的是，调查对象对粤方言前景期望度第一项指标评价低于京语、与越南语持平，但合并前两项指标，与京语持平、高于越南语；对其他少数民族文字的前景期望度高于字喃，前两项指标合并低于字喃。

（四）行为倾向

假设附近有不同语言教学的小学，希望后代上什么语言授课的学校（可多选）：普通话 29 人，普通话/英语 7 人，普通话/英语/京语 3 人，英语 2 人，普通话/京语 1 人，普通话/英语/越南语 1 人，合计 43 人。分解多选项：普通话（41 人次）>英语（13 人次）>京语（4 人次）>越南语（1 人次）。

41 人（95.3%）选择普通话授课学校，其中 29 人（67.4%）单选普通话，12 人（27.9%）选择普通话和其他语言；单选英语的 2 人分别是 29 岁瑶族男性（初中文化）和 15 岁汉族初中在读女生，他们认为，英语用途越来越广泛，普通话和汉语方言上学前就学会了，上小学最好重点学英语。

总体而言，调查对象对普通话、粤方言以及汉文的社会地位评价比较高，京族对京语的社会地位评价较高，但对字喃的认同度较低，对其他少数民族语言和其他汉语方言的评价不高；对不同语言和方言实用功能的评价依次是普通话、粤方言和京语；对普通话和京语的前景期望度较高，对其他汉语方言和其他少数民族语言前景期望度较低，对汉文、越南文前景期望度较高，对其他少数民族文字和字喃前景期望度较低；对后代小学教学语言的期望依次是普通话、英语和京语。

六、结　语

（一）调查结论

巫头村是京族为主的海岛渔村，村内汉族人口较少，另有少量壮族、瑶族和苗族。72.1%的调查对象最先或同时习得京语，其中93.9%的京族最先或同时习得京语。调查对象小时候，父母的语言使用同质性很高，京族主要使用京语，汉族和族际通婚家庭主要使用粤方言，少数家庭兼用京语。中老年组调查对象小学阶段主要接受粤方言教育，青年组主要接受普通话教育。全部调查对象掌握粤方言，90.7%的人掌握或基本掌握普通话，老年人的普通话程度较低，少数老年妇女不会普通话。虽然京族调查对象均掌握或基本掌握京语，但青年组的京语水平低于中老年组，实地观察和访谈得知，部分少年儿童已基本不会京语。家庭场域，调查对象与长辈主要使用单语，其中京族多使用京语，少数人兼用粤方言；其他民族主要使用粤方言；家庭语言使用存在代际差异，即调查对象与同辈和晚辈使用粤方言和京语双语的比例增加，个别青年组调查对象与子女兼用普通话。社会场域，粤方言是主要族际语，京语局限于京族内部使用。虽有90.7%的调查对象掌握或基本掌握普通话，但使用人群与场合有限。调查对象主要接触普通话媒体，其次是粤方言，无人接触越南语媒体。

语言态度方面，调查对象对不同语言变体社会地位的评价比较客观、符合当地语言生活的实际。具体而言，调查对象对普通话、粤方言、汉文的社会地位评价较高，京族对京语的社会地位评价较高，对其他少数民族语言、其他汉语方言及字喃的评价不高；对不同语言和方言实用功能的评价依次是普通话、粤方言和京语；对普通话、京语、粤方言和越南语的前景期望度较高，对其他汉语方言和其他少数民族语言的前景期望度较低，对汉文、越南文的前景期望度较高，对其他少数民族文字和字喃的期望度不高；对后代小学教学语言的期望依次是普通话、英语和京语。

（二）语言生活变迁及其影响因素

与“京族三岛”另一个调查点澫尾村相似，巫头村语言生活的变迁受多种因素影响。首先，巫头村由孤岛生存状态中的京语单语社区逐渐发展为以京语为主、粤方言为辅的双语社区，与地理环境变化即“围海造田”、民族接触有关；其次，随着改革开放的深入、基础教育的普及、普通话的推广以及旅游经济的发展，巫头村进一步发展成为以粤方言为主、京语为辅的双语社区，多数人掌握或基本掌握普通话，但使用人群和场合有限，京族的京语能力及其使用有式微迹象。近些年，随着中越边境贸易和文化交流、中国—东盟自由贸易区建设的发展，2006年5月20日经国务院批准，京族的传统“哈节”（“唱哈节”）被列入第一批国家级非物质文化遗产名录，京族的“非遗”保护和传承意识增强，京语的特殊作用得以发挥，京族对京语的认同度不断提高，语言文化传承行为上亦有表现，如一年一度的“哈节”、京族学校初中部每周开设一节京语（越南语）课、哈亭的京语和字喃培训、一些京语水平不高的年轻人开始主动学习京语等。然而，在后代小学教学语言的选择上，立足于语言的实用功能，京族的行为倾向并不积极。

就“京族三岛”语言生活的总体发展看，粤方言作为族际交际语的地位短期内不会改变，京族的普通话水平会随着学校教育、旅游经济的发展进一步提升，使用范围也会逐渐扩大，京语则会作为京族的族内交际语、中越边境贸易和文化交流的中介语被持续传承。

参考文献

[1] 李庐静，方阳，李荷，何维，岳朋雪，刘宾，刘羽佳．语言田野调查日志[G]//王远新．语言田野调查实录（六），北京：中央民族大学出版社，2011.

[2] 王远新，黄如猛．大规模入户问卷调查的设计与实施：广西世居少数民族语言文字使用状况调查[G]//王远新．语言田野调查实录（八），北京：中央民族大学出版社，2013.

嵩县德亭镇赴粤务工者语言文化适应调查

余沛航*

【摘要】以流出地河南省嵩县德亭镇、流入地广东省东莞和惠州市为调查点，以嵩县德亭镇在珠三角地区务工的无户籍常态居住人口为问卷调查和访谈对象，依据实地调查获取的第一手材料和数据，描述这一群体语言文化适应情况。调查表明，该群体语言使用、语言态度和普通话水平趋向“城市化”，但对务工地的方言适应程度、对务工地居民的评价不高，与当地人的交际愿望不积极，留城意愿不强烈，城市融入程度不高。务工者的城市适应现状表现为：主动适应与被动改变并存、父母适应子女不适应、举家进城少个体进城多以及归乡者比例高。城乡二元体制和语言文化差异、原有“强关系”网络闭塞以及“弱关系”网络再建的难度，是这一群体语言文化适应存在的主要问题。

【关键词】嵩县德亭镇，赴粤务工者，语言适应，文化适应

语言文化适应指的是个体处于多重语言文化背景中，心理和行为因自身语言文化发生变化或受到其他语言文化影响而产生的变化。语言文化适应是进城务工者适应和融入城市的必要条件。德亭镇赴粤务工者从农村来到城市后发现二者的生活模式、社会特征存在巨大差异，为顺应新环境、新特征下的经济、文化生活，其原有的思想、价值观与行为准则等经过调整、重构，形成新的社会观念与规范，这一过程是动态的再社会化过程。该过程涉及社会生活技能、工作和生活方式、社会行为规范、个体性格、个体语言等方面的再社会化，这之中既有主动适应的结果，也有被动适应的结果。

---

*余沛航（1997—），女，中央民族大学中国少数民族语言文学学院语言学及应用语言学专业社会语言学方向 2019 级硕士研究生，主要研究社会语言学相关问题。

一、调查概况

（一）调查地

伴随城镇化进程逐步推进，城乡二元壁垒不断被突破，农村进城务工群体成为城市建设和发展的新生力量。截至2019年末，河南省户籍人口10952万，居全国第一；常住人口9640万，居全国第三。河南省户籍人口超过常住人口1312万，是全国人口流出最多的省份（国家统计局 2020：34）。随着城镇化、工业化快速发展，嵩县德亭镇成为河南省的一个进城务工典型输出地。德亭镇总人口共4.6万人，外出务工人口达14538人，占比31.6%；外出经商人口达4283人，占比9.3%，且整体上呈现出流动性大、分布范围广、“扎堆式”进城、春节前返乡团聚和春节后再次进城等特点。① 在长期的城市生活中，嵩县德亭镇进城务工者的语言生活发生了变化。进城前，这一群体多是家乡方言单语人，内部交际使用家乡话，外部交际仍多使用家乡话，少数人使用地方普通话，主要通过电视、广播等媒体接触普通话。进城后，这一群体从主要使用家乡话的单语人变为家乡话和普通话双言人，少数人成为会说家乡话、普通话以及经商务工地方言的多言人，视不同交际场合、交际对象选择使用不同语码。

（二）调查方法

本研究综合采用实地观察、深度访谈和问卷调查法，以务工者流入较集中的广东省东莞和惠州两市为调查点，以嵩县德亭镇在珠三角地区务工的无户籍常态居住人口为访谈对象，探讨进城务工者的语言文化适应情况。笔者于2021年1月下旬至2月下旬赴德亭镇，利用赴粤务工者春节返乡的时间，在超市、银行、邮局、卫生院等场所观察自然状态下，返乡务工者与家人、邻居、同乡、同事等面对面或通讯交流时的语言使用情况。深度访谈对象涉及德亭镇政府相关人员、亚坤人力资源公司驻德亭镇招工处工作人员、德亭村和上蛮峪村村委会及在珠三角地区的务工返乡人员等。2021年7月至8月上旬，笔者赴务工者较集中的广东省惠州和东莞两市调研：先在惠州市仲恺高新区陈

---

① 数据由德亭镇镇政府提供，特此致谢。

江街道的东厂精密工业有限公司做了 23 天短期工①，从事流水线光驱生产；后经熟人介绍，到东莞市南城区一美发店做临时洗发工，为期半个月。在两地工作期间，笔者主要观察德亭镇赴粤务工者与单位同事、领导、本地人等不同身份的人交流时的语言使用情况及其语言能力的实际水平；深度访谈对象涉及公司负责人、工厂领班、车间工人、美发店店长、店员以及当地顾客等。

问卷由 49 个封闭式问题组成，分为 4 部分：个人基本情况（A1—A8）、语言习得和语言能力（B1—B8）、语言使用情况（C1—C22）、语言态度（D1—D11）②。根据调查需要，每个题目下的选项间可通过逻辑分析检验被试自报的真实度。调查采用面对面询问方式，被试做出选择后，答案由笔者填写。此外，笔者会准确记录被试的延伸性看法，以避免选项不全面。

（三）调查对象

本研究综合考虑性别、年龄和职业特点，抽取 103 位进城务工者作为问卷调查样本。样本构成见表 1 至表 3。

表 1　性别、年龄和受教育程度（$n=103$；人/%）

性别		年龄段（岁）		受教育程度		
男	女	18—35	36—54	小学及以下	初中	高中及以上
49/47.6	54/52.4	48/46.6	55/53.4	32/31.1	36/35.0	35/34.0

表 2　行业分布③（$n=103$：$n1=54$，$n2=49$；人/%）

封闭型				开放型			
制造业	建筑装修	家政保安	厨师或帮厨	美容美发	酒店餐饮	销售	企业
24/44.4	11/20.4	15/27.8	4/7.4	11/22.4	24/49.0	8/16.3	6/12.2

① 笔者从亚坤人力资源公司驻德亭镇招工处了解到德亭镇外出务工者在此工厂的人数相对集中，又正值此厂招收暑假短期工之际，笔者结合自身实际情况，选择赴此工厂一边打工，一边调研。

② 调查问卷设计参考了王远新教授主持的国家“985 工程”项目《新疆城市化进程中的各民族语言使用、语言关系调查研究》的调查问卷。

③ 笔者根据被试所从事行业的工作性质、职场要求及与外界接触等情况将其分为封闭型 54 人（占 52.4%）和开放型 49 人（占 47.6%）两类，分类具有相对性。

表 3　务工地和务工年限（$n=103$；人/%）

务工地					务工年限		
广州	深圳	东莞	惠州	佛山	1 年以下	1—5 年	5 年以上
21/20.4	22/21.4	25/24.3	24/23.3	11/10.7	28/27.2	46/44.7	29/28.2

婚姻与居住方式：103 名被试中，已婚 68 人（66.0%），未婚 35 人（34.0%，含离异 1 人）；住在务工单位宿舍 18 人（17.5%），与老乡合租 24 人（23.3%），与非同乡合租 10 人（9.7%），与家人合住 27 人（26.2%），自己单住 24 人（23.3%）。

二、赴粤务工者的语言能力与语言使用

（一）语言习得和习得环境

1. 语言习得

您小时候最先学会的语言或方言（可多选）：家乡方言 95 人，普通话/家乡方言 7 人，普通话[①] 1 人，合计 103 人。分解多选项：家乡方言（102 人次）>普通话（8 人次）。最先学会普通话的是一位 20 岁女性，家庭文化程度较高，父母平时用普通话与她交流；她自己不说方言，但能听懂。另外，兼用普通话与父母交谈的被试，年龄最大的不超过 24 岁，多受到家庭语言环境和学校教育的影响。

2. 习得环境

（1）您儿时跟父亲交谈使用的语言（可多选）：家乡方言 102 人，普通话/家乡方言 1 人，合计 103 人。分解多选项：家乡方言（103 人次）>普通话（1 人次）。

（2）您儿时跟母亲交谈使用的语言（可多选）：家乡方言 101 人，普通话/家乡方言 2 人，合计 103 人。分解多选项：家乡方言（103 人次）>普通话（2 人次）。与母亲交谈使用普通话的被试，其母亲都是从东北地区嫁过来的。

（3）您上小学时老师使用的教学语言（可多选）：家乡方言 74 人，普通话/家乡方言 29 人，合计 103 人。分解多选项：家乡方言（103 人次）>普通

① 包括地方普通话，下同。

话（29 人次）。

综上可知，99.0%的被试从小习得家乡话，儿时与父母交谈基本使用家乡话，个别人兼用普通话。被试小学阶段均接受过家乡方言教学；23.3%的被试接受的教学语言是以家乡话为主、普通话为辅，年龄在 18 岁至 30 岁之间。

（二）语言能力①

语言能力包括掌握的语言或方言种类、掌握程度和运用表达能力。

1. 语言掌握

您现在能用哪些话与人交谈（可多选）：普通话/家乡方言 68 人，家乡方言 19 人，其他汉语方言/普通话/家乡方言 15 人，外语/普通话/家乡方言 1 人，合计 103 人。分解多选项：家乡方言（103 人次）>普通话（84 人次）>其他汉语方言（15 人次）>外语（1 人次）。被试均掌握家乡方言。19 人（占 18.4%）是家乡方言单语人，68 人（占 66.0%）是掌握家乡方言和普通话的双言人，16 人（占 15.5%）掌握家乡方言、普通话和其他汉语方言或英语。除家乡方言外，还掌握其他汉语方言的 15 人中，11 人会说粤方言，2 人会说客家方言，1 人曾在四川饭店做过帮厨，自报会说四川话，1 人称其受母亲影响，东北话说得很好。自报掌握外语的 1 人职业为公司企业管理人员，在工作中可用英语与老板、客户交流。

2. 语言掌握程度

表 4　语言掌握程度（$n=103$；人/%）

指标 \ 语言变体		家乡方言	普通话	务工地方言
听	完全能听懂	96/93.2	75/72.8	0
	大部分能听懂	5/4.9	28/27.2	2/1.9
	基本能听懂	2/1.9	0	7/6.8
	能听懂简单日常用语	0	0	45/43.6
	基本听不懂	0	0	37/35.9
听	完全听不懂	0	0	12/11.7
	合计	**103/100**	**103/100**	**103/100**

① 少数被试会说粤方言、客家方言等，本研究统计时将其合并为“务工地方言”，下同。

续表

指标＼语言变体		家乡方言	普通话	务工地方言
说	非常流利且发音准确	88/85.4	20/19.4	0
	熟练，个别音或词语有障碍	4/3.9	45/43.7	0
	基本能交谈	10/9.7	8/7.8	9/8.7
	能说一些日常用语	1/1.0	20/19.4	13/12.6
	基本不会说	0	10/9.7	15/14.6
	完全不会说	0	0	66/64.1
	合计	**103/100**	**103/100**	**103/100**

家乡方言掌握（合并前三项），除一人“能说一些日常用语”，其余被试均能听、说家乡方言。“能说一些日常用语”的被试母亲来自东北，从小与其说普通话，父亲常年不在家。普通话掌握（合并前三项），被试均能听懂普通话，73人（占70.9%）能用普通话交流，较上题自报的76人偏低。一位34岁男性被试（初中文化，深圳市某美发店烫染总监）表示：“我普通话很标准，比店里其他人说的都好，有个南方来的同事口音太重了。”但按照国家普通话水平测试标准，他的普通话只能算二级乙等。“能说一些日常用语”和“基本不会说”的27人，年龄多在45岁以上。务工地方言掌握（合并前三项），8.7%的被试能听懂务工地方言且能用务工地方言交谈，与上题自报一致。

总体而言，被试对母语的掌握程度最高，近十成被试熟练掌握家乡话，且听说能力均较为熟练，对普通话的掌握程度次之，对务工地方言的掌握程度最低。普通话和务工地方言听说程度差异大，不均衡，听的程度高于说的程度，所有被试表示能熟练听懂普通话，但只有70.9%的被试能熟练使用普通话交流；9人表示能熟练听懂务工地方言，但无人熟练使用。此外，调查中“听说分级调查”的结果与被试自报有出入，一部分被试普通话和务工地方言的程度存在自报偏高的现象。这说明，德亭镇赴粤务工者自身普通话水平不高，但内心高度认同普通话。从农村来到广东这个大城市，一部分被试对当地方言也有较高的认同度。同时，这也说明了语言态度和语言认同对语言能力、语言倾向的一种潜在影响。

（三）语言使用现状

表5 语言使用现状（$n=103$；人次/%）

指标 \ 语言变体			普通话	家乡方言	务工地方言	无此情况
家庭场域	与父亲		1/1.0	103/100	0	0
	与母亲		2/1.9	103/100	0	0
	与配偶		19/18.4	68/66.0	5/4.9	35/34.0
	与子女		20/19.4	42/40.8	0	61/59.2
社交场域	老家	跟同乡、熟人	1/1.0	103/100	0	0
		跟陌生人	1/1.0	96/93.2	0	7/6.8
	务工地	跟同乡	22/21.3	100/100	0	3/2.9
		跟非同乡	82/79.6	68/66.0	0	0
		跟领导	82/79.6	21/20.4	10/9.7	0
	老家	去集贸市场	4/3.9	103/100	0	0
		去乡镇卫生院、银行	15/14.6	103/100	0	0
		去政府部门	21/20.4	96/93.2	0	0
	务工地	小型商贸市场	75/72.8	25/24.3	7/6.8	0
		大型超市	82/79.6	24/23.3	0	0
		医院、银行、政府部门	75/72.8	20/19.4	0	11/10.7

综上可知，无论正式还是非正式场合，被试在广东使用普通话的频率明显高于在老家，且这些人的受教育程度较高。对比家庭领域，社会领域中被试使用的语言变体增加，除家乡方言和普通话外，少数被试还兼用务工地方言，且被试使用普通话的频率也高于家庭领域。普通话和家乡方言在家庭和社会领域“共存别用，内外分工”，家乡方言在内部交际中不仅承担着交际功能，还发挥着维系乡土情感的功能；同样，普通话在外部交际中既作为交流工具发挥着明显的人际功能，还有着表征或隐藏某种社会身份或地位的隐性功能。

媒体语言接触方面，调查对象不仅通过电视接触普通话，还通过抖音、快手等平台浏览、观看使用普通话或方言制作的短视频。相比于听广播、看电视，被试日常生活主要通过手机快速了解信息。超五成被试在社交软件中兼用普通话和家乡方言，将近五成被试在社交软件上只使用家乡方言。只听普通话歌曲的被试占 78.6%，且被试平时主要浏览汉语网站、观看汉语网络视频。

（四）语言态度

语言态度调查涉及主观评价（包括情感认同、社会地位、实用价值三方面）、行为倾向、发展前景期望。调查表明（余沛航 2021：65），被试对不同语言评价不同：情感上高度认同家乡方言，母语忠诚度高；所有被试都希望子女最先或同时学会家乡方言，母语传承意识较强，近四成被试对后代不能掌握家乡方言感到“很可惜”和“不能接受”。然而，在后代教学语言方面，希望子女上用家乡方言授课学校的被试并不多。对于普通话，被试普遍认为其最有地位，很有用；普通话作为国家通用语，在被试心中与家乡方言占据同样地位，被试均希望子女最先或同时学会家乡方言和普通话，且均希望普通话能贯穿后代义务教育阶段。近两成被试希望后代接受普通话和英语并用的双语教学模式，且与小学阶段相比，希望初中阶段兼用方言教学的被试大量减少。在语言发展前景期望方面，大部分被试希望家乡方言和普通话有很大发展，务工地方言则任其自然发展，总体期望积极。

三、赴粤务工者的语言适应

农民工打工期间为了更好地适应城市生活而在语言行为方面所做出的调整，可以称为农民工的“语言适应”。语言适应是农民工城市适应的一部分，属于社会层面的适应，但也与其经济适应和心理层面的适应不无关系（刘玉屏 2010：75）。语言适应程度是衡量进城务工者城市适应水平的重要指标之一。不同的进城经历和生活体验影响个体的语言适应。本文从被试语言使用及其语言文化态度产生的变化、务工地方言适应、普通话适应等方面调查务工者的语言适应情况。

（一）语言使用变化

您去广东前后语言使用发生的变化（可多选）：讲家乡方言机会变少/讲普通话机会变多 73 人，讲普通话机会变多/讲务工地方言机会变多 17 人，讲家乡方言机会变少/讲务工地方言机会变多 11 人，其他情况 2 人，合计 103 人。分解多选项：讲普通话机会变多（90 人次）>讲家乡方言机会变少（84 人次）>讲务工地方言机会变多（28 人次）>其他情况（2 人次）。

数据表明，被试进城前后语言使用变化趋势是使用家乡方言的机会减少，使用普通话和务工地方言的机会增加，尤其是使用普通话的机会明显增多。

（二）语言态度变化

被试务工前后对家乡方言、普通话以及务工地方言态度的变化见表6。

表6 在广东务工前后语言态度变化（$n=103$；人/%）

指标＼语言变体	家乡方言	普通话	务工地方言
一直喜欢，没有变化	65/63.1	17/16.5	0
一直不喜欢，没有变化	0	9/8.7	11/10.7
原来喜欢，现在不喜欢	0	0	0
原来不喜欢，现在喜欢	0	13/12.6	12/11.6
一直没有感觉	15/14.6	3/2.9	66/64.1
原来没感觉，现在喜欢	21/20.4	61/59.2	0
原来没感觉，现在不喜欢	0	0	14/13.6
无法回答	2/1.9	0	0
合计	**103/100**	**103/100**	**103/100**

数据表明，进城前后，被试对不同语言的态度变化存在差异。对家乡方言的态度积极且稳定。一位46岁男性被试（初中文化，饭店主厨）表示“从小说的就是家乡方言，现在还是家乡方言说得多，一直都在说，我没啥感觉”。对普通话的态度趋向积极，对务工地方言态度相对消极。一位35岁女性受访者（高中文化，广州某美妆店导购）表示：“在上海时，我就很不喜欢当地人说方言。来广州前我没接触过这儿的人，来了后我感觉这儿的话比上海话更难懂，我更喜欢顾客跟我说普通话。”在访谈中，女性被试普遍对普通话有一定的感情基础，“一直很喜欢，没有变化”的比例高于男性被试。

（三）家乡方言使用变化

（1）在广东务工后，您觉得家乡方言有什么变化（可多选）：没什么变化77人，有时用家乡方言表达不出来了/发音不准了13人，说家乡方言时会夹杂普通话7人，有时用家乡方言表达不出来了6人，合计103人。分解多选项：没什么变化（77人次）>有时用家乡方言表达不出来了（19人次）>发音不准了（13 人次）>说家乡方言时会夹杂普通话（7 人次）。一位 28 岁女性被试（高中文化，酒店前台）表示："我每次回家过年感觉家乡方言说起来不灵活了，有时用家乡方言开个玩笑会很别扭。我和家人打电话才说家乡方言，与朋友、同学说话时很容易说成普通话。"

综上可知，74.7%的人认为进城务工未影响其母语能力。认为母语能力发生变化的近三成被试中，"用家乡方言表达不出来"的比例最高，其次是发音不准，再次是产生语码夹杂现象。

（2）在广东务工时，限制您使用家乡方言的因素有哪些（可多选）：用处不大 61 人，用处不大/别人不说 25 人，别人不说/怕被人看不起 17 人，合计 103 人。分解多选项：用处不大（86 人次）>别人不说（42 人次）>怕被人看不起（17 人次）。

客观因素方面，83.5%的被试认为是"用处不大"，40.8%的被试认为是"别人不说"；主观因素方面，16.5%的被试怕使用在当地作为弱势方言的家乡话会被人看不起。可见，家乡方言在务工地社会交际中作用较小是不被使用的主要原因。

（四）务工地方言适应

（1）在广东务工时，您通过什么途径接触当地方言（可多选）：与工友、同事、顾客等交流 45 人，与当地人日常交往 32 人，与工友、同事、顾客等交流/与当地人日常交往 18 人，与工友、同事、顾客等交流/电视、手机等媒体 8 人，合计 103 人。分解多选项：与工友、同事、顾客等交流（71 人次）>与当地人日常交往（50 人次）>电视、手机等媒体（8 人次）。被试接触当地方言的主要途径是与工友、同事、顾客等交流，其次是通过与当地人日常交往，少数被试通过媒体接触。

（2）在广东务工时，您是否愿意学说当地方言：愿意（56 人次）>不愿意（41 人次）>无所谓（6 人次）。被试学习务工地方言的意愿不一，问卷根据不同的回答，设计了相应的问题。

第一，在广东务工时，您愿意学说当地方言的原因（可多选）：上题愿意学说当地方言的 56 人中，方便交际/有利于工作 38 人，有利于工作/提高工资待遇 11 人，方便交际/交到更多朋友 7 人，合计 56 人。分解多选项：有利于工作（49 人次）>方便交际（45 人次）>提高工资待遇（11 人次）>交到更多朋友（7 人次）。被试愿意学习当地方言的理由较为客观，主要考虑到工作、交际以及工资待遇等现实问题。

第二，在广东务工时，您不愿意学说当地方言的原因（可多选）：上题不愿意学说当地方言的41人中，太难学不会24人，没兴趣不想学/对自己用处不大11人，对自己用处不大6人，合计41人。分解多选项：太难学不会（24人次）>对自己用处不大（17人次）>没兴趣不想学（11人次）。58.5%的被试认为当地方言太难，被试母语属于北方方言中原官话，与广东境内粤方言、客家方言以及闽方言等的语音、词汇和语法差别较大。

（3）您期待您的当地方言达到什么水平：能日常交际就行46人，能听懂就行31人，能熟练使用16人，没什么要求10人，合计103人。被试整体语言期望不高，一位50岁女性被试（初中文化，东莞某洗浴中心保洁员）表示听不听得懂、会不会说当地方言都不影响她的工作。仅15.5%的被试希望能熟练使用务工地方言，这些人的工作性质大都相对开放。

（4）您对广东公共交通增加方言报站持什么看法：可以接受（58人次）>无所谓（34人次）>无法回答（11人次）。没有被试选择“不能接受”这一指标。调查中，部分被试认为只要不影响乘客下车，多一门语言或方言报站无可厚非。一位32岁男性被试（本科学历，广州一证券所职员）表示：“深圳就是普通话、英语和粤语三语报站，深圳人流量大，经济发达，体现城市特色很正常。”一位38岁男性被试（高中文化，东莞某电脑城销售）表示：“挺啰唆的，才到广州的第一年，第一遍普通话报站时旁边有几位大声说话，我没听见，第二遍粤语、英语我没听懂，就这样坐过了站。我觉得普通话比粤语沟通效率高，普通话人群在广东已经足够多了，粤语报站没必要。”对于公共交通工具方言报站问题，超一半被试持包容认可态度。

（五）普通话适应

1. 学习普通话的途径与动机

（1）您学习普通话的途径有哪些（可多选）：受电视等媒体影响/学校学会54人，受电视等媒体影响/社会交往/工作中学会28人，受电视等媒体影响/社会交往21人，合计103人。分解多选项：受电视等媒体影响（103人次）>学校学会（54人次）>社会交往（49人次）>工作中学会（28人次）。普通话学习途径多样，全部被试通过媒体潜移默化地学习、52.4%的被试通过学校学习、47.6%的被试在社会交往中受交际场合和交际对象的影响学习、27.2%的被试在工作环境中学习。

（2）您学习普通话的目的是什么（可多选）：为了和更多人交往交流/为了找更好的工作34人，工作需要/为了找更好的工作28人，为了和更多人交往交流/工作需要24人，工作需要/为了升职加薪12人，个人兴趣5人，合计103人。分解多选项：工作需要（64人次）>为了找更好的工作（62人次）>

为了和更多人交往交流（58 人次）>为了升职加薪（12 人次）>个人兴趣（5 人次）。被试学习普通话受多种因素驱动。主要动力是求职、工作需要以及广泛的社会交往，11.7%的被试选择“升职加薪”，4.8%的被试出于个人兴趣爱好。一位 51 岁女生被试（初中文化，惠州某冰箱厂工人）表示：“我们厂的线长给人分配工位的时候，还看你会不会说普通话呢。有一位年纪跟我差不多的工人不会说普通话，每次跟我们线长说话都很困难，还得让旁边的人帮着翻译。后来，我们线长嫌她耽误事想把她调走，没有一个线长想要她。虽然没有明文规定，我们在流水线上也不需要多说话，但如果不会说点普通话，就显得不好沟通，不灵活。我们厂的人都在慢慢学着说普通话，我现在说得就比我刚进厂时好多了。”

2. 学习普通话的困难与期望

（1）您学习普通话遇到的困难有哪些（可多选）：方音重改不过来/说得不好怕人笑话 39 人，缺少说的机会和环境 32 人，方音重改不过来 26 人，其他原因 6 人。分解多选项：方音重不好改（65 人次）>说得不好怕人笑话（39 人次）>缺少说的机会和环境（32 人次）>其他原因（6 人次）。普通话学习时，63.1%的被试受到口音困扰；37.9%的被试存在心理障碍，怕被人嘲笑；31.1%的被试受工作环境限制，缺少说的机会。一位选择“其他原因”的 52 岁男性被试（初中文化，建筑工）说：“年纪慢慢大了，学点新东西不容易，前几年我用智能手机，女儿教了我很长时间，语言这东西，有人教就好了。总不可能也像学生们报个补习班吧。话说，有专门教人说普通话的辅导班吗？”这说明少数被试想学普通话，因缺少专业训练和语言使用环境而受阻。

（2）到广东后，您的普通话有什么变化：说得比以前多了（58 人次）>说得比以前好了（41 人次）>没什么变化（4 人次）。受交际对象和场合影响，超过五成被试普通话说得比以前多了，近四成被试说得比以前好了。选择“没什么变化”的 4 人（女性 1 人，男性 3 人）从事酒店保洁员、建筑工人等开放性较低的工作，年龄均在 49 岁以上。一位 36 岁男性被试（大专学历，房产公司销售）表示：“大家在外都讲普通话，说得多了自然就说得好了。”

（3）您期待您的普通话达到什么水平：能熟练使用（79 人次）>能日常交际就行（21 人次）>没什么要求（2 人次）。76.7%的被试对自己普通话水平期望很高；两成被试选择“能日常交际就行”，选择“没什么要求”的 2 人中，一人经营小餐馆，他说：“我每天都在后厨忙着按订单炒菜，也不接触客人，普通话说得好不好无所谓啦。我爱人说得比我好多了，她跟人交流得多嘛，点菜、收银啥的都是她管。”可见，被试个人的工作性质在一定程度上影响着自身普通话水平及其对普通话的期望。

总体而言，被试赴粤务工后，说家乡方言的机会较少，讲普通话的机会变多。多数被试家乡方言能力未发生明显变化，少数被试出现“用家乡话表达不出来”“发音不准”的问题，个别被试出现语码夹杂现象。家乡方言难以在务工地发挥作用是被试不愿使用的主要原因，与工友、同事、顾客等交流是被试接触务工地方言的主要途径。被试学习务工地方言的积极性不高，主要原因是“太难，学不会”，其次是“觉得对自己没用”“不喜欢，不想学”。受此影响，被试对自己务工地方言水平的期望也不高。

问卷未设计“务工地方言成分的知晓和使用”等问题，但笔者调查和访谈时注意到，一部分人会使用务工地方言的结构成分。比如，一位50岁女性被试（初中文化，工厂普工）在描述其工作情况时说：“工厂订单多的时候，在流水线上手把子得快着点，不然线长报告给老板炒我鱿鱼啊。”还有一位31岁女性被试（高中文化，饭馆服务员）谈及在粤居住情况时说：“租的房子离我工作地方挺远，我早上出来上班，午饭、晚饭都不回去吃，晚上一般十一点落班了才回去。”上述表达中“炒鱿鱼（解雇）”“落班（下班）”都是粤方言的词汇成分。笔者还注意到一些在粤时间较长的被试，说话时的语序不是家乡方言和普通话的“你先做某事”，而是“你做某事先”，这明显受到了粤方言语法的影响。

四、赴粤务工者的文化适应

文化适应指群体在直接接触不同文化模式时改变了一方或双方的原有文化模式。在此过程中，涉及外来者适应流入地文化与流入地吸收、接纳外来者文化的互动关系。文化适应包含物质与精神两个层面的内容。前者包括衣食起居、婚姻生计等，后者包括思想观念、价值选择、宗教信仰等，与语言相关的文化适应则主要涉及精神层面。

（一）对当地人的态度及交友意愿

（1）您对当地人的评价：挺好13人，一般45人，对外来人员冷淡或排斥14人，很少接触不好评价31人，合计103人。对当地人持积极评价（12.6%）与消极评价（13.6%）的比例基本持平，43.7%的被试持中性评价，30.1%的被试因工作性质很少接触当地人而无法评价。

（2）您是否愿意与广东当地人交朋友：愿意44人，不愿意32人，无所谓27人，合计103人。被试与当地人交友的意愿不算积极，42.8%的被试愿意与当地人交友，持“不愿意”和“无所谓”态度的总共占57.2%。

（二）求助对象

在广东务工，您遇到问题或困难时向谁求助（可多选）：找亲人帮忙/找老乡帮忙57人，自己解决25人，找工友或同事帮忙14人，找政府相关部门5人，找广东本地人帮忙2人，合计103人。分解多选项：找亲人、老乡帮忙（57人次）>自己解决（25人次）>找工友、同事帮忙（14人次）>找政府相关部门（5人次）>找广东本地人帮忙（2人次）。遇到困难，被试最先找亲人、老乡，其次是自己想办法解决，再次是找工友、同事，个别人找政府相关部门和当地人帮忙。

（三）日常娱乐方式及对城乡生活的态度

（1）在广东务工时，您空闲时间的娱乐方式（可多选）：上网打游戏或看视频39人，看电视/与亲人、老乡、同事等聊天22人，上网打游戏或看视频/与亲人、老乡、同事等聊天13人，上网打游戏或看视频/逛街、购物12人，看电视/逛街、购物10人，其他7人，合计103人。分解多选项：上网打游戏或看视频（64人次，62.1%）>与亲人、老乡、同事等聊天（35人次，34.0%）>看电视（32人次，31.1%）>逛街、购物（22人次，21.3%）>其他（7人次）。选择“其他”的7人中，4人到居住地周边游玩，3人在工作之余休息、睡觉。

（2）您喜欢在城市生活还是老家生活：各有各的好46人，喜欢老家生活35人，喜欢城市生活22人，合计103人。44.6%的被试认为各有利弊；34.0%的被试更喜欢老家生活；21.3%的被试更喜欢城市生活，其中多是赴粤年限在半年至一年的被试。

（四）后代教育及留城意愿

（1）您将来是否愿意把孩子带到广东生活或学习：不愿意54人，根据孩子的想法而定29人，愿意20人，合计103人。不愿带孩子到广东生活、学习的原因，一是自己在广东不稳定，不具备这方面条件，再就是经济压力太大。

（2）您是否愿意在广东长期居住：愿意48人，不确定29人，不愿意26人，合计103人。如果被试只考虑个人情况，愿意留城的比例（46.6%）高于不愿留城的比例（25.2%）。部分不愿留城的被试说：“城市人多复杂，感觉没有家乡安全，现在的疫情就是例子。”

综上可知，被试城市文化适应程度并不如意，融入程度相对较低。第一，多数被试对当地人持中性评价，持积极评价的较少，进而影响了他们的交友意愿；第二，被试遇到困难主要找亲人、老乡和同事帮忙或自己解决，个别被试会求助于政府或当地人，对外部群体缺乏信任；第三，被试的娱乐方式单一，交际圈狭窄，社交活动少；第四，被试更喜欢老家的生活，若只考虑个人情况，愿意留城的比例高于不愿留城的比例，但超五成的被试不愿把孩子接到广东生活或学习。

五、赴粤务工者城市适应特点与现状

（一）适应程度参差不齐

1. 主动适应与被动改变并存

德亭镇赴粤务工者在家庭以及同乡内部仍保留原来的价值观、交际和行为方式，为适应城市生活，他们主动学习新的思想观念、行为规范和工作技能，但这种“主动”不是完全、彻底的主动，而是带有一些迫不得已的成分。

封闭型行业从业者不适应，更多表现为被动改变；开放型行业从业者适应，更多表现为主动适应。特定社群的语言文化适应还受其特有生活内容中某些因素的影响。封闭型行业从业者与开放性行业从业者在劳动市场中的际遇、劳动过程中的分工、劳动报酬的分配等方面存在差异，这直接或间接影响他们的城市适应。多数封闭型行业从业者没有真正想融入城市，他们只是尽可能在劳动力范围内换取足够多的报酬，以满足个人及家庭生存所需，进而安居农村，找回身份寄托。由于缺失留居城市的意愿，被试逃避或放弃在城市的适应行为。表现在语言适应方面，德亭镇赴粤务工者中封闭性行业从业者只是处于模仿普通话的“语言突变”模式，而非趋同于普通话的“语言渐变”模式。反之，开放型行业从业者中很多人希望能够在城市发展，较高的城市认同和留城意愿使得他们更注重职业的向上流动、人际交往范围的扩大，因而会积极主动学习并使用普通话和务工地方言、灵活转换语码、调整自身言语交际策略和行为规范。这是“市民化”心理驱动下主动适应的突出表现。

问卷调查中的韩某某（男性，42 岁，初中文化）与受访者憨某某（女性，41 岁，初中文化）是夫妻，妻子在惠州一家大型理发店打工，丈夫在惠州一家电动车厂做工，两人的语言能力、城市适应度、留城意愿等方面出现差异。妻子普通话能力和城市适应度比丈夫高，且留城意愿比丈夫强烈。当问及“喜欢在广东还是老家生活”“是否愿意在广东长期居住”两个问题时，妻子说："我不太想回老家，我家老大九岁就去那边上学了，我这十几年在那也认识了很多朋友，积攒了很多人脉。但我老公想着落叶还是要归根，要回家盖房子。现在儿子在这谈了女朋友，儿子也不想回老家。我每次回老家，觉得家乡的人不是特别亲切，反而是跟在惠州的人更亲密。这次春节我和儿子就不想回来，但拗不过我老公。"

2. 父母适应、子女不适应

已婚且子女随居城市的被试普遍存在的问题是父母相对适应、子女不适应。务工者子女的城市融入程度较低，对学校的心理适应变差，缺乏自信，容易产生消极的自我评价。受访者刘某（男，34 岁，本科学历，企业技术人员）介绍："不把孩子带身边，对他们成长不利。让他们转到这上学吧，以前的同学、玩伴没了，感觉孩子每天从学校回来情绪都不高，平时说话也能听出来有厌学心理。这一点我也挺愁的，跟朋友说起来，他们孩子也这样。难道是因为时间问题？可是孩子到这将近三年了，希望上初中会有转变吧。"

（二）个体进城多、举家进城少

个体进城打拼多、举家进城少是德亭镇赴粤务工者每个年龄段都存在的现象，这也从侧面反映了赴粤务工者城市适应的程度。武小军（2020）认为，全家流动反映出流动人口向城市转移的深层的思想意识，其分为前后两个阶段：前者是单纯地受城市工作机会、收入以及生活环境吸引，而后者则希望通过自己的努力在城市定居，让后代在城市环境下成长，最终脱离农村成为"市民"。德亭镇赴粤务工者更多着眼于城市带给个人的发展机遇、高薪资、优质的公共资源等，而有定居城市、改善子女成长及家庭环境等"市民化"心理的人不多。究其原因，这类群体目前在城市所持有的人力、经济和社会资源有限，不足以支撑整个家庭的"市民化"转变。

（三）多数人最终选择归乡

德亭镇赴粤务工者中，绝大多数人是从事体力劳动的普通工人，在城市中，他们的工作和生活相对单调枯燥，职业流动困难，社会层级难以突破。多数人心态上得过且过，对城市社会融入不抱希望，普遍缺乏归属感，只求打一份工，挣一份钱。一位 50 岁男性受访者（初中文化，工人）说："再过几年，等干不动了，被社会淘汰，我就回家。"笔者追问："那您回老家有什么打算吗？"受访者回答道："暂时还没想好回家干啥，但回去是肯定会回去的。干不动活在这儿更没发展。"

六、赴粤务工者语言文化适应的阻力

（一）城乡二元体制和语言文化的差异

城乡二元体制下的户籍壁垒和语言文化差异是妨碍农村进城务工者城市适应与融入的根本原因。首先，现行户籍制度涉及个人身份登记以外的诸多社会问题，限制城乡间的自由流动。多位被试都提到子女在城市的入学问题，其中一位45岁男性被试（大专学历，工厂生产线管理层）介绍："我们夫妻俩都想留城，想在这里继续发展，毕竟这么多年了，但我担心我闺女像儿子当年一样上不了当地的高中，不知道那时候户口能不能放开。"其次，语言文化差异给德亭镇赴粤务工人员的城市生活适应增加了难度。务工者说的北方方言与粤方言差别较大，不利于务工者习得和交流，从而影响了他们的适应程度。笔者在与被试聊天中了解到，很多加工制造业的普通工人表示不太适应这里的饮食习惯，一位49岁女性被试（初中文化，流水线工人）说："那边天气我还是挺喜欢的，以前在老家一年四季咳嗽，在厂里打工我倒是不咳嗽了；工作餐不光米饭硬，菜还偏甜，真的吃不惯。老家番茄炒鸡蛋都是咸口，这里炒的像是把盐换成糖。面食也不如家里的好吃。"另外，多位被试表示语言交流障碍给生活、工作等带来困扰，这让他们有意避免与外界交流与接触。还有部分被试虽有语言自觉和语言认同，但缺乏专业培训或语言环境，使其语言具有临时性和非规范性，不能从根本上提高语言能力，改变语言交际困境。

（二）原有"强关系"网络的闭塞性

德亭镇赴粤务工者主要依赖乡缘、亲缘和地缘为基础建立的"强关系"网络，是一个利弊共存的社会交往体系，其稳定性、同质性特点使得进城务工者在进城、就业、生活、人际交往、社会流动等方面降低了风险和成本。同时，它又像强心剂为进城务工者提供了心理和精神支持与慰藉。伴随"舒适圈"的，往往是一种内倾性和闭塞性。这种"集聚"模式阻碍了进城务工者与市民之间的互动与交往，阻碍了务工者获取城市资源、社会信息以及发展机会，导致进城务工者的社会网络关系愈加单一，产生城市生活的"孤岛化"现象。调查表明，超四成被试对当地人评价一般，三成被试很少与当地人接触，进而表现出较低的交友意愿。工作之余的娱乐内容单调，缺少外倾性的交际活动。

（三）“弱关系”网络再建的难度

德亭镇赴粤务工者受自身文化程度、语言能力等人力资本限制，加之社会形成的对进城务工群体的固化印象，使得他们在城市建立新的交际网络并非易事。相较于原有的社会关系网络，他们在广东以业缘、利缘建立的社会交际属于“弱关系”网络，这种关系下的社会交往一般带有短暂性、异质性、不稳定性和功利性。“优胜劣汰”的社会竞争和当地人的排斥逐渐消磨了一部分进城务工者向上流动、扩大交际圈的信心，从而产生畏难情绪与自卑心理。调查表明，遇到困难求助于当地人和政府相关部门的人很少，其中的原因既有不熟悉相关流程或嫌流程麻烦，也有以前因寻求帮助而受挫的无奈。另外，被试更喜欢老家的生活，超过五成的被试不愿接孩子到广东生活或学习，近三成被试的留城意愿不明确。这都表明了德亭镇赴粤务工者城市社会网络的不稳固性，导致他们融入城市生活的广度狭窄，缺乏对城市社会和成员的信任。

七、进城务工者语言文化适应的策略与建议

进城务工者城市语言文化适应的成效影响着他们的城市生存状况，也影响着城市的和谐与治安，更影响着经济社会的稳定和城市化进程。促进进城务工者的语言文化适应需要国家、政府部门、企业等用人单位、进城务工者和城市主流群体等多个主体共同努力。

（一）制度与政策保障

进城务工群体城市适应陷入困境主要有两方面的原因：一是城乡生活方式、文化背景等存在差异；二是经济水平低和长期存在社会身份歧视。因此，首先要建立健全对进城务工者的扶助体系，从制度上保障各类惠及进城务工者政策和措施的实施，有针对性地实行分类分层帮扶，推进进城务工群体常态化帮扶，夯实他们立足城市的经济基础，稳步推进进城务工群体融入城市社会。另外，逐步放宽城市落户限制，加快户籍制度改革，改善进城务工者就业、就医及其子女就学等状况。

（二）政府服务

1. 流入地政府

政府相关部门应从公共服务供给、法律宣传与援助、技能与普通话培训等

方面倾斜政策，保障进城务工群体平等地参与市场竞争，融入城市生活，扩展生活空间，提升城市自我认同感。同时，政府相关部门应当鼓励和引导有能力且留城意愿较强的务工者逐步实现“市民化”。

（1）公共服务。进城务工者服务于城市的同时也应同等地享受城市的品质生活。在谈及“闲暇时间的娱乐方式”等问题时，一些受访者无奈地表示城市文化场所门槛普遍较高。对此，政府相关部门应关注进城务工者的文化生活和信息服务需求，为其提供多样化的服务内容。比如，城市博物馆、图书馆等可免费向进城务工者开放，为外来务工群体提供本土文化资料、图书专架，以方便他们丰富精神生活，增长知识，学习技能，进而重建个体文化模式。针对进城务工者多借助老乡引荐等非正式渠道求职的问题，可构建市场劳动力供求信息的双向传递平台，也可尝试鼓励、引导中介机构下沉使进城务工群体拥有与本地居民平等参与就业的机会，减少农民工对强网络的过度依赖，突破信息闭塞、资源有限的关系网。

另外，农民工流入地政府部门应多组织社区服务与帮扶系列活动，在活动中拉近城市主流人群和外来务工者之间的距离，营造良好的情感关系。另一方面，为外来务工者提供社交平台，增进他们与本地居民的交往，帮助其构建城市社会关系网络。

（2）法律宣传与援助。首先，政府部门可利用多种媒体形式营造法治氛围，让进城务工群体知法用法，在自身权益受损时通过申请劳动仲裁等法律方式维护自身合法权益。其次，根治拖欠务工者工资、违法开除员工等现象，进一步加强务工者法律援助工作，用法律给劳动者兜底，增强劳动者维护自身合法权益的信心。

（3）技能培训。技能水平是务工者进城择业的基础，提升进城务工者的技能水平对其自身以及企业、社会都有裨益。相关部门首先要进行广泛的舆论宣传，让进城务工者充分认识技能培训的重要性，改变他们对技能培训观望、甚至消极的态度；其次，政府应加大人力、资金等投入，为进城务工者提供质量过硬、信誉良好的培训机构或依托职业院校，在深入了解务工者以及用工单位需求的基础上，合理安排和设置培训内容。最后，在此过程中加强评估和监管，切实为进城务工者提供就业帮助。

2. 流出地政府

（1）农村教育与普通话培训。现在的劳动力市场中，务工者普通话能力高低直接或间接影响着他们的岗位选择、意愿表达、团体协作、沟通交流等。进城务工者因受教育水平低下，普通话能力普遍较差，面临着因语言障碍而影响就业与社会流动的实际问题。因此，流出地政府在加大农村教育倾斜和支持力度、提高农民整体受教育水平的同时，还应重视和落实普通话培训工作，提高他们的普通话能力，让其“想说”“敢说”“会说”，增强其外出就业竞争力，从而更好地适应城市、融入城市。

（2）鼓励、引导外出务工者“回流”。流出地政府可以采取鼓励返乡创业等措施，引导一部分外出务工者返回户籍所在地附近的中小城镇就业创业，加快其身份上“去农民工化”进程，实现就地市民化，也可缓解农村目前存在的人才外出、空心化等问题。

（三）用人单位管理

公司、企业等用人单位应建设良好的企业文化。缺乏人性化、不合理的公司规章制度会引发劳动者的消极情绪，加重劳动者的身心压力，既不利于企业工作、生产长期效率的提高，也不利于经济持续发展和社会和谐。因此，城市内的企业、公司等用人单位要以人为本，重视劳动者的合法权益。一方面，施行用工管理和规章制度时应遵循合理、灵活、善意的原则，关注劳动者的身心健康，给予劳动者宽容和同理心；另一方面，树立良好的企业信用，不拖欠务工者工资，打造良好的公司形象。

（四）进城务工者的行为方式

多年来二元体制下的城乡差异，加之一些媒体报道等舆论影响，使得进城务工群体一直被扣上“不文明、素质低”的隐形帽子。首先，要消除这些刻板印象，外来务工者在城市生活中应自觉遵守城市的行为规范，注意言行举止和日常文明，撕掉社会对自身的固化标签。其次，注重个人工作技能和语言能力的提升。进城务工者可通过高等教育自学考试、成人高考等方式提升学历，主动参加各类长短期技能培训或继续教育来提高专业技能。同时，进城务工群体还应重视提高自己的普通话和当地方言水平，多说多练，在现实语言环境中领会务工地方言的真实语义，化解因语言因素导致的沟通问题，促进自身语言适应。再次，转变心理，主动融入社交团体、交流社区等公共社会活动，增加参与交流活动的频次，加强与市民之间的互动，拓展、维护与完善城市的人际网络。

（五）城市主流群体的观念

城市主流群体的歧视和排斥行为会造成进城务工者对城市和市民的疏离感，从而降低其城市归属感与融入城市的积极性。城市主流群体应改变对城市外来人口的刻板印象和排斥心理，消除对外来务工群体的偏见，理解、接纳外来务工者，与其友好相处，增强城市的包容性和开放性。因此，城市主流群体态度的转变对加强双方互动关系举足轻重。

参考文献

[1] 国家统计局．中国统计年鉴（2020）[M]．北京：中国统计出版社，2020.

[2] 刘玉屏．城市适应：农民工语言行为研究[M]．北京：中央民族大学出版社，2010.

[3] 田凯．关于农民工的城市适应性的调查分析与思考[J]．社会科学研究，1995（5）.

[4] 武小军．语言适应与社会顺应——语言视域下对流动人口“市民化”进程的思考[J]．陕西师范大学学报（哲学社会科学版），2020（5）.

[5] 余沛航．嵩县德亭镇赴粤务工者语言文化适应调查研究[D]．中央民族大学硕士学位论文，2021.

[6] Hazen，K. Identities and Language Variation in a Rural Community[J]. Language，2002（2）.

[7] Sik，H. N. From Communication Acculturation Language Acculturation Addressee Orientations Communication Brokering in Conversations[J]. Journal of Language & Social Psychology，2007.

双语教育调查

青海民族大学双语教育调查研究

兰　鸽*

【摘要】 以青海民族大学蒙古语言文学专业海西籍蒙古族大学生为研究对象，调查其语言使用和语言态度、专业课学习现状及需求、就业现状及意向等；从学生、教师、课程、教材、生源、就业六个方面揭示该校蒙古语汉语双语教育现状及存在的问题，并提出相关政策建议。

【关键词】 蒙古族大学生，双语教育，存在的问题，政策建议

高等教育既是对学生基础教育阶段学习成果的验收与考核，也是促进学生实现全面发展的必经之路。这一阶段双语教育的语言环境及教学环境，是纵向、系统描述双语教育的重要组成部分。本研究以青海民族大学蒙古语言文学专业、生源地为海西蒙古族藏族自治州（简称“海西州”）的蒙古族大学生为研究对象，调查其语言习得、语言能力、语言使用和语言态度，专业课学习现状及需求，就业现状及意向等，以期了解该校蒙古语汉语双语教育的情况。

一、蒙古语言文学专业概况

青海民族大学（原青海民族学院）位于青海省西宁市，创建于 1949 年 12 月，是省内最早的高校之一，也是新中国建校最早的民族院校之一。学校现有 19 个学院、4 个直属教学系部，学科专业设置涵盖文学、理学、法学、经济学、教育学、历史学、医学、工学等门类。全校共有 1087 名教职工，其中专任教师 616 人；共有来自全国 30 个省、市、自治区的汉、藏、回、土、撒拉、蒙古等 28 个民族的 11000 多名学生，少数民族学生约占 56%，其中蒙古族学生占全校学生的 4.1%。下文重点介绍民族学与社会学学院（简称“民社

*兰鸽（1996—），女，中央民族大学中国少数民族语言文学学院语言学及应用语言学专业社会语言学方向 2017 级硕士研究生，主要研究社会语言学相关问题。

院”）蒙古语言文学专业（原蒙古语言文学系）概况。①

（一）历史沿革

1973年1月，青海民族学院创建蒙古语言文学专业，与藏语言文学专业共同隶属于少数民族语言文学系，是学校最早设立的特色专业之一。1999年，原少数民族语言文学系改建为藏蒙学系。2001年2月26日成立蒙学部，为学校直属教学单位（科级建制）。2001年9月成立蒙学系，2005年6月更名为蒙古语言文学系（简称“蒙文系”），2006年开始招收中国少数民族语言文学（蒙古语）专业的硕士研究生。蒙古语言文学专业创办45年来，为民族地区培养了1500余名政治立场坚定、专业能力过硬、熟悉蒙古语言文学的本科、专科和研究生，为民族地区的政治和经济建设、文化和社会发展做出了贡献。2019年1月，因教学规模小、教师及生源较少，蒙文系并入民族学与社会学学院，以期建立完整的民族学学科。

（二）专业设置

过去，蒙文系的本科只有一个中国少数民族语言文学（蒙古语）专业，且不分方向。2000年，该专业设置蒙古语汉语双语文秘方向；2013年起，该专业连续两年设蒙古语汉语翻译方向，后因缺乏专业教师及教材被撤销。2016年，蒙文系与本校师范学院合作，招收学前教育（蒙古语汉语双语）专业的学生。目前，蒙古语言文学本科专业设蒙古语言文学、蒙古语汉语双语文秘（已与蒙古语言文学合并）、学前教育三个方向；硕士专业有蒙古语言文化、蒙古民间文学、蒙古族古代文学与文献三个方向。

（三）师资和生源情况

蒙古语言文学专业现有教职工12人，其中管理人员2人、专任教师10人（文史教研室6人、语言翻译教研室4人）；专任教师中教授4人、副教授3人、助教3人；具有博士学位教师7人（占70%），具有硕士学位教师3人（占30%），全体教职工均达到硕士及以上学历；硕士研究生导师3人。教师队伍中获得青海省“高端创新人才千人计划”拔尖人才2人次、青海省“135高层次人才”创新教学科研骨干2人次、省级青年骨干教师2人次、校级“本科教学优秀奖”获得者2人次。

---

① 以上数据由青海民族大学学生处提供，特此致谢。

该专业面向国内蒙古族聚居地区招生，如青海、内蒙古、甘肃、新疆、吉林等省区；现有本科生 118 人，其中休学 2 人，在读 116 人，硕士研究生 6 人，具体数据见表 1。

表 1 蒙古语言文学专业 2015—2018 级本科生分布（$n=116$；人）

年级 \ 生源地		青海	内蒙古	甘肃	新疆	吉林	**合计**
2015 级文学班		10	16	0	2	0	**28**
2016 级	文秘班	9	11	0	0	2	**22**
	学前教育班	7	6	1	0	0	**14**
2017 级文学班		13	13	1	0	0	**27**
2018 级文学班		12	13	0	0	0	**25**
合计		**51**	**59**	**2**	**2**	**2**	**116**

116 名本科生中，青海籍学生 51 人（占 44.0%），主要来自海西州德令哈市、格尔木市、乌兰县、都兰县等地，其中德令哈市学生居多，格尔木较少；内蒙古自治区籍学生 59 人（占 50.9%），主要来自锡林郭勒盟和通辽市；甘肃、新疆维吾尔自治区、吉林籍学生占 1.7%，分别来自酒泉市、巴音郭楞蒙古自治州、伊犁哈萨克自治州、吉林省松原市。

（四）课程设置

1. 蒙古语言文学方向

蒙古语言文学方向主要开设专业核心、专业基础、专业限选及综合素养类课程。蒙古语言文学专业核心课程有现代蒙古语、蒙古族当代文学史、蒙古族古代文学史、蒙古民间文学、外国文学经典导读、古代蒙古语基础等，合计 25+3 学分，考核方式为考试。专业基础课程有蒙古文正字法、普通话训练、蒙古文写作与实践、青海蒙古族文学史、蒙古语词汇与修辞学、应用文写作、现代汉语、语言学概论等，合计 28+6 学分，考核方式为考试。专业限选课程有秘书学概论、日语口语训练、心理学、蒙古族现代文学、蒙古族祭祀文化、中国文化概论、蒙古语方言学、西里尔蒙古文、蒙古语言与文化、新闻编辑学、蒙古族游牧文化概论、申论等，合计 20 学分（每门课都是 2 学分），考核方式为考查。学生专业限选课程必须修满 20 学分，其中 8 学分可跨专业选修。文秘类课程由文传院的老师教授，公共课、外语及体育类课程由相应学院承担；综合素养课 10 学分，由全校范围内教师提供课程，学生可自行选择。

综合实践主要包括专业认知学习、专业实践、毕业实习、毕业论文、创新创业实践、专业基本书目阅读等，考核方式有调研总结、实习总结、学科竞赛、读书报告等，合计 21 学分。培养目标中对毕业论文撰写用文无特定要求，学生均使用蒙古语文。

2. 学前教育方向

学前教育方向的专业核心课程由师范学院教师承担，民社院教师教授部分专业限选课程，主要包括蒙古文信息处理、现代蒙古语基础、蒙古文写作、蒙古民俗、蒙古语言与文化、中学蒙语文教学设计与技能训练、蒙台梭利教学法（学分 2，第 8 学期开设），第 2—8 学期开设，考核方式为考查。

综合实践包括幼儿园专业认知实习、幼儿园专业实践、顶岗支教、毕业论文、创新创业实践、专业基本书目阅读，合计 21 学分，考核方式均为考查。

二、双语教育的语言环境

本研究综合使用一对一访谈式问卷调查法和专题访谈法，调查了解青海民族大学蒙古语言文学专业海西籍蒙古族学生语言文字能力、语言使用、语言态度、蒙古语和汉语授课专业课程学习现状及评价情况。共获取有效问卷 30 份，样本构成见表 2。

表 2　大学生年级、性别和生源地（$n=30$；人/%）①

性别		生源地		年级	
男	女	市级	县级	低年级	高年级
18/60.0	12/40.0	17/56.7	13/43.3	20/66.7	10/33.3

（一）大学生语言习得和语言能力

1. 语言习得

小时候最先学会的语言或方言（可多选）：蒙古语 26 人，蒙古语/普通话 3 人，藏语 1 人，合计 30 人。分解多选项：蒙古语（29 人次）>普通话（3 人

① 调查样本中高年级被试占高年级全体学生的 43.5%，不足一半，代表性不强。因此，本节部分问题仅从性别和生源地因素进行社会差异分析。

次）>藏语（1 人次）。26 名被试小时候最先掌握蒙古语，3 人同时掌握蒙古语和普通话，1 人（奶奶是藏族，自幼在奶奶身边）最先学会藏语。一位大三女生表示："我妈妈是汉族，爸爸是蒙古族，爸爸最初想让我上汉语幼儿园，但妈妈坚持送蒙古族幼儿园，她认为蒙古族就该掌握本民族语言文字；妈妈现在具备蒙古语能力，可以使用蒙古语进行日常交流。"

2. 语言能力

（1）现在能用哪些语言或方言与人交谈（可多选）：蒙古语/普通话/汉语方言 19 人，蒙古语/普通话 9 人，蒙古语/汉语方言 1 人，蒙古语/普通话/汉语方言/藏语 1 人，合计 30 人。分解多选项：蒙古语（30 人次）>普通话（29 人次）>汉语方言（21 人次）>藏语（1 人次）。被试均为双语人，由下题汉语方言掌握程度的调查结果可知，此题被试自报偏高。

（2）语言掌握程度

表 3　大学生语言掌握程度（$n=30$；人/%）

语言变体 \ 指标		完全听懂	大部分能听懂	基本听懂	听懂日常	基本不懂	完全不懂	**合计**
听	蒙古语	29/96.7	1/3.3	0/0	0/0	0/0	0/0	**30/100**
	普通话	25/83.3	4/13.3	1/3.3	0/0	0/0	0/0	**30/100**
	汉语方言	7/23.3	9/30.0	5/16.7	6/20.0	1/3.3	2/6.7	**30/100**
说	蒙古语	28/93.3	2/6.7	0/0	0/0	0/0	0/0	**30/100**
	普通话	18/60.0	10/33.3	2/6.7	0/0	0/0	0/0	**30/100**
	汉语方言	5/16.7	5/16.7	8/26.7	6/20.0	3/10.0	3/10.0	**30/100**

蒙古语程度：听说程度的前三项指标合计均为 30 人，多数被试熟练掌握蒙古语。普通话程度：听说程度的前三项指标合计均为 30 人，个别被试表示听和说的时候存在或多或少的障碍。汉语方言程度："听"的前三项指标合计 21 人（占 70.0%），"说"的前三项指标合计 18 人（占 60.0%）。总体而言，被试的蒙古语掌握程度最高，其次是普通话和汉语方言，语言能力的输入程度均高于输出程度。

（3）文字掌握程度

表4　大学生文字掌握程度（$n=30$；人/%）

文字	指标	读书看报	简单文章	便条短信	基本不懂	完全不懂	合计
读	蒙古文	30/100	0/0	0/0	0/0	0/0	**30/100**
	汉文	27/90.9	3/10.0	0/0	0/0	0/0	**30/100**
写	蒙古文	28/93.3	2/6.7	0/0	0/0	0/0	**30/100**
	汉文	21/70.0	8/26.7	1/3.3	0/0	0/0	**30/100**

蒙古文程度：被试均能熟练阅读蒙古文；书写程度前三项合计30人，多数被试能熟练书写蒙古文，2人表示个别时候有障碍。

汉文程度：读写程度前三项合计均为30人，10.0%的被试阅读时遇到个别障碍，26.7%的被试书写时偶有障碍。被试的蒙古文掌握程度高于汉文，两种文字的输入程度均高于输出程度。一位内蒙古籍研二学生表示："青海籍蒙古族同学的蒙古语水平比我们高，可能我们的汉语水平较高。"

（二）大学生语言文字使用情况

1. 家庭及日常环境语言使用

（1）与长辈使用的语言或方言（可多选）：蒙古语26人，蒙古语/普通话2人，普通话1人，蒙古语/藏语1人，合计30人。分解多选项：蒙古语（29人次）>普通话（3人次）>藏语（1人次）。被试与长辈交谈均使用蒙古语，2人同时使用普通话，1人同时使用藏语。

（2）与同辈使用的语言或方言（可多选）：蒙古语15人，蒙古语/普通话14人，蒙古语/普通话/汉语方言1人，合计30人。分解多选项：蒙古语（30人次）>普通话（15人次）>汉语方言（1人次）。半数被试使用蒙古语与同辈交流；同时使用蒙古语和普通话的被试均表示在家使用两种语言，但以蒙古语为主。

2. 文字使用

（1）日常书写使用的文字（可多选）：蒙古文/汉文25人，蒙古文3人，汉文2人，合计30人。分解多选项：蒙古文（28人次）>汉文（27人次）。被试日常书写使用蒙古文和汉文的比例均较高。

（2）电脑书写使用的文字（可多选）：蒙古文/汉文25人，汉文4人，蒙古文1人，合计30人。分解多选项：汉文（29人次）>蒙古文（26人次）。被试操作电脑时使用汉文的比例略高于蒙古文。一位大三女生表示，现在信息课上老师会教授用蒙古文制作 PPT，WPS 可以直接输入蒙古文，不用单独下载“蒙科立输入法”了，因此电脑打字使用蒙古文的比例有所提高。

（3）发手机短信或微信使用的文字（可多选）：蒙古文/汉文 15 人，汉文 15 人，合计 30 人。分解多选项：汉文（30 人次）>蒙古文（15 人次）。多数被试表示，发送语音消息时使用蒙古语，发送文字消息时使用汉文。一位大二学生表示用蒙古文输入法打出来的词汇不能表达自己的意思。

3. 校园语言使用

（1）课下与本民族教师使用的语言或方言（可多选）：蒙古语 25 人，蒙古语/普通话 5 人，合计 30 人。分解多选项：蒙古语（30 人次）>普通话（5 人次）。被试与本民族教师均使用蒙古语交流，同时使用普通话的被试表示与青海籍教师使用蒙古语，与内蒙古籍教师使用普通话。

（2）课下与本民族同学使用的语言或方言（可多选）：蒙古语/普通话 15 人，蒙古语 14 人，蒙古语/汉语方言 1 人，合计 30 人。分解多选项：蒙古语（30 人次）>普通话（15 人次）>汉语方言（1 人次）。被试与本民族同学交谈时主要使用蒙古语，其中半数被试同时使用蒙古语和普通话，一位大三男生表示，80%用蒙古语，有些词语 90 后表达不清楚，就用普通话；一位大三女生表示，本民族同学生源地不同，用普通话交流比较顺畅。

（3）课下与其他民族教师使用的语言或方言（可多选）：普通话 28 人，普通话/汉语方言 2 人，合计 30 人。分解多选项：普通话（30 人次）>汉语方言（2 人次）。

（4）课下与其他民族同学使用的语言或方言（可多选）：普通话 29 人，普通话/汉语方言 1 人，合计 30 人。分解多选项：普通话（30 人次）>汉语方言（1 人次）。

（5）到学校行政主管部门办事使用的语言或方言（可多选）：普通话 27 人，蒙古语/普通话 3 人，合计 30 人。分解多选项：普通话（30 人次）>蒙古语（3 人次）。被试表示负责行政工作的教师基本都是汉族，因此全部使用普通话，个别被试使用蒙古语。

4. 媒体语言接触

（1）获取信息的渠道（可多选）：移动网络 10 人，电视/移动网络 3 人，图书/移动网络 3 人，广播 2 人，报纸、期刊/图书 2 人，报纸、期刊/移动网络 2 人，广播/电视/报纸、期刊/图书/移动网络 2 人，广播/图书 1 人，广播/电视/移动网络 1 人，电视/报纸、期刊/移动网络 1 人，电视/图书/移动网络 1 人，报纸、期刊/图书/移动网络 1 人，广播/电视/图书/移动网络 1 人，合计

30 人。分解多选项：移动网络（25 人次）>图书（11 人次）>电视（9 人次）>报纸、期刊（8 人次）>广播（7 人次）。被试接触新媒体的比例明显高于传统媒体。

（2）上网方式（可多选）：手机/电脑 23 人，手机 6 人，电脑 1 人，合计 30 人。分解多选项：手机（29 人次）>电脑（24 人次）。被试使用手机上网的比例高于电脑上网。

（3）语言文字使用

被试接触广播、电视和网络视频时，主要选择普通话，其次是蒙古语，个别被试选择汉语方言类节目。被试接触的蒙古语各类节目主要来自内蒙古地区各媒体平台。一位大三女生（学前教育专业）表示，受专业限制，平时接触普通话类节目的比例远高于蒙古语。被试接触报纸、期刊、移动网络等媒体时，选择汉文的比例均高于蒙古文；接触蒙古文图书的比例高于汉文，这主要受专业的影响。8 人表示平常不阅读报纸或期刊，1 人不浏览微信公众平台。选择蒙古文的被试表示，平时接触较多的是《柴达木日报》《花的原野》（杂志），以及大四学生主办的文学刊物《青海潮》；关注的微信公众平台主要有“夜听蒙古”“蒙古文化周刊”“蒙古丽人”等。一位大四女生表示手机上的蒙古文输入法软件有时会出现病句，所以用汉文输入法的频率比较高。此外，22 名被试使用蒙古文 APP，软件类型主要有输入法、词典、音乐产品等，如蒙科立输入法、固什词典、额格西格等。一位被试表示，词典只能将汉语翻译成蒙古语，而且有的翻译不准确。调查数据见表 5 和表 6。

表 5 媒体接触语言（$n=30$；人次/%）

语言变体 / 媒体	蒙古语	普通话	汉语方言	其他语言或方言	无此情况
广播	18/60.0	17/56.7	1/3.3	0/0	7/23.3
电视	22/73.3	21/70.0	2/6.7	2/6.7	2/6.7
网络视频	14/46.7	28/93.3	2/6.7	3/10.0	0/0

表 6 媒体接触文字（$n=30$；人次/%）

文字 / 媒体	蒙古文	汉文	其他文字	无此情况
报纸、期刊	16/53.3	19/63.3	0/0	8/26.7
图书	27/90.0	20/66.7	0/0	0/0

续表

媒体＼文字		蒙古文	汉文	其他文字	无此情况
移动网络	网站、网页	18/60.0	26/86.7	0/0	0/0
	微信公众号	23/76.7	23/76.7	0/0	1/3.3

（4）媒体语言接触目的

接触蒙古语文媒体的主要目的（分解多选项）：了解本民族文化（19 人次）>学习科学文化知识（11 人次）>了解新闻（10 人次）>休闲娱乐（5 人次）>无特别目的（2 人次）。63.3%的被试表示可从各类媒体中了解本民族文化及历史，36.7%的被试利用图书、网络视频等媒介学习专业知识，33.3%的被试通过广播、电视、移动网络等掌握时事新闻，20.0%的被试主要为了满足娱乐需求。一名学前教育专业的学生表示不接触蒙古语文媒体。

（三）语言文字态度

1. 学习蒙古语文的目的

表 7　学习蒙古语文的目的（$n=30$；人次/%）

语言文字＼指标	因为是蒙古族	便于与本民族沟通	传承本民族文化	家人期望	个人兴趣	为了升学	其他
蒙古语	23/76.7	10/33.3	20/66.7	7/23.3	11/36.7	2/6.7	1/3.3
蒙古文	22/73.3	8/26.7	21/70.0	9/30.0	12/40.0	2/6.7	0/0

学习蒙古语的目的排序：因为是蒙古族，无特别目的>传承本民族文化>个人兴趣>便于与本民族沟通>家人期望>为了升学>其他；学习蒙古文的目的排序：因为是蒙古族，无特别目的>传承本民族文化>个人兴趣>家人期望>便于与本民族沟通>为了升学。多数被试表示传承本民族语言文字是自身义务，且便于与本族人沟通交流。

2. 对蒙古语文发展前景的期望

希望蒙古语有怎样的发展前景：有很大发展 22 人，在一定范围发展 7 人，任其自然发展 1 人，合计 30 人；希望蒙古文有什么样的发展前景：有很大发展 23 人，在一定范围发展 7 人，合计 30 人。

3. 父母对后代语言文字学习的期望

父母对后代语言文字学习的期望见表8和表9。

表8 父母对后代语言学习期望（$n=30$；$n1=17$，$n2=13$；人次/%）

指标 / 出生地	蒙古语	普通话	汉语方言	其他语言
市级	15/88.2	12/70.6	1/5.9	5/29.4
县级	12/92.3	9/69.2	0/0	3/23.1
合计	**27/90.0**	**21/70.0**	**1/3.3**	**8/26.7**

表9 父母对后代文字学习期望（$n=30$；$n1=17$，$n2=13$；人次/%）

指标 / 出生地	蒙古文	汉文	其他文字	无法回答
市级	15/88.2	11/64.7	4/23.5	1/5.9
县级	13/100	7/53.8	1/7.7	0/0
合计	**28/93.3**	**18/60.0**	**5/16.7**	**1/3.3**

县级被试父母希望后代主要学好蒙古语文的比例高于市级，在“父母对学习蒙古文的期望”一题中，92.3%的县级被试、70.6%的市级被试选择“很高”；市级被试父母希望后代学好汉语文和其他语言文字的比例高于县级。其他语言主要包括英语、日语和藏语，其他文字包括英文和日文；2名县级被试表示父母认为有必要学会藏语，便于与当地藏族同胞沟通。选择汉语方言的被试表示：“父母觉得蒙古语和普通话可以在学校学习，如果不掌握汉语方言，就很难与青海地区其他民族交流，这不利于我以后的发展。”

由上可知，被试均为双语人，多数最先习得蒙古语，蒙古语文能力均高于汉语文，且输入程度高于输出程度。家庭环境中使用蒙古语的比例高于普通话，与同辈交流使用普通话的比例高于与长辈交流，日常操作电脑、发送手机短信或微信时使用汉文的比例高于蒙古文；校园环境中被试与本民族教师或同学交谈使用蒙古语，使用普通话的比例高于家庭环境；媒体环境中被试接触传统媒体时使用蒙古语的比例较高，接触新媒体时使用普通话的比例较高，除图书外，被试媒体接触文字主要为汉文。多数被试自然学会蒙古语文，并对蒙古语文的发展期望度较高；多数被试父母希望后代学好蒙古语文，其中县级被试期望度高于市级被试，半数以上的父母希望后代同时学好汉语文，其中市级被试期望度高于县级被试。

三、双语教育的教学环境

蒙古语言文学专业设有蒙古语和汉语授课课程，本研究分别称为Ⅰ类专业课（如蒙古民间文学、古代蒙古语基础等）和Ⅱ类专业课（如现代汉语、应用文写作等）。

（一）Ⅰ类专业课

1. 语言文字使用及期望

Ⅰ类专业课教师授课均使用蒙古语，个别教师偶尔用汉语解释专业术语（此类情况很少）；写板书均使用蒙古文，个别教师兼用汉文；制作课件多使用蒙古文和汉文，使用汉文的比例高于蒙古文；试卷设置均采用蒙古文。学生书写Ⅰ类专业课笔记或课后作业均使用蒙古文，16.7%的被试兼用汉文。分析表明，除课件制作，授课语言、板书文字、答题文字的使用现状与学生期望基本吻合。

（1）希望教师使用的授课语言（可多选）：蒙古语24人，蒙古语/普通话5人，蒙古语/普通话/汉语方言1人，合计30人。分解多选项：蒙古语（30人次）>普通话（6人次）>汉语方言（1人次）。大三学生巴力盂措表示，来自内蒙古的老师在讲课过程中穿插普通话的频率较高，青海当地的蒙古族教师偶尔会使用汉语方言，但频率很低。教师授课过程中使用普通话的频率受主观和客观因素影响，主观因素主要有教师讲课风格与自身语言能力，客观因素为授课对象及其语言能力。一位大一男生希望教师能使用“标准的”蒙古语。

（2）希望教师书写板书使用的文字（可多选）：蒙古文25人，蒙古文/汉文5人，合计30人。分解多选项：蒙古文（30人次）>汉文（5人次）。一位选择汉文的大三女生表示：“用蒙古文弄懂了一个概念，遇到相同概念的汉文时，还是不懂，应该用两种文字对照着讲。”

（3）希望教师制作课件使用的文字（可多选）：蒙古文24人，蒙古文/汉文5人，蒙古文/汉文/日文1人，合计30人。分解多选项：蒙古文（30人次）>汉文（5人次）>日文（1人次）。一位大二女生（蒙古语文专业）表示：“蒙古语文专业课应该全部用蒙古文，在学习知识的同时，蒙古文能力也可以得到提升。”

（4）希望考试答题使用的文字（可多选）：蒙古文25人，蒙古文/汉文3

人，蒙古文/汉文/日文2人，合计30人。分解多选项：蒙古文（30人次）>汉文（5人次）>日文（2人次）。被试均表示可以接受考试使用蒙古文答题的现状，选择汉文的学生希望考试题目能以蒙汉对照的形式设置，一位被试说："外国文学史课程的试卷应该使用双文，看不懂翻译，尤其是人名。"

数据表明，八成以上的被试希望教师使用蒙古语授课，使用蒙古文写板书、制作课件，希望考试使用蒙古文答题；不足两成的被试希望使用蒙古文和汉文双文。

2. 教师评价

（1）对教师授课的满意度：满意22人，比较满意7人，一般1人，合计30人。

（2）教师授课存在的问题（可多选）：教学方法不合适4人，其他3人，专业水平低1人，专业水平低/教学方法不合适1人，教学方法不合适/其他1人，没有问题20人，合计30人。分解多选项：教学方法不合适（6人次）>其他（4人次）>专业水平低（2人次）。选择"其他"的一位大三学生（女，蒙古语文专业）表示，教师应该多让学生发表自己的看法，培养他们的逻辑能力，调动学习积极性；一位大一男生（蒙古语文专业）说："内蒙古的老师讲课时，有些话我听不懂，需要老师用汉语重复一遍。"

数据表明，96.7%的被试对Ⅰ类专业课教师表示满意；20.0%的被试认为教师应进一步改进教学方法，个别被试认为教师专业水平有待提高，表示应增加课堂互动环节。

3. 教材评价

（1）对教材的满意度：满意19人，比较满意9人，一般2人，合计30人。

（2）教材存在的问题（可多选）：种类少6人，其他6人，种类少/内容偏难2人，编写不合理/种类少/内容偏难2人，编写不合理1人，编写不合理/种类少1人，没有问题12人，合计30人。分解多选项：种类少（11人次）>其他（6人次）>编写不合理=内容偏难（各4人次）。选择"其他"的被试认为教材存在的主要问题是更新慢、有错别字，其中一人表示："教材太老了，蒙古文资料更新也很慢，比如教师资格证资料，汉文的每年更新，蒙古文的三五年都不更新，而且内容编写不合理，考试基本不考。"

数据表明，93.3%的被试对Ⅰ类专业课教材表示满意；36.7%的被试认为教材种类少，13.3%的被试认为内容偏难、编写不合理，个别被试表示教材更新慢，存在翻译不准确的问题。

（二）II 类专业课

1. 语言文字使用及期望

II 类专业课教师授课均使用普通话，书写板书、制作课件、出试卷均使用汉文。学生书写 II 类专业课笔记均使用汉文，其中 20.0%的被试偶尔使用蒙古文；完成课后作业均使用汉文。

（1）希望教师授课使用的语言（可多选）：普通话 13 人，普通话/蒙古语 13 人，蒙古语 4 人，合计 30 人。分解多选项：普通话（26 人次）>蒙古语（17 人次）。

（2）希望教师书写板书使用的文字（可多选）：汉文 16 人，蒙古文/汉文 11 人，蒙古文 3 人，合计 30 人。分解多选项：汉文（27 人次）>蒙古文（14 人次）。

（3）希望教师制作课件使用的文字（可多选）：汉文 17 人，蒙古文/汉文 10 人，蒙古文 3 人，合计 30 人。分解多选项：汉文（27 人次）>蒙古文（13 人次）。

（4）希望专业课使用蒙古语教授的原因（可多选）：有助于理解 9 人，有助于理解/有助于明确专业术语/有助于提高蒙古语文能力/便于记忆 3 人，有助于明确专业术语 1 人，有助于理解/有助于明确专业术语/便于记忆 1 人，有助于理解/有助于提高蒙古语文能力 1 人，有助于理解/有助于明确专业术语/有助于提高蒙古语文能力 1 人，有助于理解/有助于提高蒙古语文能力/其他 1 人，无此情况 13 人，合计 30 人。分解多选项：有助于理解（16 人次）>有助于明确专业术语=有助于提高蒙古语文能力（各 6 人次）>便于记忆（4 人次）>其他（1 人次）。选择“其他”的被试表示使用蒙古语有助于提高蒙汉翻译能力。

（5）希望专业课使用蒙古文写板书或做课件的原因（可多选）：有助于理解/有助于提高蒙古语文能力 5 人，有助于理解 4 人，有助于理解/有助于明确专业术语 3 人，有助于理解/有助于明确专业术语/有助于提高蒙古语文能力/便于记忆 2 人，有助于明确专业术语 1 人，有助于提高蒙古语文能力 1 人，有助于理解/有助于明确专业术语/有助于提高蒙古语文能力 1 人，无此情况 13 人，合计 30 人。分解多选项：有助于理解（15 人次）>有助于提高蒙古语文能力（9 人次）>有助于明确专业术语（7 人次）>便于记忆（2 人次）。

（6）希望考试答题使用的文字（可多选）：汉文 16 人，汉文/蒙古文 10 人，蒙古文 4 人，合计 30 人。分解多选项：汉文（26 人次）>蒙古文（14 人次）。

（7）希望专业课使用蒙古文考试的原因（可多选）：有助于理解 5 人，有助于理解/有助于明确专业术语/有助于提高蒙古语文能力/便于记忆 3 人，有助于理解/有助于提高蒙古语文能力 2 人，有助于理解/有助于明确专业术语/有助于提高蒙古语文能力 2 人，有助于明确专业术语 1 人，有助于理解/便于记忆 1 人，无此情况 16 人，合计 30 人。分解多选项：有助于理解（13 人次）>有助于提高蒙古语文能力（7 人次）>有助于明确专业术语（6 人次）>便于记忆（4 人次）。

数据表明，43.3%的被试希望 II 类专业课教师使用普通话授课，43.3%的被试希望使用双语，13.3%的被试希望使用蒙古语；53.3%的被试希望使用汉文写板书，36.7%的被试希望使用双文，10.0%的被试希望使用蒙古文；56.7%的被试希望使用汉文制作课件，33.3%的被试希望使用双文，10.0%的被试希望使用蒙古文；53.3%的被试希望考试使用汉文答题，33.3%的被试希望使用双文，13.3%的被试希望使用蒙古文。

希望 II 类专业课使用蒙古语授课的被试（17 人，占 56.7%）中，94.1%的人认为这有助于理解课程内容，35.3%的人认为有助于明确专业术语和提高蒙古语文能力，23.5%的人认为便于记忆。希望 II 类专业课板书、课件及试卷使用蒙古文（17 人，占 56.7%）的被试中，88.2%的人认为有助于理解，52.9%的人认为有助于提高蒙古语文能力，41.2%的人认为有助于明确专业术语，个别人表示有助于更好地记忆。

2. 教师评价

（1）对教师授课的满意度：满意 20 人，比较满意 6 人，一般 4 人，合计 30 人。

（2）教师授课存在的问题（可多选）：教学方法不合适 3 人，专业水平低/教学方法不合适 2 人，缺乏责任心/教学方法不合适 2 人，缺乏责任心 1 人，教学方法不合适/其他 1 人，其他 1 人，没有问题 20 人，合计 30 人。分解多选项：教学方法不合适（8 人次）>缺乏责任心（3 人次）>专业水平低=其他（各 2 人次）。选择“其他”的被试表示教师讲课风格单一，对学生吸引力不足。

数据表明，86.7%的被试对 II 类专业课教师表示满意；26.7%的被试希望教师改进教学方法，10.0%的被试认为教师责任心不强，个别被试认为教师专业水平有待提高，授课风格对学生吸引力不足。

3. 教材评价

（1）对教材的满意度：满意 14 人，比较满意 11 人，一般 4 人，不太满意 1 人，合计 30 人。

（2）教材存在的问题（可多选）：内容偏难6人，内容简单1人，编写不合理/种类少1人，种类少1人，其他1人，没有问题20人，合计30人。分解多选项：内容偏难（6人次）>种类少（2人次）>编写不合理=内容简单=其他（各1人次）。选择“其他”的被试表示个别教材存在错别字。

数据表明，83.3%的被试对II类专业课教材表示满意；20.0%的被试认为教材内容偏难，个别被试认为教材种类少、存在错别字。

（三）蒙古语言文学专业评价

1. 兴趣评价

（1）选择现在专业的原因（可多选）：个人兴趣10人，无特别原因9人，家长意愿4人，就业前景好3人，其他2人，个人兴趣/就业前景好1人，个人兴趣/家长意愿/就业前景好1人，合计30人。分解多选项：个人兴趣（12人次）>无特别原因（9人次）>家长意愿=就业前景好（各5人次）>其他（2人次）。一位大三男生（蒙古语文专业）表示：“原本是报考文秘专业，后来因学生数量不足没有开设，但现在对蒙语文专业很满意。”选择“其他”的两位被试均表示报考学校和专业受个人分数限制，只能选择此专业。

（2）对本专业是否感兴趣：很感兴趣8人，比较感兴趣7人，一般11人，不太感兴趣2人，不感兴趣2人，合计30人。36.7%的被试对自己所学专业的态度为“一般”，26.7%的被试表示很感兴趣，23.3%的被试表示比较感兴趣。

数据表明，40.0%的被试表示选择此专业是因为个人兴趣，16.7%的被试表示是家长意愿，另外16.7%的被试认为就业前景好。50.0%的被试目前对本专业感兴趣，36.7%的被试表示兴趣一般，13.3%的被试表示不感兴趣。对本专不感兴趣的被试认为该专业就业前景不好、师资力量较薄弱，一位被试想学理科专业，但高考分数未达到。

2. 课程设置评价

（1）对本专业课程设置的满意度：很满意12人，比较满意10人，一般7人，不满意1人，合计30人。

（2）本专业课程设置存在的问题（可多选）：实践课少8人，其他6人，公共课多1人，没有问题14人，无法回答1人，合计30人。一位大三学生表示，应该增加实用性课程，如应用写作、公务员考试辅导等。

数据表明，73.3%的被试对专业课程设置表示满意，23.3%的被试认为设置一般。26.7%的被试认为缺少实践课，选择“其他”的被试对课程分段设置有意见，认为1—3年级课程安排不够均衡，应在大一阶段增加II类专业课。

由上可知，被试对Ⅰ类专业教学用语用文、教师及教材的满意度较高，部分被试希望课件中增加蒙古文的使用比例，希望教师更新教学方法、增加课堂互动环节，提出教材存在更新慢、翻译不准确等问题。被试对Ⅱ类专业教学中蒙古语文的使用期望度较高，主要是希望能更好地理解专业内容并明确专业术语；对教师及教材表示满意，希望教师进一步增强自身责任感，提出教材存在种类少等问题。半数被试对蒙古语言文学专业感兴趣，就业形势严峻成为影响被试感兴趣程度的主要原因之一；多数被试对专业课程设置表示满意，个别被试认为课程安排不合理，应该增加实践课。约四成被试选择此专业是因为个人兴趣，少数被试因为家长意愿或认为就业前景好。半数被试对本专业感兴趣，表示不感兴趣的被试认为目前存在的主要问题是就业前景不好。

四、就业意向及现状

就业问题是影响家长为后代择校的重要因素。据调查，目前青海民族大学蒙古语言文学专业海西籍蒙古族大学生就业形势不容乐观。

（一）大学生就业意向及其社会差异

1. 就业意向

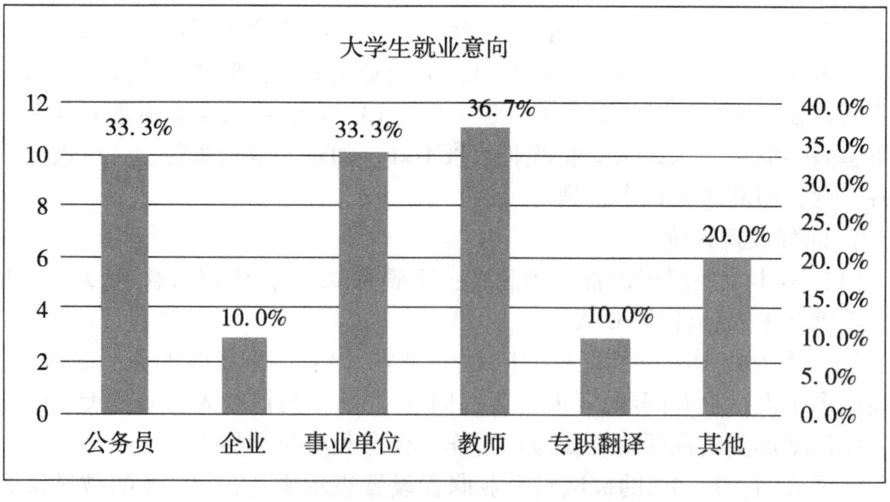

图1　大学生就业意向调查（单位：人/%）

就业意向排序：教师>事业单位=公务人员>其他>专职翻译=企业。教师职业成为被试眼中的“香饽饽”，多数被试想成为蒙古语文教师。选择公务员与事业单位的各占33.3%，一位被试表示：“我想在翻译岗位工作，不然学的东西都荒废了；虽然大家都想考公务员，但这对我们蒙古族学生来说太难了，每年考上的也就一两个人。”专职翻译与企业的选择率较低，一位大二男生（蒙古语文专业）表示，特别想成为蒙汉专职翻译，但自己的蒙古语文水平有限。选择“其他”的被试就业意向各异，有歌唱家、篮球运动员、牧民、创业等。

2. 就业意向社会差异

（1）性别差异

表10　就业意向的性别差异（n=30：$n1$=18，$n2$=12；人次/%）

指标 性别	公务员	企业	事业单位	教师	专职翻译	其他	无法回答
男性	3/16.7	2/11.1	4/22.2	5/27.8	3/16.7	4/22.2	1/5.6
女性	7/58.3	1/8.3	6/50.0	6/50.0	0/0	2/16.7	1/8.3
合计	**10/33.3**	**3/10.0**	**10/33.3**	**11/36.7**	**3/10.0**	**6/20.0**	**2/6.7**

不同性别被试就业意向排序，男性：教师>事业单位=其他>公务员=专职翻译>企业；女性：公务员>事业单位=教师>其他>企业。女性对稳定性与社会地位的要求高于男性，男性对专职翻译、企业等工作的接受度更高。

（2）地域差异

表11　就业意向的地域差异（n=30：$n1$=17，$n2$=13；人次/%）

指标 出生地	公务员	企业	事业单位	教师	专职翻译	其他	无法回答
市级	7/41.2	1/5.9	5/29.4	7/41.2	2/11.8	1/5.9	2/11.8
县级	3/23.1	2/15.4	5/38.5	4/30.8	1/7.7	5/38.5	0/0
合计	**10/33.3**	**3/10.0**	**10/33.3**	**11/36.7**	**3/10.0**	**6/20.0**	**2/6.7**

不同地域被试就业意向排序，市级：公务员=教师>事业单位>专职翻译>企业=其他；县级：事业单位=其他>教师>公务员>企业。市级被试选择公务员和教师的比例高于县级被试，选择企业和其他职业的比例低于县级被试。县级被试中一人表示“没得选”；一人表示毕业后想回到草原当牧民。

（二）职业选择的影响因素及其社会差异

1. 职业选择原因

职业选择的原因（可多选）：自愿 10 人，父母意愿 4 人，其他 2 人，自愿/工作稳定 2 人，专业对口/工作稳定 2 人，工作稳定 1 人，发展潜力大 1 人，自愿 1 人，父母意愿/自愿 1 人，自愿/专业对口/薪资待遇高 1 人，自愿/专业对口/工作稳定 1 人，父母意愿/自愿/专业对口/工作稳定 1 人，父母意愿/工作稳定/发展潜力大 1 人，无法回答 2 人，合计 30 人。分解多选项：自愿（17 人次）>工作稳定（8 人次）>父母意愿（7 人次）>专业对口（5 人次）>发展潜力大=其他（各 2 人次）>薪资待遇高（1 人次）。可见，被试选择职业主要考虑个人兴趣等主观因素，工作的稳定性与专业是否对口是被试考虑的主要客观因素；其次，父母意愿也是影响被试择业观念的因素之一。选择“其他”的一位被试希望在以后的岗位中为民族文化的传承贡献力量。

2. 社会差异

（1）性别差异

表 12　职业选择影响因素的性别差异（$n=30$：$n1=18$，$n2=12$；人次/%）

指标 性别	父母意愿	自愿	专业对口	薪资待遇高	工作稳定	发展潜力大	其他	无法回答
男性	1/5.6	11/61.1	4/22.2	1/5.6	3/16.7	0/0	1/5.6	1/5.6
女性	6/50.0	6/50.0	1/8.3	0/0	5/41.7	2/16.7	1/8.3	1/8.3
合计	**7/23.3**	**17/56.7**	**5/16.7**	**1/3.3**	**8/26.7**	**2/6.7**	**2/6.7**	**2/6.7**

男性：自愿>专业对口>工作稳定>父母意愿=薪资待遇高=其他；女性：自愿=父母意愿>工作稳定>专业对口=发展潜力大=其他。半数以上被试认为个人意愿是选择上述职业的主要因素；女性选择“工作稳定”与“父母意愿”的比例高于男性，选择“专业对口”的比例低于男性。

（2）地域差异

表 13　职业选择影响因素的地域差异（$n=30$：$n1=17$，$n2=13$；人次/%）

指标 出生地	父母意愿	自愿	专业对口	薪资待遇高	工作稳定	发展潜力大	其他	无法回答
市级	2/11.8	10/58.8	4/23.5	1/5.9	7/41.2	2/11.8	1/5.9	1/5.9

续表

出生地＼指标	父母意愿	自愿	专业对口	薪资待遇高	工作稳定	发展潜力大	其他	无法回答
县级	5/38.5	7/53.8	1/7.7	0/0	1/7.7	0/0	1/7.7	2/15.4
合计	**7/23.3**	**17/56.7**	**5/16.7**	**1/3.3**	**8/26.7**	**2/6.7**	**2/6.7**	**2/6.7**

市级：自愿>工作稳定>专业对口>父母意愿=发展潜力大>薪资待遇高=其他；县级：自愿>父母意愿>专业对口=工作稳定=其他>薪资待遇高。

（三）工作地选择及其社会差异

1. 毕业去向

毕业后工作去向（可多选）：德令哈市 14 人，青海其他县市 5 人，西宁市 2 人，西宁市/其他 1 人，西宁市/德令哈市 4 人，省外/其他 2 人，无法回答 2 人，合计 30 人。分解多选项：德令哈市（18 人次）>西宁市（7 人次）>青海其他县市（5 人次）>其他（3 人次）>省外（1 人次）。选择青海其他县市的被试中，格尔木和乌兰县各 2 人、都兰县 1 人；选择“其他”的被试表示想出国深造；选择省外的被试希望去内蒙古。

2. 工作地选择的社会差异

（1）性别差异

表 14　工作地选择的性别差异（$n=30$：$n1=18$，$n2=12$；人次/%）

性别＼指标	西宁市	德令哈市	青海其他县市	省外	其他	无法回答
男性	5/27.8	9/50.0	4/22.2	1/5.6	3/16.7	1/5.6
女性	2/16.7	9/75.0	1/8.3	0/0	0/0	1/8.3
合计	**7/23.3**	**18/60.0**	**5/16.7**	**1/3.3**	**3/10.0**	**2/6.7**

男性：德令哈市>西宁市>青海其他县市>其他>省外；女性：德令哈市>西宁市>青海其他县市>省外=其他。除德令哈市，男性选择其余各项的比例均高于女性。75.0%的女性表示德令哈市为理想工作地，其中一位大三女生表示，家人都在德令哈，到别的地方工作会觉得孤单；另一位大三女生表示，西宁市工作压力太大了；部分男性被试倾向去西宁市、省外或国外工作。

（2）地域差异

表 15 工作地选择的地域差异（$n=30$：$n1=17$，$n2=13$；人次/%）

指标 出生地	西宁市	德令哈市	青海其他县市	省外	其他	无法回答
市级	3/17.6	15/88.2	2/11.8	0/0	0/0	1/5.9
县级	4/30.8	3/23.1	3/23.1	1/7.7	3/23.1	1/7.7
合计	**7/23.3**	**18/60.0**	**5/16.7**	**1/3.3**	**3/10.0**	**2/6.7**

市级：德令哈市>西宁市>青海其他县市>省外=其他；县级：西宁市>青海其他县市=德令哈市=其他>省外。多数被试希望留在本地工作，县级被试选择西宁市、省外和其他（国外）的比例高于市级被试。

总之，蒙古族学生倾向于在学校、机关及事业单位等部门就业；女性对工作的稳定性与社会地位要求较高，男性求职意向较灵活；市级被试选择公务员、教师等固定职业的比例较高，县级被试选择自由职业的比例较高。半数以上被试选择职业主要考虑个人兴趣；女性选择父母意愿与工作稳定的比例高于男性；县级被试主要考虑父母意愿。五分之三被试希望在德令哈工作；女性被试倾向于离家近的地方；县级被试更愿意离开家乡去其他地方求职。

五、存在的问题

（一）学生层面

1. 蒙古语文水平下降，学习兴趣不足

据教师反映，现在学生的蒙古语水平较之以前有明显下降，主要表现在蒙古语文理解与书写方面。语音学概论教师（男，蒙古族）表示，学生蒙古语水平下降很普遍，很多蒙古语词汇不会用；以前，学生能独立完成毕业论文，现在的学生很吃力。一位大三女生说："我毕业想用汉文写论文，参加公务员考试也会选择用汉文答题。"一位大四学生表示："公务员试卷上的蒙古文试题，根本看不懂，还是汉语的看得比较轻松。"访谈中部分学生反映对蒙古文图书的兴趣不高，认为内容晦涩难懂，需要读三四遍才能理解，汉文书籍只需阅读一遍即可理解大致意思。

2. 竞争意识薄弱，无明确目标

学生的学习主动性不强，即使成绩较好的学生学习意识与上进心也明显不足，教师虽探索了很多教学方法却鲜有成效；学习氛围不够浓厚，有些学生表示“不知道自己要干什么”，认为就算学好专业知识也没什么用；对自身无规划，对学业无目标，找不到自身兴趣所在。文学概论教师（女，蒙古族）表示：“学院专门为准备考研的学生开设外语培训班，结果有的学生不去听，去了的也不好好学，我们也不知道怎么做了。”学生普遍抱有混日子的态度，无法调动学生的积极性已成为教师教学过程中的一大困难。

3. 缺少互动平台，课外阅读材料匮乏

进一步提高蒙古语文水平的困难（分解多选项）：互动平台少（19 人次）>蒙语文课外阅读材料少（6 人次）>教师指导少（5 人次）>其他（4 人次），没有困难 3 人。63.3%的被试认为互动平台少，20.0%的被试认为蒙语文课外阅读材料少，16.7%的被试认为教师指导少，选择“其他”的被试提出校园内缺少蒙语文环境、学习平台少等问题。一位研二学生表示：“蒙古语文课外书其实种类挺丰富的，只是学校这边没有，如果去呼和浩特市就有各类资料可以阅读。”一位大二女生（内蒙古蒙古族）表示，蒙古语文词典更新较慢，词典没有收录新词术语，翻译遇到困难时只能请教老师。

青海民族大学图书馆仅设一排书架陈列蒙古文图书，共 410 册，主要为学校采购，或作者、相关机构赠送，由一名蒙古族教师管理。现存的文学和历史类图书陈旧、种类单一，主要是因为资金不足、专项经费尚未落实；有些数学理论类书籍，馆内无存放地点，只能下架，学生也很少使用。另外，学院单设蒙古文阅览室，尽量为本科专业配齐蒙古文书籍，但学生阅读积极性不高，阅读量为每月人均两本左右。

4. 对本民族传统文化一知半解

学院内不定期开展诗歌朗诵、写作、博克比赛和那达慕大会等蒙古族传统文化相关活动，学生参与度较高；每年创办一期文学刊物《青海潮》（2011 年以来，“青海潮”文学社下设马头琴、书法、小品、舞蹈、英语、写作等 13 个兴趣小组），由毕业班学生主办，向所有学生征集蒙古文作品，包括诗歌、散文、小说、评论文章等。每周五，校园内播放蒙古语广播，涉及蒙古族民俗、歌曲等；另开设蒙古族民俗等相关课程。多数被试表示在民族传统文化的学习和传承方面做得不是很好，认为主要是自身问题，课外阅读量太少。一位大三学生表示：“虽然是牧民家的孩子，但没有在牧区长大，有空闲就是玩手机，基本不会主动去关注这些。”蒙古文学史教师表示，蒙古族传统文化活生生地呈现在牧区家庭，课堂无法让学生切身体会，传统文化传承还需要发挥家庭的作用。

5. 汉语文基础薄弱，外语学习存在困难

普通话教师表示，如今学生的口语水平提高了很多，七八年前普通话声调不准是常态，现在只有个别学生存在跑调问题，但青海籍学生普遍前后鼻音不分，普通话水平基本是二级甲等水平。应用文写作教师（女，回族）表示，学生的口语水平有所提高，但汉语文基础还是很弱，讲授专业知识前，常需要给学生补一些高中甚至初中阶段的常识性知识。比如教师在教授公文写作之前，要补习高中的写作知识。教师们认为，虽然学生的普通话能力有所提高，但与其他人比较还是有差距的，主要表现在理解和表达方面。一位被试表示："我心里知道，就是无法用汉语完整表达。"此外，多数蒙古族大学生认为，古代汉语、应用文写作、古诗文理解等课程比较难。

外语方面，2018 年之前，学校规定少数民族学生英语四级考试成绩须达到 284 分（合格成绩的 40%）；2018 年起不要求少数民族学生的外语水平，通过 MHK（中国少数民族汉语水平等级考试）口试和笔试、普通话测试即可，也没有针对蒙古语的相关测试。2014 年之前，蒙古语言文学专业学生学习英语，2014 年后改为日语，主要考虑有三：一是学生英语基础非常差，后期学习遇到较多困难，兴趣逐渐降低；二是日语为从头学起，学习积极性稍高；三是对考研学生来说，日语相对简单。此计划实施到现在并未达到预期。日语教师反映学生不背单词，教学工作很难推进。目前日语教师紧缺，日语课程由从日本读博回来的其他专业教师担任。

（二）教师层面

1. 教师专业结构不平衡

蒙古语言文学专业教师编制根据学生规模和学科建设按需分配，目前教师数量基本满足本科和研究生教学，近两年补充了三名教师。存在的主要问题是，教师专业结构不平衡，如没有历史和翻译专业的教师；语言方面仅两名教师，且一名即将退休；文学方面，民间文学专业较集中，没有当代文学专业科班出身的教师。考虑到学科的后续发展，教师专业结构失衡问题亟待解决。

2. 教学方法的更新面临挑战

多数学生对 I 类专业课教师授课表示满意，部分学生认为教师应进一步改进教学方法，个别学生认为教师专业水平有待提高，并表示应增加课堂互动环节。一位大三男生（内蒙古蒙古族）表示，专业课上发表意见或看法的机会很少，老师一般都是讲解式教学，很少有互动式讨论。个别专业课程比较枯燥，学生学习积极性不高。蒙古语方言学概论教师（男，青海蒙古族）表示：

"学生学习积极性低，我们不得不尝试多种方法；我现在让学生在手机上完成作业，教授专业知识的同时，向他们普及蒙古文输入软件，目前实施成效不错，学生的作业完成情况有所改善。"

3. 教师参加培训的时间有限

专业教师培训包括线上和线下培训，教师对学校的培训机制表示满意，进修或出国培训的机会很多，提前报名即可。全体教师基本都有内蒙古大学、北京大学等高校进修经历，既有针对某门课程的单科进修，还有短期交流，如赴蒙古国几所大学进行为期一两个月的交流。学校还会邀请蒙古国高校的教授来本校讲学。目前，已与西北民族大学合作，对教师进行常态化培训。教师认为，内蒙古各高校是最适合培训的地方，但因教学任务较重且无替课教师，集体培训更是无法实现。

（三）课程层面

1. 缺少实践及实用性课程

多数学生对专业课程设置表示满意，26.7%的学生认为实践课太少。据了解，蒙古语言文学专业学生每学年都有实习任务，一位大三学生（男，蒙古族）表示，应该多联系一些与蒙古语文相关的岗位；个别学生希望增加公务员、教师等实用性培训课程。

2. 蒙古语文相关课程压缩

为提高学生就业率，该专业不同方向都加授了汉语授课课程，蒙古语授课课程越来越少，这不利于蒙古语言文学专业的发展。因此，课程设置需要保持平衡。

（四）教材层面

蒙古语言文学专业使用全国统编教材，《现代蒙古语》《汉译蒙教程》《蒙古族当代文学史》《蒙古民间文学导论》《蒙古国现代文学》《蒙古史》等I类专业基础课教材主要由内蒙古大学出版社出版。内蒙古教育厅"内蒙古自治区大中专蒙古文教材编审委员会"，每年设有教材项目供高校教师申报，成功出版后在全国范围内投入使用。蒙古语言文学专业教师自行编写的《青海蒙古族文学史》《蒙古文写作》《蒙古族古代文学导读》等三本教材已进入项目计划，其中一本已经出版。

1. 学生人数限制需求量，教材供应不及时

蒙古语言文学专业每届学生不超过30人，订购教材的数量少；学校离出版社较远，出版社考虑订数少、距离远等成本问题积极性不高，学院经常订不

到书。负责教材的老师常一次性订购两届学生用书，一些绝版书籍也是由学生自行复印。

2. 教材内容更新慢，与学术前沿脱轨

多数大学生对Ⅰ类专业课教材表示满意，36.7%的学生认为教材种类少，13.3%的学生认为内容偏难、编写不合理，个别学生表示教材更新慢，存在翻译不准确的问题。

任课教师也认为教材比较陈旧，“有些内容已经十几年没有更新了”。一位文学教师表示，在语言学、文学等领域，蒙古语文相关学术成果有很多，教材并未及时吸纳各类新观点和看法；其次，新名词发展很快，希望能及时更新。

（五）生源问题

学生数量逐年下降，学生质量参差不齐。2006年以前，蒙古语言文学专业学生主要来自新疆和海西州，1980年蒙文系在海西隔年招生，有新疆籍学生18名，青海籍学生7名，形成“新疆班”；2006开始，招收内蒙古学生；至2011年底，生源下降趋势愈发明显；2012年面向全国招生，省外考生主要来自内蒙古地区。目前，生源地主要是海西州和内蒙古地区，少数来自肃北、辽宁、吉林等地。此外，每年大概有十余名学生（内蒙古地区蒙古语文授课学生）通过“八省区交换计划”到青海民族大学学习计算机、交通工程等专业，部分因无法适应汉语授课方式转入蒙古语言文学专业。2018年以来，省教育厅修改青海民族大学蒙古语言文学专业招生计划，省外招生名额压缩至25%，省内占75%，旨在为当地培养留得住的人才。省外名额被限制，省内蒙古族基础教育阶段学生数量不断减少，导致蒙古语言文学专业生源面临巨大挑战。2019年，海西州蒙古族学校文理科毕业生加起来仅104名，报考志愿包含内蒙古大学、内蒙古师范大学、西北民族大学、中央民族大学等高校。继续教育学院院长表示：“学生本来就少，可以去的地方多，生源慢慢不行了。”

（六）就业问题

蒙古语言文学专业2019届毕业生28人，就业25人，未就业3人，就业率为89%，无高质量就业。辅导员（女，回族）表示，学生就业前景不容乐观，几乎没有专业对口就业，少数暂时找到出路的都参加了“青南计划”等志愿者服务项目。学院在鼓励学生考研方面花了很大工夫，包括前期宣讲、导师一对一指导等，但成效不佳。学生更愿意考公务员、教师等岗位，成功率也很低，偶尔有一两个学生通过考试。

1. 符合专业要求的岗位有限

省内招聘蒙古语言文学专业的岗位少。目前，海西地区仅柴达木报社、《花的柴达木》编辑部、电影译制站、电视台蒙古语部、民族语文办公室、群艺馆非遗办公室和为数不多的蒙古族学校招收掌握蒙古语文的蒙古族人才。副院长（女，内蒙古蒙古族）表示："公务员、事业单位等招聘中几乎没有招我们专业的，学生只能选择'不限专业'的岗位，竞争激烈，成功的可能性很小。"教学干事（女，汉族）表示，考研通过率不高，就整个青海民族大学来说，专业内考公上岸率也是最差的；个别学生回到自己的家乡就能考上，但比例还是很低。

2. 汉语水平不高，竞争力较弱

招聘岗位专业受限后，蒙古族民考民学生与其他同届考生共同竞争，无论是汉文理解和书写能力，还是普通话表达能力，与非民考民学生相较都略低一筹。一位大四学生表示："以前有考上公务员的学长，他的汉语文写作和表达能力很出色，面试的时候也没被刷掉。"

3. 择业观念保守，就业态度消极

学生赴外省就业意愿低，求职范围小，主要考虑公务员等"铁饭碗"，不愿去企业特别是民营和私营企业就业。问及一位青海籍大四男生就业意向时，他首先排除企业。部分学生就业择业比较被动。一位研二女生表示："我们大四很早就有各类招聘会，但同学们不重视，'青南计划'之类的也都不去考。"

六、政策建议

（一）适当增加蒙古语文高考试卷难度

内蒙古地区普通蒙古语授课学生采用蒙古语文甲卷，青海地区采用蒙古语文乙卷，甲卷难度较大，乙卷相对简单。一位青海籍大三女生表示，高考蒙古语文试卷题目特别容易，如"形容词有哪些""'的、得、地'的用法"等，作文题目简单，如《给妈妈写一封信》，限300字左右。一位蒙古族教师反映，高考考核标准太低，高中教师教学没有积极性，试卷很少涉及课本内容，答案都可在原题中找到，作文写150—200字就可以，我估计小学五年级学生都可以作答。因此，可以适当增加乙卷难度，以此激发教师教学及学生学习的积极性。

（二）激发学习兴趣

1. 增设学生蒙古语文能力考核

多数教师反映学生蒙古语文能力一届不如一届，汉语文口语表达能力不断提高。高等教育阶段对学生的外语及汉语文水平均有考核要求，蒙古语文则无明确标准。学生虽为蒙古语授课出身，但蒙古语文能力下降已成事实。建议增设相应考核机制，既有利于专业课程学习，也能进一步形成促进机制，提高学生的学习积极性。

2. 丰富互动平台及课外阅读

学院会组织蒙古语文学术讲座、演讲和歌曲比赛、读书会或讨论会等活动，学生参加学术型活动的积极性较低，更愿意参加文娱型活动。学院可依据实际情况邀请蒙古语文研究领域专家为学生开展专题学术讲座，但应提前了解学生的学术需求，增强针对性，并设置互动环节。另外，可针对学前教育方向及蒙古语言文学专业备考教师资格证的学生，组织讲课比赛，并邀请教师指导，培养学生的应试能力，提高面试成功率。文娱型活动方面，可适当增加蒙古文书法、蒙古象棋比赛，切实提高学生蒙古语文能力。此外，部分学生表示，蒙古文书籍比汉文书籍晦涩难懂，这反映了学生蒙古文阅读能力存在进步空间，需加大阅读量。教师可通过读书会、写读书笔记等方式激发学生阅读兴趣。

（三）重视专业培养的实践性

1. 增加专业对口实践活动

蒙古语言文学专业各年级学生每年都有社会实践任务，但学生表示对提高专业能力帮助不大。学院应积极帮助学生联系社会工作服务机构，寻求与专业对口的实习岗位，如海西州电视台蒙文部、柴达木日报社、电影译制站、非物质遗产博物馆等，这有利于提高学生的蒙古语文能力、促进就业。另外，学前专业学生的顶岗支教活动尽量安排在各蒙古族学校。

2. 增加实践性课程

近七成被试对课程设置表示满意，表示不满意的被试认为缺少实用性课程，个别被试认为公共课过多。学生对实用性课程的需求主要出于提高自身应试能力，如应用文写作课，可增加教师及公务员考试相关选修课，聘请专业教师讲解。另外，少数被试认为大一阶段应该开设更多的汉语授课课程，平衡两类专业课程安排。

（四）加强就业指导、转变学生就业观念

学生就业观念保守，求职严重受限。通过开设就业指导课程，邀请企业家来校讲座指导、组织学生赴企业考察等，转变学生就业观念、提升就业率。另外，开展学科技能竞赛、丰富课外文化活动，帮助学生积累经验，增强就业信心。依托民族学硕士、博士点优势，动员低年级学生备考研究生，加大学业导师对本科生的专业指导力度，指导其做好考研学习规划，提升考研率。

参考文献

[1] 包晓华．关于高校蒙汉双语专业汉字教学的若干思考[J]．民族高等教育研究，2015（4）．

[2] 宝·巴达日夫．内蒙古地区双语教育初探[J]．中国民族教育，1995（6）．

[3] 宝玉柱．喀喇沁左翼蒙古族自治县蒙古族语言使用情况[J]．中央民族大学学报（哲学社会科学版），2009（6）．

[4] 荷叶．内蒙古蒙汉双语教育若干问题研究[J]．民族高等教育研究，2018（3）．

[5] 韩建岗．城市化进程中新疆巴州蒙古族语言使用及语言态度研究[J]．语言学研究，2015（2）．

[6] 韩建岗．新疆巴州农牧区蒙古族语言使用现状[J]．西部蒙古论坛，2015（2）．

[7] 韩建岗．新疆巴州城市蒙古族语言使用现状及发展趋势[J]．西部蒙古论坛，2016（1）．

[8] 贾晞儒．试论新形势下海西蒙古族的语言观念[J]．民族语文，1997（1）．

[9] 贾晓玲．“互联网+”时代下的蒙汉双语生普通话教学策略[J]．民族高等教育研究，2017（6）．

[10] 刘敏．海晏县哈勒景蒙古族乡双语教育探索[J]．新西部（理论版），2014（16）．

[11] 苏德，欧阳常青，袁梅．民族教育政策的执行研究[J]．理论研究，2015（5）．

[12] 苏德，刘玉杰．人类学视域下民族地区双语教育问题研究[J]．中央民族大学学报（哲学社会科学版），2017（3）．

[13] 苏日娜．影响高校蒙汉双语教学质量的因素及改进策略[J]．语文学刊，2013（12）．

[14] 石梦，苏德．青海省民族教育政策与实践探索[J]．广西师范学院学报（哲学社会科学版），2016（4）．

[15] 陶格斯．试论内蒙古蒙汉双语教育政策的特点[J]．内蒙古师范大学学报（教育科学版），2017（4）．

[16] 滕星．中国少数民族双语教育研究的对象、特点、内容与方法[J]．民族教育研究，1996（2）．

［17］王斌华．学习双语教育理论透视我国双语教学［J］．全球教育展望，2003（2）．

［18］王顶柱．蒙汉双语教育的实践与思考［J］．内蒙古民族大学学报（社会科学版），2004（6）．

［19］王伟兰，盖志毅．全面质量管理理论下内蒙古高校蒙汉双语人才培养策略研究［J］．内蒙古教育，2018（8）．

［20］王远新．中国少数民族双语教学研究会第九届学术研讨会暨首届国际双语教学研讨会总结［J］．语言与翻译，2000（4）．

［21］王远新．发展中的中国少数民族教育［J］．民族教育研究，2007（2）．

［22］王远新．河北省境内的蒙古语言文化孤岛——尚义县五台蒙古营语言使用、语言度调查［J］．内蒙古师范大学学报（哲学社会科学版），2010（4）．

［23］王远新．都市蒙古族社区的语言生活——新疆蒙古师范学校家属社区居民语言使用和语言态度调查［J］．内蒙古师范大学学报（哲学社会科学版），2013（2）．

［24］乌恩其，包玉山．加强蒙汉双语教学传承蒙古民族文化——以呼伦贝尔学院为例［J］．教育教学论坛，2013（17）．

［25］张立军．民族双语教育的当代价值探究——内蒙古民族大学蒙汉双语教育解析［J］．民族教育研究，2012（2）．

［26］照格申白乙．蒙汉双语生学业压力的授课语言原因及对策［J］．黑龙江民族丛刊，2011（2）．

田野文献综述

汉语方言岛及陕西境内胶辽官话方言岛研究

赵婷婷*

【摘要】概述汉语方言岛的界定、成因、类型、分布和发展，探讨汉语方言岛的语言接触与变化、语言变异与演变。从胶辽官话方言岛的研究看，进一步加强词汇和语法接触研究，关注方言岛语言生活变迁，有助于深入考察强势方言影响下方言岛的变化规律及过程。

【关键词】汉语方言岛，语言接触，语言变异和变化，研究不足

一、汉语方言岛的宏观研究

方言岛是一种特殊的语言现象。方言岛研究既可以为语言接触和语言演变提供证据，也可以为移民史和地方文化史研究提供佐证材料。方言岛研究成果丰富，仅以“方言岛”为关键词，检索中国知网中文数据总库 1948—2022 年论文共计 429 篇，其中学术期刊论文 236 篇，学位论文 136 篇，学术辑刊 20 篇，特色期刊 18 篇，会议论文 14 篇，报纸 5 篇。此外，还有多部专著，早期的如董同龢（1956），近期的如崔荣昌（2011）、郄远春（2012）。

本文在前人研究的基础上，概述方言岛的成因、类型和分布特点，分析语言或方言接触及其演变特点；结合语言田野调查实践，指出陕西境内胶辽官话方言岛研究存在的不足及应当加强的方面。

（一）汉语方言岛的界定

方言岛有狭义和广义之分。狭义方言岛一般由人口迁移因素形成，广义方言岛还包括城市方言岛，即城市方言的发展变化往往比乡村快，从而形成城乡间的方言差异，如浙江温州市，模韵合口一等帮、端、泥、精组字，城市方言

---

*赵婷婷（1994—），女，中央民族大学中国少数民族语言文学学院语言学及应用语言学社会语言学方向 2020 级博士研究生，主要研究社会语言学和汉语方言学相关问题。

已读［øy］韵，乡下仍读［u］韵（游汝杰 2000：56-60）。

关于狭义方言岛的界定，陈章太（1981：147）、庄初升（1996）、郭熙（1999：97）侧重方言岛与周围语言或方言之间的差异；游汝杰（1990、2000）强调周围语言或方言的单一性；陈海洋（1991）、沈锡伦（1995：122）、曹志耘（2005）等指出，地理上被包围的方言面积较小。丘学强（2002：65）则认为，方言岛不一定“为单一的方言所包围”，如黑龙江省东部虎林县和抚远县的胶辽官话方言岛，除被东北官话包围，还与俄语使用区毗连。

综合国内各家研究，笔者认为，狭义方言岛需要满足两个条件：具有一定规模的移民人口，且面积较小；方言内部有较高的一致性，且与周围方言存在一定差异。

（二）汉语方言岛的成因、类型及分布

方言岛主要由方言区的集体移民形成。移民类型有军事、政治和经济移民，具体包括军队驻防如浙江慈溪的闽方言岛（游汝杰、徐波 1998）、战乱如杭州方言（曹志耘 2005）、逃荒如四川“老湖广话”（崔荣昌 1986）、垦荒如东北沿边的二里屯方言岛（郭正彦 1986）、流放如东北站话（游汝杰 1993）、侨居如菲律宾的闽南话方言岛（游汝杰 2000）、工程建设如千岛湖库区移民在吴徽语地区形成的方言岛（曹志耘 2005）、守护皇陵如河北省清东陵和清西陵北京官话方言岛（王远新等 2012）、厂矿型如湘潭楠竹山镇湖北方言岛江南话（欧巧 2018）。依据地理分布及移民规模，方言岛类型的划分有两种观点，一是游汝杰（1990）划为七种：板块状巨岛型、点状孤岛型、斑点状群岛型、带状列岛型、块中点状岛中岛型、流动状浮岛型、沿海据点型；二是庄初升（1996）分为孤岛型、群岛型、列岛型、岛中岛型四种。

从汉语方言岛的分布看，南方地区包括四川、浙江、福建、安徽、江西、贵州、江苏、广东、广西、海南均有数量不等、种类不一的方言岛，且多数形成时间较早。北方地区方言岛分布数量较少，主要有黑龙江境内的站话、虎林与二屯的胶辽官话、太平屯冀鲁官话和龙江县中原官话郓城话方言岛，山东境内的青州北京官话、临沂的中原官话蒙阴话方言岛，宁夏境内的中原官话方言岛，新疆焉耆境内的兰银官话永宁话方言岛，陕西境内的湘方言、赣方言和官话方言岛，山西晋南地区的官话方言岛，河北境内的北京官话方言岛等。

（三）汉语方言岛的发展

在不同的方言系统、人口数量、政治和经济以及文化等因素影响下，汉语

方言岛主要有四个发展方向：

（1）稳定发展。方言岛保持稳定需要满足的条件是，政治、经济、文化地位和母语忠诚度较高，以自然经济为主，社会封闭（游汝杰 2000：60-61），如两广、福建等地的客家话方言岛。适于方言岛生存的条件是，地形复杂、交通不便、经济文化落后、区内方言悬殊（曹志耘 2005）。一般而言，处于相对封闭地域环境的方言岛基本保留源方言主要特点、居民具有高度的语言忠诚或语言认同度，是方言岛得以形成和保留的共性。如果岛内方言的使用人数较多，方言传承应该没有问题，甚至有可能传播得更广。

（2）岛内双言或多言并用。经过长期交往，为满足对外交流的需要，岛民一般兼通周围方言而成为双方言者（庄初升 1996）。多数方言岛内双言或多言的交际模式：对内使用岛方言，对外使用周围方言或普通话，并视交际场合、对象和话题选择不同的方言。例如，中山闽方言岛的双言现象有三种类型：早期闽地移民与当地人长期交往形成“中山闽语+中山粤语”类型；受学校教育、文化普及（电视、电影、广播等）影响形成“中山闽语+广州粤语”和“普通话+广州粤语+中山闽语”类型，前者使用最广泛，后者在新中国成立后才产生（陈小枫 1990）。又如广西桂东南乡客家人普遍具备多语能力，语言使用以客家方言为主，其次为壮语、普通话、粤方言（张琴芳 2020）。

（3）语言融合。总体而言，方言岛产生语言融合，通常不会经历双言阶段。具体分为三种情况：一是发生在多源性方言岛内部，如苏南地区的“河南话”方言岛在河南光山、罗山、商城等方言基础上融合发展起来，光山话是这一方言岛的代表性基础方言（郭熙 2000）；又如浙江安吉县安城“河南话”（中原官话）方言岛是多源性方言岛，其居民的方言存在一定差异，在语言交际中融合成统一的方言（黄晓东 2006）。二是岛内方言与岛外方言融合，如山东微山县微山岛方言趋向于同当地方言融合，并在现有方言系统中或多或少留有移民方言痕迹（亓文婧 2019）；又如杭州方言由吴语和官话融合而成（游汝杰 2012）。三是岛内外多种方言或语言融合，如站话以北方方言为基础，受西南地区和关内其他地区方言以及蒙古族和满族等民族语言的影响，是多种方言或语言混杂的结果（杨松柠、徐晶 2009）。

（4）岛内方言被岛外方言替代。随着社会的发展和普通话进一步推广，一些方言岛内居民开始转用所在地优势方言或普通话。比如，关中地区富平县东新村基本都是山东移民，10 个村民小组中 8 个小组的村民已转用关中方言（陈荣泽 2012：124）。受普通话推广和周围方言影响，四川石板方言岛的中青年发生了语言转用，石板话走向消亡（杨荣华 2007）。对岛内方言认同度不高，甚至存在负面评价，会加快岛内方言向强势方言或普通话靠拢，从而产生语言转用，如四川辰州话使用者对区域共同语或标准语的认同是辰州话渐趋濒危的重要因素（杨荣华 2010）。

二、汉语方言岛微观接触研究

20世纪90年代以来，随着描写语言学、历史语言学的发展以及语言接触理论的影响，本土语言间的相互影响逐渐受到学界重视，并形成两大研究领域：不同系属语言接触（如陈保亚 1996，李云兵 2005，曾晓渝 2008）和方言接触（如游汝杰 2012，李如龙 2013，王洪君 2014）。方言岛研究是考察语言接触的重要窗口，学者大多从方言影响和双言环境中的社会因素等角度，解释特定方言岛的发展变化。本部分重点梳理30年来方言岛接触及其演变研究的相关成果。

（一）汉语方言岛接触与语言结构变化

1. 接触程度

语言接触是人的社会行为，是语言演变的重要动因。岛内方言与周围方言的互相影响是方言演化的常态。一般认为，与源方言不同、与所在地方言一致时，是方言岛受到了周围方言的影响。因岛内方言与周边方言接触时间、密度和广度的不同，可将方言接触分为浅层、中度和深度三种类型。

（1）浅层接触。主要表现是个别语音和部分词语或语法成分的借用，源方言的核心特征得以保留。比如，受闽方言影响，南平官话方言岛只发生了如下变化：非组声母今读同晓匣母的合口呼、音系中没有唇齿擦音［f］声母、音系中只有一个阳声韵尾［ŋ］，其余声类（古全浊声母清化后，逢塞音、塞擦音平声送气，仄声不送气，喻母多读零声母等）、韵母和声调与源方言一致性较强（钟昆儿 2018：155）。崇左市江州镇客家方言受周边民族语和强势方言的语音影响较小，其重要语音特征（古全浊声母今读塞音、塞擦音，均为送气清音等）均得以保留（王巧明、梁伟华 2018）。

（2）中度接触。方言中度接触会造成较小方言片的系统变化，这种变化不是表层的音值演变，而是音类系统的局部调整和重要特征词的批量更替（李如龙 2021）。对方言岛而言，中度接触的主要表现是随着外来成分借入，岛内方言出现系统性变化。比如，浙江金华珊瑚村客家方言岛出现撮口呼、鼻音韵尾合并和弱化、塞音韵尾消失、入声调值拉长，传统口语中没有的新词和书面词、少数极常用词借自周边吴语等（曹志耘 2003）。

（3）深度接触。方言深度接触会导致方言发生质变，如浙江蒲城县北部通行的闽北方言质变为吴方言；闽北方言重要语音特征（古来母字读 s 声母、古浊平字分读两调、古四等韵多读洪音等）消失，具有了浙南吴语的特征（古全浊声母中的塞音和塞擦音全部清化为不送气清音、古非组声母今读［f］、古端母字和部分知母常用字读［l］、古蟹摄字多读细音等）；浦北的一些常用词明显与浙西南吴语相同、而与闽北方言的说法不同（李如龙 2021）。此外，“柯因内化”是杭州话具有方言岛性质的重要原因（游汝杰 2012）。

2. 岛内方言的结构变化

在语言接触条件下，有些方言岛的结构会产生局部或零散的变化，有些会产生系统性变化。方言岛的变化主要涉及语音、词汇和语法三个层面：

（1）语音变化。语音变化主要表现在两方面：一是音值变化，包括调值变化。声母音值变化方面，如关中地区谭家村胶辽官话方言岛齿间音的齿间色彩逐渐弱化（陈荣泽 2016）；又如溧水区官话方言岛影云疑母入声字声母音值整体表现为零声母，受江淮官话洪巢片影响，个别方言点出现“疫、育、浴、欲”读作［ɻo^{42}］的情况（孟晓红 2018：58）。韵母音值变化方面，如浙江慈溪闽南方言岛燕话受吴语影响，出现了 ã、iã、uã、õ、iõ、uõ、yõ 等鼻化韵（游汝杰、徐波 1998）。调值变化方面，如温岭闽南方言岛箬山话与吴语接触后，一些古阳上和阳去字调值均接近于 13（阮咏梅 2011）；又如汉阴湘方言岛田禾话去声调值受周围西南官话影响，变为曲折调 213（张娅 2011）。二是音类变化，包括音类合并、音类分化、音位转换。音类合并方面，如浙江安吉县“河南话”（中原官话）方言岛［v］声母并入零声母，［ʅ］韵并入［ɿ］韵，入声并入阴平，阳去并入阴去（黄晓东 2006）。音类分化方面，如浙江安吉县“安庆话”（江淮官话）方言岛比源方言（安徽桐城、枞阳一带方言）多出［n ȵ ʑ］3 个声母，即声母总数由 18 个变成 21 个；又如源方言的［y］韵分成［y］［ɥ］两韵等（黄晓东 2006）。音位转换方面，如关中地区马家村冀鲁官话方言岛精组洪音字由［tθ tθ^{h} θ］转换为源方言所没有的［ts ts^{h} s］（陈荣泽 2016）。

（2）词汇变化。词汇变化主要表现在三个方面：一是词的语音形式变化，如成都客家方言基本词汇中，有些词的词形和词义不变，但读音发生了规则性变化（不分尖团音等）。二是构词变化，涉及词根、词缀，如陕南商洛客家方言词汇中出现了仿拟词①（归家、细米、姐丈等）和融合词②（嘴唇皮、洗面

① 指方言接触中一方依照另一方的构造而使用自身方言语素构成的词语。

② 指方言接触中一方借用另一方的词（或语素）与自身方言的词（或语素）共同构成新词。

盆等），客家方言典型词缀（公、嫲、牯）在今商洛客家方言词汇中的一些用法完全消失，“子”缀词增多（冰溜子、土蛋子、陡坡子等，付新军 2013：204-208）。三是词义变化，如陕西关中西石村胶辽官话方言岛中“馉馇”由指“饺子”变为指“疙瘩汤”（陈荣泽 2012：87）。

（3）语法变化。语法变化主要表现在两方面：一是构词法变化，如成都客家方言“名词性语素+表性别的语素”构词方式变为“表性别的语素+名词性语素”构词方式。二是句法变化，包括固有语法成分的丢失，多涉及虚词，如四川客家话方言岛固有先行体助词“正”或“先”被西南官话助词“哆”替代，形成“VP 哆［to^{45}］”结构；新语法形式的增加，如成都龙潭寺客家方言岛受西南官话影响，重叠式增多（王春玲 2017）。

3. 汉语方言岛结构变化特点

（1）方言趋同是方言岛语音变化的基本规律。比如，关中谭家村胶辽官话方言岛与周围方言或普通话相异的语音特点被磨蚀，与周围方言或普通话日渐趋同（陈荣泽 2016：124）。河北东陵话新老派在声母、韵母、单字调、连读变调、轻声等方面均存在一定差异，东陵话读音正逐渐向普通话靠拢（王远新等 2012）。南平官话与其周边的闽东、闽北方言音系表现出一定程度的趋同：音类分合规律趋同、音形趋同（如 eiŋ、ueiŋ）、因借词造成的非系统性趋同，这种音系同化产生的音变是单向的（陈瑶、陈婷婷 2020）。趋同性还表现在同一区域内的不同方言岛出现相同的语言演变，并且在长期接触过程中逐渐趋同，即“异岛同变”，如浙江安吉境内中原官话、江淮官话和西南官话三个官话方言岛上声调值趋向一致（黄晓东 2004：55）。

（2）岛内方言变化的不平衡性。不平衡性在不同类型方言岛中表现不一致，主要表现在三个方面：一是不同语言结构要素变化不平衡。浙江安吉县中原官话方言岛调类的变化大于调值（黄晓东 2006）。二是某类结构内部演变不平衡。就词语而言，方言特征越强的词语越保守，越不容易被代替。比如，商洛客家方言词汇演变呈现不平衡的特点，受当地强势方言的影响，肖台话比罗湾话客方言特征消失得更快，向强势方言靠拢的速度也更快，罗湾话的方言特征词稳定性强（付新军 2013：202）。从语义类别看，凉水井客家方言人称和称谓词保存得最好，继承客家方言特征词程度从高到低排序依次为：人称、称谓、天文、动物、植物、身体器官、动作、器物、状态和数量（宋伶俐、朴正俸 2010）。三是移民来源相同，移民方言的变化速度和变化方向不一定相同。比如，山东微山县内赵庙、西平、张楼镇“菏泽话”（中原官话郑曹片）方言岛仍然保留绝大部分特点，而微山县高楼乡方言向沛县方言靠拢，微山岛方言与土著方言融合（亓文婧 2019：355）。

（二）汉语方言岛的变异

1. 方言接触与扩散

与语言变化一样，因语言接触产生的语言之间的相互作用和相互影响是通过扩散实现的（瞿霭堂 2004）。扩散也发生在方言岛的演变之中，如桃园大牛栏客家方言区闽方言岛语音演变过程中发生的词汇扩散（陈淑娟 2002）。

语言变体和变异项目共存是扩散理论的核心，语言变体分为个体变体和社会变体，当语言变体的分化具有共时社会群体差异时，它就成为语言变异现象。王士元立足于时间维度，将语言演化区分为宏观、中观和微观三种类型，认为变异属微观演化范畴。语言接触过程中，变异是结构演变的初始阶段。变异阶段时间跨度很小，甚至没有跨度。与传统的变化概念不同，变异可看作共时状态的演化，即共时变异体现历时演变。拉波夫（William Labov）将其表述为“进行中的变化”。因此，考察语言接触引起的语言演化过程，应区分变异的起始、过渡和完成阶段（王远新 2022：9）。

在利用词汇扩散理论研究方言岛的语音演化时，形成了“未变”“变化中”和“已变”的词汇扩散序列，这三个阶段不必同时存在，但一般存在“变化中”阶段。比如，浙江安吉县安城村江淮官话方言岛阳声韵和入声韵的变化是受周围吴方言影响产生的，在“咸山摄开口一等见系舒声字混入二等”这一变化中形成了完整的词汇扩散序列，即“未变”“变化中”“已变”阶段都有对应的词语，“咸山摄合口二等入声字混入臻曾通摄”还未完成，处在“未变”和“变化中”，而“山摄合口四等入声字混入臻通摄”只有“变化中”序列（黄晓东 2004：67）。朱军玲（2016）从词汇扩散理论角度，围绕库区移民方言与当地方言声韵调等明显差异，描述临沂市红旗、东风和向阳新村胶辽官话方言岛的音变扩散现象，从频率与变率关系、竞争演变与竞争残余等角度，探讨了方言岛音变扩散规律。这是当地方言和普通话双重影响下的竞争性演变结果，词汇扩散状况不仅与词汇使用频率有关，还与词类相关。

2. 汉语方言岛的变异与使用

社会语言学认为，语言使用者的社会特征（性别、年龄、受教育程度、职业等）、语言使用环境、交际话题、交际场合等因素都会影响语言的使用和变异，语言变异是语言使用的常态。方言岛语言变异研究涉及以下三方面：

（1）语音方面。语音变异项既涉及声韵调系统，也涉及语流音变现象（同化、异化、儿化等）。比如，江苏溧水区官话方言岛出现老派的“融”字声母读入日母［ɻ］，与其他以母字读入日母［z］不同，是因为影云以母字“日化”与使用频率相关，即“融”的使用频率较高，属常用字，其读音直接从普通话中借用（孟晓红 2018：58）。成都客家方言青少年的语音向成都官话靠拢的趋势比老年人明显，女性比男性更倾向于使用新的语言形式，受教育程度越低的人越容易保留某些古音，体力劳动者的语音改变程度低于脑力劳动者（郄远春 2012）。南平官话方言岛存在韵母和声调调值的地域差异，如与郊区发音相比，“假开二见组字”“止摄开口三等知庄章组字”“流摄韵字”的读音市区更为存古；郊区口音没有鼻化韵，市区鼻化韵是后起的（钟昆儿 2021）。

（2）词汇方面。词汇语义类别（文化类、日常生活类、亲属称谓类等）的使用方面存在社会群体的差异，比如，浮山县寨圪塔方言岛中的年轻群体更倾向于使用时令时间、动物植物、日常生活、商业交际类的当地方言词语；饮食类词语被当地方言替代最多的是老年群体（刘洋 2018：67）。一般而言，与普通话接触强度越高的言语社团，借用的词语越多，保留的方言词越少；对普通话认同度高的群体，越有可能用普通话词语替换方言词语。

（3）语法方面。变异项可以是某个语法范畴（时、体、态、性等）和语义—语法范畴（程度范畴、否定等）；也可以是某种语法形式（词类、重叠、语序等）。比如，华阳凉水井客家方言固有语法项使用频率的降低和外来语法项使用频率的增加，涉及词缀的使用、代词的更迭等（谢婷 2015：62）；成都客家方言被动标记“拿分”的使用频率逐渐减少，面临消失（钟琰娉 2016：39）。

三、胶辽官话方言岛研究

胶辽官话方言岛分布在东北官话包围中的黑龙江虎林和抚远，中原官话包围中的山东临沂市兰山区东风移民村，以及陕西阎良、蒲城和富平一带（陈荣泽 2011）。关于虎林和抚远方言岛，郭正彦（1986）、贺巍（1986）、亓海峰（2011）考察了其语音系统的特点，姜伟杰（2016）分析了抚远同江（三村镇）语音、特色词汇和构词特点。关于山东临沂兰山区东风移民村方言岛，朱军玲（2013、2016）探讨了语音演变规律及其影响因素。总体而言，陕西阎良、蒲城和富平一带胶辽官话方言岛的研究较为薄弱。

陕西境内方言岛研究涉及安康和商洛赣方言岛（姜国栋 2006，郭沈青 2008，周海霞 2008）、安康湘方言岛（孙立新 2000，张德新 2006，周政 2010，郭沈青 2011）、商洛客家方言岛（孟万春 2007，付新军 2013）以及官话方言岛。官话方言岛包括宝鸡河南中原官话方言岛（聂益南 1994，王荣丽 2018）、关中山东官话方言岛（高文亮 2011，陈荣泽 2012）、陕南商洛“下湖话”（江淮官话）方言岛（郭沈青 2006，韩肖雅 2018）等。陈荣泽（2012）研究关中山东官话方言岛语音时，选取的 11 个村庄虽呈现了山东移民方言的完整语音面貌，但未区分其中的胶辽官话和冀鲁官话方言岛，也缺乏词汇和语法的调查和变异研究。另外，此项调查距今已有十年，近期岛内方言的特点如何，发生了哪些变异，值得进一步研究。

四、方言岛研究的努力方向

（一）加强方言岛词汇和语法调查研究

比较岛内方言与来源地及所在地方言的异同，可以考察方言岛的变化特点。因语音变化具有较强的系统性和规律性，易于比较，相关研究多聚焦于方言岛语音演变的规律和特点。方言岛演变不仅体现在语音系统层面，还体现在词汇和语法变化层面，尽管胡松柏（2006）、王春玲（2017）等人探讨了方言岛词汇、语法的接触方式和演变机制，但主要涉及赣方言、客家方言等方言岛。不同区域、不同类型方言岛词汇和语法接触既呈现出一般规律性，也具有差异性和特殊性，然而，很少有学者专题探讨北方官话方言岛词汇和语法接触的特点。

从陕西境内方言岛研究看，源方言胶辽官话青莱片词汇和语法研究不够充分。相关研究主要集中在声韵调、儿化、轻声和连读变调等语音方面，较少关注方言特征词研究，也缺乏方言语法现象的深入分析和比较。从研究方法看，多采用传统方言学的调查研究方法，运用社会语言学、认知语言学、语言类型学等方法的研究成果不多。因此，胶辽官话方言岛的研究需要加强。词汇方面，既应当描写、对比和分析基本词汇，也需要从词汇使用入手考察与周边方言的互动影响。语法方面，需要进一步挖掘岛内方言与源方言和所在地方言的差异。在上述研究的基础上，结合词汇、语法特点和历史演变、使用者的社会特征和心理认知、地理分布特点及其使用频率、类型特点等，继续探讨方言岛的接触问题，阐释方言岛为什么会存在目前的特点和规律，还有哪些未被揭示的特点和规律，从而深化以往研究。

（二）关注方言岛语言生活的变迁

普通话持续不断的推广及其强势的社会文化地位，不仅逐渐改变着岛内方言系统及其发展走向，也改变着方言岛的语言生态系统。现今农村社会，村民的交往不再局限于熟人社会，特别是数字乡村的建设、智慧型农业的实施，进一步拉近了村民与陌生人的交往。村民运用普通话交际的能力得到提升，普通话的使用场合和频率明显增加。

随着方言岛语言生活的变迁，农村社会的双言多言人逐渐增加，源方言与周围方言和普通话的语码转换、不同类型语言社区语言使用、语言变异与变化、语言变项的社会分布、岛民语言态度的差异以及语言认同与身份重构的特点，都是以往研究关注不够的。因此，不仅需要调查岛内方言的结构系统，还要考察岛民社会特征、语言态度和认同变化与语言变异的关联，分析影响语言结构变异和变化的各类因素，解释导致变异和变化的动因；考察方言岛双言多言并用、语码转换和夹杂、方言内部融合情况，有助于深入研究强势方言影响下方言岛变化的过程与规律。

参考文献

一、著作

[1] 陈保亚．语言接触与语言联盟：汉越（侗台）语言关系的解释[M]．北京：语文出版社，1996.

[2] 陈海洋．中国语言学大辞典[M]．南昌：江西教育出版社，1991.

[3] 崔荣昌．四川境内的客方言[M]．成都：巴蜀书社，2011.

[4] 董同龢．华阳凉水井客家话记音[M]．北京：科学出版社，1956.

[5] 郭熙．中国社会语言学[M]．南京：南京大学出版社，1999.

[6] 郄远春．成都客家话研究[M]．北京：中国社会科学出版社，2012.

[7] 沈锡伦．中国传统文化和语言[M]．上海：上海教育出版社，1995.

[8] 苏新春．文化语言学教程[M]．北京：外语教学与研究出版社，2006.

[9] 孙立新．陕西方言纵横谈[M]．西安：华夏文化出版社，2000.

[10] 王洪君．历史语言学方法论与汉语方言音韵史个案研究[M]．北京：商务印书馆，2014.

[11] 王远新，等．北京官话方言岛研究：清东陵和清西陵的满族汉语[M]．北京：中央民族大学出版社，2012.

[12] 游汝杰．汉语方言学导论[M]．上海：上海教育出版社，2000.

[13] 赵杰．北京话的满语底层和“轻音”“儿化”探源[M]．北京：北京燕山出版社，1996.

[14] 周振鹤，游汝杰．方言与中国文化[M]．上海：上海人民出版社，1998.

二、论文集和集刊

[1] 陈章太．方言岛[A]//于根元，张朝炳，韩敬体．语言漫话[C]．上海：上海教育出版社，1981.

[2] 胡松柏. 赣东北方言词汇接触的表现[A]//全国汉语方言学会《中国方言学会》编委会. 中国方言学报（第一期）[C]. 北京：商务印书馆，2006.

[3] 聂益南. 宝鸡河南方言岛音系生成的过程与特点[A]//徐志鸿. 现代语言学：理论建设的新思考[C]. 北京：语文出版社，1994.

[4] 王远新. 语言接触研究的几个问题[G]//王远新. 语言田野调查实录（16），北京：中央民族大学出版社，2022.

[5] 曾晓渝. 语言接触理论与汉藏语言接触研究[A]//沈阳，冯胜利. 当代语言学理论和汉语研究[C]. 北京：商务印书馆，2008.

三、期刊论文

[1] 曹志耘. 浙江金华珊瑚村方言状况[J]. 中国社会语言学，2003（1）.

[2] 曹志耘. 论方言岛的形成和消亡——以吴徽语区为例[J]. 语言研究，2005（4）.

[3] 陈荣泽. 论关中地区山东方言岛的调查研究[J]. 陕西社会科学论丛，2011（1）.

[4] 陈荣泽. 西安阎良谭家堡山东话语音的内部差异[J]. 咸阳师范学院学报，2016（1）.

[5] 陈小枫. 中山闽方言岛中的双言现象[J]. 中山大学学报（社会科学版），1990（3）.

[6] 陈小枫，许冬晖. 中山南蓢闽方言岛音系中的两个层次[J]. 中山大学学报（社会科学版），2012（4）.

[7] 崔荣昌，李锡梅. 四川境内的“老湖广话”[J]. 方言，1986（3）.

[8] 崔荣昌. 四川达县“长沙话”记略[J]. 方言，1989（1）.

[9] 葛士玮. 天津方言使用态度调查[J]. 现代语文，2010（4）.

[10] 郭风岚. 黑龙江站话的分布区域与归属[J]. 方言，2008（1）.

[11] 郭沈青. 陕南客伙话的性质和归属[J]. 中国语文，2006（6）.

[12] 郭沈青. 陕南赣方言岛[J]. 方言，2008（1）.

[13] 郭沈青. 陕南湘方言岛特点与成因[J]. 现代中国语研究，2011（13）.

[14] 郭熙. 苏南地区河南话的归属问题[J]. 东南大学学报（哲学社会科学版），2000（4）.

[15] 郭正彦. 黑龙江方言分区略说[J]. 方言，1986（3）.

[16] 贺巍. 东北官话的分区（稿）[J]. 方言，1986（3）.

[17] 黄家教. 一个粤方言地区中的方言岛——中山隆都话[J]. 中国语文，1985（6）.

[18] 黄家教. 一个粤语化的闽方言——中山隆都话[J]. 中山大学学报（哲学社会科学版），1988（4）.

[19] 黄晓东. 浙江安吉县河南方言岛的内部接触与融合[J]. 语音科学，2006（3）.

[20] 黄雪贞. 成都市郊龙潭寺的客家话[J]. 方言，1986（2）.

[21] 贾洪伟. 有关方言岛与社会语言学研究的思考：兼评《北京官话方言岛研究》[J]. 新疆社会科学（汉文版），2014（2）.

[22] 姜伟杰. 同江方言音韵特点研究[J]. 鸭绿江（下半月版），2015（10）.

［23］兰玉英，曾为志．成都客家方言基本词汇的演变方式初探［J］．西南民族大学学报（人文社会科学版），2011（2）．

［24］李金阳．广西田林客家方言的衰变与维持［J］．梧州学院学报，2020（1）．

［25］李如龙．澳腰莆田方言岛记略［J］．福建师范大学学报（哲学社会科学版），1985（2）．

［26］李如龙．论语言接触的类型、方式和过程［J］．青海民族研究，2013（4）．

［27］李如龙．内陆闽语的语言接触和变异［J］．厦门大学学报（哲学社会科学版），2021（1）．

［28］李云兵．语言接触对南方一些民族语言语序的影响［J］．民族语文，2008（5）．

［29］林宝卿．闽西客话区词汇、语法的共同点和内部差异［J］．语言研究，1993（2）．

［30］刘俐李．永宁音系［J］．青海师专学报（教育科学），2004（6）．

［31］刘丽丽．黑龙江虎林方言岛音系研究［J］．现代语文（语言研究），2013（10）．

［32］孟晓红．江苏溧水区官话方言岛入声调的“近似合并”［J］．语言研究集刊，2018（3）．

［33］聂志平．黑龙江方言概说［J］．哈尔滨学院学报，2005（6）．

［34］潘家懿．军话与广东平海“军声”［J］．方言，1998（1）．

［35］亓海峰．虎林方言濒危趋势的个案研究［J］．南开语言学刊，2011（1）．

［36］瞿霭堂．语音演变的理论和类型［J］．语言研究，2004（2）．

［37］阮咏梅．浙江温岭的一个闽南方言岛——箬山话［J］．方言，2011（3）．

［38］宋伶俐，朴正俸．成都客家方言岛词汇使用现状调查：以“华阳凉水井客家话”为例［J］．暨南学报（哲学社会科学版），2010（1）．

［39］王春玲．方言接触引发的语法演变［J］．西南大学学报（社会科学版），2017（4）．

［40］王巧明，梁伟华．崇左市江州区客家方言岛音系及其特点［J］．广西民族师范学院学报，2018（6）．

［41］王太庆．铜陵方言记略［J］．方言，1983（2）．

［42］温端政．从浙南闽南话形容词程度表示方式的演变看优势方言对劣势语言的影响［J］．语文研究，1994（1）．

［43］许巧枝．江苏丹阳河南方言岛的双方言现象［J］．信阳师范学院学报（哲学社会科学版），2017（2）．

［44］许巧枝．汉语方言岛研究评述——兼议浙北地区的汉语方言岛［J］．湖州师范学院学报，2022（5）．

［45］杨荣华．四川安岳“辰州话”记略［J］．西华师范大学学报（哲学社会科学版），2007（5）．

［46］杨荣华．语言认同与方言濒危：以辰州话方言岛为例［J］．语言科学，2010（4）．

［47］杨松柠，徐晶．黑龙江站话的形成及其主要特点［J］．大庆师范学院学报，2009（5）．

［48］游汝杰．汉语方言岛及其文化背景［J］．中国文化，1990（1）．

［49］游汝杰．黑龙江省的站人和站话述略［J］．方言，1993（2）．

［50］游汝杰，徐波．浙江慈溪的一个闽语方言岛——燕话［J］．语言研究，1998（2）．

［51］游汝杰．方言趋同与杭州话的“柯因内语”性质［J］．中国语言学报，2012（15）．

［52］游汝杰．语言接触与新语言的诞生［J］．华东师范大学学报（哲学社会科学版），2016（1）．

［53］曾晓渝．从年龄差异看现代荔波话音变的成因［J］．语音科学，2005（4）．

［54］张安生．宁夏境内的兰银官话和中原官话［J］．方言，2008（3）．

［55］张宸瑞．方言岛消亡机制［J］．中国语言战略，2017（1）．

［56］张倩．江西省信丰县城的官话方言岛［J］．文化遗产，2013（5）．

［57］张琴芳．南乡客家人语言使用情况调查［J］．贺州学院学报，2020（4）．

［58］张树铮．山东青州北城满族所保留的北京官话方言岛记略［J］．中国语文，1995（1）．

［59］赵庸．杭州话白读系统的形成［J］．语言研究，2012（2）．

［60］钟昆儿．福建南平官话方言岛的内部差异［J］．长春师范大学学报，2021（9）．

［61］周政．安康湘语的区域分布及内部差异［J］．安康学院学报，2010（5）．

［62］朱军玲，张树铮．一个面临淹没的方言岛——山东临沂市东风移民村四十年来的语音演变［J］．语言研究，2013（3）．

［63］庄初升．试论汉语方言岛［J］．学术研究，1996（3）．

四、学位论文

［1］陈荣泽．关中地区山东方言岛语言研究［D］．陕西师范大学博士论文，2012.

［2］陈淑娟．桃园大牛栏闽客语言接触之语音变化与语言转移［D］．国立台湾大学中国文学研究所博士学位论文，2002.

［3］方阳．广西靖西新兴粤语方言岛语音调查［D］．中央民族大学硕士学位论文，2012.

［4］付新军．陕南商洛客家方言岛研究［D］．陕西师范大学博士论文，2013.

［5］高文亮．高陵县仁和村郓城方言岛语音研究［D］．陕西师范大学硕士学位论文，2011.

［6］韩肖雅．陕西洛南杨河村“下湖话”方言岛称谓语研究［D］．陕西师范大学硕士学位论文，2018.

［7］韩竹林．山西省屯留县桃园村方言岛语言调查研究［D］．山西师范大学硕士论文，2020.

［8］黄晓东．浙江安吉县官话方言岛研究［D］．北京语言大学博士论文，2004.

［9］刘洋．浮山县寨圪塔乡“方言岛”语言变异研究［D］．山西师范大学硕士学位论文，2018.

［10］孟万春．商洛方言语音研究［D］．陕西师范大学博士学位论文，2007.

[11] 孟晓红．江苏溧水区官话方言岛的语音变异研究[D]．上海师范大学博士学位论文，2018.

[12] 亓文婧．山东境内中原官话语音研究[D]．山东大学博士毕业论文，2019.

[13] 丘学强．粤、琼军话研究[D]．暨南大学博士学位论文，2002.

[14] 王荣丽．宝鸡河南方言岛语音研究[D]．陕西师范大学硕士学位论文，2018.

[15] 王图保．龙江县郓城方言岛研究[D]．北京语言大学硕士学位论文，2008.

[16] 谢婷．华阳凉水井客家话语法变异研究[D]．西南交通大学硕士学位论文，2015.

[17] 尹蔚．四川达县新胜“长沙话”语音研究[D]．湖南师范大学硕士学位论文，2005.

[18] 曾为志．新都客家话与梅县客家话及成都官话词汇比较研究[D]．四川师范大学硕士论文，2006.

[19] 张娅．陕西省汉阴田禾湘方言岛语音研究[D]．湖南师范大学硕士学位论文，2011.

[20] 钟昆儿．福建闽语区官话方言岛语音研究[D]．福建师范大学博士论文，2018.

[21] 钟琰娉．成都客家方言的被动句研究[D]．四川师范大学硕士论文，2016.

[22] 周海霞．安康市牛蹄乡赣语方言岛语音研究 [D] 陕西师范大学硕士学位论文，2008.

[23] 朱军玲．临沂库区移民方言岛音变扩散研究[D]．上海外国语大学博士学位论文，2016.

陕西汉中方言研究综述

杨　倩*

【摘要】本文梳理汉中方言归属研究、本体调查描写及应用研究，评述以往研究的特点和存在的问题。汉中方言处于中原官话和西南官话的中间地带，其研究尚处于起步阶段。需要扩大单点方言的系统性描写，结合文献资料进行历时演变研究，加强与中原官话和西南官话区其他方言的共时对比，开展跨地域、跨学科的研究。进一步揭示汉中方言“混合性”的特点，合理划分汉中方言的归属。

【关键词】汉中方言，归属研究，专题研究，局限与建议

陕西省东邻山西、河南，西连宁夏、甘肃，南抵四川、重庆、湖北，北接内蒙古，境内方言复杂，兼有秦音晋语、蜀声楚言（张维佳 1994：33-39）。现代语言学理论指导下的陕西方言研究自罗常培《唐五代西北方音》、白涤洲《关中方音调查报告》始，历时演变与共时对比相结合、方言与民俗文化研究共进、宏观把握与微观分析结合，已取得一定的成果。从陕西境内方言研究看，关中方言研究较丰富，陕南的汉中方言研究相对弱势，还需要学界进一步关注。

汉中市位于陕西省西南部，东部、北部与陕西省宝鸡市、安康市接壤，南部与四川省广元市、巴中市和达州市相连，西与甘肃省天水市相邻。汉中市辖2区（汉台区、南郑区），1个国家级经济技术开发区（汉中经济技术开发区）和9县（城固县、留坝县、勉县、佛坪县、略阳县、宁强县、西乡县、镇巴县、洋县）。汉中市常住人口为3211462人，总面积2.72万平方公里。①

---

*杨倩（1987—），女，中央民族大学中国少数民族语言文学学院语言学及应用语言学专业社会语言学方向2021级博士研究生，陕西理工大学人文学院讲师，主要研究社会语言学相关问题。

① 市经合局、市统计局、市民政局．汉中概况［EB/OL］．汉中市人民政府［2022-10-8］．http://www.hanzhong.gov.cn/hzszf/mlhz/hzgk/202203/463e42b33d9e420f94672c041c27ebf2.shtml.

一、归属研究

判断一个方言是否为西南官话的语音特点，主要看古入声字是否整体归阳平，还要看四声分派。陕西南部是中原官话和西南官话的交错地带，四声调型与成都、重庆接近且入声归阳平的划入西南官话，四声调型与西安接近且清入、次浊入归阴平的归中原官话。语音条件发生交错时还要参考其他语音条件（李蓝 2009：72-87）。汉中方言研究成果大多以古入声字在现代方音中的演变为主要划分依据，有些还兼及社会历史和语言接触因素的探讨，且大都注意到了汉中方言内部中原官话和西南官话混合的属性，但对具体区县、城镇方言内部是否有异及其归属划分存在较大分歧，对方言所属片区的命名亦存在差异。

（一）归属比较明确

1. 洋县方言归中原官话

张盛裕、张成材（1986），杨春霖（1986），孙立新（1998、2015），郭沈青（2006a），邢向东（2007、2008），黄后菊（2008）均认为洋县方言归中原官话，但郭将其归入城汉小片，二张、邢将其归入关中片。

2. 佛坪、留坝、镇巴方言归西南官话

黄雪贞（1986），张盛裕、张成材（1986），孙立新（1998、2015），郭沈青（2006b）[①]，邢向东（2007、2008），黄后菊（2008），李蓝（2009）将佛坪、留坝、镇巴方言归入西南官话，但二张将其归入成渝片，郭将其归入汉中片，邢、李将其归入川黔片陕南小片。

（二）归属存在分歧

1. 汉台[②]方言

依据汉台话内部有无差异，对其归属有两种意见。

（1）方言内部无差异，但归属划分不同。黄后菊（2008）将其归入西南

① 郭原文表述为“汉中片包括佛坪、留坝、镇巴三县大部分地区”，但未做进一步说明。

② 有些文章将“汉台”表述为“汉台区、汉中或汉中市”，汉台内“东关、南关、西关、北关”表述为“东街、南街、西街、北街或东部、南部、西部、北部”。本文统一使用“汉台”“东关、南关、西关、北关”这一说法。

官话，张盛裕、张成材（1986）和白雪洁（2013）归入中原官话。

（2）方言内部有差异。孙立新（1998、2015），郭沈青（2006a、2006b）和邢向东（2007）将汉台北关、西关归入中原官话，东关、南关归入西南官话。邢向东（2007）认为，汉台西关古清入、次浊入字归阴平，全浊入归阳平，北关老派清入、次浊入声字大多归阴平，少数归阳平，属中原官话；四关四个调类调值略有不同；曾梗摄入声字如“北色白摘卖拆责”四关都读［ᴇ］韵，但西关和北关韵略高；东关、南关与“赔”“妹”读［e］不同韵（合口呼亦不同），西关、北关却同韵等等，由此可确定东关、南关话较一致，西关、北关话较一致。

2. 南郑方言

依据南郑话内部有无差异，对其归属有两种意见。

（1）方言内部无差异，但归属划分不同。孙立新（1998、2015），黄后菊（2008），李蓝（2009）将其归入西南官话，张盛裕、张成材（1986）归入中原官话。

（2）方言内部有差异。郭沈青（2006a、2006b）和邢向东（2007、2008）将南郑南部话归入西南官话，南郑县城及北部方言归入中原官话。

3. 勉县方言

依据勉县话内部有无差异，对其归属有两种意见。

（1）方言内部无差异，但归属划分不同。杨春霖（1986），孙立新（1998、2015）和李蓝（2009）将其归入西南官话。张盛裕、张成材（1986）和黄后菊（2008）归入中原官话。

（2）方言内部有差异。郭沈青（2006a、2006b），邢向东（2007）将勉县漆树坝乡和小河庙乡方言归入西南官话，其余归入中原官话。

4. 略阳方言

相关研究大致认为略阳话内部无差异，但归属划分不同。

杨春霖（1986）和李蓝（2009）将略阳话归入西南官话。张盛裕、张成材（1986），孙立新（1998），郭沈青（2006a），邢向东（2007①、2008）和黄后菊（2008）将其归中原官话。邢向东（2007）指出，略阳、勉县、宁强北部、南郑县城以北、汉台北关和西关方言的特点是，略阳、勉县、宁强［ən/əŋ］［in/iŋ］［uən/u（ə）ŋ］［yn/yŋ］四组韵母相混；古泥来母字洪音前相混，细音前相分，与宝鸡相同。根据上述两点，将这五处方言归入中原官

① 文章将略阳方言既归中原官话秦陇片又归西南官话川黔片，但在后文中又称其应归中原官话秦陇片。

话秦陇片。

5. 城固方言

李蓝（2009）将城固方言归入西南官话，认为陕南的西南官话声调类型与川黔片较接近，由于分布范围较小，使用人口较少，地理分布上亦与川黔片相连，可将陕南地区16个县市划归川黔片陕南小片，包括汉台、佛坪、留坝、略阳、勉县、宁强、城固、南郑、镇巴、西乡等地的方言。其他研究大致将城固方言归入中原官话，但对城固部分城镇的方言有不同划分意见，其中郭沈青（2006a、2006b）和邢向东（2007）将城固二里镇和大盘乡方言归入西南官话。

6. 西乡方言

依据西乡话内部有无差异，对其归属有两种意见。

（1）方言内部无差异，但归属划分不同。杨春霖（1986）和李蓝（2009）将其归入西南官话。黄后菊（2008），张盛裕、张成材（1986）和孙立新（1998）将其归入中原官话。孙立新（1998）指出，宁强、镇巴、西乡方言只有［ts］类、无［tʂ］类声母，西乡日母开口字读［ʐ］，略阳、勉县、留坝、佛坪、南郑、西乡、镇巴古泥来两母字逢洪音读［l］声母，古泥母细音字读［ȵ］声母。

（2）方言内部有差异。郭沈青（2006a、2006b）认为西乡东部方言归中原官话，南部方言归西南官话。邢向东（2007）认为西乡部分城镇方言归中原官话，西乡西南部方言归西南官话。周政（2014a）认为西乡方言应分属于中原官话和西南官话。周政（2009、2014a）指出，考察陕南方言应注意三点：一是原土著方言为巴蜀方言，二是人口主要来自“荆襄流民”和“湖广填四川”的明清大移民，三是方言特征主要与不同来源地人口的接触与融合有关。陕南中原官话和西南官话接触主要表现在声调的变化上，但调类系统均未发生改变，因此应把调类作为鉴别标准。入声字大部分归阳平，调类未变，就可以归为西南官话；调值发生很大变化，但调类仍然不混，入声调仍保持清声母和次浊声母读阴平、全浊声母读阳平这一总体特点的，可归为中原官话。按古入声字的今读调和有无舌尖后声母，西乡中原官话分城关、三花石乡两个小片，西南官话分骆家坝、茶镇两个小片。

7. 宁强方言

依据宁强话内部有无差异，对其归属有两种意见。

（1）方言内部无差异。张盛裕、张成材（1986），黄后菊（2008）和李蓝（2009）将其归入西南官话。

（2）方言内部有差异。孙立新（1998、2015）将宁强巴山方言（阴平45、阳平42、上声554、去声214）归入西南官话，宁强城关等大部分地区的方言归入中原官话。邢向东（2007）和郭沈青（2006a、2006b）将宁强北部方言归入中原官话，县城及南部方言归入西南官话，认为陕南境内的西南官话具有一定的混合性，其内部差异与移民来源的构成不同有关，汉中片移民以四川移民为主体，蟹止山臻合口字读合口呼，遇通入摄端系字读［u］韵，知系字读［ts］类声母。

二、本体调查

《方志今议》（黎锦熙 1940：92-97）方言风谣志中记载了方言风谣调查的内容、方法、工具书，以及研究思路。其中（甲）方言：调查土语俚言，加以比较考释；依词类之文法系统，再分为名物、动作性状、虚助、成语四项。关于虚助，作者举例城固方言并释义。指示代名词“那”，读“ㄨㄛ”，合口去声；用为指示形容词，则“那边”曰“ㄨㄛ面”，“那位”（客气语）曰“ㄨㄛ块”。若为疑问，复为“阿”，则读“ㄜ”，开口上声也。量词，计入亦曰几“块”也。疑问形代“什么”作“啥”，而疑问副词“怎么”则作“咂”，却成系统也。助词“吗”多为肯定而非疑问，字当作“嚜”。（乙）方音系统：调查汉字之读音及其语音，加以音韵学上之说明并考释，而断论其音系，分为声母、韵母、四声。城固读“我”为“ㄫㄜ”，其声母异于国音而同于南音且合于古音，其韵母异于川音而同于国音。大抵城固南山流行川北语，北山语却近川东，皆普通；中段方言转复杂，皆由人口移动及氏族分聚诸种关系而致然也。（子）歌谣中举城固南北两山各一首为例。另外，汉中地区志、汉中市志（汉台区）及各县志分别从语音、词汇、语法三方面描写了当地的语言特色，汉中地区志还做了简单对比。以汉中市志（汉台区）① 为例，社会志第四章方言谚语中提到本市方言具有蜀语特点，又属北方方言。该章第一节描写了汉中话的声、韵及声韵配合音节表。第二节记载了自然天象、生活用词、人物称谓、人体各部、季节时间方位、动植物、动作行为情态、副词、代词、数量词和熟语等九类常用词汇。第三节描述了方言词的兼类、重叠式、时态尾、名词后缀“子”特殊用例以及特殊句式等语法现象。第四节记载了农业和林业等谚语。

---

① 汉中市地方志编纂委员会．汉中市志［EB/OL］．陕西省地方志办公室［2022-03-24］.http：//dfz. shaanxi. gov. cn/sqzlk/xbsxz/sxdyl/hzs_ 16205/hzszl.

地方志概括描写了汉中方言的特点，后人在此基础上的本体调查更加具体、深入。

（一）语音

研究内容主要涉及方言音系描写及其与中古音、普通话和周边方音的比较、特殊语音现象分析、连读变调描写、历史因素探讨与语言接触研究等。汉台语音研究成果较多，且主要描写东南西北四关的声韵调差异，此外兼有洋县、西乡、南郑、城固、佛坪等县的语音描写。

1. 方言音系描写及对比

黄后菊（2008）描写了汉中各区县的方言音系，包括声母、韵母、声调及声韵配合关系等。周政（2012）描写了汉台西关方言的声韵调系统、整理出同音字汇，并分析了西关、东关语音差异：中古泥来母和见组开口二等字“咬、眼、硬”等今读的差异；西关分别读为［ɤ、ei］韵的一些字，东关皆读为［e］韵；东关和西关阴平、阳平、上声调值不同，东关为45、21、53，西关为54、32、45；西关中古入声字的清声母和次浊声母大部分归阴平，全浊声母归阳平，东关中古入声字清浊大部分归阳平。黄党生、李丹（2013）考察了汉台城区方言平、翘舌音声母与普通话的异同和对应规律，指出非老年群体受普通话的影响比老年群体大。白树丽（2017）描写了佛坪方言声韵调系统及其与普通话的对应规律。何然（2019：72）描写了南郑大河坎镇方言音系，并将其与中古音、汉台语音对比。大河坎镇方言长期受西南官话影响，其中三花石村方言古清入、次浊入和全浊入字大部分读阳平，这体现了西南官话的典型特点；但古清入、次浊入字也有部分读阴平，说明三花石村方言还受中原官话的影响。庄佳（2019：88）以陕南中原官话秦陇片方言为研究对象，描写了略阳城关和白水江、勉县城关和温泉镇、汉台西关、南郑城关和大河坎以及宁强阳平关和大安的音系特点、内部共性和差异、发展变化等。单字调方面，南郑、汉台、宁强变化速度较快；声母方面，从精知庄章组的分合看，宁强、勉县、略阳变化速度较快；韵母方面，从深臻曾梗通摄的分合看，汉台、南郑变化速度较快。方方（2021）描写了城固二里镇方言音系，归纳其声韵调特点，认为古平声在二里镇方言中分阴平和阳平；古清声母字今归入阴平，古浊声母字今归入阳平；古清、次浊声母上声字今归上声，古全浊上声字今归去声；古去声字今仍为去声；古入声字今全归入阳平。

2. 特殊语音现象分析

刘新民（2008）认为，洋县方言 gɑ［kɑ］是中古音的遗存，与 hɑ［ha］、xiɑ［ɕia］并用。gɑ 主要表祈使，也可表停顿，还可用于表陈述、疑问、感叹、虚拟等语气的句子中。孙立新（2013）指出，“说”在陕南西南官话中读阳平调，略阳、城固、洋县等地读［suo、suə、sɯɤ］，勉县等地读［ʂuo］，西乡读［fɤ］。北京话翘舌音与合口韵相拼的主要是中古知照两系及日母合口三等字，佛坪、留坝、勉县、汉中、南郑等地今亦读翘舌音合口韵，西乡［pf、pfʰ、f、ø］声母与洪音相拼，略阳、宁强、汉中北关和西关、城固、洋县读作平舌音合口韵。孙立新（2016）认为，汉台西关、北关方言（西南官话）的特点是翘舌音符合陕北晋语乃至关中方言的特点，比普通话的翘舌音声母字少；中古汉语部分入声字读阴平调的，西关、北关受附近略阳、宁强等中原官话影响仍读为阴平调；见系开口二等字的文白异读成系统，文读舌面音拼齐齿呼，白读舌根音拼开口呼。四关共同点是古泥来母字读音相同；［ŋ］声母字来源于中古汉语的开口一等疑影二母；保留了近代汉语的［iai］韵母等。衣莉（2019）认为，勉县西南官话存在两个凹调的对立，即低凹（上声，调值435）和嘎裂凹（去声，调值303），调与调对立是由调域决定的“纯低调”，表现为发声态特征“嘎裂声”。

3. 连读变调描写

孙立新（2015）考察了汉台和宁强的单字调，以及汉台西关和北关、洋县、城固、勉县、略阳、宁强、南郑两字组的连读变调情况。张璐（2016）认为，西乡城关话的两字组连读变调主要体现为前字变调，变调情况不以合成词的结构变化而变化。

4. 历史因素探讨与语言接触研究

邢向东（2008）认为，汉中市境内中原官话与西南官话接触，如汉台东关、南关属西南官话，却高频使用中原官话指示代词“兀”。略阳一带方言调类仍属中原官话，但调值发生了变化，逐渐向西南官话漂移。汉台四关方言的调值非常接近，但调类仍然不混。汉中今大多归西南官话的方言除与清代移民等因素相关，还与其在历史上长期分属不同行政区划有关。黄后菊（2008：94）指出，因音韵系统内部矛盾和方言接触两大因素的共同作用，汉中各地不同来源的音韵结构形成了不同的语音历史层次，并与其他方言及移民方言的音韵结构竞争，对演变的方向和序列会产生重大影响。段石玉（2013：45）分析了汉台方言古入声字的今读情况，认为汉台四关老派方言主要受中原官话和西南官话的影响，南关、北关处于语音的过渡阶段，在调类归属上构成层叠现象，变异的方向是向中原官话转变；新派方言整体调值像四川话，韵母［e］受普通话影响，其变异先于声调。周政（2013）认为，汉台、西乡、勉县和略阳城关作为西南官话与中原官话的混合方言点，其韵母读音未发生变化，主要原因是明清时期的移民较少，城关方言作为基础方言处于强势地位，政治、经济和文化的影响使得周边方言逐步向城关方言靠拢。汉中的强势方言为西南官话，使得汉中中原官话的调值接近于川黔方言，具体表现为两种调值的对等结合以及向强势方言调值靠近。周政（2014b）分析了汉台西关、西乡城关方言知庄章组声母的今读类型与历史层次，认为西乡城关的知庄章精组声母的读音合并为一套声母［ts］，其底层方言是清代移民之前就已经形成的关中话。汉台西关知庄章精组声母今分为［ts、tʂ］两组，其基础方言是秦陇方言。李鑫（2018）分析了陕南方言的历史渊源，认为有逐渐向西南官话靠拢的趋势。孙立新（2020）认为，汉中一带蟹摄开口一等代韵“概”“溉”读作送气声母［k^h］、宁强和镇巴无翘舌声母等是受四川西南官话影响的结果。代词“兀个”在汉台和洋县的合音形式为“卧”，“哪里”在宁强、汉台、西乡读作“哪塌”等是受关中方言影响的结果。方言语流音变中的声韵音变（同化、异化、增音、减音、合音）可能与方言接触的层次有关。

（二）词汇

词汇研究内容主要涉及方言本字考察、特色词汇描写与对比以及词汇文化蕴含的分析等。

刘澍声（1998）分析了洋县方言“老天爷、日头爷、月亮爷，落草、受苦来的、上山，年死”等词语的含义及文化蕴含。孙立新（1998、2018、2019）记录了部分单音词及词义，并比较了“冻冰、厕所、乞丐、胳臂、洋白菜、幸亏”等常用词与西安方言的异同，认为亲属称谓词具有以下特点：同形同音亲属称谓词在同一地域因人口来源或姓氏不同所指不同，有些亲属称谓词单音节形式与AA重叠式所指不同以及“爷、爹”等词的异读别称等。张崇、王军虎（1998）列举了陕西方言中一些名异实同的词汇、古汉语大量使用而现在只存于口语的词汇，以及“儿”尾、“子”尾及单音语素重叠构成的名词。王彤伟（2004）考察汉中方言“二不愣登、阁落、撇脱、日弄”等词语的古义。焦国荣（2006）从形式特点、性别异化与倾向、背称与面称、稳定性和开放性、同形异指和异形同指等方面对比了14个方言点（包括城固和佛坪）的称谓语，认为陕西方言亲属称谓语构词存在附加、重叠、内部屈折、声调类化、语音弱化和合音等方式，“儿子、女儿”义亲属称谓词比较丰富，存在异性同称和异性混称等现象。袁微（2010）描写了与饮食、农业、婚丧嫁娶相关的汉中方言特色词，认为地形、气候、水文条件和历史文化因素是其形成的主要影响因素。张璐、李丹（2013b）对比了城固、洋县、勉县方言的部分词汇，认为区域文化、移民组成是三县词汇语用差异的主要因素；物产特点、地理环境等差异是次要影响因素。刘新民（2016a、2016b）考察了洋县方言的歇后语和50个词汇的本字。黄沙（2018）以陕西省市县地方志为研究对象，比较新旧方志方言词、分析了旧志方言词的义类划分、探讨了新志方言词的地理语言学意义等。谷雨（2020）认为，勉县方言词汇具有丰富的重叠式和附加式，主要通过直接命名和间接命名两种方式造词，保留了许多古语词。此外，作者还分析了部分副词的用法。

（三）语法

语法研究主要涉及构词与构形、语法范畴、句式句法等，以及名词、形容词、动词、量词性语素的重叠；“子、儿”等词缀和词尾；形容词、代词、副词等的用法；“得+A/V吧”等固定结构；时体范畴和时体标记“到”等；以及“把”字句、“被”字句等特殊句式的描写与分析。

1. 重叠

廖序东（1941）指出，城固方言重叠现象中名词性语素重叠最多，分为用具、动物、植物、天文气象、地理、房屋、衣服、饮食、亲属九小类（莫超 2018：25）。段永华（1986）列举了AA、AAB（重叠成分A轻读），AABB、A里AB、A不BB（重叠成分B轻读）等重叠式。孙立新（1998）指出，陕南方言名词带“子”缀或重叠（单音节名词重叠、双音节名词的后一词根重叠）可表小称，还可儿化后表爱称；有AAB式名词重叠；两个相关的单音节名词性语素可有AABB重叠式。王鹤璇（2009、2010：5-13）认为，汉中方言名词有AA、AAB、ABB、AABB四类重叠形式；形容词性语素重叠式非常丰富，有AA、ABB（部分能变换成A不BB、A咕BB、A格BB，词性不变，而普通话里的ABB则不能）、A不/咕/格BB、AABB、A里A气、A里AB、道A不A、ABAB（与普通话的“又A又B”义相同，但只限于描写身体性状的部分词中）等形式。动词重叠有AA、AABB、A倒A倒、要A不A、紧A慢A、A都A了等形式，没有短时或尝试义的重叠式，用“A一下”“A一下子”表示相应的语法意义，这体现了西南官话的特点。量词（仅限于物量词）重叠有AA、ABB和AAB等形式，用法和意义与普通话有很大差异，单音节量词重叠用在名词前表物体的式样，用在单音节动词后表计量方式。马晓琴（2011）指出，陕南方言处所名词ABB儿重叠式表示“最A边”义；名词有AA（儿）B重叠式，A表盛具、形状或起描写作用；AA式名词可表新词义；动物小称有“A娃娃”或“A崽崽”等重叠式。白雪洁（2012）描写了汉中方言单音节名词性语素的重叠式并与普通话做了比较，认为普通话中有些单音节名词，在汉中方言中用单音节词的重叠式表示（重叠式和一般式并用），语义基本不变，个别词在特定语境中表示“小”的意义。有的单音节名词重叠后，语义发生变化，只能用重叠式，不能用一般式。普通话中有一部分带“子”缀的双音节名词，在汉中方言中表现为前一个语素重叠式。普通话中偏正式双音节或三音节名词，在汉中方言中表现为 ABB 重叠式（中心语素重叠），语义基本相同。普通话一些不带词尾或词缀的双音节名词，在汉中方言里用单音节名词重叠式表示。杨冰（2013：20）描写了留坝话名词、动词、形容词、量词性语素的重叠式，认为重叠作为一种重要的语法手段，除构词构形，还有区别词义、调节量的次范畴和附加色彩意义等功能。

2. 词缀

孙立新（1998）指出，汉中话单音节形容词词干可带“BB、里 AB、不 BB、格 BB”等形式的后缀。从语义上看，ABB 式形容词一般语义较轻，是说话人能够接受的；A 不 BB 式语义较重，是说话人极不愿接受的；A 格 BB 式往往是说话人感到满意的。王鹤璇（2010：14-20）认为，汉中方言附加成分比较多，有“二、日、帮、生、稀、冷、死、幺、寡、梆、青、焦”等前缀和“子、头、家、鬼、儿子、不即即的/不拉即的、娃（子）、死了/扎了、下子/给下”等后缀。丰富的“子”缀是汉中方言的一大特点，具有很强的构词能力，名词、动词、形容词、量词性语素后都可以带“子”缀，表事物名称、性质、状态以及数量。马晓琴（2011）认为，前缀“日、帮、生、稀、楞、死”表动作或性质状态的程度较高；有些形容词词干后加“子”缀，有的单音节形容词重叠构成 AA 式后被名物化；A 儿子式表动物小称；词缀“头”通常不儿化，含有“值得……”的意味。

3. 词类

段永华（1986）描述了汉中方言“远、固、错”等的词类活用现象，分析了常用词的用法，并与普通话进行了比较，如“直接”在动词、形容词前充当修饰限制成分，在形容词前相当于普通话“非常、很、十分”等程度副词。“哳个”相当于普通话指示代词“那个”，可作谓语。“可”相当于普通话的“又”，同时强调后面动词所指动作，重读表示不喜欢、不赞成某事，轻读表示将要出现某事。“对”是应答词，相当于普通话的“行、可以、好的、嗯”等；有时相当于普通话“是的”，与应答词“着”相同，表示对前一话轮的肯定。“使不得”（“得”读［dei］，轻声）相当于普通话“不对、不好、要不得、不能用”，表示对人或事物的否定。孙立新（1998）认为，汉台话的“噻”和留坝话的“嗄”相当于北京话恳求语气词“呀”。“好”在形容词前表程度，相当于北京话的“很”，还可表疑问。黄党生（2006）比较了汉中方言与普通话 ABB 式形容词格式变换的异同，认为汉中方言 ABB 式在四种情况下词性和词义不变：ABB变换成A不BB、A圪BB式，既能变换成A不BB式、又能变换成A圪BB或A咕BB式；ABB式在以下两种情况下词性和词义基本不变：ABB变换成AABB或BA式。王鹤璇（2009、2010：21–29、38–40）认为，汉中方言代词分人称、指示、疑问三类。人称代词有“兀个、自家、残人/残的”。指示代词“这”是近指，“兀、那”都可以指相对较远的对象，但“兀”（中指）比“那”（远指）要更近一些。它们都可与“台、搭、搭搭、个当”组合指代处所；与“回、阵子、一向”等组合指代时间；与“压起、个价”等组合相当于普通话的“这样、那样”。疑问代词分为询问人、事、处所、时间、数量、原因、方式、情况和性状。作者还论述了程度副词“蛮、很、冷”，范围副词“单另、一搭、一下、满/通共”，时间副词“麻利、看到、将/将将/将才”，情态副词“端直、款款的、利咕加、害怕、红黑、鼓到”，否定副词“冒、莫”和语气副词“亏/喜得、硬/硬是、争点子”，以及语气词“了、（吧）噻、嘛、吧、哩、倒（的）、（呀）吗”等用法。

4. 时体

张崇、王军虎（1998）认为，“到”作助词用在动词后表动作的持续，相当于普通话的“着”；作语气词用在祈使句末表示命令或提醒。“到的”作语气词，大致相当于普通话的“着呢”，可用在处于句末位置的某些动词或形容词之后，表示状态的持续；也可用在形容词或形容词短语作谓语的成分之后，表示略带夸张地肯定某种性状。黄冬丽（2007）认为，助词“倒”有将行体、持续体、结果貌、可能态等体或态的标记功能，加在形容词后可强化其性状及程度。作者认为，“倒”的本字“到”是移民从赣语区带来的。王鹤璇（2010：30–37）认为，汉中方言的体范畴包括完成体（标记“了、下、起了、倒”）、经历体（标记“过、了”）、起始体（标记“起、开、起了”）、实现体（标记“上”）、将然体（和普通话一样借助“来、去、快、就、马上”表示，还有“V得了、V上、V倒”）、持续体（“V倒的、V倒V倒、V倒V、V起、V开了、在V……哩”）等。“貌”包括短时貌（“V一下/一下下/一下子/下/给下，该格式也能表尝试貌”“一V”“V两下/两下子/几下/几下子”）和尝试貌（“V一下/一下下/一下子/下/给下+看”）。李晓红（2014）以陈平、龚千炎、李临定等人的时体理论为指导，描写了汉台方言的时、体形式：“时”分为先事、当事、后事过去时，当事现在时，当事、后事将来时六类；“体”分完成和经历、实现和已然、进行和持续、将行和将然、起始和变化、定格和继续，反复和短时等七类。

5. 特殊结构

段永华（1986）认为，汉中方言“不成”用在动词后作补语，组成“X

不成”结构，表示“不许可、不能”；“没法、不行”常充当补语，组成“X得没法/不行”结构。“知不道”，副词“不”限制“道”，同类型的还有“晓不得、感不到”等；“不啥”相当于普通话“不怎么、不那么、不常”，组成“不啥X”结构；“傢伙”相当于普通话“得很”，组成“X傢伙”结构；“X人”是表感觉、知觉的动词，作不带宾语的谓语，常带“底很”之类补语，表示来自体外的不愉快或承受不了的刺激；“得+X吧（才）”中，语气词“吧（才）”相当于普通话的疑问语气词“吗”。孙立新（1998）认为，汉中方言“X到的”中“到的”相当于北京话的“着呢”；“X到起”表“起来”义，表动作行为的结果；“X咂了”（相当于北京话的“极了”）表示动作行为的结果。刘忠华（2003）认为，洋县方言“知不［dao^{44}］”中［dao^{44}］的本字是“到”，“知不到”与“知得到”对应，是由表可能和结果的动补结构类推而来的，其结构和来源与“知道”均无直接联系。张璐（2012）指出，勉县方言更倾向于使用“形容词+得很”，不使用“很+形容词”格式；“贬义单音形容词+兮兮”格式较多。

6. 句式

段永华（1986）分析了汉中方言“这不是话、哧不是书”表示“否定之否定”的肯定，并不表示否定；认为“这里没活做”不是兼语句，类似的还有“锅里没有米下、门口有花生买”等。孙立新（1998）指出，汉中方言有“把……死了”句式，用“得V吧”表疑问。王鹤璇（2010）从“把”字句、被动句、存现句、得“X”吧、“不、去”的位置等角度描写了汉中方言的特殊句式。张璐、李丹（2013a）列举了汉中方言的比较、处置、存现、动宾、否定、兼语、连动、判断、双宾、疑问等句式。

7. 综合研究

陕西方言研究专著中也有涉及汉中方言研究的内容，如《普通话基础方言词汇集》较详细地记录描写了汉中方言的语音和词汇（孙立新 2002：101－105）。《陕西方言集成》系列丛书以地市级行政区划为单位，记录了陕西各县区方言的声韵母、声调、连读变调、单字、词汇、语法例句，整理了以方言为载体的地方文化汉中卷即将出版。① 其他如张崇的《陕西方言词汇集》《陕西方言古今谈》、熊贞的《陕西方言词典》、孙立新的《陕西方言纵横谈》《陕西方言漫话》也涉及了汉中方言。

---

① 母家亮．陕西方言语音档案数据库建成［EB/OL］．陕西省人民政府［2021－03－24］．http：//www. shaanxi. gov. cn/xw/sxyw/202103/t20210324_ 2157493. html.

三、其他研究

(一)促进普通话、英语教学与学习

为促进英语教学与学习，邹先道（1989）分析了汉中方言［l、n］的分混规律，认为普通话分用［l、n］的，汉中方言多数只用［l］。汉中方言的［n］只拼齐撮，不拼开合，实际上是舌面前鼻音［ȵ］，宜将声母［ȵ］与韵尾［n］归为一个［n］音位，声母［l］为一音位。段永华（1990、1997）描写了汉中方言特色词、陕南方言语音和语法特点，并与普通话作对比。吴东坤、杨静（2014）从语音、语调和语法三方面探讨了汉中方言对英语学习的负迁移影响，并提出了对策建议。付蓉（2015）从普通话学习与训练的角度，提出了矫治汉中方言母语者易混淆声韵调的发音方法。李鑫（2017）分析了洋县方言与普通话声韵调、词汇和语法的异同。

(二)探讨汉中方言、文化的意义和价值

李丹（2013）调查了汉中城区商业门店语言景观，认为其体现了汉中人怀古情结浓厚、传统习性稳定等特点。周政、周托梓（2017）举例说明了陕南地区民歌、戏剧与方言词语的融合现象，指出了陕南方言接触的语言学和文化价值。柯西钢（2018）认为，陕西理工大学“汉水文化研究中心”等研究机构促进了汉水流域方言文化研究。赵娇（2020）调查了镇巴县苗族居民语言使用状况，总结了语言扶贫的路径。张永哲（2020）从语言资源角度总结了陕西方言保护成果，报道了“陕西汉语方言调查”项目组的研究进度，即已调查包括汉中在内的33个方言点，正在进行《中国语言资源集·陕西》的汇总编校工作。赵小庆（2021）以汉中为例，分析了大学生在语言规划中的语言意识和实践差异及其主导因素，目的是助力语言服务。陈丹玲（2021）分析了略阳县内地名的命名方式、历史来源及地名变迁，认为地名词汇体现了当地民族的宗族、宗教和历史文化特点。

汉中方言作为重要的语言文化资源，已受到学界的关注。2021年8月，中国语言资源保护工程专项任务“陕西方言口传文化遗产典藏与综合研究”

陕南课题组调查了国家级非物质文化遗产“汉调桄桄”。[①] 汉中市内省属普通高等学校陕西理工大学肩负了汉中方言研究的重任，陕西（高校）哲学社会科学重点研究基地——语言资源开发研究中心汉中分中心的成立暨国家社科基金“陕西方言地图集”项目论证会的召开，表明汉中方言研究进入了新的历史阶段。[②]

四、研究局限与建议

（一）研究局限

1. 描写不够全面，研究不够深入

总体而言，汉中方言研究还处在起步阶段，在研究广度和深度上均有很大发展空间。目前，学界对汉中具体方言点的系属划分仍有分歧，仅将调查地局限在市区或县城，不能涵盖当地方言的全部实情，未形成丰富的田野调查成果。已有成果较少涉及县或乡镇方言的系统描写与内部对比，未能清晰展现市内方音全貌。因此，应在已有研究成果基础上进行更深层次的探索，加强对乡镇、行政村方言的系统性描写、渊源关系分析，寻找直接、有力的证据以明确区县内各乡镇方言的归属。通过对具体方言点语言系统特征的全面描写，分析与邻近地区、同归属片区方言的区别和联系，关注汉中方言与源头方言、移民、行政区划变更的关系，加深对汉中方言、陕南方言、中原官话和西南官话的认识。

汉中方言语音研究成果较多，少有语法研究成果，且大多止步于描写，较少运用语言学前沿理论和研究方法进行分析。有些结论仍存在争议，比如有人在分析特殊副词时，将作状语的词或结构统归为副词，缺乏基本的判断。

2. 未充分挖掘“混合性”特点

汉中方言混合性特点有待更全面、深入地描写和分析。应在了解中原官话和西南官话性质、特点以及全面描述和深入分析语言事实的基础上，结合语言接触、对比研究突出其混合性特点；应进一步挖掘与探究语言变异项的社会分

---

① 韩霖，刘媛．语保工程专项研究纪实：听戏要听桄桄子［EB/OL］．语保［2021-09-30］．https：//mp. weixin. qq. com/s/QpRMqAoVu9OwKKD3ameA0w.

② 文学院．陕西（高校）哲学社会科学重点研究基地——语言资源开发研究中心汉中分中心成立［EB/OL］．陕西理工大学［2019-03-26］．https：//www. snut. edu. cn/info/1037/18420. htm.

布情况，预测语言变异项或汉中方言的发展趋势。

（二）研究建议

1. 加强历时与共时相结合的研究

《方言》（扬雄著）是架通陕西方言词汇和语义系统古今演变发展的桥梁，《切韵》《广韵》等韵书也十分重视秦陇一带的方言词（张维佳 1994：33-39）。我们应结合古代方言韵书、方志、移民史资料等，从历时角度考察汉中方言语音、词汇、语法的演变情况，将其与中原官话和西南官话其他方言的演变路径进行对比，揭示汉中方言的历史演变及其成因。结合现有研究成果、充分的田野调查以及上述反思，全面描写汉中各地的语音、词汇和语法，从量上形成规模，继而对其混合性语言现象进行深入的分析，形成汉中方言研究体系。

2. 加强方言文化资源的调查与开发

汉中独特的地理位置和历史背景，导致其同时具有中原官话和西南官话的特点。陕南地区是方言调查研究的宝地，是考察方言接触的活标本（邢向东 2008：127-133）。因此，应当注重汉中方言作为语言文化资源的独特性，继续挖掘“活标本”的语言现象和文化表现，深入认识语言接触现象以及汉中在关中文化和巴蜀文化中的地位。以方言为纽带，考察汉中方言与中原官话区、西南官话区其他方言在文化上的关联；结合特色民俗现象，进一步探讨语言与文化的关系；编写汉中方言词典、建立方音档案、方言语料库等，更好地保护和传承语言文化资源。

3. 搭建合作平台，开展跨地域、跨学科研究

邢向东（2020）认为，西部地区方言研究队伍相对薄弱，成果相对较少。由 16 所西北高校组建的“西北方言调查联盟”作为实体性的协同创新平台，已开展了有效务实的合作。[①] 在此基础上，汉中方言研究需要加强区域内外合作：省内与关中方言研究联合，加强方言、文化间的横向对比；省外与中原官话、西南官话区的其他方言进行更大区域范围内的对比研究，有助于更加深入地认识语言接触现象及其对方言的影响。应当结合社会语言学、方言地理学、语言类型学等学科的理论与方法，全面描写汉中各地方言的特点，促进对语言变异和变化、方言点在方言片区中的地位和价值、语言与人文地理的联系等方面的认识。

---

① 邢向东．发掘语言学科服务西部大开发的潜力［EB/OL］．中国社会科学杂志社[2020-06-23]．http：//sscp.cssn.cn/xkpd/yyx_ 20148/202006/t20200623_ 5146391.html.

参考文献

[1] 白树丽．陕西佛坪方言的语音研究[J]．智库时代，2017（16）．

[2] 白雪洁．浅谈汉中方言中名词的重叠形式[J]．文学界（理论版），2012（5）．

[3] 白雪洁．汉中（汉台区）方言语音研究[D]．西北大学硕士论文，2013.

[4] 陈丹玲．陕西省略阳县乡镇地名构成方式及文化研究[J]．汉字文化，2021（13）．

[5] 段石玉．从方言接触看古入声字在汉中方言里的今读[D]．云南民族大学硕士论文，2013.

[6] 段永华．汉中话语法举例简析[J]．汉中师院学报（哲学社会科学版），1986（1）．

[7] 段永华．汉中方言词汇浅析[J]．汉中师院学报（哲学社会科学版），1990（4）．

[8] 段永华．陕南方言与推广普通话[J]．汉中师范学院学报（社会科学），1997（2）．

[9] 方方．城固二里镇方言的音系及音韵特点[J]．咸阳师范学院学报，2021（3）．

[10] 付蓉．浅谈汉中方言难点音的矫正方法[J]．新西部（理论版），2015（11）．

[11] 谷雨．勉县方言词汇研究[D]．陕西理工大学硕士论文，2020.

[12] 郭沈青．陕南西南官话的内部差异与归属[J]．方言，2006（2）．

[13] 郭沈青．陕南中原官话的性质与归属[J]．语文研究，2006（4）．

[14] 何然．汉中市南郑区大河坎镇方言语音研究[D]．西安外国语大学硕士论文，2019.

[15] 黄党生．汉中话与普通话 ABB 式形容词格式变换异同规律探析[J]．陕西理工学院学报（社会科学版），2006（4）．

[16] 黄党生，李丹．汉中方言中平、翘舌音声母与普通话的异同对应规律[J]．陕西理工学院学报（社会科学版），2013（3）．

[17] 黄冬丽．陕西汉中方言中的助词“倒”[J]．陕西理工学院学报（社会科学版），2007（3）．

[18] 黄后菊．汉中方言音韵比较研究[D]．北京语言大学硕士论文，2008.

[19] 黄沙．陕西省方志中的方言词研究[D]．西南交通大学硕士论文，2018.

[20] 焦国荣．陕西方言亲属称谓研究[D]．陕西师范大学硕士论文，2006.

[21] 柯西钢．汉水流域语言与文化研究[J]．陕西师范大学学报（哲学社会科学版），2018（3）．

[22] 黎锦熙．方志今议[M]．上海：商务印书馆，1940.

[23] 李丹．汉中市城区商业门店名称的类型及修辞艺术[J]．安康学院学报，2013（1）．

[24] 李蓝．西南官话的分区（稿）[J]．方言，2009（1）．

[25] 李晓红．汉台区方言的时和体[D]．陕西师范大学硕士论文，2014.

[26] 李鑫．秦巴地区洋县方言与普通话的比较[J]．四川文理学院学报，2017（4）．

[27] 李鑫．川东和陕南地区的历史渊源及其对方言的影响——以达州市和汉中市为例

[J]. 安徽文学（下半月），2018（6）.

[28] 刘澍声. 洋县方言文化透视[J]. 汉中师范学院学报（社会科学），1998（1）.

[29] 刘新民. 试析陕西洋县方言中“gɑ [kɑ]”的语音演变和语用特点[J]. 现代语文（语言研究版），2008（1）.

[30] 刘新民. 陕西洋县方言疑难词本字汇考[J]. 牡丹，2016（14）.

[31] 刘新民. 陕西洋县方言中的歇后语浅析[J]. 戏剧之家，2016（19）.

[32] 刘忠华. 陕西方言中的“知道”与“知不到”[J]. 汉中师范学院学报（社会科学），2003（5）.

[33] 马晓琴. 陕西方言词法比较[J]. 陕西教育学院学报，2011（2）.

[34] 莫超. 近代西北方言文献集成[M]. 北京：人民出版社，2018.

[35] 孙立新. 陕南方言略说[J]. 方言，1998（2）.

[36] 孙立新. 20 世纪陕西方言研究综述[J]. 唐都学刊，2002（4）.

[37] 孙立新. 陕西方言“说”字等的读音[J]. 咸阳师范学院学报，2013（5）.

[38] 孙立新. 关于陕南方言声调及归属等问题[J]. 咸阳师范学院学报，2015（5）.

[39] 孙立新. 汉中方言同音字汇[J]. 咸阳师范学院学报，2016（1）.

[40] 孙立新. 关于陕西方言“爹”字的讨论[J]. 安康学院学报，2018（2）.

[41] 孙立新. 关于陕西方言“爷”字的讨论[J]. 安康学院学报，2019（4）.

[42] 孙立新. 关于陕南方言的接触层次问题[J]. 安康学院学报，2020（3）.

[43] 王鹤璇. 汉中方言的语法特点[J]. 重庆工学院学报（社会科学版），2009（2）.

[44] 王鹤璇. 汉中方言语法研究[D]. 重庆师范大学硕士论文，2010.

[45] 王彤伟. 汉中方言中的古语古义疏证[J]. 汉中师范学院学报（社会科学），2004（1）.

[46] 吴东坤，杨静. 汉中方言对英语学习的负迁移影响及对策[J]. 安康学院学报，2014（5）.

[47] 邢向东. 陕西省的汉语方言[J]. 方言，2007（4）.

[48] 邢向东. 论陕南方言的调查研究[J]. 西北大学学报（哲学社会科学版），2008（2）.

[49] 邢向东. 方言地图反映的关中方言地理[J]. 云南师范大学学报（哲学社会科学版），2017（4）.

[50] 邢向东. 2020 年汉语方言研究的新进展与新走向[EB/OL]. 中国社会科学网[2021-01-12]. http://news.cssn.cn/zx/bwyc/202101/t20210112_5243980.shtml.

[51] 杨冰. 陕西留坝话重叠、附加等构词和构形方式研究[D]. 华侨大学硕士论文，2013.

[52] 杨春霖. 陕西方言内部分区概说[J]. 西北大学学报（哲学社会科学版），1986（4）.

[53] 衣莉. “纯低调”在西北方言中的体现[J]. 伊犁师范学院学报（社会科学版），2019（1）.

[54] 袁微．陕西汉中方言词汇意义研究[J]．现代语文（语言研究版），2010（4）．

[55] 张崇，王军虎．陕西方言词汇和语法方面的几个特点[J]．西安外国语学院学报，1998（2）．

[56] 张璐．陕西勉县方言形容词语法举例探析[J]．陕西教育（高教版），2012（11）．

[57] 张璐，李丹．汉中方言部分语法规则调查[J]．语文建设，2013（24）．

[58] 张璐，李丹．陕南部分方言词汇记录与内部比较研究[J]．语文建设，2013（27）．

[59] 张璐．陕西西乡方言城关话两字组连读变调规则调查[J]．陕西理工学院学报（社会科学版），2016（2）．

[60] 张盛裕，张成材．陕甘宁青四省区汉语方言的分区（稿）[J]．方言，1986（2）．

[61] 张维佳．陕西方言研究综述[J]．陕西教育学院学报，1994（1）．

[62] 张永哲．语言资源观视域下的陕西方言保护[J]．西安电子科技大学学报（社会科学版），2020（1）．

[63] 赵娇．多语并存视角下汉族聚居区少数民族的语言扶贫路径探析——以陕西镇巴苗族语言状况为例[J]．清远职业技术学院学报，2020（5）．

[64] 赵小庆．汉水流域大学生语言规划对比研究：以陕西汉中为例[J]．海外英语，2021（14）．

[65] 中国社会科学院，澳大利亚人文社会科学院．中国语言地图集[Z]．香港：香港朗文（远东）出版有限公司，1987.

[66] 中国社会科学院语言研究所，中国社会科学院民族学与人类学研究所，香港城市大学语言资讯科学研究中心．中国语言地图集（第2版）[Z]．北京：商务印书馆，2012.

[67] 周政．陕南方言的标准问题[J]．安康学院学报，2009（2）．

[68] 周政．陕西汉台方言同音字汇[J]．安康学院学报，2012（3）．

[69] 周政．陕南混合方言韵母和声调的演变[J]．汉语学报，2013（2）．

[70] 周政．陕西西乡方言的语音差异及混合特征[J]．安康学院学报，2014（1）．

[71] 周政．陕南混合方言知庄章组声母的今读类型与历史层次[J]．语言科学，2014（2）．

[72] 周政，周托梓．陕南方言的文化价值[J]．安康学院学报，2017（6）．

[73] 庄佳．陕南中原官话秦陇片方言语音研究[D]．陕西师范大学硕士论文，2019.

[74] 邹先道．陕南方言 l、n 的分混与英语语音教学[J]．汉中师院学报（哲学社会科学版），1989（3）．

酸汤话研究综述

吴　玲

【摘要】酸汤话是分布在湘黔边界、被湘方言和西南官话包围的、夹杂苗语和侗语成分的汉语方言变体，在汉语方言尤其是混合方言研究方面具有特殊价值。本文从酸汤话的形成与分布、归属、结构特点等方面梳理酸汤话研究现状，认为应当增加调查点，加强词汇和语法结构的调查研究，进一步探讨语言和方言接触问题，重视语言变异及语言活力调查。

【关键词】酸汤话，方言岛，研究综述

湘黔交界处的苗族因喜欢吃酸而被称为“酸汤苗”，他们所操语言与当地汉语方言不同，被称为“酸汤话”。酸汤话是被湘方言和西南官话包围的、夹杂苗语和侗语成分的汉语方言变体，其主要音韵特征是中古全浊声母今读塞音、塞擦音时，绝大多数平声字读不送气清音，无塞音韵尾。20世纪90年代以前，酸汤话未引起学界重视，方言分区划片不明确。20世纪90年代以来，相关研究成果陆续问世，但缺乏全面系统的调查。本文在梳理酸汤话的形成与分布、归属、结构特点的基础上，揭示以往研究的不足，以期引起更多学者的关注。

一、形成与分布

酸汤话的形成是方言变化和人口变迁共同影响的结果，以往的研究多聚焦于酸汤话的形成与分布。

（一）形成

历史上，湘黔边界地区为苗族、侗族聚居地。春秋战国时期，随着楚国向南扩张，当地语言发生了变化，后因历朝历代移民形成了酸汤话。学界主要从地理特殊性、“酸汤苗”的来历和人口变迁等方面论述了酸汤话的形成，并主要以族谱材料为证。

湘黔交界一带是古代民族迁徙和文化传播的走廊，具有重要的历史地位。湘黔交界地区峰峦重叠，如同天然屏障，清水江、渠水、巫水是南方少数民族迁徙黔桂的主要入口，也是历代统治阶级的重要兵屯之地（杨学军 1996）。酸汤话的由来与“酸汤苗”有关。据远口吴氏族谱记载，其祖南宋大理寺丞吴盛不满朝廷腐败，景定二年（1261）弃官逃入苗疆，在远口安家落户、繁衍子孙。吴姓后代与迁自江西的杨、罗、杜、肖及迁自湖南的段、李、刘诸姓频繁通婚，融合形成酸汤苗（胡萍 2006）。酸汤话的形成主要与历代汉族移民有关。明洪武年间，江西移民大量进入“湖广”，导致客赣方言与当地土著语言相互影响，形成了富有特色的酸汤话（张雄 2007）。刘宗艳（2014）以当地吴姓、舒姓、杨姓和蒲姓族谱材料为证，认为湘黔交界处的汉族多于宋元期间由江西迁入。

瞿建慧、谢玲（2011）探讨了酸汤话的形成，认为春秋战国时期，楚国向南扩张，湘西南苗族受楚文化影响，使用楚语与苗语相混杂的中介语，即原始湘西南酸汤话。湘西南酸汤话的发展除受语言接触因素影响外，还与战乱移民、屯垦移民、行政区划设置等外部因素有关。西晋、南北朝、南宋初期和末期四次大规模的北方汉族移民，使湘西南酸汤话的语言面貌不断改变。两宋时期，湘西南地区处于北方中央集权的统治下，酸汤话受到官话的强烈影响。宋元以后，由江西迁入湘黔交界地区的汉族逐渐转用酸汤话，扩大了使用群体和范围，并具有了赣方言色彩。

（二）分布

酸汤话分布在湘黔交界处的贵州天柱、锦屏、黎平和湖南会同、靖州、通道、芷江、新晃、绥宁的部分乡镇，随着调查范围的扩大，其分布区域陆续增加。

杨学军（1996）认为，酸汤话主要分布在贵州天柱及相邻的湖南会同、靖州、绥宁、芷江；《贵州省志汉语方言志》（1998）认为，酸汤话是贵州天柱境内远口、蓝田、白市三区的苗族所说的语言；胡萍（2006）指出，湖南会同的郎江、蒲稳、漠滨、炮团等乡镇的话为酸汤话；张雄（2007）认为，酸汤话主要分布在贵州天柱清水江沿岸的各乡镇以及湖南会同的炮团、朗江、蒲稳等地；谢玲（2011）认为，湘西南酸汤话主要分布在会同、靖州、通道三县。杨钦（2012）扩展了酸汤话的分布范围，认为除天柱县，贵州境内的酸汤话还包括锦屏县与黎平县，湖南新晃县也有分布。

综合已有研究，酸汤话的分布可归纳为下表。

酸汤话分布表

省	县	乡镇	村寨
贵州	天柱	远口、蓝田、白市、竹林 坌处、江东、瓮洞、地湖	（大部分地区）
	锦屏	启蒙、平略	甘塘、便幌、雄黄、高坐、滥泥冲
	黎平	大稼	俾嗟、率努
湖南	会同	郎江、蒲稳、漠滨、炮团、地灵	（大部分地区）
	靖州	大堡子	（大部分地区）
		三锹	凤冲、地舆、菜地
		坳上	大部分
		藕团	康头、老里、高营
		铺口	红旗、同乐、金麦
		平茶	棉花
		新厂	（大部分地区）
	通道	江口	包里、大团、道塘、地宅、 西团、西流、沙团
		县溪	社团、大穴
	芷江	罗岩、冷水溪、碧涌、洞下场	（大部分地区）
	新晃	米贝	富家冲、烂泥、竹坡、茶坪
	绥宁	北部地区	（大部分地区）

二、归属研究

酸汤话处于湘方言与西南官话的包围中，同时受到苗语和侗语的影响。学界普遍认同酸汤话属汉语湘方言，但是否为方言岛，仍存在不同看法。

（一）湘方言说

酸汤话属汉语湘方言，但对其分区划片存在不同意见。杨学军（2006）认为，酸汤话是通行于湘黔边界地区酸汤苗族内部的语言，应归为汉语湘西方言；谢玲（2011）认为，湘西南酸汤话属湘方言；杨钦（2012）认为，酸汤话是带有明显赣方言色彩的湘方言，属湘方言娄邵片绥会小片；刘宗艳（2014）将娄邵片绥会小片的会同、绥宁南部方言析出，与酸汤话合成湘西南黔东南片，并与湘方言的长益片、娄邵片、衡州片、辰溆片、永全片并列；张雄（2015）认为，酸汤话属湘方言长益片。

（二）方言岛说

酸汤话是否为方言岛，学界存在分歧。部分学者认为酸汤话是方言岛，如游汝杰（1992）、《贵州省志·汉语方言志》（1998）、张雄（2007）、吴伟军（2010）、吴才勇（2018）等。吴伟军（2010）认为，酸汤话是在湘方言与西南官话包围中、具有二者部分典型特征的混合型汉语方言岛。部分学者认为酸汤话不是方言岛，如周小红（2008）认为，酸汤话与会同方言均受到湘方言、赣方言和西南官话的影响，可界定为混合型汉语方言。李蓝（2009）指出，贵州天柱白市、江东等乡镇的酸汤话和湖南会同湘方言连成一片，是湖南方言向贵州的延伸，不是西南官话区内的方言岛。瞿建慧、谢玲（2011）认为，贵州天柱酸汤话与湘西南酸汤话同属湘方言，天柱酸汤话是湘西南酸汤话向西传播的结果。

（三）酸汤话归属思考

学界普遍认同酸汤话属湘方言，笔者认同此观点，且认为酸汤话是非典型混合型湘方言岛。

参照《中国语言地图集（第2版·汉语方言卷）》（2012），酸汤话处于西南官话与湘方言的包围中。游汝杰（1992：55）指出："在方言地理学上，被另一种方言（或语言）包围的方言称为方言岛。介于两种或两种以上方言之间的方言不算方言岛。"如此看来，酸汤话和湖南会同湘方言连成一片，较难称为完整意义上的方言岛，或应称为非典型方言岛。酸汤话处于湘方言和西南官话交界地带，既受湘方言牵制，又有西南官话的渗透，是兼具湘方言和西南官话特点的混合型方言。从语言结构特点看，酸汤话的湘方言特色显著，与西南官话差异明显，可称其为非典型混合型湘方言岛。

三、结构特点

学界关于酸汤话的本体研究主要集中在语音方面，较少涉及词汇和语法研究。酸汤话语音特征主要有：中古全浊声母的上声和去声字今逢塞音、塞擦音一般读不送气音；平声和入声字读送气、不送气皆有。知组三等与章组合流，并分化为不同类型，或依今韵母洪细分化成两组，或在白读层合流。非晓组相混，以晓组混入非组为主。声调一般为五个或六个，五个包括阴平、阳平、上声、阴去、阳去；六个则多一个入声，但无塞音韵尾。

（一）语音研究

学界主要运用语音学及音韵学方法描写分析酸汤话某个点（或某片区）的语音特点，或进行多点对比研究，目的是探讨其归属问题。总体而言，分散研究较多，系统研究不足；共时描写较多，历时研究有待加强。

1. 单点描写

酸汤话语音分片研究不平衡，贵州天柱地区的研究成果较多，其他点的研究成果较少。张雄（2007）系统调查了天柱酸汤话，并根据语音特征划分片区。谢玲（2011）较全面地调查了湘西南会同、靖州、通道酸汤话的语音特点。杨钦（2012）以锹里地区为调查点，打破了按照行政区域划分来研究语言的模式。刘宗艳（2014）通过共时描写与历时分析，展示了湖南靖州藕团酸汤话的语音面貌。

酸汤话的共时研究主要包括音系、音韵特征、声韵配合关系描写，同音字汇记录，文白异读、内部差异分析和片区划分等。杨学军（1996）描写了酸汤话的音系，记录了同音字汇，但未说明具体调查点。《贵州省志汉语方言志》（1998）描写了天柱酸汤话的音系及音韵特征。杨学军（2006）以天柱白市、会同蒲稳的发音为依据，描写了酸汤话的变调现象及声韵配合关系。胡萍（2006）描写了会同蒲稳酸汤话的音系及音韵特征。张雄（2007）较全面地描写了天柱远口片酸汤话的音系和音韵特点、语流音变及文白异读，记录了同音字表，分析了天柱酸汤话内部及新老派语音差异，并将天柱酸汤话分为远口片、地湖片、坌处片、白市片和瓮洞片。谢玲（2011）全面调查了湘西南酸汤话的语音，描写了会同、靖州、通道酸汤话音系及其内部异同。杨钦（2012）分析了锹里地区酸汤话 13 个点的语音系统及其内部差异。刘宗艳（2014）描写了以藕团为代表的六个点的酸汤话音系，列出了藕团酸汤话的文白异读条例、声韵配合关系和同音字表，并以靖州三锹乡为界将酸汤话分为南片和北片。李华斌、罗艳春（2018）描写了天柱江东乡酸汤话的音系、语音特点和同音字汇。

酸汤话的历时研究主要涉及语音演变与古音遗存。杨学军（2006）描写了天柱白市、会同蒲稳酸汤话古入声字的分派。张雄（2007）描写了天柱县酸汤话的古音遗存和中古知庄章组声母的今读与演变。谢玲（2010）描写了湖南靖州大堡子乡酸汤话韵母的今读情况。张雄（2015）探讨了中古知庄章组声母在湘黔边界地区的分化类型及分布特点。吴才勇（2016）描写了全浊声母的今读情况，随后探讨了天柱竹林酸汤话照二和照三的演变层次（2017）。

2. 对比研究

酸汤话单点（或片区）研究成果较多，对比研究主要为酸汤话与周边方言的比较，且多为归属探讨。

张雄（2007）将酸汤话与长沙话、南昌话、贵阳话比较，探讨其归属问题。周小红（2008）将湖南会同方言与天柱远口酸汤话比较，认为酸汤话与会同方言一样受到湘方言、赣方言、西南官话影响，可界定为汉语混合型方言。谢玲（2011）将湘西南酸汤话与周边的林城话、渠阳镇话以及县溪军话比较，认为湘西南酸汤话是受赣方言和西南官话影响的湘方言。杨钦（2012）从湘方言和赣方言的界定标准探讨酸汤话的归属。刘宗艳、罗昕如（2013）将酸汤话与“靖州腔”对比，认为“靖州腔”是酸汤话的演变和继承，二者为非典型湘方言的不同表现形式。刘宗艳（2014）将酸汤话与西南官话、湘方言、四川“靖州腔”比较，进一步确认酸汤话与湘方言的联系，并观察酸汤话的演变方向。

（二）词汇语法修辞研究

酸汤话语音研究成果较多，词汇研究不足，语法研究更少，且词汇和语法研究以记录为主，多为微观研究，尚未形成系统。

杨学军（2006）记录了酸汤话常见词与词组。张雄（2007）比较了酸汤话内部词汇异同，认为亲属称谓词、时间名词和代词系统存在较大差异。刘宗艳、罗昕如（2013）分析了用酸汤话记录的锹歌及其修辞手法。刘宗艳（2014）记录了湖南靖州藕团酸汤话的词汇，首次描写了酸汤话的语法。刘宗艳（2016）探讨了湖南靖州酸汤话的话题标记“是”在语音语义表现、话题结构及语法化等方面的问题。吴才勇（2018）分析了酸汤话动词重叠现象，包括重叠特点、音节与变调形式、语法功能等。李小军、吴才勇（2022）分析了天柱竹林酸汤话介词重叠格式、音变模式、语法意义及句法特征。

此外，学界还关注酸汤话的语言混杂和演变。刘宗艳（2013、2017）从语音和词汇方面分析了酸汤话中的湘方言、西南官话、苗语、侗语成分，认为酸汤话区别于西南官话的特征逐渐受到磨损，部分村庄的酸汤话使用者甚至陆续放弃了酸汤话，改用西南官话。涉及酸汤话的综述有《汉语方言岛研究综述——兼及贵州汉语方言岛研究的思考》（吴伟军 2010）和《“酸汤话”研究述略》（李蕊 2011）。

四、研究不足与展望

学界关于酸汤话的调查研究仍处于探索阶段，总体研究不平衡，讨论归属的成果较多，较少关注语言本体，未能展示酸汤话的全貌。调查点方面，贵州天柱酸汤话的研究较多，其他地方的成果较少或尚未涉及；单点研究较多，方言点比较研究不足。结构方面，主要集中于语音的描写与分析，词汇、语法方面的研究成果较少。研究方法方面，多为共时描写，历时考察不足。

（一）丰富研究成果，拓展研究深度和广度

湘黔边界地区重峦叠嶂，交通欠发达，各县乡语言事实存在差异。为展示酸汤话全貌，需获取更多单点调查材料，结合共时分析与历时考察，全面深入研究。首先，酸汤话分片研究不平衡，部分县乡的酸汤话几乎无人涉猎，需要拓宽研究区域，增加调查点，获取较全面的语言材料。其次，酸汤话的研究成果多为语音研究，且多为归属探讨，需要加强词汇和语法结构的研究，深入分析其语言特点。最后，酸汤话语音研究多为静态的共时描写，缺乏与相关方言的横向比较和古今演变的纵向研究，需要加强酸汤话与周边语言或方言的比较和接触研究。

酸汤话处于湘方言、西南官话的包围中，又受到苗语、侗语及普通话的影响。酸汤话研究应重视其语言混杂性，加强历史层次考究，分析和判断其语言成分，厘清内部脉络，为其归属和界定提供参考。在探讨酸汤话的归属时，除以语音特征为依据，还需要参考词汇和语法结构特点，多层面对比，同时加强相关史料与溯源研究。

（二）重视语言变异及语言活力调查

随着社会进步与交流频繁，大多数方言岛有逐渐缩小甚至消亡的趋势。方言岛的语言特征是与岛外方言相区别的重要标志。酸汤话受到西南官话和普通话的强势影响，其相对独立和封闭的环境被打破，区别于岛外方言的语言特征逐渐受到磨损，发生了一定的变异现象，目前尚未引起学界重视。为全面认识酸汤话，预测其演变趋势，应全面调查酸汤话的变异项目，分析影响其发展演变的因素。

目前，学界尚未系统调查过酸汤话方言岛的语言生活。方言岛保持的条件

有四个：相对封闭的环境，高度的语言忠诚或语言认同度，持岛内方言的人数较多，方言差异较大（王远新、张阳、李媛冬 2012：13）。随着经济发展和文化交流的日益频繁，方言岛较难保持相对封闭的环境，岛内方言逐渐式微。梳理前人的研究和实地调查可知，酸汤话方言岛的双言现象正从并用向转用发展，岛内方言有被强势方言替代的趋势；岛外方言向岛内方言不断侵蚀，方言岛的界限不再清晰；方言岛居民的语言态度发生变化，年青一代的语言态度不够积极。方言岛的濒危性质与多种因素有关，语言保持条件正发生不可逆转的改变，其中语言态度是方言岛保持活力的重要影响因素，需要全面调查酸汤话方言岛的语言生活现状，预测其发展趋势。同时，有效记录正在变化的语言状况，对国家或地区制定语言资源保护政策提供参考。

参考文献

一、著作

[1] 贵州省地方志编纂委员会．贵州省志·汉语方言志[M]．北京：方志出版社，1998.

[2] 王远新，张阳，李媛冬．北京官话方言岛研究：清东陵和清西陵的满族汉语[M]．北京：中央民族大学出版社，2012.

[3] 游汝杰．汉语方言学导论[M]．上海：上海教育出版社，1992.

[4] 中国社会科学院语言研究所，中国社会科学院民族学与人类学研究所，香港城市大学语言资讯科学研究中心．中国语言地图集（第2版·汉语方言卷）[M]．北京：商务印书馆，2012.

二、期刊论文

[1] 曹志耘．湘西方言概述[J]．语文研究，2007（1）．

[2] 李华斌，罗艳春．天柱酸汤话江东方言音系[J]．黔南民族师范学院学报，2018（6）．

[3] 李蓝．六十年来西南官话的调查与研究[J]．方言，1997（4）．

[4] 李蓝．西南官话的分区（稿）[J]．方言，2009（1）．

[5] 李蕊．“酸汤话”研究述略[J]．教育文化论坛，2011（2）．

[6] 李小军，吴才勇．贵州天柱（竹林）酸汤话的介词重叠[J]．方言，2022（2）．

[7] 刘宗艳，罗昕如．酸汤话记录的锹歌及其修辞[J]．云梦学刊，2013（5）．

[8] 刘宗艳，罗昕如．湘黔“酸汤话”与四川“靖州腔”[J]．湖南科技学院学报，2013（10）．

[9] 刘宗艳．湖南靖州酸汤话的话题标记“是”[J]．方言，2016（1）．

[10] 刘宗艳．酸汤话的混杂性观察[J]．南华大学学报（社会科学版），2013（6）．

[11] 刘宗艳．酸汤话双方言人的三类西南官话[J]．丝路视野，2017（9）．

[12] 瞿建慧，谢玲．湘西南酸汤话的演变与归属[J]．贵州民族研究，2011（6）．

[13] 吴才勇．全浊声母在酸汤话中的今读情况[J]．语文学刊，2016（8）．

［14］吴才勇．酸汤话“照二归精、照三端”例证［J］．现代语文，2017（3）．

［15］吴伟军．汉语方言岛研究综述——兼及贵州汉语方言岛研究的思考［J］．贵州大学学报（社会科学版），2010（1）．

［16］谢玲．靖州大堡子乡酸汤话韵母的今读情况［J］．语文学刊·高等教育版，2010（5）．

［17］杨学军．黔湘边界“酸汤话”音系记略［J］．黔东南民族师专学报（哲学社会科学版），1996（2）．

［18］杨学军．“酸汤话”音系记略（续）［J］．黔东南民族师范高等专科学校学报，2006（5）．

［19］张雄．湘黔边界酸汤话今读中的古音遗迹［J］．凯里学院学报，2008（5）．

［20］张雄．湘黔边界地区酸汤话系属探讨［J］．现代语文（语言研究），2015（4）．

［21］张雄．中古知庄章三组声母在酸汤话中的读音研究［J］．语文学刊（高等教育版），2015（9）．

三、学位论文

［1］胡萍．湘西南汉语方言语音研究［D］．湖南师范大学博士学位论文，2006.

［2］刘宗艳．酸汤话研究［D］．湖南师范大学博士学位论文，2014.

［3］吴才勇．酸汤话动词重叠研究［D］．贵州民族大学硕士学位论文，2018.

［4］谢玲．湘西南酸汤话语音研究［D］．吉首大学硕士学位论文，2011.

［5］杨钦．锹里地区“酸汤话”语音研究［D］．中南大学硕士学位论文，2012.

［6］张雄．酸汤话内部差异研究［D］．贵州大学硕士学位论文，2007.

［7］周小红．湖南会同方言的比较研究［D］．中南大学硕士学位论文，2008.

语言功能的社会语言学研究

——《语言功能论纲》述评

赵婷婷

【摘要】 依据社会语言学理论和方法，从语言功能和语言价值、语言功能和语言使用、语言功能和语言认同、语言功能和语言变化四方面评述王远新教授的新作《语言功能论纲》，阐述实证研究与理论建构的重要性。《语言功能论纲》在长期语言田野调查的基础上，重点探讨语言的社会文化功能，提出了语言功能的互动系统、和谐双语社会建构、濒危语言保护、语言认同与民族认同关系、双语教育和民族语文政策等重要理论观点，为语言功能研究增添了新内容。

【关键词】《语言功能论纲》，语言功能，实证研究

语言功能是语言学的基本问题，也是社会语言学的重要研究内容。国内外不同学派因语言观、研究角度和分析方法的不同，对语言功能的认识尚存在差异。王远新教授的《语言功能论纲》（中央民族大学出版社，2021，70 万字；下文简称《论纲》）除“出版说明”“代前言”“内容导读”外，正论由七部分构成：语言的文化价值、濒危语言保护、语言使用和语言文化适应、语言认同和民族认同、双语和双语教育、语言政策和语言规划、语言发展和变化，展现了作者近二三十年以来关于语言功能的探讨。《论纲》的总体特点是，实地调查材料与理论讨论并重，探讨语言的社会交际功能以及在此基础上延伸出来的功能，弥补了语言功能研究的不足，为认识语言功能的特点及相关问题提供了有益参考。

一、社会语言学视野的语言功能研究

纵观语言学史，语言研究总体分为形式和功能两大学派（王远新 2006）。结构主义语言学的伦敦学派和新伦敦学派继承了人类学功能学派马林诺夫斯基（B. Malinowsky，1884—1942）的思想，建立了语言学的“功能学派”（functional school)。马林诺夫斯基（1923）依据新几内亚东岸特罗布莱恩群岛的调查，建立了语言“交际功能”（phatic communication）学说；弗斯（J. R. Firth，1890—1960）在阐述说话人、语言形式、语言环境等关系的基础上，开创了“语境学说”（the theory of context of situation），并成为伦敦学派的代表。新伦敦学派的代表韩礼德（M. A. K. Halliday，1925—2018）从系统和功能角度，建立了系统功能语法（systemic-functional grammar）。法国社会心理学派的代表梅耶（A. Meillet，1866—1936）从社会学角度解释语言演变原因，探讨了语音变化的社会心理机制；房德里耶斯（J. Vendryes，1875—1960）阐述了语言的社会性，从社会和心理角度探讨语言产生的条件；马丁内（A. Martinet 1975）融合了历史比较语言学和结构主义语言学，提倡以功能为纲研究语言，以言语活动为研究对象。北美人类语言学派的创建者博阿斯（F. Boas，1858—1942）和萨丕尔（E. Sapir，1884—1939）等人关于语言与文化关系的探讨，对功能语言学发展产生了很大影响。海姆斯（D. H. Hymes 1962、1972）的“言语交际民俗学”（the ethnography of speaking or communication）和“交际能力”（communicative competence）理论，更是强调语言的社会文化功能研究。欧洲和北美的功能研究倾向对社会语言学的产生和发展具有重要影响。因此可以说，社会语言学总体属功能学派。

继索绪尔（F. de Saussure，1857—1913）强调语言系统的结构形式及其独立性、乔姆斯基（A. Chomsky，1928—）强调研究“语言能力”（competence）的重要性之后，西方一些语言学家另辟蹊径，认为语言不是同质的规则系统，并发展出与形式语言学研究鼎足而立的研究范式。比如，拉波夫（W. Labov，1927—）和导师温瑞奇（U. Weinreich，1925—1967）建立的“变异学派”（variationist）、费希曼（J. Fishman 1972）强调研究社会现实中的语言问题等。伴随新范式的发展，社会语言学从语言结构之外寻找解释影响语言结构演变规律的因素，强调语言使用的社会心理研究，成为当代功能语言学研究的典型范式。

国内社会语言学主要从微观和宏观两个角度关注语言社会问题：前者侧重语言变异、语言生活等个案调查，后者侧重语言政策、语言规划等理论探讨，沟通宏观和微观研究的语言功能探讨并未引起足够重视。语言功能探讨不仅有助于沟通社会语言学的宏观和微观研究，而且有助于全面认识语言的结构和功能特点及其发展演化，《论纲》在这一领域做出了可贵的尝试。

二、语言功能相关问题研究

《论纲》立足于语言功能，分专题探讨了语言社会应用的理论和实践问题，既关注大众语言生活，分析不同类型社区内不同群体语言使用和语言态度及其互动对语言生活变迁的影响；也关注国家层面语言政策和规划的设计，如双语教育、濒危语言保护、语言文化安全、语言战略等宏观问题。

（一）语言功能和语言价值

1. 语言的文化价值

语言的社会文化功能具有层次性和互补性的特点（王远新 2000），这是作者 20 多年前结合我国民族地区国家通用语言文字和少数民族语言文字关系实际得出的结论。此文虽未收入《论纲》，但这一认识贯穿于作者关于语言与社会研究的方方面面，即这一理论概括对建构我国民族地区和谐语言生活具有重要的现实意义。

关于语言功能与语言的文化价值（王远新 2008），作者认为语言具有微观结构功能、中观交际功能和宏观社会文化功能，三种功能相互依存，构成了语言功能的互动系统。关于语言的社会文化功能，作者进一步指出，语言具有外在标志功能、内在认同功能和反观自我的功能。本文是国内较早探讨语言功能、语言认同及其关系的论述，其理论概括在相关研究领域具有重要参考价值。

正确认识语言文化多样性，对建构可持续发展的社会文化生态至关重要。作者认为，语言文化多样性是人类的“社会文化生态系统”，具有多方面的价值。作者以新疆少数民族语言文化价值为例，指出少数民族语言文化认同与国家认同关系密切，跨国居住民族的语言文化认同在国家认同中具有特殊性，发展少数民族语言文化在国家认同、抵御外来文化渗透等方面具有重要作用。

2. 濒危语言保护

语言功能是由交际功能、社会文化功能、结构功能、表达功能、情感功能、认同功能组成的复合体，语言濒危与语言社会文化功能和交际功能的变化有关。作者指出，少数民族语言使用功能的衰微主要表现在三方面：母语在传统社会生活中的作用丧失、母语使用者平均年龄升高甚至出现代际断层、语言使用者对母语濒危持无所谓态度。弱势语言结构和表达特点的变化，如大量借入或夹杂强势语言词语，本族语传统表达方式、固有词语逐渐退出交际，本族语表达方式简化、固有构词方式弱化等，均不是语言濒危或走向濒危的直接原因。无论语言“缓慢性”濒危还是“急促性”变化，都不是语言结构和表达功能等变化导致的，而是语言社会文化功能、交际功能弱化导致的附属性变化。这一结论对矫正“语言濒危受语言结构不适应社会发展因素影响”等错误认识，具有重要的认识论价值。

关于濒危语言维系，作者调查了广东博罗和增城畲语使用状况，探讨了畲语得以保留的原因：畲族语言社区和家庭传承是畲语保留的客观条件，母语情感和语言忠诚是不容忽视的主观因素。作者还分析了塔塔尔语的濒危程度及濒危程度降低的影响因素，认为“半双语”交际、跨境语言互动、民族凝聚力、母语忠诚度及强烈认同感是濒危语言得以维系甚至濒危程度降低的重要因素。这些对濒危语言维系的个案调查研究及相关理论思考，均具有典型的实证性价值。

（二）语言功能和语言使用

1. 语言使用

语言使用调查涉及不同类型的社区、领域和群体三个维度（王远新 2019），调查内容主要涉及语言习得、语言学习途径、语言能力、语言态度以及语言的社会地位和实用功能。作者认为可以从宏观语言政策和语言生态环境、中观语言社区和领域及社会群体、微观个体语言使用和语言态度及语言行为表现等客观和主观角度进行归因分析，描述和分析特定社区、领域和群体的语言生活状况及其变迁发展趋势，针对存在的问题提出应对策略。《论纲》中的河北省尚义县四台和五台蒙古营、抚宁县朝鲜族村、广东增城和博罗畲族社区、民族地区生态移民语言文化适应、新疆传媒领域少数民族语言文字使用等调查，均涉及上述问题。

2. 双语和双语教育

双语现象与双语教育密切相关，双语教育对保持民族地区语言文化多样性具有重要作用。《论纲》不仅提出了“自然双语社会”的概念，还认为正确的双语教育策略是形成自然双语社会的有效机制，倡导从宏观、中观和微观层面研究民族地区双语和双语教育问题（王远新 2006、2015）。宏观层面涉及民族地区社会历史、文化发展、语言和双语教育政策、语言生态环境等；中观层面涉及教学模式、课堂教学、教材建设、师资队伍、教育对象、人才培养等教育本体论问题；微观层面涉及相关群体的语言态度和双语教育教学态度、对双语教育的心理预期和实际行为表现等社会心理因素。作者在描述不同民族或同一民族不同地域、领域、群体语言文字使用状况的基础上，分析调查对象对本族语言文字、国家通用语文、外国语文及双语教学模式的态度，揭示了民族地区双语教育及各类教学模式面临的现实问题，即推广国家通用语文和保护少数民族语言文字、保护传统文化与发展经济，以及对本族语言文字的情感认同和发展本族语言文字意愿与升学就业压力等现实问题，提出了制定和完善民族语文、民族教育及推广国家通用语的政策建议。

（三）语言功能和语言认同

语言与认同的研究经历了由隐到显、由结构观到建构观的过程。认同既包括语言和文化认同，也包括族群、社会身份认同。作者在中国语言学界较早提出了认同对语言本体和语言使用的影响，其相关论述在本书专题中均有体现。

1. 语言态度、语言认同和语言文化适应

语言态度和语言认同是语言本体和语言生活调查的重要内容。语言态度是语言认同的组成部分，一定程度上体现了语言价值观和规范观，语言态度影响下的语言选择是语言认同的实践或表现。语言态度包括主客观两方面：前者包括对相关语言变体的情感认同、主观评价和客观认知；后者包括对语言变体的需求和发展前景期望、语言变体选择的行为倾向和实际表现等。

语言认同的本质是社会身份建构。认同强调身份的独特性，是对我者和他者的界定，目的是凸显个体或群体的价值。语言认同在凝聚族群认同、建构社会身份中发挥着重要作用，具有天然性（原生性）、建构性和互动性。语言认同与生俱来，如母语情感认同；其建构性和互动性主要体现在个体与外界互动发展出的多元、动态的身份定位。建构主义认为，身份并非一成不变，而是随时间、场合的变化而变化，身份建构在我者与他者互动中完成。民族地区生态移民通过语言变体选择和使用建构不同的社会身份，以此表明他们对不同群体的认同，从而更好地适应新的语言生活环境。城市新移民群体具有身份多元化的特点，积极学习和使用普通话以及移民地语言或方言的行为表现，不仅是城市新移民的适应策略，也是其获得城市身份的便捷手段。

《论纲》讨论的语言文化适应问题，不仅与身份认同和建构有关，还涉及本族语言文化传承、语言文化环境适应等，如自我发展、人际沟通、民族语言文化传承、民族杂居区和聚居区移民社区差异、跨国居住民族语言文化影响等。作者重点关注生态移民和少数民族进城务工或边疆进入内地省份群体的语言文化适应问题，考察分析了这些群体因社会文化变迁、生活环境和生存状况变化导致的语言能力、语言使用、语言态度、双语教育态度、后代择校行为等系列变化。上述种种，均与语言认同有关。

2. 语言认同和民族认同、国家认同

语言具有内在认同功能，其基本特点是实用性，主要体现在情感认同和民族文化认同方面。作者以青海同仁土族为例，在“族语不同”情况下，受藏语和藏文化优势地位、学校教育、社会交际等因素影响，土族中部分群体的藏语和藏文化认同倾向不断加强；土族母语功能的局限性导致其母语认同弱化，汉语文认同则具有明显的工具性特点。在民族认同背后，语言及其体现的社会文化功能、相关的语言和文化认同起主要作用，土族更认同藏语是因其社会文化功能更强大。民族语言文化是民族认同的基本依据，民族认同不仅是客观存在的社会现实，还具有强大的社会功能。作者还将语言文化认同与族群身份确认联系起来，以新疆土尔克曼人族群身份的确认为个案，认为族群身份的官方确认应遵循“宜合不宜分”的原则。

语言认同与国家认同关系密切，和谐语言生活是构建和谐民族关系的前提，这涉及多民族国家语言政策制定和实现路径，关乎民族团结和国家稳定。制定语言政策应充分考虑多民族国家不同语言社会文化功能的层次性和互补性，以及跨国居住民族国家认同的特殊性。作者以新疆少数民族语言文化在国家认同、抵御外来文化渗透方面的重要作用为例，指出在推行国家通用语的同时，发展少数民族语言文化，能够更好地协调民族认同和国家认同，更好地抵御外来文化渗透。

（四）语言功能和语言变化

语言是动态发展的异质有序系统，但异质的语言并非不可观察。社会语言学不仅持“异质有序”的语言观，还通过语言变项的社会分布把握其共时分布特点和规律，通过社会因素和心理动因分析，预测变异的发展趋势。语言演化包括语言变异和变化，二者既相互联系又有区别。变化指演化结果，是历时语言学概念；变异指演化过程，即共时结构系统的变异体现演化的微观过程。社会语言学认为，语言使用者的社会特征、语言使用环境、交际话题和场合、语言态度等因素都会影响语言使用和语言变异。语言变异不仅是语言使用的常态，还是语言发展的“起变因素”。换言之，语言变异可看作语言演化的起始阶段。变异阶段时间跨度很小，甚至没有跨度。与传统的变化概念不同，变异可看作共时状态的演化，即共时变异体现历时演变，拉波夫将其表述为“进行中的变化”。

被使用的语言总是处在变异和变化过程中，且与语言使用者的社会文化因素和心理动因密切相关。作者在“论语言接触和语言变化”中认为，语言接触是语言变化的外部原因，常与内部因素共同作用。具体而言，语言的性质和特点（如语言亲属关系、语言类型及语言的社会文化功能）、语言接触方式（如词语互借、语码夹杂和语码转换）、说话人的语言态度（如效仿强势语言、增强言语社区内部凝聚力）等，都会直接或间接影响语言的变异和变化。作者建议，为进一步摸清各种因素对语言演化的制约作用，需要考察语言接触及相关因素的关联和互动，建立语言接触与语言变异和变化的分析检验模式，目的是更好地探讨具有普遍意义的语言演化机制。

三、语言功能实证研究与理论建构

《论纲》对语言功能的探讨建立在大量语言事实和个案研究基础之上。比如，针对不同类型语言社区、不同群体语言生活的调查：以青海省同仁土族为个案，分析语言认同与民族认同的关系；依据广东畲族、新疆塔塔尔族、河北蒙古族等个案调查，讨论濒危语言保护和语言文化“孤岛”问题等。这些典型个案具有印证和补充宏观论述的作用。又如，探讨双语和双语教育问题时，作者提出的对策建议都是依据问卷调查数据、深度访谈案例及实地观察材料得出的，这比宏观叙述更有针对性、说服力和实操性。再如，作者较早提出的“自然双语社会”“和谐语言生活”等概念、对语言生活特点的描述和发展趋势的判断、多民族地区语言使用层次性和功能互补性、语言态度中主观认知与行为表现存在的结构性差异，以及语言功能、语言使用者的语言态度和语言认同是影响语言濒危的重要因素、语言结构变化只是语言濒危的附带性因素等观点，均是从大量田野调查实践中得出的。

对比分析不同类型个案是建构理论认识的重要途径。由于学科类属的交互性和学科内部的多样性，社会语言学一直面临实证个案多、理论建构不足的问题。《论纲》坚持通过具体问题的实证研究，层层建构理论认识的治学原则，在大量第一手材料和语言生活调查个案积累的基础上，认为语言功能是层级复杂的互动系统，即语言具有微观结构功能、中观交际功能和宏观社会文化功能，三种功能相互依存，构成了语言功能的互动系统。作者关于民族地区不同类型社区语言生活的调查，对了解当代中国语言生活的特点及其变化趋势，具有重要的社会实践意义；关于和谐双语社会建构、濒危语言维系、语言认同与民族认同、双语教育和民族语文政策等理论探讨，对深入认识我国语言族情、区情和国情具有重要的理论价值。

综上所述，交际功能是语言的根本功能，语言的社会文化功能、交际功能及语言使用的心理因素，是导致语言结构和语言使用变化的主要因素。随着社会的发展，语言结构和使用必然发生相应的变化，语言功能的重要性在社会文化大变革的新时期更为凸显。就此而言，开展语言功能研究，加强语言田野调查，搜集丰富可靠的第一手材料和数据，对夯实研究基础、丰富语言学理论以及营造求真务实的学风具有重要意义。

参考文献

[1] 罗纳德·沃德华．社会语言学引论（第5版）[M]．雷红波，译．上海：复旦大学出版社，2009.

[2] 王远新．论我国民族杂居区的语言使用特点[J]．民族语文，2000（2）.

[3] 王远新．语言理论与语言学方法论[M]．北京：教育科学出版社，2006.

[4] 王远新．语言生活调查的主要内容和方法[J]．民族教育研究，2019（2）.

[5] 王远新．传媒领域语言生活调查[J]．陕西师范大学学报（哲学社会科学版），2021（4）.

[6] 杨永林．社会语言学四十年[J]．外语教学与研究，2001（6）.

国内少数民族语言生活研究综述

迪丽娜孜·吐尔逊*

【摘要】 我国少数民族语言生活研究主要涉及少数民族的语言使用、语言态度和认同等内容。本文从研究视角、内容、对象、方法等方面，综述少数民族语言生活研究取得的成果，认为我国少数民族语言生活调查应进一步结合不同地区的社区类型、不同群体进行全面调查和对比研究，进而提炼理论认识。

【关键词】 少数民族，语言生活，文化适应

语言生活包括语言文字在不同类型社区、相关领域和特定群体中的使用状况，以及不同群体的语言态度和语言认同等内容（王远新 2019）。近40年来，我国少数民族语言生活调查研究从无到有，发展迅速，尤其是近10年的相关成果呈几何式增长。从研究内容看，宏观语言生活和语言使用个案调查是学者关注的主体，其次是语言态度，语言认同研究则是近年来的新兴话题。本文依据CNKI检索的论著，兼顾其他论著，从语言使用和语言态度研究内容、调查社区和群体等方面综述我国少数民族语言生活研究成果，指出存在的问题，提炼理论认识。

一、研究视角

（一）语言使用

语言使用调查作为社会语言学的基础性内容以及语言生活研究的重要组成部分，历来受到语言研究者的重视，其中关于少数民族的语言使用调查备受关注。除20世纪50年代以来的四次大规模调查，各项研究成果层出不穷，内容主要包括语言使用现状调查、影响因素分析以及语言功能与语言关系的差异

*迪丽娜孜·吐尔逊（1995—），女，中央民族大学中国少数民族语言文学学院语言学及应用语言学专业社会语言学方向2018级硕士研究生，主要研究社会语言学相关问题。

研究。

语言使用现状的调查成果众多，其中代表性成果有王远新教授主编的15册《语言田野调查实录》中部分论文以及他本人发表的一系列相关论文。另外，戴庆厦（2007），刘玉屏（2010），刘宏宇、李琰（2010），孟红莉（2013），张燚、杨帆（2014），韩建岗（2016），王娟（2017）等众多学者都做过此类研究，这些研究的调查地域广泛、民族种类较多、涉及不同领域和群体，能够较为充分地展现少数民族语言生活的动向。

学者调查语言使用现状的同时，重视影响因素的分析。王远新（1998）在调查肃南县少数民族语言使用的基础上，认为其居住类型、历史上的部落结构、地理环境、民族迁移和教育方式等是影响当地各民族语言使用的因素。同年，作者调查分析了通婚对肃南县少数民族语言使用的影响，指出宗教信仰和风俗习惯、民族分布状况、地理位置、人口因素以及婚姻观念等是影响当地民族通婚的主要因素；民族通婚使各类通婚家庭用语选择受双方语库特点制约，且影响后代语言使用。戴庆厦、邓佑玲（2001）提出城市化导致少数民族语言使用变化的观点，认为由于城市少数民族杂居以及自身观念的改变，其语言使用功能发生了变化；城市化导致少数民族在语言选择和使用方面广泛认同共同语、少数民族母语出现代际差异、母语使用能力弱化等。安冉欣（2018）调查了通辽市蒙古族语言生活，认为当地聚居及杂居情况、通婚情况以及大众传媒的差异，是当地蒙古族语言使用存在城乡差异及代际差异的主要影响因素。

在大量实证研究基础上，一些研究者开始讨论语言关系与语言功能的差异。王远新（2000）指出，民族人口和语言社会文化功能的差别导致了不同民族语言使用的不对等。马戎（2004）考察了语言与族群关系以及语言在族群关系研究中的意义，指出语言使用调查和语言变化分析对考察族群关系或分析族群关系历史演变的重要性。道布（2005）指出，语言最主要的是交际功能，而其认知、文化和象征功能也不可忽视。少数民族有学习和使用自己语言文字的权利，但语言政策的制定应根据该民族语的活力等实际情况，同时也不能忽视少数民族个人发展的需求。

（二）语言态度

语言态度调查是语言生活调查的重要内容之一，关于语言态度的专项研究成果颇丰，如戴庆厦、张弼弘的《论仫佬族的语言观念》（1990），贾晞儒的《试论新形势下海西蒙古族的语言观念》（1997），王远新的《论裕固族的语言态度》（1999），瞿继勇的博士学位论文《湘西地区少数民族语言态度研究》

(2014)，吴先泽、陈慧的《广西边境少数民族青年学生语言态度调查》(2016) 等。研究者多从认知、情感、行为倾向等角度调查分析少数民族的语言态度，并且对我国少数民族语言态度的特点、影响因素等方面有较为深刻的探讨。

王远新的《论我国少数民族语言态度的几个问题》（1999）一文较早讨论了我国少数民族语言态度的总体特点，指出其共性和差异：共性在于对本族语言感情浓厚、对学习和使用汉语文持肯定态度、且对汉语本身持认同态度；差异性体现在不同民族人口的多少、民族语文社会功能的高低导致其语言态度开放程度的不同。他还认为，语言态度既有稳定性，又有可变性。同一民族分布特点、文化程度以及年龄差异，也会导致不同的语言态度。

语言态度的差异和变化都有复杂的背景因素。张伟（1988）认为，语言态度是在多种社会因素综合作用下形成的社会价值观的体现，其差异受各类社会因素影响，如社会发展、文化背景、人口数量、年龄、性别、职业、团体的聚合度、文化水平、居住地区等。戴庆厦、陈卫东（1993）指出，语言观念的形成和发展既涉及民族心理、人口比例、地理环境、社会经济、文化教育、婚姻家庭等外部因素，也涉及语言功能等语言内部因素。此外，各民族不同的社会经历和发展状况也导致其语言观念存在差异。贾晞儒（1997）认为，由于生产条件、生活方式、社会地位和职业的差异，人们对语言的需求不同，语言态度也有差异。1997 年，他发表专文分析海西蒙古族的语言使用情况及其语言观念的变化，认为经济发展和文化交流是蒙古族学习汉语文甚至外语文的客观需求；物质和精神文化的提高，生产生活方式的变革是导致语言观念改变的重要因素；人口数量及民族居住和分布状况的变化、牧区城市化的消费倾向和现代文化娱乐活动等是影响语言使用的重要因素。

（三）语言认同

少数民族语言和民族认同研究重点讨论语言与民族认同、语言与身份认同以及语言态度与民族认同的关系等。

高梅（2006）在语言起源与生物进化、社会进化关系的基础上指出，语言与人类物质和精神文化密不可分，是文化的载体，体现了民族文化及心理。王远新（2009）认为，语言是民族认同的重要标志，语言和民族、语言认同和民族认同的关系错综复杂。王锋（2010）探讨了语言的稳定性及其维系民族内部交际、承载民族文化的作用，指出语言在族群认同中占据核心地位，具有不可或缺的作用，并且存在不同的表现形式。黄行（2012）认为，不同群体的民族和语言认同意识存在差异，弱势语言、非主体本族语言、复杂语言环境语言群体的认同意识强于强势语言、主体本族语言和简单环境语言群体。他指出，语言具有社会交际工具与民族文化和身份认同的双重功能，国家通用语通常承担较多的社会交际工具功能，少数民族语言承担较多的文化认同功能，二者互补且不可替代。马志群、罗小男（2017）指出，语言态度能正向预测民族认同，语言水平能间接影响民族认同，语言水平在民族认同和语言态度之间起中介作用。

（四）调查内容及调查方法研究

王远新（1998）认为，少数民族语言态度调查和研究方法应将西方心智主义和行为主义的语言观结合起来，相互为用。他发表数篇专文系统介绍了语言生活的调查方法，包括调查点的选择、调查问卷的设计、调查中的注意事项等；2019 年再次发文指出，语言社区调查的主要目的是描述不同类型社区居民日常生活领域的语言文字使用状况、语言态度及相关问题；领域调查是对不同行业、部门和机构相关人员的语言态度及相关问题的调查；群体调查是对不同类型群体的调查，如公务人员、教师、学生、外企员工、进城务工人员等。这三个维度可运用于日常生活领域的社区调查、专门领域调查以及特殊领域和群体调查。各类语言生活调查要有所侧重并相互关联，应有宏观视野且综合运用各类调查方法。瞿霭堂（2014）认为，少数民族语言文字使用情况的调查必须以解决当前少数民族语言文字使用的现实问题为目的，了解少数民族语言文字的发展，预测变化趋势并制定相应的政策和规划。

二、社区维度的调查研究

（一）民族聚居区

王远新（2004）在探讨畲族聚居地居民的母语习得、语言使用现状、语言态度的基础上，认为保护濒危语言应有本民族聚居地，本族语言也应成为家庭内部和本族聚居地的主要交际用语。王莉、崔凤霞（2009）调查和田县、墨玉县维吾尔族居民表明，他们的汉语能力较低，汉语的认同度不高、行为倾向较保守。作者认为，影响汉语认同度的因素是母语忠诚度、当地文化与汉语言文化的差异、封闭的环境和经济活动方式、对汉语使用需求度较低、当地汉语教育水平低等。王莉、连吉娥（2015）认为，新疆和田、喀什、阿克苏维吾尔族聚居区属单语使用区，维吾尔语是优势语，语言生活封闭。影响聚居区语言使用的因素是地理环境封闭、经济结构单一、维吾尔族人口比例较高、语言文化观念保守等。

（二）民族杂居区

戴庆厦、王远新（1991）认为，各民族的双语层次各不相同，影响其内部双语场层次特点的因素有年龄、职业、居民居住时间、杂居程度、家庭成员差异等。王远新（2000）认为，民族杂居区的双语现象具有普遍性，语言使用存在不对等性，其成因是民族人口和语言的社会文化功能差别。他指出，民族杂居区的语言使用存在层次性以及功能互补性。层次性表现在，汉语为各民族之间的族际通用语，人口较多民族的语言为区域优势语，使用人口较少的语言为族内交际语。不同语言功能的差异表现在，层次越高的语言社会功能越强，以这种语言为母语的人一般语库较简单，掌握多语的情况较少。社会功能层次低的语言使用人口较少，母语人语库复杂。王远新（2018）调查了伊宁市霍城县伊车嘎善锡伯乡伊车嘎善村村民的语言生活状况，认为当地少数民族被试语言能力高于汉族；锡伯语文发展面临困境，与当地民族结构的改变、通婚现象普遍、民族语文教育及媒体的缺失以及居民语言态度的变化有关。

（三）移民社区

随着城市化进程加快，移民数量的增加和规模的扩大，不少学者开始关注移民社区的语言生活和语言适应情况。王远新（2018）调查了乌鲁木齐县板房沟乡白杨沟村移民定居点村民和昌吉市阿什里哈萨克民族乡牧民安居点努尔加村的语言生活。前者的调查表明，当地居民普通话水平不高，主要使用哈萨克语。被试对普通话和汉文社会地位评价较高，对哈萨克语文实用功能评价较高，多数被试希望后代接受普通话教育，希望政府在不同学段实施哈萨克语和汉语双语教学。从移民搬迁的满意度及语言适应情况看，更喜欢现居地的主要为中青年被试，大多数人认为语言环境变化不大。后者的调查表明，搬迁后，被试语言适应较好，但在自然环境、生产转型适应方面存在问题。喜欢现居地的被试以青年居多，多数希望当地实行哈萨克语和汉语双语教学并发展哈萨克语文媒体。

内地城市少数民族移民社区的语言生活也备受关注，如李智勇（2006），郭蕊、丁石庆（2007），刘宏宇、李琰（2012），王远新（2020）等学者均做过相关研究。李智勇（2006）以社区中民族出版社、翻译局、广播电台等哈萨克族高级知识分子的家庭为单位，调查了北京哈萨克族语言社区及其家庭语言文字使用，讨论其语言态度和通婚态度。调查表明，调查对象对母语感情深厚，对汉语的态度更倾向于实用性。他们对子女通婚态度较保守，希望下一代与本民族结婚来传承哈萨克族传统。郭蕊、丁石庆（2007）以北京地区蒙古族知识分子群体形成的典型语言社区和家庭为调查对象，认为社会、单位和家庭语言环境共同影响语言使用及态度，进而影响其文化取向。刘宏宇、李琰（2012）调查了北京藏族社区（单位社区、居住社区以及家庭语言）的语言使用，发现职业女性语言的变化更趋向于社会通用语，且有可能影响到全民族语言发展；认为单位型居住社区有助于维系民族感情和保持本族语言文化，但随着城市化的深入，这个语言环境将会萎缩；北京藏族知识分子家庭仍较好地保持着母语使用，而其下一代的母语使用情况正发生显著变化；城市化带来的文化观念和生活方式变化影响了语言使用。王远新（2020）在调查河南石佛寺镇维吾尔族移民社区居民语言生活的基础上指出，收入增加、生活条件改善以及较好的政策是维吾尔族在当地经商、生活并定居的主要原因；他们适应过程中遇到的主要问题是汉语水平不高，与当地居民和政府交流困难。

三、群体维度的调查研究

（一）公务人员

王远新（2011、2012）、赵婕（2017）、朱琳（2018）等人均调查研究过少数民族公务员群体的语言生活，研究对象涉及藏、哈萨克、维吾尔、柯尔克孜等少数民族。不同民族公务员群体的语言生活呈现出较高的一致性，主要体现在：普通话或当地汉语是公务活动和族际交往的主要语言，本民族语言为家庭和族内交流的主要用语；不同民族公务人员群体对普通话及汉文的认同度、社会地位评价及发展前景期望度均最高，对本民族语言文字社会地位、实际功能及发展前景也有较高评价。在语言文字使用方面存在不一致，主要体现在藏、哈萨克、维吾尔族公务人员普遍对汉语文的掌握程度较好，工作中汉语文的使用频率最高（王远新 2011、2012，朱琳 2018）；部分民族的公务员群体则情况相反，如赵婕（2017）对柯尔克孜族公务人员的调查结果显示，该群体对柯尔克孜语文掌握程度最好，使用频率最高，其汉语文掌握程度低于柯尔克孜语文及维吾尔语文，作者认为这与其受教育程度有关。

（二）高校学生

高校学生群体的语言生活调查成果也很丰富。研究者不仅调查了这类群体的语言生活现状，还从不同角度分析了语言使用和语言态度差异及其影响因素，同时关注文化适应情况。

徐杨（2007）认为，少数民族大学生整体汉语能力较强、本族语能力较弱，不同专业语言能力差异较大。语言使用情况存在较大的城乡差异，来自民族聚居区的学生掌握本族语的比例高于杂居区。此外，家庭情况（婚姻类型、家庭语言、是否与祖辈居住）、教学模式、媒体等也对少数民族大学生语言使用影响较大。邬美丽（2007）对中央民族大学的九个少数民族进行调查指出，各民族语言使用情况和语言态度各不相同，其影响因素主要有语言使用的人数、语言使用者的性别、成长环境、家庭环境及其升学类别等。通过进一步考察发现，升学类别对语言态度的影响尤为明显（林峰、邬美丽 2008）。在京大学生家庭语言使用情况专项调查中发现，不同升学类别的调查对象其家庭语言使用存在共性和差异、同一升学类别不同民族学生的家庭语言使用模式存在差异、同一民族不同升学类别的语言使用模式也有所不同（邬美丽 2008）。孙咏梅、孙咏莉（2007）通过考察汉语水平、社会网络和民族认同三个背景因素对维吾尔族大学生语言态度的影响，发现社会网络因素对语言态度的影响最大。李素秋（2008）以中央民族大学维吾尔语言文学系的维吾尔族学生为调查对象，指出该群体汉语水平较低，这与他们多数时间和本民族接触有关。多数被试认为掌握多种语言更能适应社会的发展，希望掌握多种语言。他们对母语有浓厚的感情，对于族际通婚大多持消极态度。蔡梦月（2018）认为，“民汉一体化教学”能够促进少数民族大学生积极学习和使用汉语文，其效果与民族特质、政策推行时间等因素有关。

曾洁、朱超银、李婧（2019）调查了维吾尔族学生在汉语社区社会化过程中的意义建构及文化融入策略，认为维吾尔族学生面对生活喜好及社区环境差异进行的意义构建，即促进了积极心理、影响了文化适应速度。

（三）流动人口

少数民族流动人口调查研究对象多为边疆民族地区赴内地城市的务工群体。相关研究主要涉及少数民族进城务工者的语言生活现状、城市少数民族流动人口形成的原因、少数民族流动人口对城市的影响、城市民族工作的现状和存在的问题、少数民族城市文化适应等问题。

1. 少数民族进城务工人员语言生活调查

针对内地城市少数民族进城务工人员语言生活的研究较少。罗兰（2009）指出，魏公村傣族流动人口日常生活较为封闭，这种封闭性强化了他们的身份认同、影响其语言使用，语言使用又构建了民族认同感，加深了他们对自身群体的归属感。迪力木拉提・尼亚孜和何丹（2015）的调查表明，在内地大城市务工的维吾尔族大多汉语水平很低，而这些城市的国家机关和重要公共服务窗口缺少少数民族语言服务，一定程度影响了他们的生活。作者建议，政府应该重视公共服务的完善、重视少数民族口译人才的培养、在行政司法领域适当引进少数民族人才。

2. 城市少数民族流动人口特征及影响研究

郑信哲（1999）指出，朝鲜族人口流动有调整民族经济结构、增加农民经济收入、转变传统观念、促进流入地和流出地经济发展等积极作用，也存在朝鲜族农村人口剧减、民族教育受影响、农村男青年娶妻难、朝鲜族农村人口自然增长率受影响、农村基层干部流失等负面影响。此外，朝鲜族流动人口为民族共同体带来影响，如改变民族分布格局、民族特点逐渐弱化、民族自我意识增强等。周竞红（2001）介绍了改革开放后少数民族人口流动的特点及其对城市的影响，指出提高少数民族流动人口管理水平的迫切性。马中璞（2003）讨论了北京市少数民族的特点，介绍了近年来北京市依法保障少数民族的民主和政治权利、培养和任用少数民族干部、促进少数民族经济发展、提高少数民族群众生活水平、发展民族文化教育事业等相关民族工作。鲁刚（2005）分析了我国境内少数民族人口流动迁徙不同阶段的类型特点，流动目的以经济效益为主，呈现向城镇、内地城市流动的趋势。少数民族人口流动和迁徙对中华民族发展壮大、中华民族意识的形成、我国人口和民族分布宏观格局的形成以及边疆开发建设都发挥了促进作用，同时对社会环境造成巨大的压力和冲击，引发了一系列社会问题。拉毛才让（2005）分析了少数民族流动人口流出地、流入地、年龄、性别、文化水平等构成特点，认为不同流出地和流入地不同的少数民族生存状态和解决问题的方式都有所不同。作者通过分析少数民族流出后行业分布、居住特点等，指出少数民族流动人口倾向于依靠亲缘网络聚居。蒋连华（2006）指出，城市少数民族流动人口多在大城市聚族而居，逐渐形成“城市流动少数民族聚落”。张小蕾（2011）认为，城市化进程也是少数民族城市化、城市多民族化的过程。作者通过分析天津市少数民族流动人口特征，得出以下结论：人口构成多为已婚、青壮年男性；教育程度较低，但高于流出地教育水平；职业分布广泛，多从事有民族和地方特色的服务业、餐饮业和零售业；居住方式多为大分散、小集中。作者认为，少数民族流动人口促进了城市和少数民族地区的经济发展，打破了民族壁垒，改善了民族关系，优秀民族文化融入城市，丰富了城市内涵。同时，少数民族的城市化也导致本族语言文字及传统文化特点逐渐被削弱。尹素琴（2011）指出少数民族流动人口在规模上滞后于汉族，但呈迅速增长的态势；且不同民族在流动范围上存在差异。作者认为，少数民族流动人口受民族文化和民族心理的影响较大，容易在其流动的城市中聚居，在城市主流环境下形成一定程度的“二元社区”。谢珂（2015）在分析北京市维吾尔族流动人口聚居区的形成和特点的基础上，用缘聚理论和聚居区经济理论阐述了维吾尔族聚居区的形成机制。

3. 城市少数民族流动人口流动原因研究

郑信哲（2001）指出，少数民族人口流动形成的背景因素主要有：改革开放政策的影响，汉族进入少数民族地区经商务工流动人口对当地少数民族所起的示范效应，少数民族自身文化知识水平不断提高以及与外界联系的加强等。张继焦（2004）在介绍少数民族流入城市的历史过程的基础上，讨论了少数民族的流入对城市的文化、经济等方面的贡献。拉毛才让（2005）指出，少数民族人口流动整体动因是经济文化等社会力量综合形成“推拉力”的结果，而个体因素千差万别，如婚嫁、脱离恶劣环境、追求个人理想、实现人生价值等。汤夺先、郭宁（2016）认为应该从宏观和微观的综合视角分析少数民族人口流动的原因。从宏观层面看，主要是国家政策的改变、大城市与少数民族地区的发展差距拉大、少数民族地区富余劳动力的增多以及全国人口流动的示范效应；从微观层面看，主要受经济利益的驱动。

4. 城市少数民族流动人口文化适应和族际交往研究

李筱文、盘小梅（2000）认为，少数民族的都市化过程中，少数民族文化与城市文化需要双向适应，并需要城市人民政府及民族工作部门加强协调。王琛、周大鸣（2004）总结了少数民族流动人口族际交往特点，认为其社会网络、融入社会的程度、交往内容和深度都有差异；都市少数民族的民族意识较强；民族交往中，对个体的看法容易成为对民族的看法；各民族文化和思想的不同是影响族际交往的主要因素。张文礼、杨永义（2013）认为文化适应应该是双向的，而群体接触的过程中往往是弱势群体发生更多变化。少数民族流动人口进入城市，应重视其文化适应过程，如果无视任其边缘化发展，将不利于社会和谐。谢珂（2015）从经济、社会、文化和心理等方面讨论了北京市维吾尔族流动人口的城市融入现状，及其较低的社会地位、局限性的社会网络和差异较大的文化、身份认同等导致的边缘化情况。作者认为，“少数民族”和“流动人口”的身份使该群体成为“双重的边缘人”。

四、研究特点及不足

(一)少数民族语言生活调查研究的特点

1. 研究内容

少数民族语言生活现状调查主要涉及少数民族语言文字使用情况，少数民族针对不同对象、场合和话题的语言文字选择等内容，并从认知、情感、行为倾向等角度分析其语言态度，认为少数民族对母语有较深的感情、对汉语实用功能评价较高；分析影响少数民族语言生活的因素，认为族群语言使用变化与族群关系密切相关、语言使用及相关的语言态度在族群认同中具有重要作用、语言态度与民族认同呈正相关。关于少数民族语言生活差异及原因的相关研究表明，个体对语言的需求不同以及语言功能的差异导致了语言态度不同。不同民族的人口和民族语文社会功能的差异、同一民族的分布特点以及各类社会因素导致语言态度和语言使用的不同；少数民族语言生活的变化受语言态度及不同社会因素的影响。改革开放后经济发展、民族人口及分布状况和生产方式的变化导致语言观念的改变；城市化导致语言使用功能的变化。关于少数民族语言生活调查内容、调查方法及注意事项，相关研究认为应有宏观视野并综合应用各类调查方法。

2. 社区调查研究

少数民族聚居区语言生活研究主要调查当地语言使用情况及语言态度。聚居区内本族语使用率较高，对普通话和汉文的掌握程度及认同度较低。多数研究着重分析制约当地居民国家通用语使用的因素，并提出推进聚居区语言生活发展的对策和建议。少数民族杂居区双语现象普遍，多数研究着重调查当地双语情况、不同本族语言之间的关系及相互影响的情况等。民族杂居区语言生活的特点是各民族双语层次不同，语言使用层次不同且功能互补，汉语多为族际通用语，人口较多的本族语言成为区域优势语，层次越高，语言社会功能越强。

民族地区移民社区调查主要为当地居民语言适应情况、新居住地满意度等。居民多使用本族语，语言适应无太大问题。内地城市少数民族移民社区的调查对象多为知识分子，语言使用呈现代际差异，城市环境逐步削弱了调查对象下一代的母语能力。多数文章讨论了少数民族在内地城市定居后的语言使用现状、语言态度、语言认同、婚姻观、子女母语教育观、子女语言转用现象及其影响因素等。然而，调查主要局限于内地城市少数民族知识分子社区，缺少文化程度较低群体的语言适应情况调查。

3. 群体维度研究

不同群体少数民族语言生活调查中，针对少数民族高校学生及内地城市少数民族流动人口的研究较多。前者包括民族地区高校学生及内地城市高校学生两类。相关研究表明，影响高校少数民族学生语言使用和语言态度的因素较多，如使用该语言的人数、语言使用者的性别、生活环境、家庭环境以及升学类别等，其中升学类别带来的差异最明显。部分调查涉及少数民族学生语言适应情况，但此类研究较少。后者主要介绍了少数民族流动人口形成原因及其对城市和少数民族的影响，讨论了他们的城市生活特点、现状，并提出了相关建议，其中部分研究讨论了少数民族进城务工者的语言文化适应问题。

一些研究覆盖了各类社会群体语言生活的对比分析。如贾晞儒（1997）的调查涉及青海省海西蒙古族藏族自治州的蒙古族干部、教师、职工、科技人员、学生、农民、牧民等群体；王洋（2004）的调查对象为新疆乌鲁木齐市和吐鲁番地区的维吾尔族中学生、大学生、教师、公务员、街道办事处干部以及个体职业从事者；申慧淑（2011）的调查涉及北京市朝鲜族公务员、白领、学生和服务人员等。

少数民族公务员语言生活研究主要针对少数民族地区公务人员群体。此类群体汉语文使用率以及对汉语文的认同度较高，而不同地区调查对象的汉语文能力不同。此外，少数民族语言文字在行政领域的使用存在管理规范问题。

（二）研究不足

1. 缺乏宏观视野

首先，部分研究思考问题不全面，对结论的认识不客观、不深入。例如，有的研究（迪力木拉提·尼亚孜、何丹 2015）指出了存在的问题，但提出的建议缺乏针对性。其次，影响因素分析不全面。例如，部分关于内地少数民族流动人口流动原因的研究，只关注宏观因素、忽略了个体微观因素。最后，部分研究存在偏见，缺少深入分析。例如，多数关于城市少数民族流动人口的研究缺乏不同来源地、教育程度、社会背景等少数民族流动人口的分析，仅局限于某一类型的少数民族流动人口的研究，即文化水平较低、来自贫穷落后地区的务工人员。相关研究将少数民族文化与城市文化分割对立，并未讨论两者碰撞、融合的过程。此外，针对城市少数民族务工人员语言生活的研究数量较少。

2. 调查对象选择不准确、调查方法单一

部分研究（马智群、罗小男 2017）调查对象选择不准确，影响了调查结论的准确性，调查结论缺乏群体代表性；调查方法单一，使部分研究结论缺乏深度。此外，部分群体的调查缺失，如少数民族公务员语言生活研究的调查对象均为少数民族地区公务员群体，缺少针对内地城市少数民族公务员群体的研究。

3. 相关问题研究不够深入

少数民族语言生活研究尚有很多问题未得到深度探讨，比如，如何平衡本族语言传承与适应城市现代化的发展，本族语言文化在现代化和城市化过程中“与过去决裂”还是“并存”“依附”或“联结”；如何传承民族语，怎样促使务工人员尽快融入城市语言文化、防止其“边缘化”等，均值得进一步探讨。

参考文献

一、著作

（一）专著

[1] 关世杰．跨文化交流学[M]．北京：北京大学出版社，1995.

[2] R. A. 赫德森．社会语言学[M]．卢德平等，译．北京：华夏出版社，1989.

[3] 苏发祥，等．北京少数民族文化资源研究[M]．北京：九州出版社，2017.

[4] 王远新．中国民族语言学理论与实践[M]．北京：民族出版社，2002.

[5] 许涤新．当代中国的人口[M]．北京：中国社会科学出版社，1988.

（二）论文集和集刊

[1] 安冉欣．通辽市蒙古族语言使用和语言态度调查[G]//王远新．语言田野调查实录（14），北京：中央民族大学出版社，2018.

[2] 丁石庆．社区语言与家庭语言——北京少数民族社区及家庭语言调查研究之一[C]．北京：民族出版社，2007.

[3] 王远新．语言调查中的语言态度问题[A]//陈章太，等．世纪之交的中国应用语言学研究——第二届全国语言文字应用学术研讨会论文集[C]．北京：华语教学出版社，1999.

[4] 王远新．语言田野调查点的选择及相关问题[G]//王远新．语言田野调查实录（四），北京：中央民族大学出版社，2010.

[5] 王远新．沟通和信度：语言田野调查三论[G]//王远新．语言田野调查实录（七），北京：中央民族大学出版社，2012.

[6] 王远新．乌鲁木齐市友好北路街道办事处公务员语言使用、语言态度调查[G]//王远新．语言田野调查实录（七），北京：中央民族大学出版社，2012.

[7] 王远新．哈萨克族牧民安居点努尔加村的语言生活[G]//王远新．语言田野调查实录（14），北京：中央民族大学出版社，2018.

[8] 王远新．乌鲁木齐市郊白杨沟哈萨克族移民新村的语言生活[G]//王远新．语言

田野调查实录（14），北京：中央民族大学出版社，2018.

[9] 王远新．中哈边境地区锡伯族村落的语言生活——伊宁市霍城县伊车嘎善村村民语言使用和语言态度调查[G]//王远新．语言田野调查实录（14），北京：中央民族大学出版社，2018.

[10] 赵婕．新疆行政、司法领域柯尔克孜语文使用现状、问题及对策[G]//王远新．语言田野调查实录（12），北京：中央民族大学出版社，2017.

[11] 朱琳．新疆行政领域维吾尔语文使用现状调查[G]//王远新．语言田野调查实录（14），北京：中央民族大学出版社，2018.

二、期刊论文

[1] 蔡梦月．新疆大学生汉语语言态度调查研究[J]．现代语文，2018（3）

[2] 戴庆厦，张弼弘．论仫佬族的语言观念[J]．中南民族学院学报（哲学社会科学版），1990（1）．

[3] 戴庆厦，王远新．新疆伊宁市双语场的层次分析[J]．民族研究，1991（2）．

[4] 戴庆厦，陈卫东．论普米族的语言观念[J]．云南民族大学学报（哲学社会科学版），1993（4）．

[5] 戴庆厦，邓佑玲．城市化：中国少数民族语言使用功能的变化[J]．陕西师范大学学报（哲学社会科学版），2001（1）．

[6] 戴庆厦．中国语言生活状况研究的新篇章——喜读《中国语言生活状况报告（2005）》[J]．语言文字应用，2007（1）．

[7] 道布．语言活力、语言态度与语文政策——少数民族语文问题研究[J]．学术探索，2005（6）．

[8] 迪力木拉提·尼亚孜，何丹．内地大城市公共服务中使用少数民族语言调查研究——以维吾尔语在内地大城市的使用为例[J]．湖北民族学院学报（哲学社会科学版），2015（4）．

[9] 丁石庆，陈永莉．北京少数民族语言社区的历史沿革及类型特征[J]．北京社会科学，2005（4）．

[10] 丁石庆，梁婕．语言转用之残余形式的活标本——北京市密云县檀营满族语言调查复议[J]．满语研究，2007（1）．

[11] 高梅．语言与民族认同[J]．满族研究，2006（4）．

[12] 郭蕊，丁石庆．北京市典型蒙语社区蒙古族语言使用情况调查[J]．西北第二民族学院学报（哲学社会科学版），2007（1）．

[13] 黄行．论国家语言认同与本族语言认同[J]．云南师范大学学报（哲学社会科学版），2012（3）．

[14] 贾晞儒．试论新形势下海西蒙古族的语言观念[J]．民族语文，1997（1）．

[15] 蒋连华．城市少数民族流动人口聚居区的形成及应对原则[J]．社会科学，2006（9）．

[16] 拉毛才让．试论少数民族流动人口的构成、分布特点及动因[J]．攀登，2005

(2).
[17] 李金阳. 广西壮族青少年语言使用情况调查与分析[J]. 民族翻译, 2018 (3).
[18] 李素秋. 在京就读维吾尔族大学生语言使用情况调查[J]. 语言与翻译 (汉文版), 2008 (4).
[19] 李筱文, 盘小梅. 少数民族文化与都市文明之双向调适: 以广州, 深圳为例[J]. 广西民族研究, 2000 (1).
[20] 李智勇. 北京哈萨克族社区语言与家庭语言现状调查[J]. 山西师大学报 (社会科学版·研究生论文专刊), 2006 (1).
[21] 林峰, 邬美丽. 在京蒙古族大学生语言态度调查研究[J]. 中国社会语言学, 2008 (2).
[22] 刘宏宇, 李琰. 北京藏族知识分子城市社区语言调查[J]. 西北民族大学学报 (哲学社会科学版), 2012 (3).
[23] 刘军. 试论少数民族对北京传统民俗文化的影响[J]. 黑龙江民族丛刊, 2002 (4).
[24] 刘玉屏. 塔什库尔干塔吉克族语言使用与语言态度调查[J]. 西北民族研究, 2010 (1).
[25] 鲁刚. 少数民族人口的流动迁徙及其历史作用[J]. 云南民族大学学报 (哲学社会科学版), 2005 (2).
[26] 马戎. 语言使用与族群关系 (民族社会学连载之三)[J]. 西北民族研究, 2004 (1).
[27] 马智群, 罗小男. 新疆少数民族大学生民族认同与语言态度的关系研究[J]. 民族教育研究, 2017 (6).
[28] 马中璞. 浅析北京的少数民族及其民族工作[J]. 北京联合大学学报 (人文社会科学版), 2003 (1).
[29] 孟红莉. 新疆伊宁市维吾尔族城市居民的语言能力、语言使用与语言态度调查[J]. 西北民族研究, 2013 (3).
[30] 瞿霭堂. 中国少数民族语言文字使用情况的调查和研究[J]. 民族翻译, 2014 (4).
[31] 任一飞, 雅森·吾守尔, 赵明鸣, 等. 北京"新疆村"调查[J]. 城市发展研究, 1996 (2).
[32] 孙咏梅, 孙咏莉. 维吾尔族大学生的语言态度及其影响因素[J]. 怀化学院学报, 2007 (1).
[33] 汤夺先, 郭宁. 缘何外出: 少数民族人口流动原因的理论探讨与具体解析[J]. 青海民族大学学报 (社会科学版), 2016 (1).
[34] 王琛, 周大鸣. 试论城市少数民族的社会交往与族际交流——以深圳市为例[J]. 广西民族研究, 2004 (2).
[35] 王锋. 论语言在族群认同中的地位和表现形式[J]. 云南师范大学学报 (哲学社

会科学版），2010（4）.

［36］王汉生，杨圣敏．大城市中少数民族流动人口聚居区的形成与演变——北京新疆村调查之二［J］．西北民族研究，2008（3）.

［37］王娟．新疆维吾尔族大学生的语言态度［J］．陕西师范大学学报（哲学社会科学版），2017（4）.

［38］王娟．新疆维吾尔族大学生语言生活现状调查［J］．新疆师范大学学报（哲学社会科学版），2017（1）.

［39］王莉，崔凤霞．我国少数民族聚居区内的汉语言认同问题研究——以新疆维吾尔族聚居区为例［J］．甘肃社会科学，2009（5）.

［40］王莉，连吉娥．新疆维吾尔族聚居区的语言生活及其发展问题研究［J］．新疆社会科学（汉文版），2015（6）.

［41］王远新．影响肃南县各本族语言使用特点的几个因素［J］．中央民族大学学报（哲学社会科学版），1998（3）.

［42］王远新．论我国少数民族语言态度的几个问题［J］．满语研究，1999（1）.

［43］王远新．论裕固族的语言态度［J］．语言与翻译，1999（2）.

［44］王远新．论我国民族杂居区的语言使用特点［J］．民族语文，2000（2）.

［45］王远新．广东博罗、增城畲族语言使用情况调查——保护濒危语言的重要途径［J］．中央民族大学学报（哲学社会科学版），2004（1）.

［46］王远新．青海同仁土族的语言认同和民族认同［J］．中央民族大学学报（哲学社会科学版），2009（5）.

［47］王远新．哈巴河县公务员语言使用、语言态度调查［J］．民族翻译，2011（1）.

［48］王远新．青海同德县公务员语言使用、语言态度调查［J］．中央民族大学学报（哲学社会科学版），2011（6）.

［49］王远新．语言生活调查的主要内容和方法［J］．民族教育研究，2019（2）.

［50］王悦，等．民族认同影响双语者的语言态度［N］．中国社会科学报，2016-07-19（003）.

［51］邬美丽．家庭语言使用的代际差异及思考［J］．语言文字应用，2008（4）.

［52］吴先泽，陈慧．广西边境少数民族青年学生语言态度调查［J］．语文学刊，2016（2）.

［53］谢珂．北京市维吾尔族流动人口的城市融入与边缘化研究［J］．宁夏大学学报（人文社会科学版），2015（2）.

［54］谢珂．北京市维吾尔族流动人口聚居区特征与形成机制研究［J］．宁夏社会科学，2015（2）.

［55］杨青．从居住环境的变化看民族凝聚力［J］．西北民族大学学报（哲学社会科学版），2003（6）.

［56］杨圣敏，王汉生．北京“新疆村”的变迁——北京“新疆村”调查之一［J］．西北民族研究，2008（2）.

［57］尹素琴．简析少数民族流动人口对城市民族关系重构的影响［J］．新疆社会科学，2011（2）．

［58］曾洁，朱超银，李婧．维吾尔族学生在汉语社区的意义建构及文化融入策略研究［J］．民族学刊，2019（5）．

［59］张继焦．城市民族的多样化——以少数民族人口迁移对城市的影响为例［J］．思想战线，2004（3）．

［60］张伟．论双语人的语言态度及其影响［J］．民族语文，1988（1）．

［61］张文礼，杨永义．论少数民族流动人口的城市文化适应问题［J］．西北民族大学学报（哲学社会科学版），2013（3）．

［62］张小蕾．天津市少数民族流动人口调查研究［J］．社会工作（学术版），2011（5）．

［63］张燚，杨帆．观察与透视：乌鲁木齐少数民族社会语言生活现状［J］．新疆大学学报（哲学·人文社会科学版），2014（1）．

［64］郑信哲．中国朝鲜族人口流动的重大影响及其对策［J］．延边大学学报（哲学社会科学版），1999（3）．

［65］郑信哲．略论我国少数民族人口流动及其影响［J］．满族研究，2001（1）．

［66］周竞红．少数民族流动人口与城市民族工作［J］．民族研究，2001（4）．

［67］RedfieldR. Linton. R，Herskovits，M. J. Momorandum. On the Study of Acculturation［J］.American Anthropologist，1936（38）．

三、学位论文

［1］包冬梅．在京蒙古族青年语言使用及语言态度调查［D］．中央民族大学硕士学位论文，2008.

［2］迟丽华．中国城市民族工作的理论与实践探究［D］．中央民族大学博士学位论文，2006.

［3］罗兰．北京市傣族流动人口的语言适应和身份认同——以魏公村傣族流动人口调查材料为例［D］．中央民族大学硕士学位论文，2009.

［4］瞿继勇．湘西地区少数民族语言态度研究［D］．陕西师范大学博士学位论文，2014.

［5］申慧淑．城市朝鲜族语言适应研究［D］．中央民族大学博士学位论文，2011.

［6］王爱君．语言态度的社会实践研究［D］．华东师范大学硕士学位论文，2006.

［7］王洋．新疆维吾尔族语言态度探析［D］．新疆师范大学硕士学位论文，2004.

［8］魏琳．在京壮族大学生语言使用及语言态度调查［D］．中央民族大学硕士学位论文，2012.

［9］邬美丽．在京少数民族大学生语言使用及语言态度调查［D］．中央民族大学博士学位论文，2007.

［10］杨玉．云南少数民族大学生民族认同与语言态度研究［D］．上海外国语大学博士学位论文，2013.

田野调查日志

陕西省蒲城县胶辽官话方言岛调查

赵婷婷

【摘要】一个世纪前山东昌邑人"闯关中"，在陕西关中平原定居下来，形成了既有鲁味也有秦风的独特文化，其方言具有典型的方言岛特点。本文依据赴陕西省蒲城县和山东省昌邑市的实地调查材料，描述移民历史、方言岛形成和移民的语言文化生活现状，整理胶辽官话方言岛的语言特点，反思调查方法。

【关键词】昌邑移民，胶辽官话方言岛，调查方法反思

2021年1月18日至25日、2月20日至26日，笔者两次赴山东省潍坊昌邑市做博士学位论文的前期田野调查，主要目的是了解昌邑移民历史，调查记录陕西省蒲城县胶辽官话方言岛的源方言（昌邑话）；2022年3月3日至31日，笔者赴陕西省蒲城县调查胶辽官话方言岛，选取的调查点是昌邑移民聚居村蒲城县尧山镇六合行政村的崇礼村①和八福村。在蒲城县和昌邑市，笔者主要搜集了移民相关的地方性文献和口述史材料。本文依据三次调查获取的第一手材料，初步描述和讨论陕西省蒲城县的昌邑移民现状及胶辽官话方言岛的基本特点，反思调查方法。

一、蒲城县的昌邑移民

蒲城县地处陕西省中部东侧、渭南市中部，东临大荔县、澄城县，西接富平县，北依白水县、铜川市，南靠渭南市临渭区，总面积1583.58平方公里，是渭南市面积第二大县，辖14个社区、17个镇（办），275个行政村和2450个村民小组。据第七次人口普查数据（2020年），蒲城县常住人口662603人，其中昌邑移民约2万人，分布在尧山镇八福行政村、六合行政村的崇礼村，桥

① 六合村第七、第八村民小组为崇礼村。六合村距离蒲城县城三公里左右，交通便利，2018年被评为省级文明村。

陵镇三合行政村，紫荆街道太平行政村、陈家行政村的仁义村，陈庄镇三永行政村、东鲁行政村的刘家堡村、卤安行政村的齐鲁村、群丰行政村的东明村，龙阳镇店子行政村的西太平村、蒲石行政村的东太平村，椿林镇保南洼行政村、白家塬行政村、岳兴行政村的太来村和太平村，龙池镇康家行政村的东来村和太平村等聚居村，以及龙池镇小寨行政村、龙阳镇东王行政村凤凰岭等散居村（政协昌邑市委员会 2021：51-60）。这些移民后裔保留了胶辽官话昌邑话的基本特点，其方言受到中原官话关中片方言蒲城话的影响，具有典型的方言岛特点。

（一）"闯关中"①

山东昌邑人移民陕西，被称为"闯关中"。最早一批昌邑移民迁入陕西关中地区是在清光绪十年（1884 年）前后，这与当时的国家政策，陕西和山东两地的自然环境、社会经济状况有关。

陕西地区战乱和灾荒频发导致人口损失严重。《陕西省志·人口志》（政协昌邑市委员会 2021：4）援引清故宫《户部清册》的资料表明：咸丰十一年（1861 年），陕西人口 1197.3 万，光绪十年（1884 年）减至 809.4 万，除去期间迁入的河南、湖北、山东客民，因战争和灾荒损失的人口达 400 余万。例如，咸丰十年（1860 年），蒲城县人口 309368 人，光绪八年（1882 年）减少到 114634 人。又如，同治兵燹后，三原县知县余庚阳在呈报招抚流亡难民时说："……屡经出示，招集流亡，而复业者甚少。其间有归田者，则皆栖身无所，糊口无资，羸瘦之状，目不忍睹。卑职因公下乡，见夫井里凋残，人烟稀少……。"光绪三年，山东、河北、陕西、山西旱灾，陕西饥荒加重，外出逃荒灾民达 40 多万，造成大量土地荒芜。蒲城县甚至发生"人吃人"和"饥民戕官"事件。据《陕西省志·大事记》（政协昌邑市委员会 2021：4）记载："1877 年夏、秋大旱。蒲城县饥民饿殍载道，人相食。七月二十六日，屈继仁率领蒲城县饥民数百万人深夜入城，戕毙知县黄传绅，放出狱囚，焚烧县署，后被官军击败，屈继仁等八九十人死难。"可见，当时的关中地区社会混乱，经济萧条。

山东地区人多地少，人口过剩。同一时期，山东地区也遭受了连年战乱和旱灾、蝗灾、水灾等自然灾害，大量饥民外逃谋生。据《昌邑县志》（政协昌邑市委员会 2021：6）记载："1899 年，昌邑县南部蝗灾严重，收入大减，农

① 关中地区指关中平原或关中盆地，位于今陕西省中部，包括渭南市、西安市、咸阳市、铜川市的全部和除了凤县、太白县的宝鸡市辖县，共 38 个县、市和 16 个县级区。

民多逃往陕西。”除了旱灾、蝗灾，潍河和胶莱河水患频发。从1751年到1907年的156年间，发生较大规模决口11次。清光绪三十年（1904年），河东岸西张庄、田家湾、桃花沟决口，洪水东越胶莱河，直抵三合山麓，百万亩良田变成了泽国。当时，昌邑、安丘、高密西乡以及潍县的民众常说：“离开了吴家漫，昌邑、维县跟着转。开了红崖口，昌邑、维县跟着走。”“开了田家湾，淹了东半天……”山东省“财政拮据，仓储废弛，民鲜有盖藏，抵御灾害的能力严重下降”。1882年，山东巡抚任道镕在《山东省办理积谷庆幸疏》中说：“各属常平等仓，亦因年久动用无存”“山东省地瘠民贫，并无耕九余三之蓄”“设遇凶荒，毫无补益”。至清朝后期，山东人多地少，成为典型的“狭乡”。据《昌邑县志》记载，清乾隆三十九年（1775年）至光绪三十年（1904年），全县增长195677人；人均占有土地由乾隆年间五六亩减至两三亩，“山峦海滩，开垦无遗”。土地改革前，昌邑50%的贫农共占有土地不足20%，无地贫民只好到外地谋生。

据《关中昌邑移民史》（政协昌邑市委员会 2021：8）介绍，昌邑移民最早于1882年左右迁入关中地区。例如，西安阎良区武屯街道三合村林家的先祖林第同，于1882年从昌邑南乡宫家屯迁入陕西临潼（阎良原属临潼）。1906年前后，在时任陕西巡抚的维县人曹鸿勋支持下，昌邑人大量移民关中地区，移民潮持续到新中国成立初期，前后长达70多年。此阶段的山东移民主要来自昌邑南部的岞山、丈岭、北孟、塔耳堡、饮马、围子、流河、石埠等地，尤以北孟、丈岭、塔耳堡居多。这期间，光绪中晚期至辛亥革命时期移民最多。据《高阳张氏族谱陕西支谱》记载，昌邑南乡的高阳街张家在1900年左右先后有30多户迁徙关中地区，落居阎良、蒲城、渭南等地。抗战时期和中华人民共和国成立初期也有少数人来陕西投靠亲友。

（二）秦鲁文化的融合

山东昌邑移民定居关中平原后，历经一百多年的发展，两地文化逐渐交融。山东昌邑移民后裔以开放的胸怀接纳关中文化，积极适应当地的饮食、生活等风俗习惯。改革开放以来，昌邑移民的生产生活方式发生了很大变化：从成立集体企业，到出现万元户，再到今天发家致富；从自行车到摩托车再到小汽车，各种各样新鲜事物相继涌现。越来越多的昌邑移民走出农田和村庄，不再从事单一的生产方式。与此相应，秦鲁文化得到进一步融合。

1. 婚丧习俗

婚嫁方面。在陕西蒲城，姑娘出嫁前有“传谏儿”（又称“送日子”）的习俗。75岁的刘大爷（祖籍昌邑北孟南孟村，现居蒲城县崇礼村）介绍：“结婚头一天闺女这边待客［$tɛ^{31}$ $k^{h}ei^{55}$］，婆婆来送日子[①]，有包袱、蒸馍和肉。送到娘家的肉有六斤的，有八斤的，也有割［ka^{55}］四斤的，劈中间割［ka^{55}］一刀，不割［ka^{55}］断，叫活肉。现在没有那一套了，都是给钱。以前待客只有亲戚来，现在跟当地人一样，邻家的客也待。"

丧俗方面。昌邑移民保留了"发盘缠"风俗。在葬礼前一晚，仪式主持人（村内德高望重的长者）引领众孝子，携带纸扎，到十字路口或村外空地焚香、叩头；由主持人宣读路引，点燃纸扎，寄托哀思（政协昌邑市委员会2021：114）。刘大爷介绍："庄里成立孝义会，也叫帮助会，都是按原来生产队定的。哪家老了人（有人去世），庄里人特别是孝义会的人都要来帮忙儿，以前拿粮食，现在拿钱，一起把老人埋了。以前办白事按照老家的来，现在也学了一些当地的风俗［$fəŋ^{213}$ sy^{53}］，比如'吹鬼子（吹唢呐）' '迎饭'［$ȵiŋ^{53}$ $fã^{31}$］。"

2. 饮食起居

饮食方面。昌邑移民仍保留着故乡的一些饮食习俗，比如过年蒸饽饽，清明节吃手工擀大饼卷鸡蛋，自制豆豉酱等。同时，他们也接受了关中饮食文化，个个是吃辣能手，吃饺子蘸辣子水，而老家的习惯是蘸蒜泥。据六合村书记朱兵虎（祖籍昌邑北孟后朱村，男，43岁）介绍，1914年前后，他们家族从昌邑北孟后朱村迁居陕西，现在有40多人。他说："2005年春节，我带着大女儿回昌邑北孟镇，老家人不吃辣子，蘸蒜水水儿。老大（大女儿）因没有辣子水，吃不惯馉馇（饺子），家里人特意去商店买了'老干妈'，她才蘸着吃了。"昌邑人不仅习惯了关中的饮食，"昌邑村"的一些年轻人出门做生意，把家乡的特色饮食（如山东大饼，豆豉酱）推而广之；关中人也逐渐接受了山东人的习惯。据李发宁（昌邑市摄影家协会主席，男，52岁）介绍："五六十年代时，陕西人不吃鱼，不吃蠽蟟［$tɕiə^{53}$ $liou^{55}$］（蝉），看到山东人吃鱼感到不可思议，甚至见到山东人吃知了鬼（金蝉）和蚂蚱时说，'山东人吃虫虫'。如今，蒲城人早已接受了吃鱼的习惯。"

居住方面。20世纪80年代以前，山东移民大都住土坯房（也叫"草房"），一户院子三间房，用土打墙，院墙较矮，与老家昌邑农村的房屋风格基本无异。改革开放后，草房被推倒，昌邑移民学习当地民居特色，建起高高的院墙，移民房屋风格发生了明显变化。

---

① 此日子应为日子的引申义，或日常用语在此风俗中变为专有名词。

3. 通婚与语言

移民中的老一辈人很少与关中本地人通婚，家乡方言得到较好保留。据李发宁介绍，昌邑人刚到陕西时，生活贫苦，加之孔孟文化影响，妇女的家庭地位很低。当地人的生活比较悠闲，妇女家庭地位高，当地人不敢也不愿嫁给山东人，昌邑人也不敢娶陕西媳妇，担心娶回家不能下地干活。这些“昌邑村”之间只能相互娶亲，形成了连片的“姥姥村”。改革开放后，移民后代的女性地位有了明显提高，思想越来越开放。“90后”这代人找对象时，不仅本人不在乎哪儿的人，父母基本也都不在乎是山东人还是本地人。华通路桥公司厨师（陕西人，男，55岁）解释：“以前我们不把女儿嫁给山东人，多是怕被带回山东；80年代以后，才开始跟山东人结亲。”

随着移民与当地人接触的深入，通婚现象的出现，山东移民后裔的语言生活发生了较明显的变化。昌邑移民在人口数量上处于弱势地位，为了更好地适应当地文化，主动学习关中话。“80后”“90后”是“昌邑村”的第四代移民后裔，他们熟练掌握昌邑话和关中话；在家庭和村内使用昌邑话，与村外本地人交流使用关中话。20岁以下的第五代移民后裔从小习得昌邑话，在与当地村民的交往中学会关中话，上学后学会普通话。随着越来越多的本地女性嫁到“昌邑村”，加之普通话的推广和普及，一些第六代移民后裔的普通话和关中话能力明显高于昌邑话。六合崇礼村书记朱兵虎是第四代移民的后代，陕西出生，妻子是本地人。他平时在家说昌邑话，妻子能听懂，但不会说；他大女儿（高二）会说昌邑话，二女儿（在西安市上小学）从小由妻子带大，不会说老家话；儿子刚上幼儿园，家里人从小教他普通话，有时母亲跟他说关中话。笔者跟他一起玩耍时，他无意识地说：“姨姨，我带你上街浪一浪（“浪”在本地话中相当于“逛”）。”

上述独特的风俗习惯既有鲁味，也有秦风，是秦鲁文化融合的体现，山东“昌邑人”的语言习惯则成为当地人辨别“陕西山东人”的标识。

（三）“陕西山东人”

昌邑移民来到陕西关中地区已有百余年，至今已繁衍至第六代人。故乡的文化习俗之所以能够在陕西蒲城县的移民村落得到很好的延续，主要缘于游子内心深处的乡愁。在昌邑移民的努力和当地政府、政协等部门的支持下，清明节成为当地“山东移民文化节”。近年来，渭南华通路桥公司董事长张久灵（祖籍昌邑围子密城村，男，62岁）从老家买了一批鏊子烙饼给乡亲们吃，并组织举办了数届“山东大饼节”，开展清明踏青尝饼活动，使这一传统美食文化在关中地区得以传承。此外，他还组织举办了华夏儒园文化艺术节、秦鲁书画艺术交流活动、独轮车推车大赛等。如今，在“昌邑村”清明吃大饼已成为一种特定的文化符号，它承载了远离家乡千里的移民对故土的眷恋；其他一系列文化活动则体现了他们对儒家文化、山东传统美德的传承。

张久灵说：“小时候常听爷爷讲山东的人和事，打小就对山东人有很深的感情。当年家里穷，逃荒来到陕西。爷爷在我很小的时候就跟我说，只有挣了钱才能回山东。我问‘要挣多少钱’，爷爷说‘挣够一笼（筐子）’。自那以后，我下决心要摆脱贫穷，努力致富。祖辈的教诲，使我牢记自己的‘陕西山东人’身份。山东人忠诚勤劳，重名轻利，常怀敬畏之心传承家风美德。我们纪念先辈开拓进取的奋斗历程，是希望山东的文化传统和民俗在陕西关中一带传承和发扬光大。”

百余年来，昌邑移民凭借质朴勤劳和聪明才智，开垦荒地，建造房舍，团结致富，努力追求美好生活。在崇礼村，村民通过自主创业、外出打工、承包工程等方式致富，成了当地的“老板村”。华通路桥公司厨师说：“以前比较穷，后来出门做生意。起初这些陕西山东人，骑着车子挂两个笼，贩菜，贩羊，后来生活才慢慢富起来。现在，崇礼村在当地比较富裕。”在六合村，村民积极探索致富之路，建立互助幸福院，发展手工馍产业，打造“山东饽饽”等品牌。村里每逢过年都组织山东妇女制作手工馍，带领村民致富，这已成为村集体的特色经济产业之一。

二、胶辽官话方言岛特点

陕西蒲城境内的胶辽官话方言既保留了来源地昌邑话的基本音系和词汇、语法特点，也受到陕西关中话的影响，历经近一百四十年六代移民的使用、传承，形成了典型的胶辽官话方言岛。本部分主要依据 2022 年 3 月笔者实地调查材料撰写，调查工具为《方言调查字表》（中国社会科学院语言研究所 1981）《汉语方言词语调查条目表》（中国社会科学院语言研究所方言研究室资料室 2003）、《汉语方言语法调查问卷》（夏俐萍、唐正大 2021），主要发音合作人为崇礼村刘三元（62 岁，男，初中文化，祖籍山东昌邑市北孟镇小南孟村）。

（一）声韵调

1. 声母

方言岛声母共 30 个（含零声母）。

表 1　方言岛单字音声母及例字

p 布白别	p^h 怕皮盘	m 忙门麦	f 方肥发	
t 道达端	t^h 汤塔太	n 能奴闹		l 蓝老来
tθ 早资作	$tθ^h$ 粗曹财		θ 三苏丝	
ts 精静井	ts^h 泉钱亲		s 心仙星	
tʂ 站争枝	$tʂ^h$ 馋齿茬		ʂ 生山纱	ɭ 儿耳
tʃ 知照蒸	$tʃ^h$ 缠锄昌		ʃ 声树书	
tɕ 经匠居	$tɕ^h$ 丘悄切	ȵ 年女娘	ɕ 休寻虚	
k 刚贵盖	k^h 开溃糠	ŋ 额爱恩	x 海盒杭	
Ø 言冤无日危衣热				

说明：

（1）日母字（止摄除外），老派与源方言（昌邑话）一致，大都读零声母，但“乳奶”的“乳”、“柔软”的“柔”以及“扰”“入”文读声母读［ʐ］，发音部位比普通话靠前，新派中多数字读［ʐ］。

（2）普通话读舌尖前音［ts］［ts^h］［s］声母的，方言岛与源方言一致读齿间音［tθ］［$tθ^h$］［θ］。例如：嘴［tθuei］、醋［$tθ^h$u］、散［θuã］。新派中部分字的齿间音色彩不明显，如：虽、索、此。

（3）普通话读［n］声母的，方言岛中洪音前实际发音为［n］，细音前实际发音为［ȵ］。

（4）少数帮並定从见母字，源方言读不送气，方言岛读为送气，与蒲城话一致。例如：波帮［p^hə］、规见［k^huei］、讨透［t^hɔ］。

（5）部分影疑母开口一等字，源方言读零声母，方言岛读［ŋ］声母，与蒲城话一致。例如：恶影［ŋə］、讹疑［ŋə］、蛾疑［ŋə］。

2. 韵母

方言岛韵母共 36 个。

表 2　方言岛单字音韵母及例字

ɿ 资知治	ʅ 支齿	i 地衣日	u 乌猪居	y 鱼乳遇
a 爬瓦割		ia 暇佳牙	ua 瓜划夸	
ə 车舌泼		iə 姐夜热	uə 多河说	yə 月镢学
ɛ 耐害派		iɛ 矮街界	uɛ 怪歪坏	

续表

ɔ 包招交		iɔ 标条咬		
ei 悲黑麦			uei 对堆岁	
ou 斗肘九		iou 丢柔六		
ã 班汉胆		iã 边然咸	uã 端船官	yã 元软选
ẽ 根针很		iẽ 音人心	uẽ 顿准军	yẽ 云闰群
aŋ 帮刚昂		iaŋ 良让江	uaŋ 庄光双	
əŋ 崩更贞		iŋ 丁精行	uŋ 通东翁	yŋ 用永荣

说明：

(1) 复韵母韵腹位置的［ə］唇形偏圆，单韵母［ə］的实际发音接近［ɤ］，如：特［tʰɤ］。［ə］拼［ʅ］时，舌位略高。

(2)［ɿ］［ʅ］［i］［y］［u］后有一个时长较短的拖音。

(3) 方言岛极少出现普通话韵母［ɚ］，只有“而且”的“而”、“日子”的“日”读［ɚ］。

(4) 部分遇摄合口一等泥组和精组字，源方言韵母为［u］，方言岛读［ou］，与蒲城话一致。例如：祖［tθou］、努［nou］、突［tou］。

(5) 部分山臻摄端系合口字，源方言韵母读合口呼，方言岛读撮口呼，与蒲城话一致。例如：卵［lyã］、遵［tɕyẽ］、村［tɕʰyẽ］。

3. 声调

方言岛共 4 个单字调。

表 3　方言岛单字调及例字

调型	调类	调值	例字
降升调	阴平	213	诗粗东开低知尊边
高降调	阳平	53	时铜麻牛油穷陈平
高平调	上声	55	统主古马塔纸走袄
低降调	去声	31	动是替利递盖帐醉

说明：

(1) 去声起点比 3 度略低。

(2) 中古清声母入声字在方言岛中的分派不同于普通话，派入普通话阳平（35）的“福、蝠、幅、复、节、国、媳、得、足”等，部分派入普通话上声（214）的“雪、乞、起”等字，部分派入普通话去声（51）的“踏、恤、烙、略、作工作”等字，在方言岛中均读上声（55）。

（3）方言岛的单字调与源方言基本一致，但少数去声字的调值不同，如“唾、糯、虑、滤、附、爱、至、畏、究、华山、扫帚”等在源方言中读低降调（31），在方言岛中读高平调（55），与蒲城话一致；个别中古入声字的读音也不同，如“扎、剥、崇、獭、幅、烛、褶”等字，在源方言读高平调（55），在方言岛中读低降调（31），与蒲城话一致。

（二）词汇和语法

1. 词汇

（1）源方言中一些双音节词对应于方言岛的单音节词，示例见表4。

表4　方言词音节对比

词目	雾气	云彩	蜡烛	锄头	梳子	稻谷	绳子	锤子
方言岛	雾 u^{31}	云 yẽ^{55}	蜡 la^{31}	锄 tʂʰu^{53}	梳 ʂu^{213}	谷 ku^{55}	绳 ʂəŋ^{53}	锤 tʂʰuei^{53}
昌邑话	雾露 u^{31} lu^{0}	云彩 yẽ^{55}tθʰɛ^{0}	蜡烛 la^{31}tʂʰu^{0}	锄头 tʂʰu^{53}tou^{0}	梳子 ʂu^{213}tθʰɿ^{0}	谷子 ku^{213} tθɿ^{0}	绳子 ʂəŋ^{213}tθɿ^{0}	锤子 tʂʰuei^{213}tθɿ^{0}
蒲城话	雾 vu^{55}	云 yẽ^{24}	蜡 la^{31}	锄 tsʰou^{24}	木梳 mu^{53}sou^{31}	谷 ku^{31}	绳 ʂəŋ^{24}	锤锤 tsʰɥei^{24}tsʰɥei^{53}

（2）相同事物、性质、动作用不同词语指称，示例见表5。

表5　相同事物、性质、动作用不同词语指称

词目	方言岛	昌邑话	蒲城话	词目	方言岛	昌邑话	蒲城话
水瓢	瓢 pʰiɔ^{53}	舀子 iɔ^{213}tθɿ^{0}	舀子 iɔ^{53}tsɿ^{0}	闲聊	胡谝 xu^{53}piã^{55}	拉呱儿 la^{53}kuar^{55}	谝闲传 pʰiã^{53}xã^{24}tsʰɥã^{24}
馒头	馍 mə^{53}	饽饽 pə^{213}pə^{0}	蒸馍 tʂəŋ^{53}mo^{0}	脏	奴 nou^{55}	窝囊 uə^{213}naŋ^{0}	奴 nəu^{24}
筐子	笼 luŋ^{53}	筐子 kʰuaŋ^{31} tθɿ^{0}	筐子 kʰuaŋ^{31}tsɿ^{0}	精明	灵 liŋ^{53}	精实 tɕiŋ^{213}ʃɿ^{53}	灵 liŋ^{24}
瘸子	拐子 kuɛ^{213}tθɿ^{0}	瘸腿 tɕʰyə^{53}tʰuei^{55}	跛子 po^{53}tsɿ^{0}	漂亮	倩 tɕʰiã^{31}	俊 tɕyẽ^{31}	倩 tɕʰiã^{55}

（3）部分词语的构词语素与源方言不同。植物类词语示例见表 6。

表 6　植物类词语的构词语素对比

词目	方言岛	昌邑话	蒲城话	词目	方言岛	昌邑话	蒲城话
红薯	地瓜 ti^{31}kua^{0}	地瓜 ti^{31}kua^{213}	红苕 xuŋ^{24} ʂau^{24}	高粱	秫秫 ʃu^{31}ʃu^{0}	秫秫 ʃu^{31}ʃu^{0}	高粱 kau^{31}liaŋ^{31}
向日葵	朝阳花 ʧʰɔ^{53}iaŋ^{53} xua^{213}	朝阳花 ʧʰɔ^{53}iaŋ^{53} xua^{213}	向日葵 ɕiaŋ^{55}ər^{31} kʰuei^{24}	南瓜	南瓜 nã^{53}kua^{55}	番瓜 fã^{213}kua^{55}	南瓜 nã^{24}kua^{31}
玉米	苞谷 pɔ^{213}ku^{0}	棒子 paŋ^{31}tθ^{0}	苞谷 pau^{31}ku^{31}	板栗	毛栗子 mɔ^{24}li^{31} tθɿ^{0}	栗子 li^{31} tθɿ^{0}	毛栗子 mɔ^{24}li^{53}ʦɿ^{0}
马铃薯	洋芋 iaŋ^{24}y^{31}	土豆子 tu^{53}tou^{55}tθ^{0}	洋芋 iaŋ^{24}y^{55}	花生米	花生仁 xua^{55} ʂəŋ^{213} iẽ^{53}	果子仁 kuə^{213} tθɿ^{0} iẽ^{53}	花生豆 xua^{24}səŋ^{31} tʰəu^{53}
洋白菜	莲花白 liã^{24}xua^{213} pei^{53}	卷心菜 ʨyã^{55}ɕiẽ^{24} tθʰɛ^{31}	莲花白 liã^{24}xua^{31} pʰei^{24}	花生	花生 xua^{55} ʂəŋ^{213}	长生果儿 ʧʰaŋ^{31} ʂəŋ^{213} kuər^{55}	落花生 luo^{31}xua^{24} səŋ^{31}
辣椒	辣子 la^{31}tθɿ^{0}	椒子 ʨiɔ^{213} tθɿ^{0}	辣子 la^{31}ʦɿ^{0}	枸杞	枸杞 kou^{53}ʨi^{31}	狗奶子 kou^{55}nɛ^{213} tθɿ^{0}	枸杞 kou^{53}ʨi^{31}
藕	莲菜 liã^{53} tθɛ^{31}	藕 ŋou^{55}	莲菜 liã^{24} ʦʰæ^{55}	洋葱	洋葱 ia^{53} tθʰuŋ^{213}	圆葱 yã^{53} tθʰuŋ^{213}	洋葱 iaŋ^{24}ʦʰɥəŋ^{31}

词汇层面，方言岛保留了源方言的部分词汇，但也发生了变化：源方言中一些双音节词在方言岛中变为单音节；相同事物、性质、动作用不同词语指称；部分词语的构词语素与源方言有差异。

2. 语法

（1）“太”的语法功能。程度副词“太”在源方言中作状语，位于形容词性成分之前，如“路太远了/风太大了”。在方言岛中，“太”除了作状语，还可置于形容词后作补语并可重叠表程度加深。如“风大得太了/路远得太（太）”。这种用法显然是关中话影响的结果。

（2）“把 N 一 V”结构。源方言的处置式把字句用于祈使式时，结构为“把 N+V 了”，如“把衣裳洗了/把门关上”。方言岛产生了新的结构“把 N 一

V”，如“把衣裳一洗/把门一关”。后一种用法也是关中话典型的句法结构。

(3) 比较句。“赶”字句是胶辽官话普遍使用的差比句，结构为“SJ+赶+不+上+ST+A”，比较标记有“赶”和“撵”，前者需要出现比较结果，后者一般不需要比较结果，如“今年麦子赶不上头年好/他奇能吃，你撵不上他”。方言岛更多使用“撵”字句，且可以与比较结果共现，如“这回擀的饼撵不上以前好/今年麦子撵不上头年”。此外，方言岛还使用另外一种差比句形式“SJ+不+胜+ST+A”，表示SJ在A方面不如ST，即前者不如后者，比较结果可出现可不出现，如“今年麦子不胜头年/他不胜你胖”。源方言比较句还常用“起”引介比较的标准，并将其置于性状词之后，构成“SJ+A+起+ST”形式，如“一天热起一天”。在方言岛中，这种形式一般老年人使用，年轻人多使用“比”字句，如“一天比一天热”。这种新老派差异是老派保留了源方言特点，新派受到了普通话句式的影响。

由上可知，在方言岛的差比句中，表示前者比不上或不如后者时，有两种结构形式：“SJ+撵+不+上+ST+A”和“SJ+不+胜+ST+A”；表示前者比后者强时，也有两种结构形式：“SJ+比+ST+A”“SJ+A+起+ST”，其使用均存在共时差异。

三、调查方法反思

(一) 语音调查

语音调查中，有的字在不同语境中有不同读音。比如“日”字，发音人说：“这个字有两种读法，在‘日头’中读［i³¹］，在‘日子’中读［ɚ³¹］。”通过与前期调查的源方言对比可知，前者是源方言的传承，后者是受到了关中方言影响。此时，可进一步询问发音人，当地人“日子”是否也读［ɚ³¹］，以佐证是否受到周边方言的影响。再如“爱”字，发音人第一次读［ŋɛ³¹］，后又说也可以读［ŋɛ⁵⁵］。进一步询问才发现，在“爱你”中读［ŋɛ³¹］，在“恋爱”中读［ŋɛ⁵⁵］。这些可能是方言正在变化例证，需如实记录，并调查其使用状况及其社会分布。

记录尖团音时，有的单字读团音，在自然交谈中却读尖音。比如“先”，单字读［ɕiã］，讲述祖先移民历史时，在“俺先人是富着来的”中的“先”却读［siã］。跟发音人确认后，才发现单字读团音，是受普通话影响尖团合流，在自然交流中还保留尖音。

（二）词汇调查

词汇调查难度较大。在调查方言岛之前，笔者先利用《汉语方言词语调查条目表》记录了一遍源方言词汇，为记录方言岛词汇打下基础，便于发现方言岛中区别于源方言的词汇。这种方法的弊端是：在调查方言岛词汇时，容易按照已有的调查结果引导发音人说出源方言词语。比如调查植物“枸杞”时，发音人说 $\mathrm{kou}^{53}\mathrm{tɕi}^{31}$。笔者追问，说不说“狗奶子”（“枸杞”源方言称作“狗奶子”），发音人说：“也叫狗奶子”。这可能是发音人小时候听长辈说过，自己很少使用，经笔者的提醒发音人的记忆被唤醒；也可能是发音人想表明自己没有忘记家乡方言而特意这样说。避免这种情况可以改变追问方式，把“说不说狗奶子”改为“还有没有其他说法”，若有，再进一步追问“哪一种说法更常用”。

有些事物是蒲城县有、昌邑老家没有的。调查前期，笔者遗漏了“锅盔”等词项，后与周边方言特色词语对比时才注意到。对此，在前期调查记录源方言词汇的基础上，可以先借鉴方言岛周边方言词汇材料，调查方言岛词汇时，按照周边方言词汇调查表逐一询问，筛选出与周边方言一致的词语，再进一步与源方言对比，选出与源方言不同的词语，基本可以判断这些词语受到了周边方言的影响。诱导式聊天也是获取方言岛词汇的有效途径。刚到六合崇礼村时，村委会书记说：“我给你找几个老人，你跟他们谝谝。”昌邑方言没有“谝谝”的说法，笔者猜想应该是受到蒲城话的影响。为验证猜想，我后来跟发音人确认：“我这回儿来不记音了，跟你谝谝。”发音人回答：“能行，谝啥都行，俺哥哥［$\mathrm{kuə}^{213}\mathrm{kuə}^{0}$］也在这，待霎儿［$\mathrm{ʂar}^{55}$］你跟他也谝谝。”由此可见，“谝谝”一词已进入方言岛中。

调查记录语音时，发音人说：“我这么多年学的字都叫你问去了。”调查词汇时，发音人反而说：“你要把我们的话都记下来，没有个一两年，是不行的。”可见，词汇调查任重道远。

（三）语法调查

本次方言岛语法调查使用的是《汉语方言语法调查问卷》（简称“问卷”），包括 22 个语法项目 711 个语法例句。调查时，通常会遇到这样的情况，发音人按照例句说出的句子，往往在自然交谈中并不使用，即发音人受到例句干扰提供了加工改造过的非自然语料。为避免这种情况，需注意两点：

一是在调查前，需要全面掌握源方言和周边方言的语法特点，做到心中有数，这样才能对一些特殊语法现象保持高度敏感。比如，“开”在方言岛周边方言中表起始体义，用于动词、形容词之后或动宾之间，表示动作、状态开始出现。正式调查之前，发音人问："你怎么来的？能坐开飞机了？"笔者当时没有注意到这种语法现象，后来在阅读周边方言的相关文献时才发现，这是关中方言的特点。于是，在随后的调查中，笔者就特别留意这种用法，发现它在方言岛中使用较普遍，如"吃开饭了""看开手机了"。调研结束准备回学校时，村委会书记的母亲问我："你们已经上开课了？"

二是采用多种调查方式，多途径获取自然语料。除了语法例句调查，还需要采用参与式尤其是沉浸参与式观察法，必要时还可以做隐匿式录音。比如，在使用《问卷》调查时，处置句中的"把+N+一+V"结构易于调查，获取"S+把+NP"表感叹的例句则有难度。直到发音人在讲述小时候经历时说："财东的儿让他爹把家里的东西充公，他爹舍不得，骂他儿，'把你个野巴(傻瓜)！'"这里的"把你个野巴"是"S+把+NP"省略主语表感叹的用法。

四、结　语

秦鲁两地昌邑人血脉同源、文化同根。乡音作为昌邑移民重要的文化和身份符号，联系着两地人的血肉亲情。陕西蒲城境内的胶辽官话方言既保留了来源地昌邑话的基本音系和词汇、语法特点，也受到陕西关中话的影响。方言岛声母和韵母受蒲城话的影响比声调明显，词汇音节数量和构词语素受到蒲城话影响而发生变化，也产生了一些新的语法现象。随着移民后裔与当地人通婚，他们的语言使用出现了较明显的代际差异。方言岛的调查，需如实记录不同语境下的字音，注意词汇调查的提问方式，善于捕捉自然语料中的语法现象。

蒲城县胶辽官话方言岛的调查研究，有利于促进两地的文化交流、拉近乡情乡谊。初期的调研得以顺利完成，离不开所有关心和帮助我的人。获得宝贵的方言材料，撰写这篇短小的调查日志，首先应当感谢昌邑市摄影家协会主席、"昌邑之窗"站长李发宁，是他帮助我迈出了调查蒲城县胶辽官话方言岛的第一步，并给我介绍了蒲城联系人。其次，感谢渭南华通路桥公司董事长张久灵，六合村书记朱兵虎，华通路桥公司于小刚提供的便利，感谢蒲城县六合崇礼村的刘三元、戴盛勤，昌邑市饮马镇的赵仲泉、戴长勤为我提供的宝贵语料，感谢朱大虎等访谈对象的支持。你们使我更加坚定了完成博士学位论文的信心。

参考文献

[1] 陈荣泽．关中地区山东方言岛语言研究[D].陕西师范大学博士论文，2012.

[2] 王建领．陕西方言集成（渭南卷）[M].北京：商务印书馆，2019.

[3] 夏俐萍，唐正大．汉语方言语法调查问卷[M].上海：上海教育出版社，2021.

[4] 郑宏．陕西蒲城方言研究[D].陕西师范大学硕士学位论文，2004.

[5] 政协昌邑市委员会．关中昌邑移民史[R].昌邑文史资料第二十九辑（内部资料），2021.

[6] 中国社会科学院语言研究所．方言调查字表（修订本）[M].北京：商务印书馆，1981.

[7] 中国社会科学院语音研究所方言研究室资料室．汉语方言词语调查条目表[J].方言，2003（1）.

晋方言泽州话入声字使用初步调查

史丹丹*

【摘要】 以晋东南泽州话为研究对象，调查记录泽州县金村镇金村、周村镇周村及周边村落方言的声韵调系统，对比分析东西两镇方言语音差异，考察其入声字存留和使用情况，归纳入声舒化特点及演变趋势。调查不同社会群体方言的使用情况及差异，反思调查经验。

【关键词】 晋方言，入声，语言使用，调查反思

为了解入声字在泽州话中的存留和使用现状，笔者于 2022 年 2—3 月、6—7 月在山西省晋城市泽州县辖区八个乡镇进行实地调研。综合考虑各乡镇的地理位置、人口分布、经济发展程度、交通条件以及方言代表性，最终选定泽州县西部周村镇周村、东部金村镇金村作为调查点。笔者通过三个月的田野调查，获得了第一手语言材料，本文主要依据两次调查材料撰写。

一、调查地概况

（一）晋城市

晋城市古称泽州、凤台，1985 年 4 月 30 日，撤销晋东南地区，成立晋城、长治两市。同年 8 月，撤销原县级晋城市，成立晋城市城区，辖 4 县 2 区，晋城市郊区（今泽州县）辖 8 镇 18 乡。①

晋城市地处晋豫两省接壤地带，北有金泉山、丹朱岭等山脉拦截，东部与南部有太行山和王屋山阻隔，西部中条山将晋城与临汾、运城分割，整体北高

---

*史丹丹（1996—），女，中央民族大学中国少数民族语言文学学院语言学及应用语言学专业社会语言学方向 2020 级硕士研究生，主要研究社会语言学相关问题。

① 中共晋城市委党史研究室．晋城市的成立与经济社会发展战略的确定．晋城党史网［EB/OL］．https：//www. jcszgdsxh. com/h-nd-3611. html#_ np=216_ 809 ［2017-07-11］．

南低，中部平坦，形成封闭盆地。全市建设重要交通干道，外有国道干线、高等级公路，内以市区为中心构建“三环十线”，形成了四通八达的公路交通网络，为当地出行、资源运输以及商业贸易提供了便利。

（二）泽州县

泽州县地处太行山最南端，历史上被称为三晋通往中原的要冲，“河东屏翰，冀南雄镇”。泽州县环晋城市城区分布，北邻高平市，东北邻陵川县，南连河南省焦作、济源、博爱等市县，西接阳城县，西北紧靠沁水县，形成了半城半乡、城乡结合的特殊地理格局和人文环境。1985 年，晋城市郊区由晋城市管辖，1996 年，改名为泽州县，辖区不变。2001 年 1 月，市政府同意泽州县撤乡并镇方案，直至 2021 年 3 月全县设 16 个镇、434 个村（居）民委员会，辖地面积 2023 平方公里，常住人口 41 万余人（中共泽州县委党史研究室 2021：99）。2018 年，县级党政机关由晋城市市区西安街迁至金村镇府城街。

（三）金村镇和周村镇

2000 年，泽州县撤乡并镇，水东乡和铺头乡并入金村镇。金村镇工商贸发达，是泽州县五个经济领先乡镇之一。金村处于金村镇腹地，全村共 2148 人，辖 13 个村民小组，耕地面积 2775 亩。人均收入 4000 元，经济来源以务工、养殖业和农业种植为主（中共泽州县委党史研究室 2021：406）。该镇交通便利，不仅多条公交线路环环相连，还靠近晋北火车站和多个高速路进出口。

周村镇又称“长桥镇”，是泽州县的西大门，紧邻阳城县北留镇，镇内保存大批古建筑，为山西省第二批国家重点历史文化名镇。调查地周村是镇政府所在地，辖 14 个村民小组。全村由周村、桥西、卫窑、南庄、司庄 5 个自然村组成，共 2008 户，5169 人（中共泽州县委党史研究室 2021：387）。村北设高速公路收费站口，晋侯高速、陵沁公路等贯通晋城东西。

二、语音分析

（一）方言概况

山西省境内汉语以晋方言为主，夹杂中原官话汾河片和冀鲁官话广灵话。《中国语言地图集》将晋方言界定为“山西及其毗邻地区有入声的方言”，即山西及其毗邻地区内蒙古、陕西、河南、河北一带有入声的方言，不包含山西省境内的中原官话和冀鲁官话。可见，晋方言将入声作为方言划分依据。1987年版《中国语言地图集》把晋方言划分成并州片、吕梁片、上党片、五台片、大包片、张呼片、邯新片（磁漳小片、获济小片）和志延片八大片。最新版地图集晋方言八大分片保持不变，小片区划分有改动，新增方言点19个，变动归属的方言点13个。新版上党片晋城小片包含晋城、高平、泽州、阳城、陵川五地，将晋城、阳城由邯新片获济小片划入上党片晋城小片，陵川、高平由上党片划入上党片晋城小片。可以看出，方言片区的划分受地区行政划分影响，方言分片与行政区划相一致。

泽州话划入的晋方言上党片晋城小片，既属于晋东南入声区，又处于方言分片分界处，整体由北向南呈现出自晋方言向中原官话过渡的趋势。泽州县和城区、北部高平市和陵川县、西部阳城县均属上党片晋城小片，西北部的沁水县处于晋方言上党片和中原官话汾河片过渡区域，一边属于中原官话汾河片绛州小片，一边属于晋方言长治小片。近年来，地区经济发展较快，外来人口增多，人口成分复杂，方言内部语音差异明显。

（二）分析方法

共时对比分析主要对比入声字在两个调查点的读音和存留情况，总结地域差异、入声舒化特点以及调类归派情况，归纳入声字声、韵、调演变规律。

历时比较分析主要比较现代方言与中古音，考察中古音与入声字今读类型的对应关系。以声母清浊为条件，归纳入声字声类、韵摄对应关系，分析入声字演变情况。

（三）语音内部差异

高本汉《中国音韵学研究·方言字汇》（1940）和沈慧云《晋城方言志》（1983）分别记录了20世纪初期和中晚期晋城话的语音面貌。下面结合高本汉和沈慧云的语料，观察当代晋城地区方言语音系统发展变化，总结语音规律。

1. 金村话声韵调系统

金村话声母共19个，包含零声母，见表1。

表1 金村话声母表

p 巴比步	p^h 爬批普	m 妈明目	f 夫非方
t 弟杜大	t^h 梯土他	n 泥拿你	l 李炉驴

续表

tʂ 主炸爪	tʂʰ 初查错	ʂ 书沙耍	ʐ 输惹绕
tɕ 几家交	tɕʰ 妻区巧	ɕ 西需下	
k 古鸽瓜	kʰ 苦卡夸	x 户哈花	
ø 衣误阿			

说明：

(1) 精组洪音与知庄章三组合流，均读舌尖后音［tʂ］［tʂʰ］［ʂ］，如“走［tʂʌɤ^{213}］、错［tʂʰuʌ^{53}］、锁［ʂuʌ^{213}］”。山摄与咸摄开口一二三等精知庄章组存在［tʂ］［tʂʰ］［ʂ］与［ts］［tsʰ］［s］自由变读现象，如“扇子［sæ^{53}］、扇风［ʂæ^{33}］”。

(2) 疑母和影母开口一二等韵失去舌根浊擦音［ɣ］，如“挨［ᴇ^{113}］”。

(3) 泥母开口呼读作舌尖中音［n］，无舌面前音［ȵ］。

金村话韵母共46个，其中入声韵8个，见表2。

表2 金村话韵母表

ʅ 师蜘紫词	i 弟迷戏衣	u 卜铺目夫	y 去句语许
ɚ 二耳儿而			
ɑ 打查卡把	iɑ 压下嫁俩	uɑ 耍夸花化	
ʌ 车惹蛇鹅		uʌ 波坐锅搓	
ᴀ 发他可恶	iᴀ 业揭爷也	uᴀ 我夺懦豁	
ə 母死木刻	iə 你笔毕易	uə 武无务午	yə 女吕雨滤
ᴇ 白呆排来		uᴇ 快拐怀甩	
æ 单半感炭	iɛ 片田点棉	uæ 端乱川宽	yɛ 全宣远圆
o 包刀毛高	io 表票庙挑		
ʌɤ 豆头凑够	iʌɤ 柳旧袖油	uʌɤ 会灰罪累	
ɐ̃ 门能正认	iɐ̃ 兵品听今	uɐ̃ 顿论村孙	yɐ̃ 淋匀旬均
ɒ̃ 帮方当浪	iɒ̃ 娘良江向	uɒ̃ 庄床广况	
oŋ 碰风东通		uoŋ 瓮翁	yoŋ 龙穷兄永
ᴀʔ 八抹法泼	iᴀʔ 灭贴接捏	uᴀʔ 桌活洛夺	yᴀʔ 缺月绝血
əʔ 不特色黑	iəʔ 力集级笛	uəʔ 国出入绿	yəʔ 律曲玉足

说明：

（1）舌尖元音［ʅ］发音位置比普通话靠前，但有别于［ʅ］。

（2）咸山摄韵母鼻音完全脱落，今读为［æ］［uæ］［iɛ］［yɛ］。

（3）有大量鼻化韵，宕江摄韵母今读作以［ɒ̃］为主要元音的鼻化韵，包括［iɒ̃］［uɒ̃］，如“旁［p^hɒ̃^{113}］、上［ʂɒ̃^{53}］、帮［pɒ̃^{33}］”。深臻曾梗摄带鼻音韵尾［n］［ŋ］的韵母今读［ɐ̃］［iɐ̃］［uɐ̃］［yɐ̃］。

（4）［oŋ］韵母只出现在梗摄开口二等、曾摄开口一等、通摄合口一三等韵的帮母、非母字中。

（5）止蟹摄合口一、三等韵母今读［uʌɤ］。

（6）入声韵分两组：一组是［ᴀ］：［ᴀʔ］［iᴀʔ］［uᴀʔ］［yᴀʔ］；一组是［ə］：［əʔ］［iəʔ］［uəʔ］［yəʔ］。部分入声字单独发音时，喉塞韵尾消失，入声韵舒化，如“僻”［p^hiəʔ］／［p^hi］。

金村话共5个单字调，见表3。

表3　金村话声调表

调类	阴平	阳平	上声	去声	入声
调值	33	113	213	53	22
例字	三东天村	房田才王	五手走丑	汗汉问住	出入白出

说明：

（1）阴平调多来自古全清声母和古次清声母的平声字，如全清声母字“东、三”，次清声母字“天、村”。

（2）阳平调多来自古次浊声母和古全浊声母的平声字，如全浊声母字“房、田、才”，次浊声母字“王”。

（3）上声调来源复杂，一是来源于全清声母和次清声母的上声字；二是来源于次浊声母字，如“手、走”为全清声母字，“五”为次浊声母字，“丑”为次清声母上声字。

（4）去声调来自清声母和浊声母字中的去声与上声。

（5）入声不分阴阳。无论声母清浊，入声调仅有一个，调值22。入声舒化后归入调值相似的舒声调，如“乙［i^{213}］、卓［tʂuʌ^{113}］”。入声字存在舒入两读情况，如“白搭［pᴇ^{113} tᴀʔ^{22}］、白布［pᴀʔ^{22} pu^{53}］”。

2. 周村话声韵调系统及音变现象

周村话声母共21个，包括零声母，见表4。

表 4 周村话声母表

p 波巴布	pʰ 婆盘破	m 麻煤毛	f 扶凡风	
t 都到刀	tʰ 淘天途	n 恼拿捏		
		ȵ 你女辗		l 劳揽路
tʂ 资组灾	tʂʰ 糟菜参		ʂ 散事刷	ʐ 热然输
tɕ 精焦救	tɕʰ 悄秋切		ɕ 差谢薛	
k 告干果	kʰ 开看扩		x 花红合	ɣ 爱俺恩
ø 安用言				

说明：

(1) 泥母与开口呼、合口呼韵母相拼读舌尖中音［n］，与齐齿呼、撮口呼相拼读舌面前音［ȵ］，如"你［ȵiə³³］"。

(2) 知庄章组与精组洪音合流，只读［tʂ、tʂʰ、ʂ］，实际发音舌位靠前，此与金村话保持一致。

(3) 开口呼韵母与影母相拼时，带有舌根浊擦音［ɣ］，如"袄［ɣo²¹³］"。

周村话韵母共46个，其中入声韵10个，见表5。

表 5 周村话韵母表

ʅ 试字迟	i 衣名戏	u 五枯妇	y 驴句鱼
ɚ 儿二耳			
ɑ 诈打查	iɑ 家夏牙	uɑ 瓦瓜化	
ʌ 车蛇惹		uʌ 多卧和	
æ 板展安	iɛ 线姐棉	uæ 断完酸	yɛ 选瘸学
ə 死亩黑	iə 你易	uə 午武舞	yə 女雨
ᴇ 拜奶爱		uᴇ 帅乖外	
o 保刀跑	io 表刁笑		
ʌɤ 斗楼牛	iʌɤ 柳九又		
ɛẽ 杯内证		uɛẽ 堆对追	
ɐ̃ 本更恩	iẽ 宾欣音	uɐ̃ 论横文	yẽ 均损运
ɒ̃ 榜康昂	iɒ̃ 娘江样	uɒ̃ 光状汪	

续表

oŋ 崩风盟	ioŋ 穷雄用	uoŋ 东公翁	
	iʔ 匿一益	uʔ 五屋	
ʌʔ 八法喝	iʌʔ 别灭血	uʌʔ 夺脱扩	yʌʔ 绝缺雪
əʔ 不木刻	iəʔ 七吉立	uəʔ 突述忽	yəʔ 捋菊玉

说明：

（1）[tʂ] [tʂʰ] [ʂ] [ʐ] 和 [ʌ] 相拼，[ʌ] 前带有 [ʅ]；[k] [kʰ] [x] 与 [ʌ] 相拼，前面带有 [ɯ]。[ʅ] [ɯ] 只出现在老派发音，新派发音未出现。

（2）卷舌韵母 [ɚ] 舌位靠后，舌尖卷起顶住硬腭后部发音。

（3）止蟹摄合口一、三等保持 20 世纪中期读音 [uɛẽ] [ɛẽ]。蟹摄合口一等帮组、非组与止摄开口三等帮组、合口三等非组、流摄开口一三等知系（知彻澄）今读 [ɛẽ]，蟹摄合口一三四等韵和止摄合口三等韵今读 [uɛẽ]。

（4）周村话入声韵不仅保留完整的两组八韵，一组是 [ʌ]：ʌʔ、iʌʔ、uʌʔ、yʌʔ，一组是 [ə]：əʔ、iəʔ、uəʔ、yəʔ，还有两个单音节入声韵 [iʔ] [uʔ]。

（5）老派存在舒声促化韵①。如 [u]、[ʅ] 读为“老鼠 [tʂʰuəʔ²²]、满足 [tɕyəʔ²²]、指头 [tʂəʔ²²] ”。

周村话与金村话声调一致，共 5 个单字调，调类与调值相同，见表 6。

表 6 周村话声调表

调类	阴平	阳平	上声	去声	入声
调值	33	113	213	53	22
例字	师方高先	龙穷旗油	使懂走很	事坐近犯	七入出石

说明：

（1）平声分阴阳，平声多来源于清声母字。清声母平声调值为 33，浊声母平声调值为 113。

（2）上声既包括由清声母和次浊声母演化的上声字，也包括全浊和次浊声母的平声字，单字发音有时是 113，有时是 13。

（3）去声多来源于古去声和全浊上声。

① 舒声促化现象指古音属于舒声的字，今读为入声。

3. 语音差异

（1）声母。舌根浊擦音［ɣ］：高本汉和沈慧云记录的方音中疑母和影母开口一二等韵均有舌根浊擦音［ɣ］，如今，仅周村话老派发音保留声母［ɣ］，金村话的［ɣ］已消失。泽州话舌根浊擦音［ɣ］消失并非个例，《山西方言调查研究报告》（1993）也提到高平和长治等晋东南地区部分方言片舌根浊擦音［ɣ］逐渐消失的现象。

［ʦ］［ʦʰ］［s］与［ʈʂ］［ʈʂʰ］［ʂ］：20 世纪初期，泽州话与晋东南长治小片保持一致，知庄章三组和精组洪音合流，只读舌尖前音［ʦ］［ʦʰ］［s］。20 世纪中晚期，沈慧云记录古知庄章声母读卷舌音［ʈʂ］［ʈʂʰ］［ʂ］。20 世纪初期至今，晋城小片泽州、高平、陵川方言只保留舌尖后音［ʈʂ］［ʈʂʰ］［ʂ］。近年来，随着国家通用语推广力度和人们受教育水平的不断提升，村民口语常出现［ʦ］［ʦʰ］［s］和［ʈʂ］［ʈʂʰ］［ʂ］混读现象，如“三—山”“才—柴”。

舌尖中音［n］与舌面前音［ȵ］：高本汉记录泥母开口三等拼舌面前音［ȵ］，其他韵母拼舌尖中音［n］，今周村话与高所记录内容保持一致。金村话泥母则不做区分，一律读舌尖中音［n］。

（2）韵母。［ɯa］［ʌ］：高本汉在方言字汇中记录果摄开口一等见组拼［ɯa］，沈慧云在方言志记录拼读［ʌ］。今调查发现东、西两地统一拼读［ʌ］，如“可［kʰʌ^{33}］、哥［kʌ^{213}］”。这种由高元音复化［ɯa］到单元音［ʌ］的现象，乔全生（2003）解释为：“元音高化链条中当元音高化后会产生分裂复化，在主要元音［a］前的［ɯ］类似于介音。”

［ia］［iʌ］［iɛ］：高本汉记录假摄开口三等精组字可拼［ia］，沈慧云记录时已变成［iʌ］，主要元音［a］可能受高元音［i］影响变为［ʌ］。笔者调查时发现部分新派发音人将［iʌ］读成［iɛ］，后元音［ʌ］变成前元音［ɛ］，发音更接近普通话。如“爷”新老派都读［iʌ^{113}］，“也”老派读［iʌ^{213}］，新派读［iɛ^{213}］。

［ɐ̃］［ɛẽ］：金村话只读［ɐ̃］，不读［ɛẽ］。周村话［ɐ̃］韵母出现二分：一是深臻曾摄开口三等知系今读［ɛẽ］，如深摄开口三等（照平侵）“深［ʂɛẽ^{33}］”“针［tʂɛẽ^{33}］”，臻摄开口三等（澄平真）“陈［tʂʰɛẽ^{213}］”、开口三等（照平真）“身［ʂɛẽ^{33}］”，曾摄开口三等（职平蒸）“升［ʂɛẽ^{33}］”、开口三等（职去证）“证［tʂɛẽ^{53}］”。二是臻摄开口一等见组、合口一三等帮组、非组，曾摄开口一等端组、泥组、见组，梗摄开口二等端组、知组、见组今全读［ɐ̃］。如臻摄开口一等（见平痕）“跟［kɐ̃^{33}］”，合口三等（非平文）“分［fɐ̃^{33}］”，曾摄开口一等（端平登）“登［tɐ̃^{33}］”，开口一等（泥

平登）“能［nɐ̃113］”，梗摄开口二等（见平庚）“更［kɐ̃53］”。周村话的［ɐ̃］发音比金村话开口度小，舌位偏低。

［ɐ̃］［uɐ̃］［iẽ］［yẽ］：两组音在东、西两地演变规律基本一致。一是深摄、臻摄带有鼻音韵尾［n］的字今读［ɐ̃］［uɐ̃］。臻摄开口一三等、合口一等统一读［ɐ̃］；臻摄合口一三等读［uɐ̃］，周村话梗摄合口二等（晓组）也读［uɐ̃］，如梗摄合口二等（晓平庚）“横［xuɐ̃113］”。二是深臻梗摄带鼻音韵尾［ŋ］的字今读［iẽ］［yẽ］。深臻摄开口三等、梗摄开口二三等带［ŋ］的韵母今读［iẽ］；臻摄合口三等精组（心邪母）、见组、影组读［yẽ］。

［uai］［uɛẽ］［uʌɤ］：高本汉记录蟹止摄合口一三等拼［uai］韵母，沈慧云记录的韵母系统已变成［uɛẽ］。今周村话读［uɛẽ］，金村话读［uʌɤ］，如“堆”［tuɛẽ33］/［tuʌɤ33］。从韵母［uai］—［uɛẽ］—［uʌɤ］的发展演化过程来看，韵母主要元音由前低元音［a］到前半低元音［ɛ］再到后半低元音［ʌ］，发音动程逐渐缩短。

［ʌɤ］［uʌɤ］［ɛẽ］［uɛẽ］：金村话止摄开口三等帮组、流摄开口一三等知组、蟹摄合口一三等帮组、非组统一读［ʌɤ］，蟹摄合口一三四等与止摄合口三等读成［uʌɤ］。周村话止摄开口三等帮组、合口三等非组与蟹摄合口一三等帮组、非组读［ɛẽ］，其余蟹摄与止摄合口呼韵母读［uɛẽ］。

［ɒ̃］：宕摄和江摄以［ɒ̃］为主要元音形成一组“鼻化韵”，宕摄开口三等见组字，心邪母字韵母今读为［iɒ̃］，知组为［ɒ̃］，庄组为［uɒ̃］；江摄二等帮组为［ɒ̃］，知组为［uɒ̃］，见组为［iɒ̃］。

综上所述，语音的地域差异集中表现在蟹止流深臻曾梗七摄中。金村话蟹止摄今读［ʌɤ］［uʌɤ］，流摄今读［ʌɤ］［iʌɤ］［əŋ］［iəŋ］，深摄今读［ɐ̃］，臻摄今读［ɐ̃］［uɐ̃］，曾摄今读［ɐ̃］，梗摄今读［ɐ̃］［uɐ̃］；周村话蟹止摄今读［ɛẽ］［uɛẽ］，深摄今读［ɛẽ］，臻摄今读［ɛẽ］［ɐ̃］，曾摄今读［ɐ̃］［ɛẽ］，梗摄今读［ɐ̃］［uɐ̃］；金村话与周村话效通宕江摄读音基本一致。

（3）声调。泽州话声调辨析是调查中最困难的部分，主要原因：一是受到周边中原官话和普通话的双重影响，入声出现舒化趋势，舒化后调类归派复杂；二是声调调值整体偏低，不同调类发音相似，如阳平调和上声调调值相近。为保证记音准确，要反复核实对比，确定调类与调值。

三、语言能力及语言使用

此部分主要考察两地村民的语言能力及地理位置、性别、年龄、受教育程度等因素对语言使用的影响，其中性别差异对村民的语言使用无明显影响，因此不做分析。

（一）调查点与调查对象

本次调查分为三个阶段：第一阶段确定调查内容，进行试调查。通过实地走访，熟悉金村镇、巴公镇、大阳镇、下村镇、东沟镇、周村镇、南村镇、柳口镇八个村镇状况，调查中老年村民的语音，按音系分类整理方言特点，根据试调查结果，缩小调查范围。第二阶段走访周村、东沟、大阳、金村四个乡镇，选取老中青三代都是当地土生土长的家庭入户调查并访谈，观察新老派方言使用差异。第三阶段确定正式调查点，以滚雪球抽样法在周村、金村各获取有效样本 40 个，样本基本构成如下：金村：男性 21 人，女性 19 人；青年组 14 人，中年组 13 人，老年组 13 人①；未上过学 5 人，小学 8 人，初中 9 人，高中（包括中专）7 人，大学以上（包括大专）11 人。周村：男性 23 人，女性 17 人；青年组 13 人，中年组 12 人，老年组 15 人；未上过学 6 人，小学 7 人，初中 10 人，高中（包括中专）7 人，大学以上（包括大专）10 人。

（二）调查和分析方法

1. 调查方法

实地观察法。走访泽州县乡镇主街道及村落，在乡镇超市、广场、卫生院等场合观察记录自然状态下村民入声字的使用情况。观察村民在不同场合与不同交际对象交流时的实际用词、用语，若实际表达与问卷内容不符，以实际使用为准，及时修正字表与问卷，减轻读书音影响。如“黑”单念字表读［xei^{33}］，组词“黑夜”读［xəʔ^{22}］/［xʌʔ^{22}］；“贼”单念字表读［ʐɛe^{113}］，组词“贼汉②”读［tʂuʌɤ^{113}］/［tʂuɛẽ^{113}］。

访谈式问卷调查法。运用事先制定的声韵调调查字表和入声字调查表，采用口问笔录的方式，并随机进行相关问题的访谈。入声字调查表参照《方言调查字表》筛选例字，兼顾清入字、次清入字、浊入字、次浊入字及声韵，重点标注调查中发音不明确或不使用的字词。具体调查流程为：首先询问调查对象的基本情况；然后询问并记录其入声字的发音与使用情况，侧面观察调查对象的说话意图及相关语言态度；最后，对有疑问的地方进行深入访谈，避免疑误。

① 青年组限定在 15—34 岁之间；中年组限定在 35—54 岁之间；老年组限定 55 岁以上。
② “贼汉”与“小偷”同义。

2. 分析方法

探究入声字与社会特征（年龄、职业、受教育程度等）之间的共变关系。对比不同社会群体对入声字的知晓、使用情况，分析社会因素对使用入声字的影响。

（三）语言能力和语言使用

1. 周村

（1）小时候最先学会的话：周村话 34 人，周村话/其他汉语方言 4 人，普通话 1 人，周村话/普通话 1 人。

（2）现在掌握的语言变体：周村话 18 人，周村话/普通话 17 人，周村话/其他汉语方言 4 人，普通话 1 人。

（3）周村话掌握程度：35 位调查对象自报周村话单言人，社区内语言同质性高。“听”的方面，39 位调查对象全部自报“完全能听懂”。“说”的方面，35 人选择“完全能熟练交谈”。老年组村民“听”“说”能力高于中、青年组，青年组有 4 人自报用周村话“基本能熟练交谈，偶尔有障碍”。年纪最小的调查对象常用普通话，会说周村话的一些日常用语，“听”的方面基本没问题。

（4）普通话掌握程度：调查对象的普通话能力存在明显差异，总体上，“听”的能力高于“说”的能力。选择普通话“完全能听懂”和“基本能听懂”的占 70%，“能够熟练交谈”占 28%。青年组普通话水平明显高于中、老年组。“听”的方面，选择“完全能听懂”和“基本能听懂”两项的青年组达 100%，中年组占 86%，老年组仅有 4 人，占 27%。“说”的方面，青年组自报使用普通话“能够熟练交谈”占 92%，1[①] 人自报“基本能交谈”。中老年村民说普通话的能力较差，中年组自报“会说日常用语”占 53%，仅有 1 人选择“能够熟练交谈，个别时候有障碍”，2 人选择“基本能交谈”。老年组自报“会说日常用语”占 49%，仅 1 人自报使用普通话“基本能交谈”。为检验调查对象自报程度真实性，问卷专门设置普通话标准程度调查内容。40 位调查对象符合“发音标准”的占 5%，“发音比较标准”的占 13%，“发音不标准”的高达 78%。

总体而言，周村村民普通话使用率不及周村话，且普通话发音不标准。普通话水平排序为：青年组>中年组>老年组，随着年龄的减小，普通话“听”

① 被试小时候因身体患病，从小学辍学在家，后一直在村里修车铺做学徒，未接受过正规系统的普通话教育。

“说”能力有所提高。

2. 金村

（1）小时候最先学会的话：金村话 36 人，普通话 2 人，金村话/普通话 2 人。

（2）现在掌握的语言变体：金村话/普通话 27 人，金村话 11 人，普通话 2 人。

（3）金村话掌握程度：调查对象金村话“听”“说”程度均为“完全能听懂”“能够熟练交谈”。这是由于金村话与城区话基本一致，调查对象解释：“我们的话接近于晋普话①，在晋城使用普遍。”

（4）普通话掌握程度：“听”“说”程度都很熟练的调查对象集中在 15—34 岁，“完全能听懂”的占 100%，“能够熟练交谈”的占 93%。青年组受教育程度均为高中（包括中专）及以上，因求学或工作需要，迫使自己努力提高普通话水平。中年组普通话“听”“说”能力相对较弱，往往带有方言色彩。一位村干部②介绍，小时候上学没有这么好的教育环境，当时的教师多是本地人，上课使用方言，无法接受到正规、系统的普通话教育。“听”的方面，老年组选择“完全能听懂”和“能听懂日常用语”的占 92%；“说”方面，选择“能够熟练交谈”和“基本能交谈”的占 31%，其他村民均选择“基本能听懂且会说一些日常用语”。

综上所述，普通话与方言接触密切地区，村民普通话使用率高；反之，则方言使用率高。周村村民的普通话能力及使用情况明显不及金村。

四、东西两地入声字存留及影响因素

受普通话、方言接触等因素影响，泽州话入声字处于舒化过程中。大多入声字仅有一个读音，入声舒化会出现多个。调查结果显示，532 个入声字，周村话保留 427 个，占入声字总数的 80%，金村话保留 253 个，占 47%。

（一）声母今读情况

声母清浊影响声调分化。调查显示，中古各类声母入声字在泽州话的存留

① 当地人将地方普通话称为“晋普话”，有别于方言。

② 村干部的受教育程度为高中学历，他表示，在当时自己是为数不多的读书人，同龄人都早早下地挣份子，自己没有放弃，坚持到县城上学。

数量排序：全清声母>全浊声母>次浊声母>次清声母。泽州话次清声母字总体数量较少，且声调分化规律与全清声母保持一致，将其与全清声母合并讨论。各类入声字中，影母入声字舒化率最高，见组舒化率最低。总体上，周村话入声字存留比例明显高于金村话，舒化率则低于金村话，舒化速度较慢。

（二）入声韵今读类型

泽州话 532 个入声字涉及 9 个韵摄，分布不一，其中咸摄 61 个，深摄 22 个，山摄 102 个，臻摄 56 个，宕摄 61 个，江摄 23 个，曾摄 46 个，梗摄 87 个，通摄 74 个。

关于入声韵的分类情况，高本汉记录 20 世纪早期的入声韵分两组，一是舌面前低、非圆唇元音［a］组，包括［aʔ］［iaʔ］［uaʔ］［yaʔ］，一是舌面央元音、非圆唇元音［ə］组，包括［iəʔ］［əʔ］［uəʔ］［yəʔ］。沈慧云记录 20 世纪中晚期入声韵主要元音［a］央化成［ᴀ］，形成［ᴀʔ］［iᴀʔ］［uᴀʔ］［yᴀʔ］四韵，［ə］组入声韵保持不变。今两地方言入声韵类合并情况复杂，对比两地入声韵韵摄，金村话入声韵与城区方言保持一致，保留两组八韵。西部周村话［a］组入声韵主要元音［a］高化成［ʌ］，形成［ʌʔ］［iʌʔ］［uʌʔ］［yʌʔ］四韵，［ə］组入声韵无变化。总的来说，泽州话咸山宕江四摄入声韵今读［aʔ］类，深臻曾梗通五摄入声韵今读［əʔ］类，韵类合并后，各韵摄一二等韵有不同程度的消失。

（三）影响因素

入声字存留主要受四方面因素影响：（1）地理位置，东部乡镇离县政府和市区较近，政治经济相对发达；西部乡镇地理环境封闭，经济欠发达。（2）职业因素，教师、学生、公务员群体比其他职业受普通话影响大，普通话使用率偏高，语音变化明显。（3）受教育程度因素，受教育水平越高、人际交往范围越广，学习和使用普通话或其他语言的机会越多，普通话掌握程度越高。（4）年龄因素，青年组普通话使用率明显高于中老年组，方言使用率则低于中老年组。中老年组大多长期在本地定居，工作及生活稳定，语言环境同质性较高，缺少普通话使用场合和学习动机，青年组因外出求学或进城务工，更多使用普通话。问卷还设置了语言态度相关问题，考察村民对普通话、周村话、金村话实用价值与社会地位的评价。结果显示，周村村民对周村话持积极态度，普通话次之；金村村民对普通话的态度比周村积极，多数调查对象希望自己和后代学好普通话。

五、调查反思

（一）语言内部问题

调查发现，泽州话存在少量文白异读、舒声促化现象。泽州话入声字文白读音不成系统，大多只有文读音或白读音，文白共存很少，如“藿［xuo^{53}］/［xuʌʔ^{22}］、白［pᴇ^{113}］/［pᴀʔ^{22}］、墨［mɛe^{53}］/［mᴀʔ^{22}］”。老派保留的白读音较多，新派文白混用，有的只用文读音，不用白读音。泽州话舒声促化数量较少，受词语环境限制，不能自由两读，如“（浆）糊”读舒声［xu］，“涂（料）”读舒声［t^{h}u^{113}］，“糊涂”舒声促化读［xuəʔ^{22} tuəʔ^{22}］。再如，泽州话入声儿化连调后读去声调53，如“叶儿、角儿”；入声字后加“子”尾，“子”音节与前一音节合并，入声喉塞韵尾丢失，变成舒声调，如“褥［ʐuəʔ］/［ʐuɣ］”。以上语音现象都为笔者今后的研究提供了新思路、新方向。

（二）语言外部问题

本次调查涉及了调查对象教育背景、职业和年龄等因素对语言使用的影响，未能关注家庭和语言背景、心理状态等因素。

家庭背景影响后代语言习得。通过了解调查对象的家庭背景（父母是否都是本地人）、语言背景（是否学过普通话、其他方言），笔者发现父母都是本地人的中老年调查对象多是单言人，只会当地方言；青年组几乎全部转变成双言人①。个别调查对象因家庭环境改变掌握不同方言。一位高中生告诉我，他的爷爷奶奶是阳城县北留人，自己从小在北留生长，最先学会北留话；5岁后因上学回到周村，随父母居住，学会周村话。另一位调查对象称母亲来自沁水县，父母离异后随母亲改嫁到周村，自己既会沁水话，又会周村话。

心理状态会影响语音变化。调查中，笔者发现既会方言又会普通话的调查对象，在村里与村民用方言侃侃而谈，接受访谈时刻意使用普通话。调查对象解释：“一般办理重要事务要认真对待，讲普通话表示尊重对方。”也有人表

---

① 问卷设计没有涉及外语选项，这里只考虑普通话与方言。

示方言俗气，与文化人交流自然要文雅点。在外上学的学生告诉我，自己与村里朋友讲话用方言，用微信给城里朋友发语音立马转用普通话，“村里的朋友从小玩到大，用普通话显得生疏，与城里的朋友用方言交流，一来人家听不懂，二来人家用普通话，自己用方言，明显不尊重彼此”。遇到以上问题，必须及时调整，保证调查的有效性。

参考文献

[1] 丁声树，李荣．汉语音韵讲义[M].上海：上海教育出版社，2010.

[2] 高本汉．中国音韵学研究[M].赵元任，罗常培，李方桂，译．上海：商务印书馆，1940.

[3] 韩沛玲．山西方言音韵研究[M].北京：商务印书馆，2012.

[4] 侯精一，温端政．山西方言调查研究报告[M].太原：山西高校联合出版社，1993.

[5] 李如龙．汉语方言调查[M].北京：商务印书馆，2017.

[6] 乔全生．晋语与官话非同步发展（二）[J].方言，2003（3）.

[7] 乔全生．晋方言语音史研究[M].北京：中华书局，2008.

[8] 沈慧云．晋城方言志[R].太原：山西省农业科学院印刷厂，1983.

[9] 沈慧云．晋城方言的“子尾”变调[J].语文研究，1983（4）.

[10] 王力．汉语史稿[M].北京：中华书局，2004.

[11] 王利．晋东南晋语知庄章组声母的读音类型及演变层次[J].语文研究，2014（1）.

[12] 王亚男．晋城方音在现当代时期的演变情况[D].北京外国语大学硕士论文，2015.

[13] 中共泽州县委党史研究室（泽州县地方志研究室）．泽州年鉴[M].太原：三晋出版社，2021.

[14] 中国语言资源有声数据库建设领导小组办公室．中国语言资源有声数据库调查手册[M].北京：商务印书馆，2014.

云南卡卓人语言使用调查纪实

谯金亚[*]

【摘要】 依据田野调查获取的第一手材料，描述云南卡卓人的语言使用现状，探究影响卡卓语交际功能的因素。调查表明，卡卓语和汉语功能互补，卡卓语使用者的交际能力不平衡，且出现代际差异；生产生活方式的转变、便捷的交通、族际通婚和新媒体渗透是影响卡卓语交际功能的主要因素。

【关键词】 卡卓语，语言使用，影响因素

云南省通海县兴蒙乡是蒙古族、汉族、彝族等多民族杂居和典型的多语地区。受周边语言影响，卡卓人的语言使用面临多重选择，卡卓语传承面临着严峻考验，语言兼用、语言转用现象越来越明显。笔者分别于 2016 年、2017 年两次赴兴蒙乡调查卡卓人的语言生活现状，分析影响卡卓语使用的因素，旨在为语言传承与保护提供个案。

一、兴蒙乡概况

兴蒙乡位于云南省通海县西北部，是云南省唯一的蒙古族聚居乡。全乡辖区面积 4.77 平方公里，东西跨度 3.74 公里，南北跨度 3 公里，距通海县城 13 公里。“玉—通”高速公路横贯全乡，与昆玉、玉元国道相连，交通便捷。兴蒙乡辖中村、白阁、下村、交椅湾和桃家嘴 5 个自然村，3 个村民委员会，7 个村民小组。截至 2015 年，兴蒙乡总人口 5675 人，居住着蒙古、汉、彝、哈尼、傣、回、拉祜和瑶等八个民族，其中蒙古族 5403 人，占全乡总人口的 95.21%，其余人口多为婚嫁或从外地来兴蒙乡工作的汉族和其他少数民族。①

兴蒙乡蒙古族是元朝忽必烈南征后留在云南生活的后裔。公元 1253 年，

---

*谯金亚（1998—），男，中央民族大学中国少数民族语言文学学院语言学及应用语言学专业应用语言学方向 2020 级硕士研究生，主要研究应用语言学相关问题。

① 数据由通海县兴蒙乡统计站提供，特此致谢。

元世祖忽必烈带兵攻打云南，平定大理国后继续北上，留下大将兀良合台驻守云南，在曲陀关（今通海县河西镇曲陀关村一带）建立宣慰司。公元 1283 年，元朝廷在曲陀关设立都元帅府，负责管理滇东南的军事要务，期间派三百余名官兵镇守杞麓山。元朝覆灭后，这些官兵在杞麓山脚定居下来，和当地彝族、哈尼族、白族等交往交融，学习生产生活技能，历经七百余年，逐渐形成了杞麓湖畔、凤凰山下的蒙古族。这里的蒙古族自称卡卓［$k^{h}a^{55}tso^{31}$］①，使用属汉藏语系藏缅语族彝语支的卡卓语。卡卓语的使用范围较小，主要通行于兴蒙乡的中村、白阁、下村、交椅湾和陶家嘴等自然村。

卡卓人曾尝试学习蒙古语文。1980 年，兴蒙乡政府曾派九名初中毕业生赴内蒙古学习蒙古语文；1981 年 11 月至 1984 年 8 月，内蒙古锡林郭勒盟教育局先后派三批共六位教师到兴蒙乡教授蒙古语文。由于蒙古语与卡卓语差异较大，且在实际生活中没有使用环境，蒙古语教学实践未能取得明显成效，卡卓人不得不终止蒙古语文的学习。2014 年，在兴蒙乡政府的努力下，兴蒙乡小学开设了卡卓语课，编制卡卓语教材，并由懂卡卓语的教师讲授。

二、卡卓人的语言使用现状

（一）卡卓语和汉语功能互补

同一族群内，个体的语言使用会受周围语言环境、交流对象和语言使用场合等因素的影响。兴蒙乡为蒙古族聚居乡，卡卓人的活动场所主要局限于村寨间，家庭和村寨是习得卡卓语的重要场合。在不同场合与本民族交流时，卡卓人首选卡卓语。随着环境的改变，卡卓语的使用比例有所下降，但仍是卡卓人内部的主要交际语。

卡卓人中的多数家庭通行卡卓语和汉语，部分家庭的汉语使用频率高于卡卓语，少数家庭只使用汉语。族内婚姻家庭成员大都只用卡卓语；族际通婚家庭成员多选择汉语作为家庭用语，因夫妻一方能听懂对方的语言，有时也使用“半双语”交际，即一方使用卡卓语，一方使用汉语，其子女往往只是能听懂日常用语。

学前班及小学三年级前的课堂教学语言以普通话为主，卡卓语为辅；小学

①“卡卓”一词是彝语［$k^{h}a^{21}dzo^{55}$］的对音，意为“中村”。

四至六年级及初中的课堂教学则只使用普通话。课堂外，视交际对象的民族身份选择不同语言，如果都是卡卓人，内部主要说卡卓语；与其他民族主要使用汉语方言。

在乡政府、医院、银行、邮局、集市、商店，婚丧嫁娶等场合，多数调查对象使用汉语方言和卡卓语。视交际场合和对象选择汉语方言或卡卓语，跟本族人使用卡卓语，跟其他民族使用汉语方言或卡卓语，这主要取决于对方是否掌握卡卓语。

总之，多数卡卓人在使用卡卓语的同时，兼用汉语。两种语言在功能上存在互补，在不同区域、不同层次各司其职。

（二）卡卓语交际能力不平衡

1. 卡卓语水平随受教育程度提高而降低

对比兴蒙乡不同调查点的数据可知，不同文化程度的调查对象卡卓语水平有一定差异，表现为文化程度越低，卡卓语的水平越高。

2. 女性卡卓语水平高于男性

女性调查对象熟练掌握卡卓语的人数比男性多，交际能力也明显高于男性。这主要受两方面因素影响：一是妇女常年在家，很少出门，不常与外人接触，交际对象较单纯，使用卡卓语的机会比男性多。在传统的卡卓人家庭和社会，男性通常承担家庭以外的重要事务，社会交往广泛，接触和使用汉语的机会比女性多，卡卓语水平低于女性。二是妇女天生具有维护母语的本能以及担负着向下一代传授母语的职责。访谈表明，多数老年妇女表示有意在家庭内部向第三代传授卡卓语，而男性却很少有这样的意识。

（三）卡卓语使用出现代际差异

学龄儿童有将卡卓语作为第二语言学习和使用的趋势。多数儿童主要通过社会交往学会卡卓语，将汉语作为母语学习，到一定年龄后（10 岁左右）才跟家长或村里的长辈学习卡卓语。兴蒙乡白阁村赵敬仙，为了让孩子多了解和学习汉语，有意识地在家庭内部使用汉语，甚至家里的老人也尽可能说汉语，中村、交椅湾等村也开始出现类似现象。如果孩子年龄较大且会说卡卓语，或家中没有小孩，家庭成员主要使用卡卓语和汉语。

15 岁以下是儿童语言学习的最佳年龄段，但受家庭和社会语言环境影响，即使在卡卓语保存最好的村落，儿童熟练掌握卡卓语的情况也不多见。除一些长辈在家经常使用卡卓语，儿童基本掌握卡卓语，多数儿童不使用卡卓语。

兴蒙乡白阁村、下村的老人逐渐认识到卡卓语交际功能衰退的严重性，很多有条件的家庭有意识地向下一代传授卡卓语。受升学考试等现实因素影响，效果并不理想，多数儿童只停留在掌握简单日常用语的水平。以汉语为母语的人，即使在后天的交际过程中学了卡卓语，语言水平也很难达到正常母语人的水平，多数人只能进行简单交流，在语音、词汇和语法方面存在着明显不足。比如，捕鱼生产等方面的词汇日常生活中不多见，一些调查对象已不会说相关词汇，通常用汉语词语代替。

家庭语言使用出现代际差异是语言转用的基本过程，也是语言传承出现断档的先兆。代际差异说明家庭语言生活开始出现不稳定因素，其具体显现是起初卡卓语的使用场合和频率逐渐减少，汉语的使用增多；随着语言转用的持续发生，汉语使用占据优势，语言使用将向汉语单语转化。

三、影响卡卓语交际功能的因素

（一）生产生活方式的转变

卡卓人积极求变，多年来，不断学习周边民族的优秀文化和生存技能。元朝覆灭后，他们凭借当地依山傍水的自然条件以渔猎为生，并将收获的鱼虾与周边的民族进行交易，建立了友好的关系。明代中期，杞麓湖水下降，耕地面积扩大，现实条件已不再适合渔猎，卡卓人便向周围的汉族学习种田技术，围湖造田，继而转型从事农业生产。这拉近了卡卓人与汉族及其他民族的距离。民族间密切的交流往来，为双语的发展提供了条件。为了生存，卡卓人还从其他民族那里学会了房屋建筑技术，并成为通海一带技术较高的土木建筑者。族群内多数成年男子都懂建筑，经常外出务工，进一步促进了卡卓人与其他民族的交往。

语言态度方面，卡卓人存在矛盾心理。从情感上，多数人认同卡卓语，尤其是文化程度较高的调查对象，认为使用卡卓语不仅有利于增强凝聚力，而且有助于促进族群内部的情感交流。72岁奎某（男，退休人员）表示："卡卓语是兴蒙蒙古族的魂，不论走到哪个地方，只要说这个语言，就知道是一家人。"多数卡卓人在其他民族面前不会承认自己卡卓语掌握程度不高或不会说卡卓语，这种现象在青年群体中表现尤为明显。他们大多宣称自己熟练掌握卡卓语，实际上，部分调查对象只能应付日常的基本交流，有的人甚至只会一些简单词汇。同时，他们也不希望汉语取代卡卓语，而是希望成为既懂卡卓语又懂汉语的双语人。他们始终认为，卡卓语是母语，承载着宝贵的文化，需要大力传承和保护，希望后代能够继续使用。

理性认识上，卡卓人的语言选用主要考虑实用性和方便性。情感因素的逐渐减弱，导致其语言态度发生了一定变化。改革开放以来，市场经济成为时代大环境，外出务工已成为卡卓人改善生活、改变现状的重要途径，许多年轻人走出兴蒙乡，到省城或沿海地区打工。由于卡卓语的交际功能极其有限，人们不得不倾向于使用汉语。他们认为，只会说卡卓语等于把自己局限在兴蒙乡，没有更好的发展机会，也不会有丰厚的收入。使用汉语特别是普通话，能够获得更多的资源和平台。加之国家大力推广使用普通话的语言政策以及强大的媒体宣传，人们感到汉语的经济功能远高于卡卓语，因而更加主动学习汉语。在他们看来，实现美好生活与使用什么语言相比，前者更为重要。

卡卓人对语言兼用普遍持宽容态度。过去，如果有人偶尔用汉语与长辈交流，会受到众人的谴责，更不用说家庭内部转用汉语。如今，绝大多数懂双语的调查对象会考虑现实需求，主张家庭内部使用汉语，只有少数调查对象主张使用卡卓语。当问及如何看待卡卓语的传承和发展时，一些受访者说，目前在兴蒙乡与本民族的交流对象基本都说卡卓语，就算是嫁到本乡的其他民族经过几年耳濡目染后，也慢慢学会了卡卓语，即使说得不流利，但不影响日常交流；外出务工或上学的年轻人在外使用汉语方言或普通话，节假日回村使用卡卓语。

卡卓人普遍意识到卡卓语交际功能不断弱化，使用场合减少，使用范围变窄。许多卡卓人常年在外务工，他们能熟练掌握汉语方言甚至普通话。在培养下一代时，有意识地选用普通话，表明了他们积极融入现代社会的态度。然而，这种“融入”一定程度上影响了家长对卡卓语的价值评判。在对下一代的语言教育中，绝大部分调查对象更倾向于让孩子先学好汉语；作为族群象征，卡卓语只要达到会听会说的水平即可，少数家长甚至认为学习卡卓语意义不大，使用中存在的种种客观局限性，不仅会耽误学生学习其他知识，而且在课堂中过多使用卡卓语教学，不利于普通话的学习。此外，对汉语的广泛认同和接受，也影响了卡卓语的交际功能。

（二）便捷的交通

历史上，兴蒙乡曲陀关一带就是滇中交通要冲，是通海各民族与周边地区交往的必经之路；如今，兴蒙乡依旧处于交通要道，乡政府驻地白阁村距通海县城 12 公里，境内高速公路、国道畅通，为卡卓人与其他民族的交往提供便利交通条件的同时，也为卡卓人学习使用汉语创造了更多机会。

兴蒙乡周边的环境以汉语为主要交际语。从地理位置看，兴蒙乡东与九街镇大河嘴村交界，西与河西镇解家营相连，南与河西镇下回村等接壤，北与河西镇石山嘴村毗邻。四周除下回村常住居民多为回族外，均为汉族为主的村镇，卡卓人的语言环境始终处于汉语单语区的包围之中。在与周围汉族的接触过程中，处于弱势的卡卓人为了改善生活条件，开始接受并主动学习使用汉语。久而久之，当地汉语方言和普通话进入村寨内部，也进入卡卓人日常生活，最终影响了族群的语言使用。

（三）族际间的通婚

族际通婚加速了民族融合，民族文化也在民族融合中趋向同质化。一般而言，非族际通婚家庭能更好地传承卡卓语；族际通婚家庭则更利于后代学习和使用汉语。过去，卡卓人长期遵循族内婚的传统，通婚范围局限于本族群的几个村子。原则是同姓不婚，三代沾亲不通婚。卡卓人外出务工的男子也有娶其他民族为妻的，家长一般不干涉；而本族群女子外嫁的极少，因为传统习俗不太认同女子外嫁。

20 世纪 80 年代以后，随着改革开放的深入和经济的发展，族际间文化差异逐渐缩小，生活习惯也日益趋同，卡卓人的婚姻观念有了明显变化。一位 52 岁男性（中村人，家中有与其他民族通婚成员）表示："现在国家提倡婚姻恋爱自由，只要两个人愿意在一起，好好过日子，不管什么民族，我们都支持。"卡卓人与其他民族通婚的现象日益普遍，在家庭内部使用汉语交流显得自然而方便。家庭是后代语言学习的主要场合，父母在家庭的语言使用对子女语言习得和交际能力的获得起着重要作用，这一定程度上影响了卡卓语的交际功能。

（四）新媒体的渗透

随着现代化进程和新媒体的发展，大量信息为人们所认知。卡卓人虽然无法像城市人群一样紧跟网络社会的步伐，但有很多新事物、新观点已悄然进入到他们的日常生活中。当卡卓语词汇已不能完全满足日常生活事件的描述，借用汉语词汇表达就是最佳选择。

四、结　语

总体而言，兴蒙乡卡卓语交际功能出现衰退趋势，部分家庭内部已不再使用卡卓语。有专家认为，要阻止兴蒙卡卓语使用的衰退趋势，重塑文化价值观是关键，特别是青少年。在当地文化站我们了解到，兴蒙乡政府正积极开展民族文化进校园活动，以保护和继承民族传统文化；群众逐渐意识到保护传统文化的重要性，一些家长开始教孩子学习卡卓语。

卡卓语能否较好地保存，主要受主客观两方面因素的影响。稳定的语言使用环境及生产方式能增强当地人母语文化传承意识，从而使其自觉使用母语，有利于减缓卡卓语衰微的趋势。如果摒弃传统文化，卡卓人对语言文化的衰退持无所谓态度，势必会加速卡卓语的濒危。如何协调卡卓人的经济发展和语言文化传承的关系，值得我们进一步探究。

参考文献

[1] 戴庆厦，刘菊黄，傅爱兰．云南蒙古族嘎卓语研究[J]．语言研究，1987（1）．

[2] 戴庆厦，刘菊黄，傅爱兰．新蒙乡双语调查报告[J]．西南民族学院学报，1988（2）．

[3] 戴庆厦．云南蒙古族喀卓人语言使用现状及其演变[M]．北京：商务印书馆，2008.

[4] 哈斯额尔敦，等．云南蒙古族语言初探（云南蒙古族专辑）[R]．呼和浩特：内蒙古师范学院中文系蒙语专业编印，1976.

[5] 和即仁．云南蒙古族语言及其系属问题[J]．民族语文，1989（5）．

[6] 和即仁．关于云南蒙古族卡卓语的形成[J]．民族语文，1998（4）．

[7] 亨利·施瓦茨．云南蒙古族简述[J]．世界民族，1987（3）．

[8] 蒋颖，赵燕珍，常俊之，邱月．论语言接触与语言和谐[J]．云南师范大学学报（哲学社会科学版），2008（5）．

[9] 马世雯．近20年来的云南蒙古族研究[J]．云南民族学院学报（哲学社会科学版），2001（6）．

[10] 木仕华．卡卓语研究[M]．北京：民族出版社，2003（3）．

[11] 纳日碧力戈．云南通海蒙古族认同研究纵观[J]．中央民族大学学报（哲学社会科学版）2014（2）．

[12] 云南省通海蒙古民族文化研究传承中心，内蒙古锡林郭勒职业学院蒙古文化研究所．云南省通海县兴蒙蒙古族乡喀卓语[M]．云南：云南人民出版社，2017.